总主编：徐祥民　　普通高等教育精编法学教材

知识产权法新论

INTELLECTUAL PROPERTY

齐爱民　朱谢群　主编

北京大学出版社
PEKING UNIVERSITY PRESS

图书在版编目(CIP)数据

知识产权法新论/齐爱民,朱谢群主编.—北京:北京大学出版社,2008.2
(普通高等教育精编法学教材)
ISBN 978-7-301-13397-2

Ⅰ.知… Ⅱ.①齐… ②朱… Ⅲ.知识产权法-法的理论-中国-高等学校-教材 Ⅳ.D923.401

中国版本图书馆 CIP 数据核字(2008)第 015469 号

书　　　名：知识产权法新论
著作责任者：齐爱民　朱谢群　主编
责 任 编 辑：孙战营
标 准 书 号：ISBN 978-7-301-13397-2/D·1991
出 版 发 行：北京大学出版社
地　　　址：北京市海淀区成府路 205 号　100871
网　　　址：http://www.pup.cn　电子邮箱：law@pup.pku.edu.cn
电　　　话：邮购部 62752015　发行部 62750672　编辑部 62752027
　　　　　　出版部 62754962
印 刷 者：北京大学印刷厂
经 销 者：新华书店
　　　　　890 毫米×1240 毫米　A5　17.125 印张　491 千字
　　　　　2008 年 2 月第 1 版　2008 年 2 月第 1 次印刷
定　　　价：30.00 元

未经许可,不得以任何方式复制或抄袭本书之部分或全部内容。
版权所有,侵权必究
举报电话:010-62752024　电子邮箱:fd@pup.pku.edu.cn

普通高等教育精编法学教材编委会

总主编：徐祥民

编委会委员：（以姓氏笔画为序）

    王 彦 王丽萍 王作全 王国征 王明洁

    申卫星 刘笃才 刘惠荣 佟连发 吴椒军

    汪世荣 肖国兴 陈金钊 孟鸿志 郑贤君

    侯怀霞 徐爱国 徐祥民 曾尔恕 谢望原

    魏国君

秘书：阳露昭

普通高等教育精编法学教材总序

一种不可逆转的力量把21世纪拥进我们的生活中来,它是不容拒收的赠礼。对这种慷慨的完全不求回报的给予,笑纳并不是我们所应作出的全部反应。消受20世纪光阴的经验告诉我们,时与空的变迁是联系在一起的,时间的延展不只会表现为斗转星移,还必然带来虽已丰富多彩的生活在色彩、节奏、模式等方面的改变。我们必须有应变的思想准备,采取必要的应变措施。

法律,一般来说是保守的。它不是新时代的报春花,但却称得上是百花盛开时众香园里最壮观的牡丹。如果说花是"当春乃发生",那么,人为的但"后发"的法律则应主动迎接已有先兆的时代变化。没有牡丹的盛开,便不成其为春色满园;没有法律对时代的型塑,这个时代便没有真正到来。我国立法机关已为应对时代的变化和新世纪可能发生的变化开展了立、改、废法律的工作,法学教育者也应有所作为。

法律是保守的,法学则未必。法律近规律,研究法律的科学不仅可以通过总结和回顾把握社会运行的规律,对一定时期应兴应革的事项作出科学的说明,而且也可以从已发现的规律中推想未来,对并非既成事实的情形做未雨绸缪的盘算。法学研究在引领时代潮流,法学教育也应迎头赶上。

一批年轻同志在不可阻挡的年轮的催逼下想在法学教育上有所作为,想以法学研究的所得馈新世纪的大学生——对新世纪有更多憧憬、在新世纪负有更多责任的人们。

普通高等教育精编法学教材就出于这样的愿望。

新的世纪是上个世纪的继续,上个世纪的法学主干课在新世纪的法学园林里依然最为挺拔。我们这套教材不能没有它们。

新的世纪是对上个世纪的超越,在新的时节里,有些旧株孳生新芽,有些新苗比过去更加蓬勃。环境资源法对我们的注意力有极强的吸引力,我们像重视主干课一样对待环境资源法学,广泛的和可能变得更广泛的国际交流敦促人们更多地思考国际方面的法学问题,我们从过去的国际经济法中分出国际商法学。这样,在我们的设计中,带有"国际"性的科目有国际法学、国际私法学、国际经济法学和国际商法学四门。

新世纪的新无法终结人类社会的永恒主题。婚姻继承法学在我们总规划中占有一席之地。

新世纪并不意味着对上个世纪以前的人类经历的忘却,相反,在经历了"创新、改革"的高潮之后,人们对某种更深厚的人文精神的诉求似乎比上世纪更加强烈了。我们不仅尊重前辈学者在确定主干课时对中国法制史的选择,而且重又让《中国法律思想史》、《外国法制史》、《西方法律思想史》与《中国法制史》比肩而立。

因为是一批年轻人,其迎接新世纪的浓浓热情不仅在20卷书的整体设计上有所表达,而且弥漫于每一卷的字里行间。

徐祥民
2002年5月9日于青岛海洋大学崂砾舍

本书编委会名单

主　编：齐爱民　朱谢群
副主编：管育鹰　陈宗波　王太平　李晓秋
撰稿人：（以撰写章节先后为序）
　　　　朱谢群　齐爱民　文　麟　饶传平
　　　　伍春艳　管育鹰　周伟萌　张　维
　　　　李晓秋　陈宗波　李　芬　王太平
　　　　刘有华　李　仪　陈　琛

目 录

第一编 总 论

第一章 知识产权制度概述 …………………………………… 1
 第一节 知识产权的概念 …………………………………… 1
 第二节 知识产权的客体 …………………………………… 4
 第三节 知识产权的独特品格 ……………………………… 8
 第四节 知识产权的限制 …………………………………… 17
 第五节 知识产权法的概念、性质和立法模式 …………… 22

第二章 知识产权法起源与发展 …………………………… 30
 第一节 知识产权的起源和历史 …………………………… 30
 第二节 知识产权法的当代发展与未来走向 ……………… 34

第三章 知识产权的国际保护和涉外保护 ………………… 44
 第一节 知识产权的国际保护 ……………………………… 44
 第二节 知识产权的涉外保护 ……………………………… 55

第四章 知识产权的侵权与救济 …………………………… 65
 第一节 侵权行为及其责任的一般原理 …………………… 65
 第二节 知识产权侵权 ……………………………………… 68
 第三节 对知识产权侵权的救济 …………………………… 69

第五章 知识产权纠纷的多元化解决机制 ………………… 74
 第一节 知识产权纠纷的 ADR 解决 ……………………… 74
 第二节 知识产权纠纷的行政解决 ………………………… 82

第二编 著作权法

第六章 著作权法概述 … 90
第一节 基本概念及特征 … 90
第二节 著作权法律制度及其产生与发展 … 92

第七章 著作权主体 … 97
第一节 著作权主体的概念及分类 … 97
第二节 作者及其他著作权人 … 98
第三节 特殊作品的著作权归属 … 102

第八章 著作权的客体 … 110
第一节 作品及其主要特征 … 110
第二节 作品的分类 … 112
第三节 《著作权法》不保护的对象 … 118

第九章 著作权的内容 … 122
第一节 精神权利 … 122
第二节 经济权利 … 125
第三节 著作权的取得与保护期限 … 133

第十章 邻接权 … 137
第一节 邻接权概述 … 137
第二节 出版者权 … 141
第三节 表演者权 … 143
第四节 音像制作者权 … 145
第五节 广播组织权 … 147

第十一章 信息网络传播权 … 151
第一节 信息网络传播权概述 … 151
第二节 信息网络传播权的权利内容及其限制 … 157
第三节 侵犯信息网络传播权的形式及责任 … 163

第十二章 著作权的利用和限制 …………………………… 169
　第一节 著作权的利用 ……………………………………… 169
　第二节 著作权的合理使用 ………………………………… 172
　第三节 著作权的法定许可 ………………………………… 175
　第四节 著作权的强制许可 ………………………………… 178
第十三章 计算机软件和数据库的法律保护 ……………… 182
　第一节 计算机软件法律保护的概述 ……………………… 182
　第二节 计算机软件著作权的权利归属和内容 …………… 183
　第三节 计算机软件著作权的许可使用和转让 …………… 187
　第四节 计算机软件著作权的法律保护和限制 …………… 188
　第五节 数据库的法律保护 ………………………………… 191
第十四章 著作权的集体管理 ………………………………… 196
　第一节 著作权集体管理概述 ……………………………… 196
　第二节 著作权集体管理组织 ……………………………… 198
第十五章 侵犯著作权的行为及其法律责任 ……………… 204
　第一节 著作权侵权行为 …………………………………… 204
　第二节 侵犯著作权的法律责任 …………………………… 207

第三编　专　利　法

第十六章 专利法概述 ………………………………………… 214
　第一节 专利、专利权与专利法 …………………………… 214
　第二节 专利制度的历史沿革 ……………………………… 217
第十七章 专利权的主体 ……………………………………… 229
　第一节 发明人或者设计人 ………………………………… 229
　第二节 职务发明创造人的所在单位 ……………………… 231
　第三节 《专利法》规定的其他专利权主体 ……………… 233
第十八章 专利权的客体 ……………………………………… 237
　第一节 发明 ………………………………………………… 237

第二节　实用新型 …………………………………………… 240
　　第三节　外观设计 …………………………………………… 242
第十九章　授予专利权的实质条件 ……………………………… 247
　　第一节　可专利性（patentability） ………………………… 247
　　第二节　不授予专利权的情形 ……………………………… 256
第二十章　专利权的取得 ………………………………………… 264
　　第一节　专利申请 …………………………………………… 264
　　第二节　专利申请的受理 …………………………………… 270
　　第三节　专利申请的审批 …………………………………… 278
　　第四节　专利的复审和无效宣告 …………………………… 282
第二十一章　专利权的内容、期限和终止 ……………………… 287
　　第一节　专利权的内容 ……………………………………… 287
　　第二节　专利权的期限和终止 ……………………………… 293
第二十二章　专利权的行使与限制 ……………………………… 297
　　第一节　专利权的行使 ……………………………………… 297
　　第二节　专利权限制 ………………………………………… 304
第二十三章　专利权保护 ………………………………………… 311
　　第一节　专利权的保护范围 ………………………………… 311
　　第二节　专利侵权行为 ……………………………………… 313
　　第三节　专利侵权纠纷的处理和法律责任 ………………… 318

第四编　商　标　法

第二十四章　商标及商标法概述 ………………………………… 325
　　第一节　商标概述 …………………………………………… 325
　　第二节　商标法概述 ………………………………………… 334
第二十五章　商标权 ……………………………………………… 338
　　第一节　商标权的概念与特征 ……………………………… 338
　　第二节　商标权的主体和客体 ……………………………… 339

第三节　商标权的内容和范围 …………………… 346
　　第四节　商标权的取得、利用和消灭 ……………… 348
第二十六章　商标的注册和管理 ……………………… 353
　　第一节　商标注册的原则 …………………………… 353
　　第二节　商标注册的申请 …………………………… 358
　　第三节　商标注册的审查与核准 …………………… 362
　　第四节　注册商标争议的裁定 ……………………… 365
　　第五节　商标评审 …………………………………… 368
　　第六节　商标管理 …………………………………… 372
第二十七章　商标权的保护 …………………………… 376
　　第一节　商标权保护概述 …………………………… 376
　　第二节　商标侵权行为的界定 ……………………… 380
　　第三节　商标侵权行为的法律责任 ………………… 386
　　第四节　商标保护中的若干特殊问题 ……………… 393
第二十八章　其他识别性工商业标记 ………………… 403
　　第一节　地理标志 …………………………………… 403
　　第二节　域名 ………………………………………… 408
　　第三节　商号 ………………………………………… 410

第五编　商业秘密保护法

第二十九章　商业秘密 ………………………………… 416
　　第一节　商业秘密的一般原理 ……………………… 416
　　第二节　商业秘密法律保护的形式
　　　　　——统一的商业秘密保护法 …………………… 422
第三十章　商业秘密法的保护模式 …………………… 429
　　第一节　商业秘密权制度 …………………………… 429
　　第二节　其他商业秘密法律保护模式 ……………… 433

第三十一章　侵犯商业秘密的法律责任 …………………… 440
第一节　民事责任 …………………………………………… 440
第二节　刑事责任与行政责任 ……………………………… 446

第六编　非物质文化遗产保护法

第三十二章　非物质文化遗产保护法概述 …………………… 451
第一节　非物质文化遗产与非物质文化遗产
保护法的概念 ………………………………………… 452
第二节　非物质文化遗产的基本特征和构成要件 ………… 459
第三十三章　保护非物质文化遗产的现有知识产权制度 …… 464
第一节　知识产权制度保护非物质文化遗产的
正当性与作用 ………………………………………… 464
第二节　保护非物质文化遗产的具体知识产权模式 ……… 469
第三十四章　保护非物质文化遗产的知识产权专门法 ……… 476
第一节　保护非物质文化遗产的理念和基本原则 ………… 477
第二节　传承人制度 ………………………………………… 481
第三节　权利制度 …………………………………………… 484
第四节　管理机构的设立与利益分享机制的建立 ………… 488

第七编　遗传资源保护法

第三十五章　遗传资源保护法概述 …………………………… 495
第一节　遗传资源概述 ……………………………………… 495
第二节　遗传资源保护法概述 ……………………………… 498
第三十六章　遗传资源的归属 ………………………………… 501
第一节　遗传资源的归属 …………………………………… 501
第二节　遗传资源与相关概念及权利 ……………………… 505

第三十七章 保护遗传资源的国际规则 ·················· 509
　第一节　联合国环境规划署确立的相关规则 ············· 510
　第二节　联合国粮农组织确立的相关规则 ··············· 514
　第三节　世界贸易组织与世界知识产权组织保护遗传
　　　　　资源的相关规定 ·························· 516

后记 ··· 519

Contents

PART I GENERAL

Chapter 1 Introduction to Intellectual Property System 1
   Section 1 The Concept of Intellectual Property Right 1
   Section 2 The Object of Intellectual Property Right 4
   Section 3 The Unique Character of Intellectual Property Right 8
   Section 4 Limits of Intellectual Property Right 17
   Section 5 The Concept, Nature and Mode of Legislation of Intellectual Property Right 22

Chapter 2 The Origin and Development of Intellectual Property Right 30
   Section 1 The Origin and History of Intellectual Property Right 30
   Section 2 The Contemporary Development and Future Trend of Intellectual Property Law 34

Chapter 3 The International Protection and Foreign-related Protection of Intellectual Property Right 44
   Section 1 The International Protection of Intellectual Property Right 44
   Section 2 The Foreign-related Protection of Intellectual Property Right 55

Chapter 4　The Infringement and Remedy of Intellectual
　　　　　　Property Right ··· 65
　　Section 1　The Infringement and the General Principles of
　　　　　　　Liability ··· 65
　　Section 2　The Infringement of Intellectual Property
　　　　　　　Right ·· 68
　　Section 3　The Remedies of Intellectual Property Right
　　　　　　　Infringed ·· 69
Chapter 5　Diversified Settlement Mechanism for
　　　　　　Intellectual Property Right Dispute ···················· 74
　　Section 1　The ADR for Intellectual Property Right
　　　　　　　Dispute ·· 74
　　Section 2　The Administrative Settlement for Intellectual
　　　　　　　Property Right Dispute ······························· 82

PART II   COPYRIGHT LAW

Chapter 6　Introduction to Copyright Law ······················· 90
　　Section 1　The Basic Concepts and Characters ············· 90
　　Section 2　The Copyright Law System and Its Origin and
　　　　　　　Development ·· 92
Chapter 7　The Subject of Copyright ······························· 97
　　Section 1　The Concept and Classification of the Subject
　　　　　　　of Copyright ·· 97
　　Section 2　The Author and Other Copyright Owners ············ 98
　　Section 3　The Attribution of Copyright for Special
　　　　　　　Works ··· 102
Chapter 8　The Object of Copyright ······························· 110
　　Section 1　The Works and Main Characters ················ 110

Section 2　The Classification of Works ·············· 112
　　　Section 3　The Non-Copyrightable Object Matter ········· 118
　Chapter 9　Contents of Copyright ······················ 122
　　　Section 1　Moral Rights ································ 122
　　　Section 2　Economic Rights ····························· 125
　　　Section 3　The Acquirement and Duration of Copyright ······ 133
　Chapter 10　Neighboring Right ························· 137
　　　Section 1　Introduction to Neighboring Right ·············· 137
　　　Section 2　The Right of Publishers ······················ 141
　　　Section 3　The Right of Performers ······················ 143
　　　Section 4　The Right of Producers of Phonograms ··········· 145
　　　Section 5　The Right of Broadcasting Organizations ········· 147
　Chapter 11　The Right to Network Dissemination of
　　　　　　　Information ································· 151
　　　Section 1　Introduction to the Right to Network
　　　　　　　　Dissemination of Information ··············· 151
　　　Section 2　Contents and Limits of the Right to Network
　　　　　　　　Dissemination of Information ··············· 157
　　　Section 3　The Infringement of the Right to Network
　　　　　　　　Dissemination of Information and the Liability
　　　　　　　　of Infringement ···························· 163
　Chapter 12　The Use and Limits ······················ 169
　　　Section 1　The Utility of Copyright ······················ 169
　　　Section 2　Fair Use of Copyright ························ 172
　　　Section 3　Statutory License of Copyright ················· 175
　　　Section 4　Compulsory License of Copyright ··············· 178
　Chapter 13　The Legal Protection of Computer Software
　　　　　　　and Databases ······························ 182
　　　Section 1　Introduction to the Legal Protection of
　　　　　　　　Computer Software ························ 182

Section 2　The Attribution of the Right of Computer
　　　　　 Software and the Contents ················· 183
Section 3　The License and Alienation of Computer
　　　　　 Software ··· 187
Section 4　The Legal Protection and Limits of Computer
　　　　　 Software ··· 188
Section 5　The Legal Protection of Databases ············· 191
Chapter 14　The Collective Management of Copyright ········· 196
Section 1　Introduction to the Collective Management of
　　　　　 Copyright ·· 196
Section 2　The Collective Management Organization of
　　　　　 Copyright ·· 198
Chapter 15　Infringement of Copyright and Liability ············ 204
Section 1　Infringement of Copyright ······················· 204
Section 2　Liability of Infringement of Copyright ········· 207

PART III　PATENT LAW

Chapter 16　Introduction to Patent Law ························· 214
Section 1　Patent, Patent Right and Patent Law ··········· 214
Section 2　The History of the Patent System ·············· 217
Chapter 17　The Subject of Patent Right ························· 229
Section 1　The Inventor or Designer ························· 229
Section 2　The Units of Service Invention ·················· 231
Section 3　The Other Statutory Patentees ·················· 233
Chapter 18　The Object of Patent Right ························· 237
Section 1　The Invention ·· 237
Section 2　The Utility ·· 240
Section 3　The Industrial Design ······························ 242

Contents ★

Chapter 19 Substantial Requirements of Patentability 247
    Section 1 Patentability 247
    Section 2 Non-patentable Subject Matter 256
Chapter 20 Acquirement of Patent Right 264
    Section 1 Patent Application 264
    Section 2 Approval of Patent Application 270
    Section 3 Examination of Patent Application 278
    Section 4 Re-examination of Patent and Declaration
                 Patent Invalid 282
**Chapter 21 The Contents, Duration and Cessation
              of Patent Right** 287
    Section 1 The Contents of Patent Right 287
    Section 2 The Duration and Cessation of Patent Right 293
Chapter 22 Use and Limit of Patent Right 297
    Section 1 Use of Patent Right 297
    Section 2 Limit of Patent Right 304
Chapter 23 Patent Protection 311
    Section 1 The Scope of Patent Protection 311
    Section 2 Patent Infringement 313
    Section 3 Settlement Mechanism of Patent Infringement
                 Dispute and Legal Liability 318

PART IV TRADEMARK LAW

**Chapter 24 Introduction to Trademark and Trademark
              Law** 325
    Section 1 Introduction to Trademark 325
    Section 2 Introduction to Trademark Law 334
Chapter 25 Trademark Right 338

Section 1　The Concept and Character of Trademark
　　　　　　Right ································· 338
Section 2　The Subject and Object of Trademark Right ······ 339
Section 3　The Content and Scope of Trademark Right ······ 346
Section 4　The Acquirement, Use and Loss of Trademark
　　　　　　Right ································· 348
Chapter 26　Registration and Management of
　　　　　　Trademark ······························ 353
Section 1　The Principle of Trademark Registration ············ 353
Section 2　Trademark Registration Application ·················· 358
Section 3　Review and Approval of Trademark Registration
　　　　　　Application ····························· 362
Section 4　The Verdict for the Registered Trademark
　　　　　　Objection ······························· 365
Section 5　Trademark Assessment ··························· 368
Section 6　Trademark Management ··························· 372
Chapter 27　The Protection of Trademark Right ··············· 376
Section 1　Introduction to Trademark Right ···················· 376
Section 2　The Definition of Trademark Infringement ········· 380
Section 3　Legal Liability of Trademark Infringement ········· 386
Section 4　Special Problems in Trademark Protection ········· 393
Chapter 28　Other Identifying Labels ························ 403
Section 1　The Geographical Indication ······················· 403
Section 2　The Domain ··································· 408
Section 3　The Firm ···································· 410

PART V COMMERCIAL SECRETS PROTECTION LAW

Chapter 29　The Commercial Secret ·························· 416
　　Section 1　The General Principles of Commercial Secret ······ 416
　　Section 2　The Form of Legal Protection of Commercial
　　　　　　　Secret—A Unified Commercial Secret Protection
　　　　　　　Law ·· 422
Chapter 30　The Protection Mode of Commercial
　　　　　　Secret ·· 429
　　Section 1　Commercial Secret Right System ···················· 429
　　Section 2　Other Protection Mode of Commercial Secret ······ 433
Chapter 31　Legal Liability of Commercial Secret
　　　　　　Infringement ··· 440
　　Section 1　Civil Liability ··· 440
　　Section 2　Criminal Liability and Administrative
　　　　　　　Liability ··· 446

PART VI INTANGIBLE CULTURAL HERITAGE PROTECTION LAW

Chapter 32　Introduction to Intangible Cultural Heritage
　　　　　　Protection Law ····································· 451
　　Section 1　The Concepts of Intangible Cultural Heritage and
　　　　　　　Intangible Cultural Heritage Protection Law ······ 452
　　Section 2　Basic Characters and Requirements of Intangible
　　　　　　　Cultural Heritage ································· 459

— 7 —

Chapter 33　Intellectual Property Right System Existing for
　　　　　　 Protecting Intangible Cultural Heritage ············ 464
　　Section 1　Reasonability and Function of Intellectual
　　　　　　　Property Right System for Protecting Intangible
　　　　　　　Cultural Heritage ······································ 464
　　Section 2　The Concrete Mode of Intellectual Property for
　　　　　　　Protecting Intangible Cultural Heritage ············ 469
Chapter 34　Specialized Intellectual Property Law for
　　　　　　 Protecting Intangible Cultural Heritage ············ 476
　　Section 1　The Idea and Fundamental Principle of Protecting
　　　　　　　Intangible Cultural Heritage ·························· 477
　　Section 2　The Inheritor System ································· 481
　　Section 3　The Right System ······································ 484
　　Section 4　Building Administrative Organization and
　　　　　　　Constructing Benefit Sharing Mechanism ··········· 488

PART VII　GENETIC RESOURCE PROTECTION LAW

Chapter 35　Introduction to Genetic Resource
　　　　　　 Protection Law ·· 495
　　Section 1　Introduction to Genetic Resource ···················· 495
　　Section 2　Introduction to Genetic Resource Protection
　　　　　　　Law ··· 498
Chapter 36　Attribution to Genetic Resource ···················· 501
　　Section 1　Attribution to Genetic Resource ····················· 501
　　Section 2　The Concepts Related Genetic Resource and
　　　　　　　Rights ·· 505

Chapter 37　International Rules of Protecting Genetic Resource ··· 509

　　Section 1　The Rules Established by the United Nations Environment Program ································ 510

　　Section 2　The Rules Established by the United Nations FAO ··· 514

　　Section 3　The Rules Related Protecting Genetic Resource Established by the World Trade Organization and the World Intellectual Property Organization ·· 516

Postscript ·· 519

第一编 总 论

第一章 知识产权制度概述

第一节 知识产权的概念

一、"知识产权"一词的起源

知识产权(Intellectual Property)一词于 18 世纪由德国人 Johann Rudolf Thurneysen 提出,1967 年世界知识产权组织成立后开始在世界范围内广泛使用,字面含义为"智力财产权"或"智慧财产权"。我国 20 世纪 70 年代以来普遍将该词译为"知识产权"。

Intellectual Property 由德国人 Johann Rudolf Thurneysen 提出,我国普遍将该词译为"知识产权"

二、知识产权的范围

(一)传统的知识产权范围

传统的知识产权仅包含工业产权和版权,所以也称为狭义的知识产权。工业产权包括专利权、商标权、与智力创造成果有关的反不正当竞

传统的知识产权仅包含工业产权和版权,至今仍然构成知识产权体系的主干

争权等；版权(我国亦称"著作权")包括作者权和传播者权(即"邻接权"或"有关权")。作者权中的全部和传播者权中的表演者权既包括财产权利又包括精神权利。传统知识产权的范围虽然较小，但至今仍然构成知识产权体系的主干。

(二) 世界知识产权组织(WIPO)所划的范围

根据《世界知识产权组织公约》唯一的实体条款，即第2条的规定，知识产权应包括下列权利：

(1) 与文学、艺术及科学作品有关的权利。这指作者权，或版权(著作权)。

(2) 与表演艺术家的表演活动、与录音制品及广播有关的权利。这主要指一般所称的邻接权。

(3) 与人类创造性活动的一切领域内的发明有关的权利。这主要指就专利发明、实用新型及非专利发明享有的权利。

(4) 与科学发现有关的权利。

(5) 与工业品外观设计有关的权利。

(6) 与商品商标、服务商标、商号及其他商业标记有关的权利。

(7) 与防止不正当竞争有关的权利。

(8) 一切其他来自工业、科学及文学艺术领域的智力创作活动所产生的权利。

其中第(8)项几乎是无所不包的"兜底"条款。这一范围实际上囊括了一切人类智力创造成果上的权利，所以与传统(狭义)的知识产权范围相对应，被称为广义的知识产权。

(三) 世界贸易组织所划的范围

1994年4月缔结的世界贸易组织(WTO)的《与贸易有关的知识产权协议》(简称TRIPs)中，也为知识产权划定了一个范围。这一范围是由国际贸易实践中的需要所决定的，既非通常理解的狭义知识产权，也非《建立世界知识产权组织公约》中的广义知识产权。

该协议的第一部分第一条中划出的范围是：

第一章 知识产权制度概述

(1) 版权与邻接权;
(2) 商标权;
(3) 地理标志权;
(4) 工业品外观设计权;
(5) 专利权;
(6) 集成电路布图设计(拓扑图)权;
(7) 未披露过的信息专有权。

由于世贸组织截止到 2007 年 1 月已有 150 个成员并在国际社会中具有显著地位,所以该协议中划定的知识产权范围在理论上和实践中都具有重要意义。

三、知识产权的界定

世界贸易组织《与贸易有关的知识产权协议》的前言中开宗明义地指出"知识产权是私权",即民事权利。这一论断在国际社会中已被普遍地认同,或者说是知识产权领域中最基本的共识。

知识产权是指创造者在一定期限内就其智力创造成果的利用所享有的一种排他权

世界贸易组织在其官方网站上指出:"知识产权是为人们的智力创造成果而设定的权利,通常是指创造者在一定期限内就其智力创造成果的利用所享有的一种排他权。"世界知识产权组织在其主持编写的《知识产权理论与实践引论》一书中将知识产权界定为"对智力创造成果的利用进行控制的权利"。有些国家的立法中,如希腊《民法》第 60 条,也规定知识产权是"对智力成果的排他性权利"。可见,知识产权的共性集中于两点:(1) 设定在智力创造成果上的权利;(2) 是排他权。因此,我们认为知识产权是以智力创造成果为客体的排他权。

— 3 —

第二节　知识产权的客体

一、概述

权利本质上是受法律保护的利益,所以通说认为,权利包含"特定利益"与"法律上之力"两个要素。其中,法律上之力规范着权利主体实现利益的行为方式从而决定了可实现利益的范围,利益则是权利的核心。简单说,权利就是"权"加"利",权,指权能,即依据权利能做什么,实际上就是法律上之力;利,就是利益。

权利客体是符合一定条件从而受到权利保护的客观事物,非权利主体不得对客体从事实现利益的行为

权利客体是符合一定条件(特别是能产生特定利益)从而受到权利保护的客观事物,非权利主体不得对客体从事实现利益的行为。反过来说,权利的功能在于禁止他人对客体实施某些行为,即对客体进行保护,从而确保客体上的利益最终归属于法律认可的主体。由此也说明,权利是配置客体上利益的法律工具,而不是配置客体本身的法律工具。著名民法学者史尚宽先生曾明确指出利益是权利的目的,称为"标的"①,以有别于客体。很久以来我们将客体与标的混为一谈,这在有些场合固然说得过去,但在知识产权领域对此二者作出明确区分却是至关重要的。

客体作为利益载体,其内在属性的差异导致了权利配置利益方式的差异,换句话说,客体的不同导致了权利的设计不同。因此,要掌握某具体权利的性质和内容,首先应对该种权利的客体有所了解。

知识产权的客体是人类的智力创造成果,也称为"创新性智力成果",即运用人脑独具的思维创造能力所产生的结果,是人脑这种物质的自身运动及其与客观世界相互作用的"痕迹",本质上属于

---

① 参见史尚宽著:《民法总论》,1980年台北第3版,第17页。

信息。信息与物质、能量并列构成这个世界的三大基本元素。

二、知识产权客体的共享性(可复制性)

信息与物质、能量最显著的区别在于具有共享性。信息共享性是指,同一条信息可以存在于多个时空,同一信息可以被不同时间的人反复使用,而不会有任何损耗,从这个意义上讲,创新性智力成果作为特定信息

共享性是指同一信息可以被不同时间的人反复使用,并可以在同一时间由多人控制、使用

可以永远存在;更重要的是,信息的共享性意味着同一信息在同一时间可以由多人控制、使用,该信息的提供者并不失去其所提供的信息。举个形象的例子,同一台电脑在同一时间只能被一个人使用,但是,同一个软件可以同时被不同地域的人所使用,同一部电影可以全球同步放映。

同一创新性智力成果可以同时被很多人拥有,其创造者无法通过物权法上的"占有"来保护自己的智力成果,这与有形物的天然排他性形成鲜明对照。然而,客体是利益的源泉,所以,如何排他地实现具有共享性的信息上的利益,是以创新性智力成果这种信息为客体的知识产权权利内容设计中的关键问题。

三、知识产权客体的创新性

知识产权客体是创新性智力成果,即运用人的智力创造出来的新信息。利用信息的共享性将他人创造的信息"装载"到自己脑中或其他载体上,并不产生新的信息,不构成创新性智力成果。

创新性智力成果,是指运用人的智力创造出来的新信息

对于知识产权客体的创新性,应注意以下几点:

(一)只有创新性智力成果才能受到知识产权的保护

人类社会中已有的、现存的各种信息包括积存下来的智力成

— 5 —

果处于知识产权法上的公有领域（public domain），只要未受到其他法律的控制，可以被任何人自由并无偿地利用。

可见，知识产权客体的"创新性"意味着知识产权并不是设定在公共资源（commons）上的专有权，并不会缩减公共资源。换句话说，知识产权不是直接从公有领域中"挖"走一块置于自己的专有控制之下，而是对"追加的思想结晶"提供保护，因而不能认为知识产权是将公有领域的一部分划归私有，事实上，那正是知识产权所禁止的。这说明，知识产权并未垄断全部知识和信息，任何他人都不会因知识产权的创设而减少、丧失自由利用已有公共资源的机会，任何人在特定知识产权设定后至少都不会降低现有生活水平。

（二）创新性智力成果应当受到保护

首先，创新性智力成果具有"价值性"，也称"有用性"。人类的每一点进步（包括对自然界的利用、改造和人类社会文明的发展以及人自身的完善等）都是经由人类自身的创造性智力活动（其结果就是创新性智力成果）才取得的。可见，创新性智力成果是最可宝贵的资源，比各种物质、能量甚至比其他信息都更能满足人的需要，因而是人类最重要的利益源泉（当然，不是唯一的利益源泉），所以，应当想方设法地去激励更多创新性智力成果的产生，而保障创新者能够安全地实现自身利益的知识产权制度就是最有效的激励创新的法律手段。

其次，创新性智力成果具有稀缺性。所谓稀缺性，是指某特定客观事物所产生的利益不足以及时在人与人之间按照各自意愿进行分配。就是说，该特定客观事物所生利益是有限的，一个人将这种利益拥有得越多，其他人能得到的就越少，而每个人都有追求自身利益最大化的本能，所以，具有稀缺性的事物必定会在人与人之间引发利益冲突，从而需要法律就该事物所产生的利益在人与人之间划定各自利益范围以"定分止争"。从"私权"的角度讲，就是要为具有稀缺性的客观事物设定某种"私权"。

创新性智力成果之所以具有稀缺性，根本原因在于，具体的时空条件下，每一个特定的创新性智力成果所能产生的利益是有限的，无法让每个人都获得最大化满足。用经济学的术语来说，每一个特定的创新性智力成果的社会收益（即该智力成果在一定时空中所能产生的全部收益）是有限的，一个人从中获取的收益（即该智力成果的个人收益）越大，其他人能够获取的收益就越小，是一种此消彼长的关系，因此，人们必然会针对每一个特定的创新性智力成果而发生利益冲突。

同时，创新性智力成果作为信息所具有的"共享性"不仅没有缓释或消解这种利益冲突，反倒起了"推波助澜"的作用甚至"雪上加霜"：正因为创新性智力成果可以被共享，可以被无损耗地同时使用，所以，使得分享特定创新性智力成果利益的人（即所谓的"搭便车者（free-rider）"）在数量上不受限制，必然使得有限的利益不断被"摊薄"乃至耗尽。如果没有知识产权这种"私权"的保护，创造智力成果的人就无法得到足够的利益补偿与激励（因为被没有从事智力劳动的人拿走了），再加上创新性智力活动的高风险、高投入、高难度，客观上必然使得原本就总量不足的创新性智力成果愈加不足，从而妨碍了人类整体的进步与发展。由此说明，任何创新性智力成果所产生的社会收益尽管可能十分巨大但仍是有限的，而每个人对自身利益的追求又都是无限的，正是这二者之间的落差使人们意识到，创新性智力成果总是稀缺的，因而应当使创新性智力成果成为知识产权的客体（此处暂未考虑其他因素①）。

（三）将创新性智力成果设定为知识产权的保护客体是社会正义的要求

人类社会需要有人从事智力创造，而且这样的人越多越好。

---

① 因为基于社会公共利益和各国立法政策、政治、经济、文化、历史、军事、外交等因素，并非所有的创新性智力成果均被当做知识产权的客体。有些创新性智力成果受到其他法律保护，如我国在建立知识产权制度之前的计划经济时代，绝大多数的国防技术科研成果作为国家秘密、军事秘密直接受到国家公权力的保护；另一些创新性智力成果则只存在于公有领域，不受任何法律保护，如已经公开但没有申请任何专利权的发明创造。特定创新性智力成果能否成为知识产权客体最终取决于一个国家知识产权立法的具体规定。

那么,有人从事了智力创造,为社会作出了贡献,按照正义的要求,他就应该得到奖励,"正如麦考莱勋爵所指出的那样,版权是'为了发给作者奖金而对读者征的税'"①。从更基本的正义看,一个人从事了劳动,就应该得到报酬,那么,就创新性智力成果而言,将它所产生的利益通过共享的方式分配给没有劳动的人会比通过一定专有的方式分配给创造者本人更正义吗?换句话说,"不劳而获"是不是比"劳有所得"更正义呢?答案显然是否定的。

站在正义的立场再深究一步,是否以法律权利的形式承认智力劳动的价值实际上还是一个关乎"人权"的问题。联合国《世界人权宣言》第27条即明文规定:"(1)任何人都有权自由参与社会文化生活,享受艺术并分享科学进步以及由此产生的利益。(2)任何人都享有对产生于他自己所创造的一切科学、文学或艺术成果中的精神和物质利益进行保护的权利。"②

第三节 知识产权的独特品格

知识产权具有自身鲜明的独特品格,与其他各种私权(特别是物权)均判然有别,换句话说,相对于以保护物质(能量)的归属和流转为主干的传统民事权利原则理念、规范体系而言,知识产权有着太多的特殊性。

一、知识产权:"民事权利中的一类极特殊的权利"③

(一)知识产权与行政权力这种公权联系密切

知识产权与行政权力的联系主要表现在如下两个方面:

第一个突出表现是,许多知识产权的得丧变更需经过行政审

---

① 〔美〕罗伯特·考特、托马斯·尤伦著:《法和经济学》,张军等译,上海三联书店、上海人民出版社1994年版,第191页。
② http://www.unesco.org/general/eng/legal/human-rights.shtml.
③ 郑成思:《世界贸易组织与贸易有关的知识产权》,中国人民大学出版社1996年版,第20页。

批程序,由此也使得相应的知识产权法包含了大量行政程序性条款。而传统的民事权利(主要指物权、债权、人身权)规则中则奉"意思自治"原则为圭臬,尤其警惕行政权力这种公权力的介入和干预。当然,传统的民事

知识产权与行政权力联系密切;立法上具有特殊性;当今时代具有特别重要的地位

权利与行政机关也有联系,但这种联系同知识产权与行政权力的联系相比较,存在显著差异。试以专利权与物权的取得为例:从范围上看,在我国,取得任何类型的专利权都需向国家知识产权局这一行政机关申请并必须经过审查、核准、登记、公告等行政程序,而物权中只有不动产(即不可移动物上的物权)的取得涉及有关行政机关的登记程序①;从作用上看,相关的行政程序是取得专利权无一例外的唯一途径,但不动产登记并非发生物权取得效力的唯一方法,"在当事人的处分行为能够为其他客观可以认定的事实加以证明或者表征时,行为照样可以生效,物权的变动可以成立。比如,房屋买卖中当事人订立合同之后出卖人在登记过户之前将房屋实际交付给买受人的情形,当事人在订立合同后将该合同予以公证的情形,出卖人在登记之前将自己的房屋权利证书交付给对方的情形等,都属于这类情况"②。可见,专利权只能经由行政程序取得,而取得物权则还可以凭借登记程序以外的行为;从性质上看,产生专利权的行政程序是一系列纯粹的行政行为,或者说,相关的行政行为是产生专利权的决定性法律事实,因此,专利权是由行政权力这种"公权力"产生的"私权",当事人取得专利权的"效果意思"与其预期的法律效果并无必然的因果联系,显然,这已远离了"当事人意思自治"的私法基本原则,而不动

---

① 文中之所以强调"在我国",是因为对于不动产登记而言,"在国际上,大多数国家均实行司法机关登记的体制,而登记机关的职责行为的性质一般也被认定为司法行为"。(见孙宪忠:《中国物权法总论》,法律出版社2003年版,第221页。)换个角度看,如果不动产登记都与行政权力无关,那么,传统私权与行政权力的联系不能说绝对没有,至少也是十分难寻了。

② 孙宪忠:《中国物权法总论》,法律出版社2003年版,第174页。

产登记虽然是取得物权所必须的基本公示行为,但"物权的公示行为,其实就是物权的独立意思表示的行为,是物权独立意思表示的客观表现方式"①。可见,不动产登记虽由行政机关负责,但体现的仍是或者说仍遵循民事行为当事人"意思自治"这一原则,更准确地说,物权仍是由当事人依法创设的,是当事人意思自治的结果,登记只是对一个特定物权的公开展示或公开证明,或者说,物权不是由行政权力创设的,行政权力只起到一个公开证明的作用(所以物权法上极为强调其公信力),而且,其他许多非行政权力的手段也同样可以有这样的证明作用。不难看出,行政权力在物权的取得中与在专利权的取得中所具有的地位、作用大相径庭。另外,涉及行政程序、行政权力的传统民事权利为数甚少,一般只存在于物权变动之中,而几乎所有的知识产权均涉及行政程序、行政权力,因而与其有密切联系。

　　知识产权与行政权力这种公权联系密切的第二个突出表现是,各种知识产权的保护均在很大程度上依赖于行政权力的介入而不仅仅依赖民事司法救济。知识产权作为一种私权与其他传统民事权利一样,需要法院这种司法机构提供各种民事救济作为权利保护的方式,但是,行政权力在知识产权保护中却占有很重要的地位。"英国的专利局从 20 世纪 70 年代初就可以受理专利诉讼案子。只要双方同意,专利局就可以裁决,用不着到法院。匈牙利也是如此。"②最有代表性的当属世界贸易组织的《知识产权协议》(TRIPs),其中第 49 条专门就各成员的行政机关通过行政程序裁判知识产权案件并提供民事救济的问题作了规定。我国也不例外,《著作权法》、《专利法》、《商标法》等知识产权主干法律以及与知识产权有密切关系的《反不正当竞争法》中都为行政机关通过行政程序保护知识产权设有明文。

　　从上述分析可以清楚地看出,行政权力这种公权力在"权利

---

① 孙宪忠:《中国物权法总论》,法律出版社 2003 年版,第 180 页。
② 郑成思:《反不正当竞争法在国内外的新发展》,载《知识产权研究》第六卷,中国方正出版社 1998 年版,第 105 页。

的变动"与"权利的保护"这两个主要方面,对知识产权领域的介入均比对传统民事权利领域的介入要深入得多,也广泛得多。

(二) 知识产权立法上的特殊性

1. 知识产权立法普遍以成文法为主

大陆法系的立法一般采用成文法的形式,知识产权领域自然也是如此。但是,以判例法为特征的普通法系国家,同样为知识产权制定了大量的成文法,或者说,这些判例法国家在知识产权领域构建了相当完备的成文法体系,而在其他的私权领域,判例则仍是主要的法律渊源,英、美等主要普通法国家概莫能外。不仅如此,现代意义上的第一部成文专利法(1623 年颁布、1624 年开始实施的《垄断法规》)和第一部成文版权法(1709 年颁布、1710 年开始实施的《安娜女王法》)均诞生于判例法的发祥地——英国,从这个意义上说,现代知识产权制度是以一个主要判例法国家的成文法为开端的,这不能不说是一个有趣而又发人深思的历史现象。权威的知识产权法学家 W.R.柯尼什对此有过精炼的阐释:"现代条件下的显著趋向是以政治决策来解决(知识产权)保护的适当范围,而这种政治决策主要是由成文法的立法活动表达出来的。之所以如此,一方面是希望有关利益集团能够向立法机构充分说明它们的现状与要求,另一方面是因为(知识产权领域)所需要的一系列复杂规则无法令人满意地从法律诉讼中创制出来。"[1]简言之,知识产权的重要地位使国家不得不将其政治意志明确表达出来,而由于知识产权的复杂性,这种明确表达必然要采用概括的、清晰的成文法形式,以使政府立场得以按统一标准被贯彻,当然为此也只能牺牲法律上的一些灵活性。

2. 知识产权立法上的国际性

与其他私权相比较,知识产权立法具有强烈的国际性特点。具体来说,(1)知识产权领域缔结了为数众多的国际公约和双边条约,这些国际条约涉及权利类型、权利内容、权利限制、权利保

---

[1] W. R. Cornish: *Intellectual Property: Patents, Copyright, Trade Marks and Allide Rights* (Third Edition), Sweet & Maxwell, [London,1996], p.11.

护的方式与程序、权利得丧变更的条件与程序等知识产权制度中几乎所有方面；（2）知识产权的国际条约，特别是其中几项主要的公约，覆盖了当今世界绝大多数国家和地区；（3）更重要的是，知识产权的国际条约基本上属于统一实体性规范，直接决定了其缔约方的知识产权立法。因为参加了知识产权国际公约或缔结了知识产权双边条约的国家，按照"条约必须遵守"的原则，其本国国内法必须至少达到国际条约的"最低要求"，即符合国际公约实体部分的"最低要求"条款①，因此，更准确地说，国际公约中的"最低要求"直接决定了其参加国国内知识产权立法的相关内容，这也正是知识产权领域中所谓的"国际标准"。

除"直接决定"国内立法，国际条约实体部分的"可选择条款"甚至有些尚未生效的国际条约，仍能作为示范而影响某些国家的知识产权立法，如1996年的《世界知识产权组织版权条约》尚未生效时，其第8条"向公众传播的权利"即被我国《著作权法》照搬过来。因此，一个国家在建立本国知识产权制度时，不仅要从本国的实际需要出发，还要考虑已有国际条约的要求和标准，必须"依照它加入的公约的要求，以'国家'的地位调整其国内法，使之符合公约，从而在其以国内法从事涉外（及不涉外）的保护时，不致违反国际公约。这是国家间的'公'行为，是无法纳入私法（民法）领域的，这与以国内法进行'涉外保护'（这确系民法领域的问题）是完全不同的两回事"②。正是在这个意义上，我们说，知识产权关系实际上反映着或至少会涉及国家与国家之间的关系。

其他私权显然不具有知识产权这样的"国际性"，一般地讲，它们仅仅是一个国家国内法上的权利，基本上不会涉及更不会反映国家与国家之间的关系。这些私权关系中如果出现了某种涉外因素，也因为不存在任何国际条约所确定的"最低标准"，而只能通过国际私法上的冲突规范将特定一个国家的国内法作为准

---

① 参见郑成思著：《知识产权论》，法律出版社1998年版，第429页。
② 同上书，第436页。

据法并据此来解决相关争议。

当然,传统私权领域中也存在着一些国际条约,但这些条约的功能一般并不在于决定或影响其参加国的国内立法,而只在于指明不同情况下,应以哪一国的国内法为解决争议的准据法,显然,最终被适用的仍是特定国家的国内法而非由该条约确立的某种统一"标准",因此,这些条约本质上仍是一种冲突规范,并不能决定或影响其参加国的国内法。

(三)知识产权在当代具有特别重要的地位

在信息化浪潮来势汹汹、知识经济已初露端倪的当代,信息尤其是创新性智力成果这种优化信息,无论在世界上还是在我国,都已日益成为社会发展和进步的主要推动力量,其他资源的比较地位则日呈下降趋势,相应地,围绕着信息尤其是创新性智力成果这种优化信息的利益冲突就愈发激烈亦愈发复杂,以创新性智力成果为客体的知识产权也就越来越重要,不仅成为社会法律生活中的重点,同时也日益成为社会经济生活、文化生活中的重点和焦点。例如,世纪之交前后,世界上的主要国家为因应信息数字化技术发展,纷纷修订、增补了本国的知识产权立法,特别是版权法;日本还在 2002 年出台了《知识产权战略大纲(Intellectual Property Policy Outline)》以及相应的《知识产权基本法(Basic Law on Intellectual Property)》,并于 2003 年成立了"知识产权本部",强调要以"知识产权立国(a nation built on intellectual property)"①。

同时还应认识到,在人类社会基础性资源的重心由有形资源向信息资源发生重大迁移的时候,知识产权也随之发生着向"信息产权"的扩展,从而使财产权体系变得更加饱满。一般认为,信息产权的客体已不仅仅是特定的创新性智力成果,甚至包括某些非智力成果,因此,信息产权的保护范围大于知识产权的保护范围。但是,正如创新性智力成果虽非信息的全部却是其核心部

---

① *Intellectual Property Policy Outline*, July 3, 2002, Strategic Council on Intellectual Property, http://www.kantei.go.jp/foreign/policy/titeki/kettei/#0-1.

分,知识产权在信息产权中仍居于核心地位;另外,由于"知识产权"早于"信息产权"出现,所以在知识产权中已建立起诸多带有共性的、适用于各类信息保护的规则,典型的如禁止商业化共享特定信息的制度等,这些权利保护方法自然构成了信息产权权利保护的主要规则。由此可以充分看出知识产权与社会发展保持同步的基本品格,而这种自我更新的速度和能力是各种传统私权所不具备的。在传统私权领域中,罗马法上的许多规定至今仍以这样或那样的方式被沿用着,这显然同样反映出知识产权的"特殊性"。

二、知识产权与物权比较[①]:知识产权的特征

(一) 知识产权的"专有性"

"专有性",亦称"排他性"。所谓排他性,是指特定客体上的利益只能由特定权利人排他地实现,任何其他人均被排除于该客体利益的实现可能之外。知识产权的排他性具有

知识产权具有专有性、无形性、法定时间性、地域性和客体的可复制性

特殊品格,不应淹没于其他权利的排他性概念之中。以排他权之典型——物权为例。任何物均不具有共享性,某特定物在一个时间只能被特定主体控制。因此,特定主体只要排他地控制住该物本身,自然也就可以排他地实现该物上之利益,因为其他人皆因与该物脱离而不能实现该物所生之利益,亦即被排除在该利益实现可能之外;反过来,要实现特定物上的利益,必须控制住该物本身,不能落入他人之手,否则,该特定物上之利益无从实现,所以"对物的支配、控制"在物权的内容设计中永远处于统率地位,换句话说,物权由保障特定主体排他实现特定客体物上利益的权利演变为保障该主体排他支配、控制该客体物本身的权利。

知识产权的客体是智力成果这种特定的信息,具有共享性。

---

① 此处主要指知识产权与动产物权的比较,因为此二者的客体均可改换空间位置。

因此,知识产权的排他性建立在对"客体"与"客体上利益(即标的)"进行区分的基础上,允许客体(某特定信息)的共享,同时运用法律的强制力将该特定信息所生利益确定地配置给法律认可的特定主体(权利人)。可见,知识产权是"客体共享,利益排他",它不表现为对客体本身的控制,而表现为对他人擅自利用特定创新性智力成果行为的禁止。

任何财产权都有"行"(积极权能)与"禁"(消极权能)两个方面,知识产权中的任何权利都应当主要地从消极权能方面去理解、把握,每一种知识产权最主要的含义都在于禁止非权利人擅自以某种形式的行为从特定创新性智力成果上获取经济利益。例如,音乐作品作者享有的版权中的表演权,首先应理解为作者禁止任何非权利人擅自表演自己版权作品的权利,然后才是作者自己有表演这部作品的权利。

(二) 知识产权是"无形"的财产权

长久以来,物权特别是其中的所有权均被视为"有形"财产权。知识产权的"无形"性正是针对此而提出的。

由于物权权利内容表现为对物本身和物之控制的保护,物权与客体物只能始终保持同在,至少也要"推定"如此,所以特定物之所在即为物权之所在,或者说,物权总与一个有形的"物"在一起,易于观察也易于辨识,因此称为"有形"财产权。

而知识产权的客体是特定智力成果这种信息,具有共享性,因此知识产权客体常与该权利本身发生分离,知识产权客体之所在并不能成为判断知识产权之所在的依据,这是将知识产权称为无形财产权的主要原因之一;另外,虽然智力成果作为信息对物质具有依附性,但除极个别例外,特定智力成果上的知识产权的变动与该智力成果载体物上的物权的变动各自遵循不同法律规则,因此该载体物之所在一般亦不能决定知识产权之所在,这是将知识产权称为无形财产权的另一个主要原因,也是知识产权不能适用占有、准占有、取得时效等物权制度的主要原因。简单讲,作为某一知识产权客体的同一智力成果随处可见,该特定客体上的权利却踪迹难觅,既不能依该智力成果之所在确定权利所在,更不能依该智力成果的载体物之所在确定权利所在,或者说,知识产权缺少一种有形的"外壳",无踪无影,所以称为"无形"财产权。

(三) 知识产权的"法定时间性"

知识产权的客体作为一种特定信息,具有共享性,从时间上说,这意味着不同时间的人可以共享同一个智力成果,甚至几乎可以认为该智力成果是永存的,仅以此为据,该智力成果上的专有权应可永远存续,知识产权并无"时间性"可言。但是,任何知识的进步必然是以已有知识积累为基础的,智力成果上的专有权若永远存续,意味着其他人尤其后世人将无法利用这些智力成果,这显然有违人类追求进步的公益。因此,法律断然为绝大多数知识产权设定了时间上的限制,一旦期限届满,原来专有的智力成果自动进入公有领域。可见,知识产权的时间性是法律直接设定的,而非自然的,因此,不能笼统地讲知识产权具有时间性,应该讲知识产权具有"法定"时间性。任何物质都有其存在终结的自然时刻,不可能被子子孙孙共享,因而可以说,物权的时间性不言而喻,无需明定。

(四) 知识产权的地域性

智力成果作为一种信息具有共享性,因此,一个特定的智力成果可以同时存在于多个不同的国家或特定地区。但是,各国家、地区这时对在此同一智力成果上是否设定知识产权、设定何种知识产权以及所设定的知识产权的具体内容(如果设定某种知识产权)等问题的答案显然不可能相同,可见,该特定智力成果虽同时存在于各个国家,但在这些国家中所得到的"知识产权待遇"不同,而且彼此独立、互不影响,因此,就该智力成果的知识产权问题必须分别单独适用各个具体的"权利登记地法"或"权利主张地法";反之,任何一个特定物都不可能同时存在于多个国家、地区,所以其上的物权在一个时间只能也只需要适用特定的一个"物之所在地法"。这一比较充分显示了知识产权的地域性特点,也说明知识产权的地域性作为一种权利的特点与法律的地域效力虽有联系却绝不能混淆——各国物权法也有相应的地域效力,但物权却没有地域性的特点。

(五)知识产权客体的"可复制性"

由以上分析可以看出,知识产权的各个特点主要都来自于智力成果(知识)的共享性,正是由此出发,才导致了知识产权乃至信息产权与物权的巨大差异。同时,共享性只是知识产权客体的属性,而知识产权本身却是专有的、排他的,这一点不能混淆。同一智力成果可以在多个时空、以多种方式被利用,但这只是行为方式上的多样性,就该智力成果上每一项具体的知识产权本身而言,其利益归属是单一的——只能归属于特定的权利主体而不可能人人均沾,这也正是知识产权作为排他权的题中应有之义,进一步说,利益归属的单一性是包括物权在内的每一种排他权都具有的共同属性,不然无法称为"排他"或"专有"。

第四节 知识产权的限制

一、知识产权权利限制概述

从广义上讲,知识产权的权利限制其实有两层含义,一是,各个单行的知识产权法中往往列举或暗示出不属于特定知识产权保护对象的范围,主要有以下几种情形:(1)与某

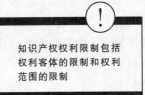

知识产权权利限制包括权利客体的限制和权利范围的限制

种在先权利相冲突的创新性智力成果,如与他人在先版权相冲突的图案不能取得商标权。应当明确,这不是先后两个权利相互冲突的问题,而是在后发生的某种行为侵犯已经存在的某个权利的问题。(2)不属于创新性智力成果,如我国版权法上的"历法、通用述表、通用表格和公式"等。(3)虽来自于或涉及一定的智力创造劳动,但不符合特定知识产权的法定客体性条件因而不受该种知识产权保护,如我国专利法上的"科学发现"、"智力活动的规

则和方法"等不能成为专利权的保护客体。(4)与某种公共利益相冲突或直接违反某种强行性规范的,如我国商标法上的"与中华人民共和国国旗相近似的标志"就不能取得商标权而且不能作为商标使用。(5)对于须由主管行政机关授权才能产生的知识产权,未能依照法定程序获得该种行政授权的创新性智力成果。(6)由于知识产权的地域性,某个创新性智力成果在特定国家或地区取得知识产权的事实,并不排除该创新性智力成果在其他国家或地区不受知识产权保护的可能性。知识产权权利限制的第二层含义是指,由于某种原因,主要是出于社会公共利益的考虑,对已经产生的某个知识产权的权利范围进行限制。这种限制也是我们学习的重点。

二、限制知识产权的原因

(一)知识产权客体的"创新性"与权利限制

知识产权客体是"创新性"智力成果,代表着特定时期人们对自然界、人类社会认识与了解的最前沿,对社会共同生活的条件和方式具有显著乃至决定性的影响,凝结着人类

限制知识产权的原因在于其客体的创新性、共享性及其他属性

整体共同的利益。这说明,知识产权的权利内容必须充分顾及、高度重视"创新性"智力成果所蕴含的巨大社会公共利益。知识产权作为一种"私权",内在地要求在"私益"与"公益"间建立、保持平衡。

(二)知识产权客体的"共享性"与权利限制

知识产权客体作为创新性"智力"成果只能是人脑的产物,因而只能是特定自然人(可以是特定的一个人,也可以是特定的多个人)个体智力劳动的结果,这说明知识产权客体的生产只能是"私人性"的;同时,创新性智力成果具有共享性,任意多数人可以同时使用同一个创新性智力成果,这意味着知识产权客体的利用必然具有"社会性"。因此,知识产权客体生产上的"私人性"与

其使用上的"社会性"之间存在着尖锐的对立,这种对立反过来又进一步强化了知识产权所保护的"私益"与创新性智力成果自身所产生的社会公共利益之间的矛盾,从而显著放大了知识产权制度中建立权利限制机制的必要性。

(三)知识产权客体的其他属性与权利限制

创新性智力成果的创新性和共享性是建立知识产权权利限制机制的主要根据(既是立法目的的根据,也是立法技术的根据),但并非全部,创新性智力成果的其他属性同样会对知识产权权利限制机制产生影响。

例如,创新性智力成果作为一种特定信息对物质具有依附性,极个别的情形下,特定的知识产权也会因此而受到限制。最典型的是美术等作品的展览权(版权中的一项)会随原件所有权的转移而转移。

三、知识产权的限制机制

知识产权权利限制实质上是特定经济利益范围的缩减,表现出来则是权利人就某特定创新性智力成果不再能排除他人的某些利益实现行为。

知识产权权利限制实质上是特定经济利益范围的缩减,表现出来则是权利人就某特定创新性智力成果不再能排除他人的某些利益实现行为

显然,知识产权的法定时间性应被认为是对知识产权最典型、也是最彻底的限制之一,它使得特定知识产权(财产权)从根本上"消灭"了。

有些情形下,非权利人使用甚至商业化使用特定创新性智力成果的行为代表着显著的社会公共利益,为社会共同生活的条件和方式所需要甚至必需,但同时,这些使用行为对知识产权主体利益的影响也比较明显,所以,知识产权法上设计了"法定许可"制度,即允许特定非权利人在符合法定条件和程序的情形下,可以不经知识产权人许可而使用其创新性智力成果,但该使用人即

被许可人(licensee)应向知识产权人支付合理对价且一般不允许将这种许可再许可或转让给第三人。由于"法定许可"下的使用往往是商业化的,所以同时为知识产权人保留了使用费请求权,以免过度损害权利人的"私益"。可见,"法定许可"对知识产权的限制力度相对较小,否则会严重瓦解知识产权这种财产权的基础。

另一些情形下,非权利人非商业化使用或在经营活动中使用特定创新性智力成果的行为,代表着一定的或显著的社会公共利益,但同时对知识产权人(经法律认可的)经济利益的影响较小甚至几乎可以认为没有,此时显然应加大对知识产权的限制力度。这些情形主要对应着两种限制:一被称为合理使用,二被称为权利用尽。这两种限制的共同之处在于都允许非权利人使用特定知识产权客体时既不必经过权利人许可也不必向权利人支付对价。

关于知识产权的合理使用、法定许可、权利用尽等限制机制,将在本书的分论中分别进一步详细介绍。

四、知识产权限制的限制

(一)概述

"私权"的限制是从社会公共利益的立场出发而建立的规则。对"私权"的限制进行限制,则显然站在了保护"私益"的立场,因而与设定该种"私权"的初衷是一致的,或者说,是私权专有范围的巩固与维持。

知识产权权利限制应是有限的,不能妨碍客体的正常使用,不能不合理地损害权利人利益

(二)原因

之所以要对权利限制再进行限制,一般地讲,恰恰是为了真正发挥"权利限制"的作用,否则,"权利限制"极可能不受控制地扩张,蚕食私权的专有范围。这样,本来是为了从反面确定某种私权范围的权利限制机制,将可能成为彻底否定该种私权的"工

具",这显然与建立"权利限制"的立法目的背道而驰。

还应注意的是,社会公共利益事实上存在着"滥用"的可能,更存在着假借"社会公共利益"之名行一己之私的危险,因此,对"私权"的限制进行限制,不仅不是可有可无,而且为维护"私权"秩序所不可或缺。

由于知识产权客体是创新性智力成果这种特定信息,于人类社会有重大意义,社会公共利益在此必然具有比在其他私权领域更为明显的扩张冲动。同时,从客观上看,知识产权客体在使用上所具有的共享性,更为社会公共利益的扩张提供了极大的便利。这两种因素结合起来,必然对知识产权专有范围的空间形成强烈挤压之势,严重威胁知识产权作为一种"私权"的地位。

因此,知识产权权利限制作为社会公共利益在法律层面上的制度化表现,必须与知识产权法中保护"私益"的制度达至平衡,否则将无异于"解构"了知识产权制度。尤应警惕的是,由于客体的特殊性,知识产权与有形财产权有明显不同,如果有人利用日常生活中习以为常且根深蒂固的有形财产权观念,再以社会公众代言人自居,而要求突破或缩减知识产权的专有范围,则是极具迷惑性的,容易引起不明就里的社会公众的认同,但其最终结果却是违背了最根本的社会公共利益——阻碍了智力创造、从而阻碍了人类的发展与进步。所以,知识产权制度中特别需要明确构建限制"权利限制"的制度。

(三)具体内容

WTO 的知识产权协议作为当代最有影响力的知识产权国际条约之一,明确规定了对几种主要知识产权限制的限制[①],这些规定至少在 WTO 成员域内建立起了限制知识产权限制的框架。

首先,对知识产权的限制应"局限于一定特例中"或者说只能是"有限的",也就是说,对知识产权的限制不能太多且不能不加

[①] Trips 第 13 条(针对版权的限制),第 17 条、第 21 条(针对或涉及商标权的限制),第 24 条(涉及地理标志的限制),第 26 条第 2 款(针对工业品外观设计权的限制),第 30 条(针对专利权的限制)。

控制地任意扩大;其次,对知识产权的限制不能影响知识产权客体的正常使用,因为特定权利人正是通过对特定创新性智力成果的使用而实现其"私益"的,如果知识产权客体不能被正常使用,知识产权人的利益显然成为无源之水;最后,也是最为重要的,对知识产权的限制不能"不合理地损害权利持有人的合法利益"。这说明,对知识产权的限制,必须以不损害或只是轻微影响权利人的这种合法利益为前提(如合理使用和权利用尽的情形),否则应给予相应的补偿(如在法定许可中)。

第五节 知识产权法的概念、性质和立法模式

一、知识产权法的概念和特征

（一）知识产权法的概念

知识产权法是调整民事主体因智力创造成果而产生的各种社会关系的法律规范的总和。

知识产权法是调整民事主体因智力创造成果而产生的各种社会关系的法律规范的总和

这个概念有以下特征：

1. 知识产权法是调整民事主体之间社会关系的法律规范

这是知识产权法调整主体的特征。知识产权法主要的调整主体是民事主体,但这并不排除知识产权法同时调整一定的行政主体。知识产权的行政管理部门也受到知识产权法的调整。知识产权法调整的主体是民事主体这一特征的认定,是从知识产权法的宗旨和主要功能和知识产权法的整体出发的。这个特征使得知识产权法和行政法区分开来。

2. 知识产权法调整的社会关系主要是平等主体之间的人身关系和财产关系

尽管知识产权法也调整相关行政管理机关与相对人的行政管理关系,但是平等主体之间的人身关系和财产关系仍然是其调整的占主导地位的社会关系。这个特征使得知识产权法和经济

法区分开来。

3. 知识产权法调整的是民事主体因智力创造成果而产生的社会关系

知识产权法不是调整民事主体之间的一切人身关系和财产关系,而是仅仅调整因智力创造成果而产生的人身关系和财产关系以及与智力创造成果有直接关系的行政管理关系。这个特征既说明知识产权法是民法的一部分,也说明了知识产权法的特殊性。

二、知识产权法的性质

(一)知识产权法性质的各种学说

由于知识产权法在主体、客体和内容上的复杂性,以及调整方法和形式渊源上的多样性等特点,不同的学者对知识产权法的性质有不同见解。

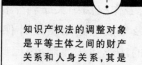

知识产权法的调整对象是平等主体之间的财产关系和人身关系,其是民法的一部分

1. 行政法说

此说认为,知识产权法属于行政法范畴。其理由是:从起源上看,知识产权起源于封建社会的"特权"。这种特权,或由君主个人授予、或由封建国家授予、或由代表君主的地方官授予,属于行政性质;从权利的产生看,知识产权的产生(或称"获得")大多源自行政法。除著作权系自动产生外,商标权和专利权的产生均须国家行政管理部门的认可;从国家对知识产权的保护看,各国均设有专门的知识产权管理机构。我国设立了专利局、商标局、版权局以及地方各级相应的行政管理部门,对知识产权实行管理。在知识产权的保护方面,知识产权办公会议、工商局、版权局、技术监督局和海关发挥着重要的职能。① 因此,有人认为知识产权法属于行政法的范畴。

---

① 谷照明:《计算机软件知识产权保护的行政途径》,载《中国工商管理研究》1996 年第 8 期。

2. 经济法说

此说认为知识产权法是经济法的一部分。我国20世纪80到90年代的经济法教科书一般都包含有工业产权的内容。知识产权法尤其是工业产权法客观上涉及多元的社会关系,既涉及横向财产关系又涉及纵向的管理关系,比如,因国家为发展经济推广应用科技成果而在国家同成果所有方、应用方之间形成的关系,企业单位为组织智力成果的开发而形成的企业自身同开发执行人之间的关系,因国家对智力成果转让的价格控制而形成的关系,以及知识产权税收关系等。

3. 科技法说

此说认为,知识产权法是促进科技成果传播应用,加强国际技术交流合作,完成科技进步大业的法律的总和。尤其是专利法、著作权法中关于科学作品著作权、计算机软件著作权的制度,以及集成电路布图设计保护制度是推动和保护科学技术发明创造的法律和法律制度,因此知识产权法应纳入科技法律的范畴。[1]

4. 独立法律部门说

此说认为,知识产权法广泛涉及许多领域,但不能将知识产权法肢解为几个部分归到不同的法律部门中去。知识产权法有自己的特殊性质和基本原则,有特定的调整对象,它作为一个整体概念已经被世界各国接受。因此知识产权法不宜归入上述法律部门,也不宜归入民法。笼统使用民法调整财产关系的一般原则,不能完全解决知识产权领域的特殊问题。因此,在国家法律体系中,知识产权法是一个独立于其他部门法(包括民法)的法律部门。[2]

5. 民法说

此说认为,知识产权法在性质上属于民事法律。知识产权法的调整对象是平等主体之间的财产关系和人身关系。知识产权法的调整方法主要是平衡平等主体之间的利益,并且重在保护私

---

[1] 参见陶鑫良、袁真富:《知识产权总论》,知识产权出版社2005年版,第384页。
[2] 张平:《知识产权法的地位及其渊源》,载《知识产权》1994年第6期。

人的利益,即使在保护公共利益的情形下,虽然国家强制力常常介入知识产权关系,但都是以尊重私权为前提的。在专利强制许可中,被许可人仍然要向知识产权人支付报酬。作品的合理使用以不侵害知识产权人的利益为前提。虽然知识产权法中有大量的程序性规定和行政性规定,但其基础还是民事法律规范。当然,有些制度纯粹是为了公共利益和健康,比如国家强制许可制度。类似的规定,在整个知识产权法中所占的比例相对于民事规范来说,只占很小的一部分。

（二）知识产权法的本质

我们不赞成行政法说、经济法说、科技法说和独立部门法说的主张。行政法说和经济法说是没能从法律保护的利益角度和宗旨角度出发全面看待知识产权法而得出的片面结论。经济法说和行政法说相同的一面是均以知识产权法调整对象的行政管理关系为基础。这两种学说的分野是:行政法学说认为知识产权法调整的管理关系为行政管理关系,而经济法学说认为这种关系属于经济管理关系。知识产权法调整的关系中有一部分在性质上属于行政关系,如商标和专利的申请、审批、管理中产生的社会关系等。但是无论从知识产权法的制定宗旨还是从法律规范的数量上看,知识产权法更多规范的是平等主体之间的社会关系。科技法说也没有看到知识产权法的实质。科技法是科学技术进步法的简称,根据我国1993年颁布的《中华人民共和国科技进步法》以及相关法规的规定,科技法是指国家对在促进和管理科技活动中所产生的各种社会关系进行调整的法律规范。科技法的调整对象包括:(1)国家在促进和管理科学技术活动过程中发生的行政管理关系;(2)不同科技部门之间在研究、开发、协作和管理过程中所发生的合作关系;(3)科技机构内部和科技人员之间发生的权利和义务关系等。诚然,科技法和知识产权法有着一定程度的交叉[①],但是科技法属于行政法性质,其调整的是国家促进

---

① 余蓟曾:《浅谈科技法与知识产权法的关系》,载《河南科技》1997年第4期。

和管理科技活动中发生的社会关系,而知识产权法是民事性质,其调整对象和科技法有着质的区别。独立部门法说一方面承认知识产权是民事权利,一方面又否定知识产权法的民法性质,在逻辑上欠缺一致性。

我们赞同民法说的观点。判断一个部门法的性质,应该从其立法宗旨和基础规范入手。我们认为知识产权法是民法的一部分。TRIPs协议开宗明义地宣称:"承认知识产权为私权"。作为保护知识产权基本法律关系的知识产权法,是以保护私权和私人利益为目的的。知识产权法的调整对象是平等主体因创造或使用智力成果而产生的财产关系和人身关系,其调整对象和适用原则主要是民法的手段和原则。民法的主体、客体、法律行为、时效、期间期日等制度皆得适用于知识产权法,民法的基本原则也是知识产权法的基本原则。知识产权是私权,知识产权法隶属于民法的观念已成为世界上大多数国家的普遍主张。

三、知识产权法的立法模式

知识产权法是民法的一部分,是不是意味着必然要将知识产权法纳入民法典呢?从现有世界各国知识产权的立法来看,知识产权法的立法模式主要有以下三种:

制定知识产权法典的立法模式是知识产权立法发展的必然趋势

第一种情况是在民法典中设置知识产权法编。采用此种立法例最早的是1942年的《意大利民法典》。该法典在其第五编"劳动"的第八章和第九章中对商号权、商标权、专利权和著作权作出了规定。第五编冠名为"劳动",实际是关于劳动关系、公司(合伙)、合作化、企业、知识产权、竞争与垄断等规范的混合编。《越南民法典》单独设立了知识产权编,《俄罗斯联邦民法典》也正在考虑将知识产权纳入民法典。在民法典中设置知识产权编最大的优势在于彰显了知识产权法的民事法律性质。但总的来看,在民法典中设置知识产权编有以下缺陷:第一,一般而言,在民法典中的知识产权规范多为原则性规定。即主要规定各类知识产权的性质、对象、内容、主体、转让等,多为一般性、原则性条款。民法典强调有关权利的取得、行使及其存续期间由特别法加以规定。实际上,在民法典的相关规定之外,各种知识产权专门立法依然需要。知识产权在民法典中的规定,是象征性、宣言性的,缺乏实际操作的意义。第二,现代知识产权法已成为门类众多、权项庞杂的规范体系,民法典中关于知识产权的规定包容性不足。[1] 我国著名知识产权法学家郑成思先生起初也不赞成将知识产权法纳入民法典,"因为世界上除了意大利不成功的经验之外,现有的稍有影响的民法典,均没有把知识产权纳入"[2]。第三,特别是工业产权部分,它是靠行政授予才获得的民事权利,这是它特殊的地方,如果把知识产权放进民法典,就必须有一大批行政程序条款进入民法典里,这就不成为民法典了。[3] 第四,随着科学技术的日新月异,知识产权相关制度也往往在几年之内发生重大变化,这必然会导致知识产权法的修改,这与作为民事基本法的民法典的稳定性要求是根本冲突的。

从目前已有的立法例来看,将知识产权纳入民法典的努力都不是很成功。一方面,世界上对此没有成功的经验,并且知识产权本身已经比较完善,比较成体系了;虽然在2002年全国人大法工委召开的民法典专家讨论会上,与会的知识产权专家们,包括发表文章不赞成知识产权整体纳入民法典的教授,也都表示可以不反对起草民法典知识产权编,但其出发点是:日后如果发现建议稿中大部分"一般条款"不是能收入民法典总则,就是能收入民事诉讼法,而真正属于"知识产权一般规定"的并不多,起草工作也没有白作。原因是那时的民法、民事诉讼法就将被归纳与抽象到真正能够覆盖知识产权的高度了。[4] 所以,知识产权编的起草

---

[1] 参见吴汉东:《知识产权制度不宜纳入我国民法典》,载《法制日报》2002年9月29日。
[2] 郑成思:《民法草案与知识产权》,www.iolaw.org.cn,2005年5月19日访问。
[3] 郑成思2002年11月26日在中国政法大学民商经济法学院主办的"中国民法典论坛"第三场中的讲话。
[4] 郑成思:《知识产权论》,法律出版社2003年版,第80页。

只是为了繁荣知识产权研究,推动民法典和民事诉讼法与知识产权保护靠拢,并非真正要创立一个民法典知识产权编。

第二种情况是民法典中不就知识产权问题作出规定,也不制定民法典之外的知识产权法典,而是就知识产权法的各项制度制定专门的单行法。这是目前世界各国采用较多的立法模式。此种立法模式一方面可以依托民法典的规定,利用现有的民法基本原则和原理,并借鉴其他民事制度,指导知识产权法的立法、司法、执法和守法,节约法律资源。另一方面可以避免抽象出不能适用于整个知识产权领域的规则,给专利、商标、版权、商业秘密等各项制度预留发展的空间。此外,采用单行法的模式可针对不同制度的特殊情况作出专门规定,有利于"专业化"地处理问题,提高效率。当然,此种模式并非没有缺点,其最大的弊端在于各单行法各行其是,难以统一协调,甚至出现矛盾。

第三种情况是在民法典之外汇编知识产权法典。鉴于知识产权法中有大量的行政法规范,以及知识产权本身的特殊性,很多国家在民法典之外制定独立的知识产权法典。1992年《法国知识产权法典》颁行于世,开创了知识产权法典化的先河,成为知识产权立法史上的里程碑。1999年的《菲律宾知识产权法典》紧随其后。1994年缔结的TRIPs也第一次将发明、实用新型、外观设计、作品、计算机程序、数据库、商标、地理标志、未披露信息(商业秘密)、集成电路布图设计、植物新品种等大部分知识产权保护对象,集中在一部国际条约中进行规范,相当于一部法典化的国际条约。① 此种在民法典之外另设知识产权法典的立法模式,有学者称其为知识产权立法发展的必然趋势。此种立法模式的优势在于可以有效整合知识产权法资源,使知识产权法立法协调统一,避免重复与冲突。此种立法模式对加大知识产权法的宣传与研究,普及知识产权法知识,加强知识产权保护有利。但其最主要的弊端是:知识产权法典往往是知识产权各部门法的汇编,缺

---

① 陶鑫良、袁真富:《知识产权总论》,知识产权出版社2005年版,第406—407页。

乏总则,导致知识产权法在基本原则、主体、客体、法律行为、时效等方面仍然需要适用民法典的规定。

　　需要指出的是,我国现行的知识产权法采取的立法模式是第一种和第二种的结合。我国有《专利法》、《商标法》、《著作权法》、《反不正当竞争法》等单行法律,但是我国作为民法基本法的《民法通则》却在第五章第三节对知识产权作出了一般性的规定。《民法通则》中的规定虽然有利于明确知识产权的民事权利地位,但是易于挂一漏万,不利于保护所有知识产权,并不足采。随着全球政治经济一体化,国际知识产权保护的加强和国内知识产权保护水平的进一步提高,在现在知识产权法单行法和《民法通则》相关规定的基础上,采用第三种模式——汇编知识产权法典是必要的,也是可行的。

【参考书目】

[1] 郑成思:《知识产权论》,法律出版社2003年版。

[2] 郑成思:《世界贸易组织与贸易有关的知识产权》,中国人民大学出版社1996年版。

[3] 孙宪忠:《中国物权法总论》,法律出版社2003年版。

【思考题】

一、名词解释

　　1. 知识产权

　　2. 知识产权法

　　3. 知识产权的客体

二、简答题

　　1. 简述知识产权的范围。

　　2. 简述知识产权客体的特征。

三、论述题

　　1. 结合知识产权的特点,论述知识产权与物权的异同。

　　2. 试述知识产权法的立法模式及其我国的立法选择。

第二章 知识产权法起源与发展

第一节 知识产权的起源和历史

一、著作权制度的起源

印刷术的使用是著作权制度产生的前提。雕版印刷术的采用,在我国最早可以追溯到隋朝。① 至宋朝时期,毕昇发明了活字印刷术后,印刷方法简便,时间缩短,从而促进了印书出版业的发展。民间印刷商为了防止他人翻印,开始寻求官府的保护,故自那时起便有了对出版的书籍的保护措施。当时通常的做法是,印刷商将拟印制的抄本或手稿,送给皇帝或地方官员审查,由皇帝或地方官员批复或发布榜文,准其独家印制销售,严禁他人翻印。南宋咸淳二年(1266年),福建和两浙(今浙江和江苏)地方政府(转运司)为四部书发榜"禁戢翻刊",如发现"嗜利之徒"翻印销售,允许祝家"陈告、追人、毁板"。可以认为这份榜文是世界上保护著作权的第一份法律文件。② 但是,我国古代一直没有成文法的全面版权保护,而是以禁令形式保护出版者。

活字印刷术被引入到欧洲后,德国人古登堡发明了合金活字的活版印刷术,欧洲的印刷出版业开始有了很大的发展。由于处于文艺复兴时期,当时欧洲出版业几乎不出版当世作者的原作,而是以古典著作为重点。而对古典著作的发现和整理都需要付出艰辛的劳动,如果被别人擅自复制,那么出版商的投入都不能

> ! 世界上第一部著作权法是1710年由英国议会通过的《安娜女王法》

---

① 郑成思:《知识产权法》(第二版),法律出版社2004年版,第267页。
② 沈仁干、钟颖科:《著作权法概论》,商务印书馆2003年版,第52页。

收回,更谈不上获取利益了。最初,出版商自行商讨对策和措施,但收效并不大,因此转而寻求官方的保护。15世纪的威尼斯和16世纪的英国都是以令状保护制度来维护印刷出版商的利益的。据学者介绍,威尼斯商人吉奥范尼·戴·施德拉于1469年得到的为期5年的出版许可证,是西方国家第一个有关出版的独占许可证。① 英国的第一个许可证于1662年颁发。在法国和德国也存在相类似的制度。随着资产阶级革命的兴起,"私有财产不可侵犯"和"人生来自由平等"的观念成为著作权保护的理论基础,要求作者权受保护的呼声日益高涨。1690年,英国哲学家洛克在他的《论国民政府的两个条约中》指出:作者在创作作品时花费的时间和劳动,与其他劳动成果的创作人的花费没有什么不同,因此作品也应当像其他劳动成品一样获得应有的报酬。1709年1月19日,英国议会下院有人提出一项法案,要求在该法案规定的时限内,将图书的复制权授予作者或作品原稿的买主,以鼓励学术创作活动。这项提案于1710年4月10日由英国议会通过,题为《授予作者、原稿买主于法定期限内专有复制权,以鼓励学术创作法案》,由安娜女王批准实行,故称《安娜女王法》。它是世界上第一部著作权法,确立了作者有权控制和处理自己的作品,有权分享他人利用自己的作品而带来的利益的现代著作权概念。继《安娜女王法》之后,丹麦于1741年公布了版权法,法国于1777年颁布了六项出版法令,美国的马萨诸塞州1789年通过了版权法。这时的著作权主要体现了其财产权性质。18世纪末,德国的启蒙思想家康德提出,作品不同于任何商品,而首先是作者人格的反映,在著作权中人格权是首要的,财产权次之。后来大陆法系国家在进行著作权立法时,深受这种思想的影响,它们把著作权法称为作者权法(Author's Rights Law)。法国于1791年和1793年分别制定了《表演法令》和《复制法令》,这是法国最早的著作权法。德国巴伐利亚州1865年颁布的著作权法,称为《关于保护

---

① 吴汉东等:《知识产权基本问题研究》,中国人民大学出版社2005年版,第167页。

★ 第一编　总论

文学艺术作者权法》,明确了著作权的受益者是作者。

由此,世界范围内的著作权的保护立法形成了两个主要体系,一个是普通法国家的著作权法体系,以英国、美国为主要代表;另一个则是大陆法国家的作者权法体系,以法国、德国为主要代表。

二、专利制度的起源和发展

专利的雏形出现在中世纪的欧洲。13世纪,英国皇家为了对那些创造出新颖的技术,从而给社会带来利益的人们以奖励,而给予这些技术的创造者以一定限期内对该技术的垄断权。具体的方式是由英王颁发诏

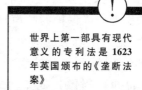

世界上第一部具有现代意义的专利法是1623年英国颁布的《垄断法案》

书,这种诏书在当时被叫作"公开证书(letters patent)",它是不封口的,无需启封即可阅读证书内容。其目的就是将内容向人们进行公开。与之相对的则是"密封证书"(letters close),不启封则无法阅读其内容。letters patent便是英文中"专利"(patent)一词的语词来源。这种钦赐特权制度是专利制度的萌芽。

15世纪,地中海沿岸一些国家成为贸易和航海中心,它们的经济和科学技术发展较快,许多国家开始着手建立保护新技术的法律制度。据考证,1474年威尼斯城邦共和国颁布了世界上第一部最接近现代专利制度的法律。① 依照该法规定,发明人对其发明享有10年的垄断权,任何人未经同意不得仿造与受保护的发明相同的设施,否则将赔偿百枚金币,还将销毁全部仿造的设施。这部法律已经勾勒出现代专利法的轮廓,其基本原则在现代专利法中仍然适用,因而有人称其为专利法的鼻祖。

早期的钦赐特权制度在一定程度上起到了促进技术发展的作用,但随着后来封建君主将其作为增加税收的一项措施,滥发

---

① 郑成思:《知识产权法》(第二版),法律出版社2004年版,第205页。

专利权,把一些普通产品也作为授予专利权的对象,从而引起国民的严重不满。人们呼吁建立一套新型的保护技术和鼓励技术进步的法律制度,以取代原有的国王依其个人喜好而授予特权的制度。1623年,英国颁布了《垄断法案》。该法案被认为是世界上第一部具有现代意义的专利法。之后,各国纷纷效仿,建立了各自的专利制度。美国在独立后不久便在宪法中确立了保护专利技术的原则,并于1790年颁布了专利法。法国于1791年颁布了专利法,并在专利法序言中明确提出无视他人对技术发明的专利权就等于无视人权,从而明确了专利权作为人权的地位。以后俄国于1812年,西班牙于1826年,德国于1877年相继颁布了专利法。

三、商标制度的起源和发展

我国北周时期即有将陶工的名字标示在陶器上的做法,但这是一种强制性要求,且只具有区别生产者的单一属性。目前有实物印证,并有文字记载的我国最早的商标,当属北宋时期山东济南刘家功夫针铺使用的"白兔标识"。该标识中心图案是一

世界上第一部成文商标法是 1857 年法国制定的《关于以使用原则和不审查原则为内容的制造标记和商标的法律》

只白兔,傍刻"济南刘家功夫针铺","认门前白兔儿为记"。国外的商标起源,据载首推于西班牙游牧部落采用的,在自己所有的牲畜身上打的烙印,便利于物物交换时同别人的牲畜有所区别。①13 世纪,欧洲行会兴起,各个行会要求其成员在其生产、制作的商品上使用该行会的标记,目的在于对产品质量进行监督,保持行会对外的垄断。但是这一切都不是现代商标和商标法。

现代意义上的商标出现于 19 世纪资本主义时期,这时的商品经济进入了一个高度发达的阶段,商品能够极大的满足社会的

---

① 郑成思:《知识产权法教程》,法律出版社 1993 年版,第 240 页。

需求,消费者可以进行自由的选择,商标在市场竞争中的重要性日益凸显。为保护经营者的权利和消费者的利益,一些相关法律文件先后被制定出来。1803年法国《关于工厂、制造场和作坊的法律》,就把假冒商标比照私自伪造文件罪处理,这是最早的商标保护的单行成文法规。1804年《法国民法典》首次肯定了商标作为无形财产与其他财产权一样受法律保护,开创了近代的商标制度。从19世纪50年代起,各资本主义国家相继制定了调整商标关系的专门法律。1857年法国制定的《关于以使用原则和不审查原则为内容的制造标记和商标的法律》,是世界上第一部成文商标法。随后英国于1862年,美国于1870年,德国于1874年,日本于1884年制定了商标法。

第二节 知识产权法的当代发展与未来走向

一、知识产权法的当代发展

在当代,随着信息技术与生物技术的快速发展和广泛应用,以及全球化进程的加速和发展中国家、最不发达国家知识产权意识的增强,知识产权的客体范围逐渐扩大,计算机软

在信息技术和生物技术推动下,知识产权的客体范围正在拓展

件、微生物新品种、动植物新品种、域名、数据库、遗传资源、传统知识和民间文艺等等逐渐被世界各国和国际条约纳入到知识产权的体系中进行保护,或者至少正在酝酿纳入到知识产权法领域进行保护。特别是在信息技术和生物技术推动下,知识产权的客体范围正在拓展。

(一)专利权客体的拓展

传统的专利权的客体包括发明、实用新型和外观设计,在信息技术和生物技术的推动下,专利权的客体扩展到了计算机软件、电子商务的商业方法和植物新品种,并将随着信息技术和生物技术的发展,进一步拓宽。

第一,计算机软件。对于计算机软件的保护,国际通行的做法是作为文字作品由著作权法加以保护,这种保护模式肇始于 1980 年美国著作权法的修正。① 但是著作权法保护仅能保护软件的表现形式,不能保护软件的构思设计及操作和使用方法,因此各国特别是计算机软件比较发达的国家逐渐寻求对计算机软件的专利法保护,以弥补著作权法保护的不足。美国专利商标局 1996 年 2 月发布的《与计算机相关的发明的审查指南》,对计算机软件的可专利性作出了明确的规定。该指南指出同计算机程序相关的发明专利与其他的发明一样,属于可专利法定主题的,可以是产品(机械或制成品),也可以是方法(过程)发明专利。② 继美国之后,日本等国相继开放了计算机软件的专利申请,软件专利成为软件业者维护其合法利益的重要手段。计算机软件作为专利法保护对象时,必须与硬件相结合,单纯的没有与硬件结合的软件仍然不能授予计算机软件专利。这种结合实际上是很方便的,因为从理论上讲,任何软件只有与硬件结合才会发挥作用,不与硬件结合的软件几乎是不存在的。③

第二,电子商务商业方法。在美国的司法实践中,对于电子商务商业方法赋予专利保护持肯定态度。1998 年,State Street Bank &Trust 一案中,美国法院判决电子商务的商业方法具有可专利性,由此开创了计算机商业方法专利保护的先河。2000 年 3 月,美国发布了《自动化商业方法专利白皮书》,将电子商务商业方法作为"自动化商业数据处理方法专利"正式列入第 705 类专利之中。美国之后,日本和欧盟也确立了电子商务商业方法的可专利性。

第三,植物新品种。面对生物技术的迅猛发展,很多国家都逐步将植物新品种作为专利法保护的客体。美国专利法的保护

---

① 刘尚志、陈佳麟:《电子商务与计算机软件之专利保护——发展、分析、创新与策略》,中国政法大学出版社 2004 年版,第 19 页。
② 翁鸣江、武雷:《Napster 诉讼案及其对美国著作权法的影响》,载《法制与社会发展》2002 年第 2 期。
③ 参见李明德:《美国知识产权法》,法律出版社 2003 年版,第 21 页。

范围就包括发明专利、外观设计专利和植物专利。依美国的法律,与植物新品种有关的发明可以获得三种途径的保护,即"植物专利法"的保护,"植物新品种保护法"的保护,以及一般的发明专利的保护。① 根据我国已实施的《植物新品种保护条例》,植物新品种权人的生产权、销售权、转让权等权利与专利权接近。在保护期限上,最低保护期 15 年,还高于专利的最低保护期限。事实上我国已经开始对植物品种提供相当于专利权的法律保护。②

（二）著作权客体的拓展

在信息技术的推动下,著作权的显著变化主要表现在以下两个方面:计算机软件的著作权保护和信息网络传播权的出现。

第一,著作权客体的扩展——计算机软件的著作权保护。根据 2001 年 12 月国务院颁布的《计算机软件保护条例》,我国仍然是将计算机软件作为一种文字作品进行保护。将计算机软件作为文字作品进行保护的直接后果是将计算机程序和相关文档纳入了著作权的客体范围。根据美国的相关判例,计算机程序包括源程序、目标程序、只读存储器中固定的程序、系统程序和应用程序。③ 计算机软件与传统文字作品最大的区别在于计算机软件的功能性,它是人们为了解决某个计算机操作和运用问题而设计的具有实用性的工具。将具有实用性的计算机软件纳入著作权法保护,扩展了著作权法的客体范围。

第二,著作权新的权利内容的诞生——信息网络传播权。为了应对网络对著作权的影响,世界知识产权组织在 1996 年通过了《WIPO 著作权条约》(WCT)和《WIPO 表演和录音条约》(WPPT),赋予了作者和传播者新的权利种类——信息网络传播权以及管理信息权和技术措施权。④ 为了与国际接轨,我国 2001 年 10 月公布的新《著作权法》在法律上正式确立了信息网络传播

---

① 李明德:《美国知识产权法》,法律出版社 2003 年版,第 46 页。
② 参见须建楚、高建伟:《基因的专利法律问题》,载《法学》2000 年第 2 期。
③ 参见郑成思:《知识产权论》,法律出版社 1998 年版,第 192 页。
④ 刘华、王海燕:《论信息网络传播者权——一种新的邻接权的确立》,载《电子知识产权》2002 年第 12 期。

权。根据该法第 10 条第 12 款规定,信息网络传播权是指著作权人以有线或无线方式向公众提供作品,使公众可以在其个人选定的时间和地点获得作品的权利。信息网络传播权的保护与著作权其他权利内容的保护是一致的,保护的方式方法与手段适用于著作权的一般保护原则。① 信息网络传播权的出现,表明著作权受信息技术的影响而不断发展,其权利类型和内容都不断扩展。

(三) 商标权客体的拓展

商标法在当代的发展,有两个问题值得特别关注:

第一,地理标志的保护问题。地理标志的保护已经演化为知识产权法律制度中的重要内容。TRIPs 协议第 22 条规定:"地理标志(Geographical Indications)是指能识别某一种商品来源于某一成员方领土内,或该领土内的某地区或地方,该商品的特定质量、信誉或其他特征,主要与该地理来源相关联。"各国关于地理标志的保护模式基本上可分为三种类型:一是专门立法保护模式;二是商标法保护模式;三是反不正当竞争法保护模式。我国采商标法保护模式,涉及地理标志的主要法律、法规为《商标法》和原国家质量技术监督局 1999 年发布的《原产地域产品保护规定》,另外,我国的《反不正当竞争法》、《产品质量法》以及《消费者权益保护法》等法律中也有少量关于地理标志保护的零散规定。

第二,域名的保护问题。域名(Domain Name)是特定网络用户在互联网上与其计算机主机相对应的 IP 地址及其名称的统一体。可以看出域名是 IP 地址的一个称谓。域名是主体在网上相互寻找、了解、评价及认识网络及网页所有人的一种重要身份符号。② 域名的典型特征有两个——唯一性和标志性。第一,域名的唯一性特征。域名的唯一性是指在同一等级水平内域名必须唯一。不允许重复是域名分配和注册的规则。第二,域名的标志性特征。域名的标志性是指个人域名呈个性化、形象化特征,商

---

① 于军波:《略论信息网络传播权》,载《政法论丛》2003 年第 1 期。
② 齐爱民、徐亮:《电子商务法原理与实务》,武汉大学出版社 2001 年版,第 17 页。

业域名呈直观化特征,商业域名往往与该用户的公司、品牌或主要营业性质直接相关。这就决定了域名在电子商务中的主要作用是标志用户①,这是域名的主要功能。域名和商标、商号虽有相似之处(从域名的商业作用而言,域名和商标、服务标志等工业产权具有类似的法律性质),但域名不是商标,也不是商号,而是一种新生的知识产权客体。

将地理标志和域名作为知识产权的客体,是知识产权客体扩张的结果。

(四)数据库的保护问题

数据库(databases)是指按照一定顺序排列编排的作品、数据或其他材料组成的信息集合体(collections of information)。根据相关国际条约以及世界各国国内立法,利用著作权法保护具有"独创性"的数据库在国际上已成定论。但是著作权法的保护模式也有其固有的缺陷。最大的缺陷在于不能对数据库进行全面保护。基于著作权保护模式的不足,有学者主张采用特殊权利保护的模式保护数据库。在实践中,欧盟于1996年制定的《关于数据库法律保护的指令》(下列简称《欧盟指令》)已开始构建一套特殊的制度保护数据库。根据《欧盟指令》,对数据库给予特殊权利保护,采用的不是判断著作权客体的保护标准,而是以是否有实质性投资作为是否保护的判断标准。所谓实质性投资,包括数据库信息的收集、处理等方面进行的质量上或数量上的实质性投资,这些投资不仅仅局限于金钱,而且包括时间、劳动等方面投入。数据库的权利归属实行雇主主义,权利人是数据库的制作者(the maker),即进行了实质性投资的人而非具体制作数据库的人员。数据库权利的内容包括提取权(extraction)和再利用权(re-utilization),前者指权利人有权禁止或许可他人永久或暂时地将数据库全部内容,或是在数量上或质量上的实质性内容转移到另一种介质上,后者是指权利人有权许可或禁止他人以发行、出租、在

---

① 参见唐广良:《INTERNET 域名及有关的问题》,载《知识产权文丛》,中国政法大学出版社 2000 年版,第 36—38 页。

线传输或者其他传输方式向公众提供数据库全部内容,或者在数量上或质量上的实质性内容的行为。此外,对他人重复系统地利用权利人数据库非实质性内容,与数据库的正常利用相冲突或损害数据库权利人的合法权益的,权利人也有权禁止。数据库特殊权利的保护期限为15年,从数据库制作完成之日起的第二年的1月1日起算。

在数据库的保护中,个人信息数据库的保护是一个带有特殊性的新问题。自瑞典政府1973年最早制定资料法以来,个人信息保护立法已经在全球范围内展开。个人信息是一切可以识别本人信息的总和,这些信息包括了一个人的生理的、心理的、智力的、个体的、社会的、经济的、文化的、家庭的等等方面。[1] 个人信息是国家制定政策和商业机构进行营销的重要资源。建立个人信息保护制度的目的在于保护进入记录的个人信息,使被记录人有安全感。[2] 个人信息主体权利的承认势必造成对信息处理主体(数据库权利人)权利的限制。个人信息保护的结果是使信息主体获得法律认可的个人信息权,用以对抗信息处理主体(数据库权利人)的数据库权利。这从另一个方面也说明了,个人信息作为一种"信息财产"已经成为交易的对象。信息处理主体对个人信息的权利属于数据库上的权利,只是由于该"数据库"的特殊性,信息处理主体在行使其权利时受到信息主体权利的制约。

(五)遗传资源、传统知识和民间文艺的保护

"遗传资源"(genetic resources),又称基因资源,是指来自植物、动物、微生物或其他来源的任何含有遗传功能单位的具有实际或潜在价值的遗传材料。在遗传资源的保护上,《生物多样性公约》(Convention on Biological Diversity,简称 CBD)具有划时代的意义。根据公约第15条的规定,公约确认了遗传资源的国家主权原则、遗传资源的获取和利用的知情同意原则和利益分享

---

[1] 齐爱民:《论个人信息的法律保护》,载《苏州大学学报》2005年第2期。
[2] 参见郑成思:《个人信息保护立法——市场信息安全与信用制度的前提》,载《中国社会科学院研究生院学报》2003年第2期。

原则。

"传统知识(traditional knowledge)"是一个较为复杂的概念。WIPO认为:"传统知识是指以传统为基础的文学、艺术和科学著作;表演;发明;科学发现;外观设计;标志;名称和象征符;未揭示的信息和所有其他来源于工业、科学、文学艺术领域内的智力活动所产生的基于传统的革新和创造。"这是广义的传统知识的定义。狭义的传统知识指民间文艺以外的传统知识。传统知识应该采取知识产权保护模式加以保护,其中专利保护制度、小专利保护制度、商标权保护制度、地理标志保护制度、商业秘密保护制度、植物育种者权保护制度、外观设计权保护制度能够较好地起到保护某一方面传统知识的作用。

民间文艺是指由某一特定民族或一定区域的群体创作并世代相传,留存于民间的,反映该群体历史渊源、风俗习惯、宗教信仰、心理特征及所赖以生存的自然环境等内容的文学和艺术表现形式。尽管民间文艺和著作权法意义上的作品有区别,但是我国《著作权法》仍然将民间文艺作品纳入了保护,从而进一步扩大了著作权的客体范围。

对数据库、遗传资源、传统知识和民间文艺给予知识产权保护,从权利人的角度看保护的是财产性信息而非智力成果。知识产权法对这些客体的保护揭示了知识产权的未来发展趋势,使信息产权法浮出水面。

二、知识产权法未来的发展方向

从历史发展来看,人类已经经历过三个社会形态,原始社会、农业社会与工业社会,而现在正处于第四个社会形态,即信息社会。在原始社会中,人们以狩猎和采集为生,生产力

知识产权法未来的发展方向——信息产权法

有限,衣食匮乏,产品只能满足消费,难有剩余,因而没有形成私有制度,更无产权观念。在农业社会中,随着农业从畜牧业分离

和生产力的提高,产品除满足日常需要外还有剩余,人们形成了私有观念和产权观念,由于以畜牧和种植为生,所以土地成为最重要的财产,土地法是社会资源配置的核心。在工业社会中,随着蒸汽机、电能的发明、发现和利用,生产机器化,机器这一动产取代了土地,成为最重要的财产。动产法成为社会资源配置的核心。在信息社会中,信息取代了土地、机器这些有形财产的核心地位,成为推动社会发展与进步的主要动力。与之相适应,信息产权法终将发展成为信息社会的核心财产法。知识产权法向信息产权法发展的动向,早在20世纪就被国内外的很多学者所关注。"信息产权"的理论于1984年由澳大利亚学者彭德尔顿教授(Michael Pendleton)在其专著、Butterworth出版社出版的 *The Law of Industrial and Intellectual Property in Hong Kong* 一书中作了初步阐述;1987年我国学者郑成思先生在《计算机、软件与数据库的法律保护》一书中对"信息产权"作了较为全面的论述,1988年郑成思先生又在《工业产权》杂志第3期上撰文对这一理论作了进一步的展开。1989年,牛津出版的《欧洲知识产权评论》第7期将该文专门翻译成英文,推荐给西方读者。西方学者于20世纪90年代上半叶开始讨论"信息产权"问题,其代表性成果包括:美国加州大学伯克利分校萨缪尔森教授(Pamela Samuelson)1991年在 Communications of the ACM 发表的"信息是财产吗"("Is information Property?")一文、荷兰海牙的 Kluwer Law International 出版社1998年出版的《知识产权和信息产权》(*Intellectual Property and Information Property*)一书和美国缅因州大学李特曼教授(Jessica Litman)1999年在《耶鲁法学评论》发表的"信息隐私和信息产权"("Information Privacy / Information Property")一文等。

"信息产权"这一概念突出了知识产权客体的"信息"本质。商标是附在商品或服务上,用以说明商品或服务来源的标记,作品是人们了解所需要信息的信息形式和思想表达,专利是一项解决某一特定问题的新的技术信息,商业秘密则被TRIPs协议称为"未曾披露的信息"。知识产权向"信息产权"(演变的)这一发展过程,除了凸现出知识产权客体的"信息"本质外,还使得知识产权法逐渐脱离"智力成果"的束缚,成为一项调整所有静态财产性信息关系的法律规范的总和。

在信息社会,围绕着信息形成的各种社会关系,成为基本的和最重要的社会关系,这必然要求法律制度作出回应。因此,信息法作为一个新的法律部门产生了。信息法的体系由以下六大部分组成:信息产权法、信息交易法、信息保护法、信息公开法、信息管理法和信息安全法。信息产权法以保护静态的财产性信息为目的,包括传统的知识产权法及其在新的发展中产生的新的法律制度。信息交易法以保护动态的财产性信息为目的,1999年美国统一州法委员会通过的《统一计算机信息交易法》(UCITA)是其代表。基于计算机信息这样特殊的调整对象,UCITA形成了一系列有别于传统合同法的规则。UCITA还规范进入计算机信息网站的访问合同(access contracts),适用于储存设备,如仅记载计算机信息的磁盘和光盘等。UCITA为财产性信息交易立法打下了基础,使"信息交易法"从概念法转化为部门法。信息保护法以秘密信息和人格信息为保护对象,目的是为了保护特定主体的特殊利益,包括国家秘密保护法和个人信息保护法等两方面内容。国家秘密保护法又称国家保密法、保守国家秘密法,简称保密法,是以国家秘密为保护对象的法律规范的总称。个人信息保护法是以保护资料本人的人格利益为目的的领域法,产生于20世纪70年代。迄今,个人信息保护法已有三十多年历史,早已发展出独具自身特色的原则和体系,成为在融合民法和行政法的基础上的一个新的研究领域和法律部门。信息公开法以保护公共信息的公开、自由获取和传播为目的的法律规范的总和,主要包括信息公开法和信息传播法两个部分法。信息管理法是以信息管理和保护信息安全关系为调整对象的法律规范的总和,主要是指档案法。信息安全法主要是指维护信息安全,防止利用互联网实施各种犯罪活动。从法律性质上说,属于传统刑事法律性质。①

其实,法律保护的信息,已经不限于传统知识产权法上的"智力成果"了,而是逐步扩展到财产性信息。与之相适应,知识产权法向信息产权法逐步演变。上述已经出现的这些现象,证明了这种演变的客观存在和发展趋势。

【参考书目】

[1] 郑成思:《知识产权法》(第二版),法律出版社 2004 年版。
[2] 郑成思:《知识产权法教程》,法律出版社 1993 年版。
[3] 沈仁干、钟颖科:《著作权法概论》,商务印书馆 2003 年版。
[4] 吴汉东等:《知识产权基本问题研究》,中国人民大学出版社 2005 年版。
[5] 李明德:《美国知识产权法》,法律出版社 2003 年版。
[6] 齐爱民、徐亮:《电子商务法原理与实务》,武汉大学出版社 2001 年版。

【思考题】

一、名词解释

  1. 电子商务方法

  2. 地理标志

  3. 域名

  4. 个人信息

二、简答题

  1. 简述著作权的起源和发展。

  2. 简述专利权的起源和发展。

  3. 简述商标权的起源和发展。

三、论述题

  1. 试述知识产权法的当代发展与未来走向。

  2. 论述世界上两大著作权法体系之间的区别及其产生的根源。

---

① 齐爱民:《土地法、动产法到信息法的社会历史变迁》,载《河北法学》2005 年第 1 期。

第三章 知识产权的国际保护和涉外保护

第一节 知识产权的国际保护

一、知识产权国际保护概述

在知识产权制度确立的初始阶段,基于当时的经济、科技、文化情况,各国利用本国法就可以较好地保护本国知识产权权利人的利益。但进入到 19 世纪下半叶后,随着科学技术的不断发展以及国家之间交流合作的日益频繁,知识产品的跨国流通

知识产权的国际保护是以多边国际公约为前提,协调各国国内知识产权法,从而在相对统一的基础上对知识产权进行的保护

速度加快,方式日新月异,再加上知识产权具有的地域性特点,在一国取得的知识产权在国外一般不能当然地受到保护,仅仅依靠国内法来应对这种新形势的挑战显得有些捉襟见肘,各国开始寻求以建立国际机制的方法进行知识产权保护,各种知识产权国际公约应运而生。

知识产权的国际保护是指以多边国际公约为前提,协调各国国内知识产权法律制度,从而在相对统一的基础上对知识产权进行的保护。

二、知识产权国际公约概述

(一)知识产权国际公约概念和形式

知识产权国际公约是国家与国家之间以及国家与国际组织之间依据国际法,就知识产权保护等方面确立权利义务关系的国际协议。知识产权国际公约数量众多,名称也有公约、条约、协

定、议定书等不同称谓,如《保护工业产权巴黎公约》、《专利法条约》、《保护原产地名称及其国际注册里斯本协定》、《商标国际注册马德里协定有关议定书》。本节内容不涉及区域性知识产权条约以及两国间单独缔结的知识产权协定。

知识产权国际公约是国家与国家之间以及国家与国际组织之间依据国际法,就知识产权保护等方面确立的国际协议

(二)知识产权国际公约的分类

按照调整内容的不同,知识产权国际公约大致可以分为四类[①]:

1. 总条约

是指《成立世界知识产权组织公约》。

2. 知识产权保护方面

《保护工业产权巴黎公约》、《保护文学和艺术作品伯尔尼公约》、《世界版权公约》、《保护表演者、录音制品制作者和广播组织的国际公约》、《世界知识产权组织著作权条约》、《保护录音制品制作者防止未经许可复制其录音制品公约》、《关于播送由人造卫星传播载有节目的信号的公约》、《制止商品产地虚假或欺骗性标记马德里协定》、《保护原产地名称及其国际注册里斯本协定》、《保护奥林匹克会徽内罗毕条约》、《专利法条约》、《商标法条约》、《国际植物新品种保护公约》、《关于集成电路的知识产权条约》等。

3. 构建知识产权国际注册登记体系方面

《专利合作条约》、《商标国际注册马德里协定》、《商标国际注册马德里协定有关议定书》、《外观设计国际保存海牙协定》、《国际承认用于专利程序的微生物保存布达佩斯条约》、《国际视听作品登记条约》等。

---

① 刘春田:《知识产权法》(第二版),法律出版社2003年版,第319页。

4. 知识产权国际分类方面

《关于供商标注册用的商品和服务的国际分类的尼斯协定》、《国际专利分类斯特拉斯堡协定》、《建立外观设计国际分类洛迦诺协定》、《建立图形要素国际分类的维也纳协定》。

(三) 我国已加入的知识产权国际公约

我国目前已加入的知识产权国际公约有:《成立世界知识产权组织公约》(1980年加入);《保护工业产权巴黎公约》(1985年加入)、《商标国际注册马德里协定》(1989年加入);《商标国际注册马德里协定有关议定书》(1989年加入);《保护文学和艺术作品伯尔尼公约》(1992年加入);《世界版权公约》(1992年加入);《保护录音制品制作者防止未经许可复制其录音制品公约》(1992年加入);《专利合作条约》(1993年加入);《商标注册用商品与服务国际分类尼斯协定》(1994年加入);《国际承认用于专利程序的微生物保存布达佩斯条约》(1995年加入);《建立工业品外观设计国际分类洛迦诺协定》(1996年加入);《国际专利分类斯特拉斯堡协定》(1997年加入);《国际植物新品种保护公约》(1999年加入);《与贸易有关的知识产权协议》(2001年加入);《世界知识产权组织版权条约》(2006年加入);《世界知识产权组织表演和录音制品条约》(2006年加入)。

条约必须信守原则是国际法上的重要基本原则,公约的成员国必须善意履约,否则必须承担国际责任。当前各国在对国际公约的执行上存在两种方式:一种是以国内法律概括地将国际条约的规定纳入到国内法,美国、日本等国家采取这种方式;另一种是把国际公约制定为国内法才能得到执行,采取这种方式的典型是英国。根据我国《民法通则》第142条和《民事诉讼法》第238条有关规定,可以认为我国采用的是前一种方式,即我国加入的民事方面的国际公约可以直接援引加以适用。因此,我国加入的知识产权国际公约有关规定可以直接适用。

三、几个主要知识产权国际公约

（一）《保护工业产权巴黎公约》

《保护工业产权巴黎公约》（简称《巴黎公约》）在各种工业产权公约中缔结最早，成员国也最广泛，因此是保护工业产权方面最重要的一项国际公约。《巴黎公约》于1883年缔结，至2007年4月，共有169个成员

《巴黎公约》、《伯尔尼公约》、《马德里协定》及议定书、《与贸易有关的知识产权协议》

国，其中大多数国家批准了该公约最新的1967年斯德哥尔摩文本。我国于1985年3月19日成为该公约成员国，并对第28条第1款提出保留，即主张成员国之间有关公约的解释或公约的适用的争议，不提交国际法院解决。《巴黎公约》的主要内容有：

1. 国民待遇原则

国民待遇原则在《巴黎公约》以及其他知识产权的国际公约中，具有非常重要的地位。国民待遇在《巴黎公约》中的含义有二：其一是在保护工业产权方面，各成员国必须在法律上给予其他成员国的国民以本国国民同等待遇。这项内容反映在《巴黎公约》第2条。其二是即使是非公约成员国的国民，只要他在某个成员国内有住所，或有实际从事工、商业活动的营业所，也应当享有与该成员国国民同等的待遇。这体现在《巴黎公约》第3条中。这里的国民，包括自然人和法人。《巴黎公约》也不排斥成员国给予外国人以高于本国国民的待遇。《巴黎公约》第2条划出了在给予国民待遇时允许保留的范围，即涉及保护工业产权的有关司法及行政程序、司法管辖权、文件送达地址、代理人资格等问题的法律，都可以声明保留。

2. 优先权原则

《巴黎公约》第4条规定：如果有资格享有国民待遇的人，以一项发明首先在任何一个成员国提出了专利申请（或其他工业产权申请），自该申请提出之日起12个月内（对发明专利与实用新

型专利是 12 个月,对商标注册或外观设计专利是 6 个月),他如果在其他成员国也提出了同样的申请,则这些成员国都必须承认该申请案在第一个国家递交的日期为本国申请日。"优先权"的作用在于给予申请人在首次提出申请之后,有充裕的时间考虑还要在其他哪些国家提出申请,而不必担心被他人抢先。优先权作为一种权利,可以连同专利申请案或商标注册申请案一同转让。优先权不适用于商号、商誉、产地名称等等。

3. 临时保护原则

《巴黎公约》第 11 条对临时保护作出了规定,即公约各成员国必须依本国法律,对于在任何一个成员国内举办的、经官方承认的国际展览会上展出的商品中可以申请专利的发明、实用新型或外观设计,可以申请注册的商标,给予临时保护。临时保护期限与优先权期限相同。

4. 宽限期原则

《巴黎公约》第 5 条是有关撤销工业产权时给予宽限期的规定。例如,专利年费或注册商标的续展费没有按时交纳,有关专利或有关注册就将被撤销。公约要求各成员国在有关期限届满后,提供 6 个月宽限期,限期过后仍然未付有关费用,才能撤销有关专有权。

(二)《保护文学和艺术作品伯尔尼公约》

《保护文学和艺术作品伯尔尼公约》(简称《伯尔尼公约》)于 1886 年缔结,截至 2007 年 4 月,该公约共有 160 个成员国,其中绝大多数国家批准了目前最新的 1971 年巴黎文本。我国于 1992 年加入该公约。《伯尔尼公约》的主要内容有:

1. 国民待遇原则

公约大部分实体条文都体现了国民待遇原则,而其第 3 条、第 4 条和第 5 条又更为突出地表现了该原则。公约中的国民待遇原则内涵是:(1)公约成员国国民的作品无论出版与否,均有权在一切成员国享有公约最低要求所提供的保护。这称为"作者国籍"标准或"人身标准"。(2)非公约成员国的国民,其作品只要首先在某个成员国出版,或在某个成员国和非成员国同时出版,也有权在任何成员国获得保护。这称为"作品国籍"标准或"地点标准"。(3)非成员国的作者在成员国内有惯常居所,也适用"人身标准"。(4)电影作品的作者,即使不具备前三条中任何一条,只要电影制片人总部或制片人的惯常居所在公约成员国内,适用"地点标准"。(5)建筑作品及建筑物中的与建筑相连的艺术作品的作者,即使不具备(1)、(2)、(3)中任何一条,只要作品位于成员国境内,则适用"地点标准"。

2. 自动保护原则

根据《伯尔尼公约》第5条第2款的规定,依据国民待遇而享有版权不需要履行如注册、登记之类的任何手续。作品一经完成或在成员国首次出版即自动享有版权。

3. 版权独立原则

同样依据《伯尔尼公约》第5条第2款的规定,享有国民待遇的作者所得到的版权,应当依据"权利要求地法",而不依照"作品来源地法"去保护。版权独立性原则说明,公约实行的"自动保护原则"没有突破版权的地域性特点。

4. 经济权利

公约要求成员国至少要保护下列经济权利:翻译权、复制权、表演权、无线广播与有线传播权、公开朗诵权、改编权、录制权、制版权。除此之外,还有"追续权",即作者就其作品原件或文字、音乐作品手稿的再次转售,有获得一定比例报酬的权利。保护这项权利的成员国不多。

5. 精神权利

公约要求成员国至少保护下列精神权利:署名权和保护作品完整权。

6. 权利保护期

《伯尔尼公约》第7条对经济权利的最低保护期限作了规定,一般作品为作者有生之年及其死后50年;匿名或假名作品为该作品合法公开之日起50年;合作作品为最后去世作者死后50

年;电影作品为在作者同意下公映后 50 年,如作品完成后 50 年内没有公映则为自作品拍摄完后 50 年。根据公约规定,精神权利的保护期限至少不得低于经济权利保护期限。

7. 追溯力

《伯尔尼公约》第 18 条第 1 款规定:公约对一切成员国在提供版权保护方面的最低要求,不仅适用于各成员国参加公约之后来源于其他成员国的受保护作品,而且适用于在一个成员国参加公约之前已经存于其他成员国、而在其来源国尚未进入公有领域的作品。

8. 对发展中国家的优惠

按照公约附件的规定,只要任何成员国被联合国大会承认属于"发展中国家",该国在翻译与复制来源于其他成员国的作品时,可以由主管当局依照一定条件颁发"强制许可证"。

(三)《商标国际注册马德里协定》及其议定书

《商标国际注册马德里协定》于 1891 年缔结,其目的在于消除商标所有人在此之前要在不同国家获得商标保护,就必须在相应的国家分别注册所带来的不便。截至 2007 年 4 月,该协定共有 80 个成员国,我国于 1989 年加入。

《商标国际注册马德里协定》保护商标与服务商标。按协定规定,商标注册申请人只要向一个主管部门递交一份"国际注册申请案",并且交付一次申请费,就有可能取得在两个以上国家的注册。有资格提交国际注册申请案的是协定成员国的国民和在成员国内有依据或有实际营业所的非成员国国民。

协定规定的申请和取得国际注册的程序是:先由申请人以自己的商标在本国商标主管部门取得注册,再向本国主管部门提交国际注册申请案,同时交纳注册费,包括国际注册基本费用,应向其他指定国家交纳的有关费用、附加费(一种商标在三种以上商品上申请注册,须交纳附加费)。本国主管部门审查核实,确认国际申请案中的商标与申请人在国内已经获得注册的商标完全一致,即转呈世界知识产权组织国际局。国际局进行形式审查,看申请案是否符合协定及其实施条例的要求,如通过形式审查,申请案就获得了国际注册。

取得国际注册后,申请人还不具有实际权利,只有潜在权利,这是因为,第一,国际注册对申请人在本国已取得的权利不发生任何影响。第二,国际局把国际注册公布并通知申请人所指定的请求保护的国家后,各个指定国有权在1年内,根据本国法律的规定,向国际局声明拒绝保护该商标。只有当指定国于1年内未作出拒绝保护的声明时,国际注册才转变为在指定国的国内注册,从而使商标专用权在该国生效。协定规定,从国际注册日算起5年内,如果商标在本国的注册被撤销,则它在其他各指定国的注册也将被撤销,只有在5年后,商标(如果在本国的注册未被撤销)在各指定国的注册才算是独立。

1989年,在世界知识产权组织主持下,缔结了《商标国际注册马德里协定有关议定书》,主要增加的规定是:申请人可以以其本国的注册申请(而不是已取得的注册)为国际申请依据;各成员国可以收取更高费用;等等。

(四)《与贸易有关的知识产权协议》

世界贸易组织的《与贸易有关的知识产权协议》(以下简称《知识产权协议》)是迄今为止最具综合性的知识产权多边协议,它于1994年4月15日签署,1995年1月1日生效。截至2007年1月11日,世界贸易组织共有150个成员(包括国家和独立关税区),相应的《知识产权协议》的成员也就是150个。我国于2001年12月11日加入世界贸易组织,也就成为《知识产权协议》的成员。

《知识产权协议》共计73条,除序言外有七部分:第一部分规定该协议的一般条款与基本原则;第二部分规定知识产权的效力、范围和保护标准;第三部分规定知识产权执法;第四部分为知识产权的获得、维持以及当事人之间的程序;第五部分为涉及争端的防止与解决;第六部分是过渡安排;第七部分系机构安排。

1.《知识产权协议》的基本原则

《知识产权协议》除重申了与《伯尔尼公约》、《巴黎公约》等同样的国民待遇原则以外,还提出了下列几项原则:

(1)最惠国待遇原则。依据《知识产权协议》的规定,一个成员给予其他任一成员的国民的任何利益、优惠、特权或豁免,应立即和无条件地给予其他所有成员国之国民。

(2)最低保护标准原则。《知识产权协议》规定了知识产权的最低保护标准,各成员应确保协议的效力;成员可以,但无义务在其本国法中实施比协议要求更广泛的保护。

(3)透明度原则。成员制定的与《知识产权协议》相关的法律规则,以及具有普遍适用性的终局司法判决和行政决定都应以官方语言公开发表,以便使公众知晓其内容;成员之间生效的与《知识产权协议》有关的协定也应公开发表。

2.《知识产权协议》对知识产权的保护

(1)著作权及相关权利。《知识产权协议》明确了著作权保护及于表达,而不及于思想、程序、操作方式或数学概念本身。以源程序或目标程序编写的计算机程序均作为文学作品受保护。无论是机读形式还是其他方式的数据汇编或其他内容的汇编,只要其选取或编排构成智力创作,就对其进行保护,但该保护不延及于数据或内容的本身,也不应影响以数据或内容本身所获得的著作权。计算机程序和电影作品享有出租权。除摄影作品或实用艺术作品依照《伯尔尼公约》的规定执行外,其他作品的保护期不得少于 50 年。表演者有权禁止未经其同意而录制其表演和复制已录制的内容、通过无线方式播放。唱片制作者有权同意或禁止对其录音制品进行复制。广播组织有权制止未经其同意而进行的录制、对录制品的复制以及通过无线方式播放。

(2)商标。任何可以将一个企业的商品或服务与其他企业的商品或服务相区别的标记或标记组合,均可以注册为商标。注册商标所有人享有专有权,有权制止任意第三人未经其许可,将与注册商标相同或类似的标记用于相同或类似的商品或服务,以免引起混淆。商标首次注册及历次续展,每一次保护期限不少于7年,续展次数不受限制。如商标连续3年没有使用,且商标所有者没有提出正当理由,方能撤销商标。

(3) 地理标志。地理标志是指表明一种商品来源于某一成员国的地域内或该地域内的一个地区的标志,且该商品的特定质量、声誉或其他特征主要归因于其地理来源。各成员应当为利害关系方提供法律手段,制止在地理来源上的误导、虚假或欺骗性行为以及不正当竞争行为。对于葡萄酒或烈性酒提供了高标准保护,即阻止利用某种地理标志来表示并非来源于该标志所指的地方的葡萄酒或烈性酒,即使有关的地理标志表明了真实的产地①,或者以翻译的方式使用,或是与诸如"式"、"型"、"类"、"仿"的方式或他类似的词语一起使用。

(4) 专利。所有技术领域中的任何发明,不论是产品还是方法,只要具有新颖性、创造性和实用性,均可获专利保护。植物新品种可以用专利方式或者专门制度,以及两者结合来进行保护。产品专利权人有权禁止第三方在未经其同意的情况下从事制造、使用、许诺销售、出售或为上述目的进口该产品。专利的强制许可受严格限制。保护期限不得少于自申请日起的20年。

(5) 工业品外观设计。各成员应对独立创作并具有新颖性或创造性的工业品外观设计给予保护。各成员对工业品外观设计的保护既可以是通过工业品外观设计法,也可以通过著作权法实现,保护期限不得少于10年。

(6) 集成电路布图设计。未经权利人许可的下列行为非法:为商业目的进口、销售或以其他方式发行受保护的布图设计、含有该等布图设计的集成电路或者含有该等集成电路的物品,但最后一种情况仅以该物品中持续包含某一非法复制的集成电路布图设计为限。对于集成电路布图设计的保护期限不少于10年。

(7) 未公开信息。对于处于秘密状态,具有商业价值且采取

---

① 这是因为当两个葡萄酒或烈性酒产地具有相同的地名时,其中的非地理标志产品来源地的产地如使用该地理标志来标示产品,势必会引起混淆。

了合理保密措施的信息应提供保护。

《知识产权协议》还规定了相关的执行程序以及解决争端程序。

四、《知识产权协议》与原有知识产权国际公约的关系

这里讲的原有知识产权国际公约是指《巴黎公约》、《伯尔尼公约》、《罗马公约》、《集成电路知识产权条约》。《知识产权协议》与原有国际公约之间的关系表现在：

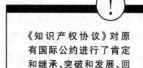

《知识产权协议》对原有国际公约进行了肯定和继承、突破和发展、回避和否定

（一）《知识产权协议》对原有国际公约的肯定和继承

根据《知识产权协议》第2条的规定，关于该协议第二、第三及第四部分，各成员方应遵守《巴黎公约》(1967)第1条至第12条以及第19条规定，而且该协议第一至第四部分的所有规定均不得减损各成员方按照《巴黎公约》、《伯尔尼公约》、《罗马公约》和《有关集成电路知识产权条约》而可能相互承担的现行义务。这就是说，凡涉及知识产权的效力、范围、取得与保护等问题时，协议的规定是以原有公约的规定产生的义务为起点。

（二）《知识产权协议》对原有国际公约的突破和发展

《知识产权协议》在继承原有国际公约的基础，在制度设计和规范制定上有新的突破和发展，可归结为两点：一是对于同一事项对原有公约进行了修正，成员方就必须遵守《知识产权协议》的规定。二是对于原有公约没有进行规定的事项协议对其进行了补充，在这种情况下，成员方也必须遵守《知识产权协议》的规定。《知识产权协议》的这种突破和发展表现在各个方面，包括基本原则、实质性义务、保护措施与执法程序、对发展中国家和最不发达国家的优惠等。①

---

① 孔祥俊：《WTO知识产权协定及其国内适用》，法律出版社2002年版，第101页。

第三章　知识产权的国际保护和涉外保护 ★

(三)《知识产权协议》对原有公约的回避与否定

《知识产权协议》对原有公约的个别内容予以否定,表现在两点:一是否定了《伯尔尼公约》第6条所规定的作者精神权利,而协议制定者并未说明理由。二是否定了《罗马公约》第20条关于"无追溯力"的规定。根据《罗马公约》第20条,该公约既不影响某成员国参加该公约之前已经受到保护的那些权利,也不要求成员国对其参加该公约前已有的表演、广播或录音制品给予保护。《知识产权协议》继承了《伯尔尼公约》1971年文本第18条关于"追溯力"的规定适用于表演者权及录音制品制作者权。这样,《知识产权协议》的成员就不能援引《罗马公约》的"无追溯力"条款,只要表演、广播或录音制品在来源国处于专有领域,新参加协议的成员都必须给予其追溯保护。

第二节　知识产权的涉外保护

一、知识产权涉外保护概述

我国《关于贯彻执行〈中华人民共和国民法通则〉若干问题的意见(试行)》第178条规定:"凡民事关系的一方或者双方当事人是外国人、无国籍人、外国法人的,民事关系的标

知识产权的涉外保护就是对涉外知识产权的保护

的物在外国领域内的,产生、变更或者消灭民事权利义务关系的法律事实发生在外国的,均为涉外民事关系。"有学者认为,对涉外知识产权民事案件的判断,同样要从当事人、引起知识产权法律关系产生、变更、消灭的法律事实或知识产权的标的三个方面来考虑。① 我们赞同这种观点,并且认为知识产权的涉外保护就是对涉外知识产权的保护,因此可以下一个定义:

---

① 陈锦川:《涉外知识产权民事法律关系的调整及法律适用》,载《电子知识产权》2005年第3期。

★ 第一编 总论

知识产权涉外保护是指一项知识产权权利的主体是外国人，和（或）产生、变更或者消灭权利的法律事实发生在外国，和（或）权利的客体在外国，对于该项知识产权以一国内国法去进行的保护。

历史上，曾有个别国家宣布单方面对外国的知识产权予以保护不要求互惠。如法国在其文化特别发达时期，为推动版权的国际保护曾单方面宣布给予所有外国人的作品以版权保护；美国为引进先进技术，曾单方面允许外国人在美国申请专利而不要求互惠。不过，这种不要求互惠的规定早已取消。

二、知识产权涉外保护与知识产权国际保护的关系

知识产权涉外保护与知识产权国际保护既有联系又有区别。两者的联系在于，知识产权的国际保护是两国或多国之间签订国际条约来对知识产权进行跨国界的保护，而这种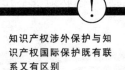

知识产权涉外保护与知识产权国际保护既有联系又有区别

保护需要具体落实到内国法层面，即或者是由内国法将国际条约概括承认，或者是专门立法将国际条约转化内国法条款，这时知识产权的国际保护便转化成了知识产权涉外保护。两者的区别在于：（1）立法方式不同。知识产权国际保护是各国通过在国际层面签订国际条约来确定保护制度；知识产权涉外保护是内国立法机关通过制定内国法对有关国际条约进行概括承认或是转化为内国法来建立保护制度。（2）观察视角不同。知识产权国际保护是从国际层面的角度去观察知识产权保护；知识产权涉外保护是从内国的角度去看待具有涉外因素的知识产权保护。（3）调整内容不同。知识产权国际保护指的是一国怎样依照它加入的公约的要求，以"国家"的地位调整其国内法，使之符合公约，从而在其以国内法从事涉外（及不涉外）的保护时，不致违反国际公约[①]；知识产权涉外保护专指一国对具有涉外因素的知识

---

① 郑成思：《知识产权论》（第三版），法律出版社 2003 年版，第 421 页。

产权进行保护,而不包含那些不具有涉外因素的知识产权。

三、我国知识产权涉外保护

(一)专利权方面

我国《专利法》将在我国申请专利的外国人(包括外国企业或者其他组织,下同)分为两种情况:一种是在我国境内有经常居所或者营业所的外国人;另一种是在我国境内没有经常居所或者营业所的外国人。

我国知识产权的涉外保护基本符合知识产权国际公约

对于第一种情况的外国人,他们在我国享有国民待遇,即享有与中国国民同等的申请专利和取得专利权的权利。虽然对于这种情况,《专利法》没有明确的规定,但由于我国是《巴黎公约》缔约国,该公约第3条规定,非缔约国国民在缔约国设有住所或者真实有效的工商业营业所的,在该国应享有与该国国民同样的待遇。

对于第二种情况,各国立法不同。有的国家专利法对申请人申请专利不作限制,无条件给予外国人享受国民待遇。美国、德国、英国的专利法即有这样的规定。《欧洲专利公约》也允许任何国家的国民都可以在其缔约国内获得专利申请的权利。还有的国家是根据共同参加的条约和互惠原则对外国人申请专利给予国民待遇。我国《专利法》就是实行的这种做法。我国2000年修订的《专利法》第18条规定:"在中国没有经常居所或者营业所的外国人、外国企业或者外国其他组织在中国申请专利的,依照其所属国同中国签订的协议或者共同参加的国际条约,或者依照互惠原则,根据本法办理。"我国与外国之间的双边协定中,只有1979年与美国签订的贸易关系协定订有保护专利权的条款,规定双方同意设法保证给予对方法人或自然人以专利保护。① 我国已经参加了《巴黎公约》和《知识产权协议》,按照《巴黎公约》的规

---

① 万鄂湘主编:《国际知识产权法》,湖北人民出版社2001年版,第335页。

定,只要是公约缔约国的国民,无论其是否在我国有经常居所或者营业所,都在我国享有国民待遇。《知识产权协议》对国民待遇进行了重申。那些既没有参加《巴黎公约》或者《知识产权协议》,又没有与我国签订双边协定的国家,只要其允许我国国民在该国享受专利权,或者允许与我国实行互惠原则,则该国国民也可以在我国申请专利和获得专利权。

在专利权的涉外保护中,除了外国申请人的主体资格,另一个重要的问题是外国专利申请的国际优先权。优先权是《巴黎公约》最重要的原则之一。我国《专利法》第29条第1款规定:"申请人自发明或者实用新型在外国第一次提出专利申请之日起12个月内,或者自外观设计在外国第一次提出专利申请之日起6个月内,又在中国就相同主题提出专利申请的,依照该外国同中国签订的协议或者共同参加的国际条约,或者依照相互承认优先权的原则,可以享有优先权。"我国《专利法》的规定既符合《巴黎公约》的优先权原则,也与世界其他国家的专利法的规定基本一致。

(二) 商标权方面

对于有关外国人在我国申请商标注册的基本规定方面,我国2001年修订的《商标法》第17条规定:"外国人或者外国企业在中国申请商标注册的,应当按其所属国和中华人民共和国签订的协议或者共同参加的国际条约办理,或者按对等原则办理。"这是办理外国人在我国申请商标注册的基本规定,具体包括三个方面:(1) 按申请人所属国和我国之间有效的双边协定办理。在我国,这种双边协定有两种:一是国家之间就知识产权的双边保护签订专门协定,如1992年《中美关于知识产权的谅解备忘录》;二是我国与一些国家签订的友好通商或者贸易协定,如1979年《中美贸易关系协定》,其中第6条就涉及知识产权。(2) 按照双方共同参加的国际条约办理。我国已经参加了《保护工业产权巴黎公约》、《商标国际注册马德里协定》等,对享有公约权益的外国人在我国申请商标注册,均应按照有关规定办理,如遵守其中的国民待遇和优先权原则。(3) 按照对等原则办理。依据该原则,如果某外国对我国国民在某些方面采取限制性的规定,我国也将对其国民采取同样限制。

在外国人、外国企业在我国申请商标注册代理制度规定方面,我国《商标法》第 18 条规定:"凡外国人或者外国企业在中国申请商标注册和办理其他商标事宜的,应当委托国家认可的具有商标代理资格的组织代理。"2002 年颁布的《中华人民共和国商标法实施条例》第 7 条第 3 款规定:"商标法第 18 条所称外国人或者外国企业,是指在中国没有经常居所或者营业所的外国人或者外国企业。"

在商标注册申请的优先权规定方面,我国《商标法》第 24 条规定:"商标注册申请人自其商标在外国第一次提出商标注册申请之日起 6 个月内,又在中国就相同商品以同一商标提出商标注册申请的,依照该外国同中国签订的协议或者共同参加的国际条约,或者按照相互承认优先权的原则,可以享有优先权。"

一旦外国人在我国取得了注册商标专用权,根据国民待遇原则,我国法律对这些权利在实质上提供与我国国内商标所有人同样的保护。但是,我国也曾经给予外国商标权人以"超国民待遇"保护。1995 年 3 月 11 日《中美知识产权换文》的附件中关于对美国商标尤其是驰名商标提供特别保护的规定就是如此。1996 年我国颁布了《驰名商标认定和管理暂行规定》[①]后,这种不正常情况才得以克服。

(三) 著作权方面

我国对外国作品的保护,适用《中华人民共和国著作权法》、《中华人民共和国著作权法实施条例》、《计算机软件保护条例》、《著作权集体管理条例》和《实施国际著作权条约的规定》。前述所称国际著作权条约,是指我国参加的《伯尔尼公约》和与外国签订的有关著作权的双边协定。

---

① 该规定已于 2003 年 6 月 1 日失效,现行规定是 2003 年 4 月 17 日颁布的《驰名商标认定和保护规定》。

1. 我国保护的外国作品

具体包括：(1)作者或作者之一，其他著作权人或者著作权人之一是国际著作权条约成员国的国民或者在该条约成员国有经常居所的居民的作品；(2)作者不是国际著作权条约成员国的国民或者在该条约的成员国有经常居所的居民，但是在该条约的成员国首次或者同时发表的作品；(3)中外合资经营企业、中外合作经营企业和外资企业按照合同约定是著作权人或者著作权人之一的，其委托他人创作的作品。美术作品（包括动画形象设计）用于工业制品的，不适用上述规定。

2. 保护期

对未发表的外国作品（包括录音制品），作者的署名权、修改权、保护作品完整权的保护期不受限制。公民的作品，其发表权、使用权和获得报酬权的保护期为作者终生及其死亡后50年，截止于作者死亡后第50年的12月31日；如果是合作作品，截止于最后死亡的作者死亡后第50年的12月31日。法人或非法人单位作品、著作权（署名权除外）由法人或非法人单位享有的职务作品，其发表权、使用权和获得报酬权的保护期为50年，截止于作品首次发表后的第50年年底，但作品自创作完成后50年内未发表的，不再保护。电影、电视、录像和摄影作品的发表权、使用权和获得报酬权的保护期为50年，截止于作品首次发表后的第50年的年底，但自创作完成后50年内未发表的，不再保护。对外国实用艺术品的保护期，为自该作品完成起25年。

3. 计算机程序、数据汇编、录像制品

外国计算机程序作为文学作品保护，可以不履行登记手续，保护期为自该程序首次发表之年年底起50年，外国作品是由不受保护材料编辑而成，但是在材料的选取或者编排上有独创性的，作为编辑作品由编辑人享有著作权，但行使著作权时，不得侵犯原作品的著作权，但此种保护不排斥他人利用同样的材料进行编辑。

外国录像制品根据国际著作权条约构成电影作品的，作为电影作品保护。

国际著作权条约在中国生效之日尚未在起源国进入公有领域的外国作品包括录音制品,按照著作权法和《实施国际著作权条约的规定》规定的保护期受保护,到期满为止。

4. 翻译、表演、转载、出租、进口

将外国人已经发表的以汉族文字创作的作品,翻译成少数民族文字出版发行的,应当事先取得著作权人的授权。

外国作品著作权人,可以授权他人以任何方式、手段公开表演其作品或者公开传播对其作品的表演。

外国电影、电视、录像作品和录音制品的著作权人可以授权他人公开表演其作品。

报刊转载外国作品,应当事先取得著作权人的授权;但是,转载有关政治、经济等社会问题的时事文章除外。

外国作品包括录音制品的著作权人在授权他人发行其作品的复制品后,可以授权或者禁止出租作品的复制品。

外国作品包括录音制品的著作权人有权禁止进口其作品的下列复制品:

侵权复制品;

来自对其作品不予保护的国家的复制品;

表演、录音或广播外国作品,适用《伯尔尼公约》的规定;有集体管理组织的,应当事先取得该组织的授权。

5. 著作权集体管理

外国人、无国籍人可以通过与中国的著作权集体管理组织订立相互代表协议的境外同类组织,授权中国的著作权集体管理组织管理其依法在中国境内享有的著作权或者与著作权有关的权利。

在对外国人的作品进行保护上,我国曾给予外国人以"超国民待遇"。我国1992年9月25日颁布的《实施国际著作权条约的规定》第8条规定:"外国作品是由不受保护的材料编辑而成,但是在材料的选取或者编排上有独创性的,依照著作权法第14

条的规定予以保护。此种保护不排斥他人利用同样的材料进行编辑。"1990年9月7日颁布的《著作权法》①第14条规定:"编辑作品由编辑人享有著作权,但行使著作权时,不得侵犯原作品的著作权。编辑作品中可以单独使用的作品的作者有权单独行使其著作权。"1991年5月24日颁布的《中华人民共和国著作权法实施条例》②第5条第11项规定:"编辑,指根据特定要求选择若干作品或者作品的片断汇集编排成为一部作品"。结合以上三个条文的规定,可以发现,对于我国国民来讲,只有其编辑作品是选择若干作品或者作品的片断汇集编排而成,并有独创性时,该编辑作品才能受到著作权法的保护,换言之,如果编辑作品是选择那些不受保护的材料编辑而成,这类编辑作品就不能受著作权法保护。而外国作品即使是选择不受保护的材料编辑而成,并有独创性时,它却依照《著作权法》第14条受保护。这显然是放宽了对外国作品受《著作权法》保护的条件。直到我国2001年10月27日对《著作权法》进行了修正之后,才克服了这种对外国人给予"超国民待遇"的局面。现行《著作权法》第14条规定:"汇编若干作品、作品的片段或者不构成作品的数据或者其他材料,对其内容的选择或者编排体现独创性的作品,为汇编作品,其著作权由汇编人享有,但行使著作权时,不得侵犯原作品的著作权。"可以看出,该条规定增加了"不构成作品的数据或者其他材料",这表明我国国民的汇编作品使用了不构成作品的数据或者其他材料的,只要该汇编作品体现了独创性,也受到《著作权法》保护。

还有一个曾给予外国人"超国民待遇"的问题是:1991年6月4日颁布的《计算机软件保护条例》③第6条规定:"中国公民和单位对其所开发的软件,不论是否发表,不论在何地发表,均依照本条例享有著作权。"第24条规定:"向软件登记管理机构办理软

---

① 该法已于2001年10月27日进行了修正。
② 该条例已于2002年9月15日废止,现行条例是2002年8月2日颁布的《著作权法实施条例》。
③ 该条例已于2002年1月1日废止,现行条例是2001年12月20日颁布的《计算机软件保护条例》。

件著作权的登记,是根据本条例提出软件权利纠纷行政处理或者诉讼的前提。软件登记管理机构发放的登记证明文件,是软件著作权有效或者登记申请文件中所述事实确实的初步证明。"以上两个条文表明中国公民和单位的软件必须向软件登记管理机构进行登记,才能取得著作权。《实施国际著作权条约的规定》第7条规定:"外国计算机程序作为文学作品保护,可以不履行登记手续,保护期为自该程序首次发表之年年底起50年。"可以看到,该规定对于外国计算机程序给予了特殊对待,明确将其作为文学作品进行保护,而无需进行登记,而文学作品是自完成起自动取得著作权保护的。因此,在计算机程序的保护上,外国国民的地位明显优于我国国民。这种内外有别的情形持续到2001年12月20日新的《计算机软件保护条例》颁布才得以解决。该条例第7条第1款规定:"软件著作权人可以向国务院著作权行政管理部门认定的软件登记机构办理登记。软件登记机构发放的登记证明文件是登记事项的初步证明。"自此,进行登记不再是计算机软件取得著作权的条件,我国国民与外国国民在计算机软件获得著作权上具有了平等的地位。

【参考书目】

[1] 郑成思:《知识产权论》(第三版),法律出版社2003年版。

[2] 孔祥俊:《WTO知识产权协定及其国内适用》,法律出版社2002年版。

[3] 陈锦川:《涉外知识产权民事法律关系的调整及法律适用》,载《电子知识产权》2005年第3期。

【思考题】

一、名词解释

　　1. 知识产权国际保护

　　2. 知识产权国际公约

　　3. 知识产权涉外保护

二、简答题

　　1. 为什么要对知识产权进行国际保护?

2. 《知识产权协议》与原有知识产权国际公约关系如何？
3. 知识产权涉外保护与知识产权国际保护的关系如何？

三、论述题
1. 简述目前主要的知识产权国际公约及其相关内容。
2. 简述我国知识产权的涉外保护。

第四章 知识产权的侵权与救济

第一节 侵权行为及其责任的一般原理

一、立法比较

世界上第一部民法典《法国民法典》第1382条规定:"任何行为使他人受损害时,因自己的过失而致使损害发生之人,对该他人负损害赔偿责任。"

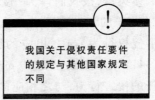

我国关于侵权责任要件的规定与其他国家规定不同

大陆法系另一部著名的民法典《德国民法典》第823条规定:"因故意或者过失不法侵害他人生命、身体、健康、自由、所有权或者其他权利者,对他人因此而产生的损害,负赔偿责任。"

我国《民法通则》第106条第1款规定:"公民、法人由于过错侵害国家、集体的财产,侵害他人财产、人身的,应当承担民事责任。"

法、德民法典的相关规定,可以说是基本相同的。而我国的规定与国外的这两条则有极大差异。法、德的上述规定中,是把(实际)"损害"及"过错"(或过失)作为"损害赔偿"责任的要件;而我国《民法通则》却把"损害"及"过错"作为承担一切民事侵权责任的要件。我国《民法通则》第134条,以穷尽方式列举了十种民事责任,因此在我国,这十种责任("违约"除外)的前提都必须是受侵害人有实际损失和侵害人有过错,显然与法、德仅仅要求负损害赔偿责任的前提是损失及过错有巨大差别。

简单说,我国将"损害"及"过错"列为所有侵权责任的构成要件,而法、德(其实还包括意大利、荷兰等其他大陆法系国家)民法典仅将"损害"及"过错"列为损害赔偿这一种侵权责任的构成要件。换句话说,在法、德等大陆法系国家,除损害赔偿这一种侵权责任之外,承担其他侵权责任并不以受侵害人有实际损失和侵害人有过错为必要。例如,《德国民法典》第1004条第1款规定,所有权人提起排除和停止侵害请求权时,也就是要求侵权人承担排除妨害和停止侵害的侵权责任时,并不需要证明自己受到损害和侵权人具有过错。可见,我国民法上实际上是将应当承担损害赔偿责任的侵权行为混同为所有的侵权行为。

这一点与英美法系相比就更加清楚。英美法系国家使用的法律英语,被我们译为"侵权"的 infringement 与同样被我们译为"侵权"的 tort,表示着完全不同的含义。infringement 是指一切民事侵权行为,与之相应的民事责任,应当是我国《民法通则》第134条的全部甚至更多;tort 则仅仅或主要是指需要负损害赔偿责任的侵害行为,与之相应的民事责任,主要是我国《民法通则》第134条中的第(七)项(即"赔偿损失"),至多加上第(四)、(六)两项,因为这两项有时不过是赔偿损失的另一种表现形式。

从语源上看,当初判例法选择的这个英文术语本身,正是"只需认定侵权事实"之意。"in"表示"进入","fringe"表示特定范围。任何人的行为未经许可进入法定的他人权利范围,即构成侵权。而"tort",则含有"错误"、"过失"的意思,是指"除违约以外的一种过错行为,它导致他人的人身、财产、名誉及其他受法律保护的权益受到损害,而受害一方当事人可因此依法请求救济,通常的形式是损害赔偿"。[①] 英国高等法院在一则有名判例中,更是明确指出"infringement"覆盖了"tort",tort 仅仅是 infringement 中需要确认过错并负赔偿责任的那一类。[②]

二、学理分析

知识产权作为一种排他权、专有权,与物权、人身权一样,都

[①] James E. Clapp: *Random House Webster's Dictionary of the Law*(《韦氏法律词典》), Random House(2000), page 431.
[②] 见 Ash V. Hutchinsion and Co (publishrs)Ltd, Ch(1936)489。

第四章　知识产权的侵权与救济

蕴含着排除他人干涉自己实现特定利益的法律上之力,即排他力,也称作消极权能。世人均负有尊重排他权的不作为义务,也正是在这个意义上,知识产权与物权、人身权又同样被称为对世权。

一切非法妨碍、破坏权利人实现自身利益的行为都是侵权行为,必须承担相应的法律责任

世上任何人只要突破专有权的权利范围边界,就是对自己不作为义务的违反,换句话说,一切非法妨碍、破坏权利人实现自身利益的行为都是侵权行为,必须承担相应的法律责任。可见,侵权行为(infringement)的构成要件(或者说承担侵权责任的必要条件)只有一个,就是非法侵入特定主体的权利范围从而妨害或可能妨害权利人实现本应由其专有的利益。

任何人实施侵权行为的,应当承担法律责任,这也正是对被侵权人的救济。侵权人应承担的法律责任有多种,如停止侵权、排除妨碍、消除危险、赔礼道歉、损害赔偿等。显然,损害赔偿只是其中之一,这说明应承担损害赔偿责任的侵权行为只是所有侵权行为中的一部分,换句话说,并不是所有的侵权行为人都应承担损害赔偿责任,所以不能将确认损害赔偿责任的"过错"、"损害"等要件当成确认全部侵权责任的构成要件。

对我国民法具有显著影响的《德国民法典》,由于其体系化的考虑,将应承担损害赔偿责任的侵权行为与应承担其他民事责任的侵权行为分别规定,我们在引进、借鉴的过程中,忽略了这一点,因而以偏概全、以"小"套"大",不仅在立法上导致了《民法通则》第106条与第134条的断裂,给执法活动造成不必要的麻烦,而且在实践中使得本来应承担停止侵权、排除妨碍、消除危险等其他责任的侵权行为,因为不具备承担损害赔偿的条件而逃脱了法律责任,从而将被"无过错侵权"的权利人挡在了法律保护的门外,影响了权利人在法治社会中应有的"公平救济"。

第二节 知识产权侵权

一、概述

知识产权作为一种排他权、专有权,意味着特定创新性智力成果所产生的利益应由相应的权利主体专有。因此,知识产权的侵权行为是指任何非权利人无合法根据地破坏、妨害知识产权主体实现这种利益的一切行为。这里的"无合法根据",是指既无

知识产权侵权是指任何非权利人无合法根据地破坏、妨害知识产权主体实现这种利益的一切行为

法定根据亦无约定根据,法定根据一般包括立法上明确规定的合理使用、法定许可、权利用尽等属于权利限制的各种特定情形,约定根据则是指经知识产权人授权而以一种或多种方式来利用其特定的创新性智力成果。可见,知识产权侵权行为是指非法突破知识产权专有范围的各种行为(infringement),而不仅仅是需要承担损害赔偿责任的那部分侵权行为(tort),因此,知识产权侵权责任的判定一般不以行为人的过错和权利人的损害为构成要件。

二、直接侵权与间接侵权

知识产权的侵权,特别是版权(著作权)侵权,通常还可分为直接侵权与间接侵权。

直接侵权(direct infringement),是指直接妨害、破坏权利人实现其自身利益的各种行为。间接侵权(indi-

知识产权的侵权,特别是版权(著作权)侵权,通常还可分为直接侵权与间接侵权

rect infringement),是指虽然没有直接侵权但仍应承担侵权责任的行为。间接侵权的规则在网络版权的保护与救济中有很大的适用空间,受到越来越广泛的重视。

间接侵权又可分为两种,第一种是协助侵权(contributory infringement),其构成要件有二:(1)明知他人直接侵权行为的存在;(2)引诱、促成或实质性地帮助了直接侵权行为的发生,显然,协助侵权的认定是以过错为要件的,换句话说,与直接侵权人相比,协助侵权人仅在有过错时才承担侵权责任,而直接侵权人则需负无过错责任。应当注意,协助侵权与我们熟悉的"共同侵权"及"连带侵权"是有区别的。

第二种间接侵权是转承侵权,通常称为转承责任(vicarious liability),其构成要件有二:(1)转承责任主体对直接侵权人有监督、控制的能力或权力;(2)转承责任主体直接、明显地从直接侵权行为中获利。转承责任由雇主责任(master's or employer's liability)发展而来,而雇主责任历来属于严格责任,这是转承责任不以行为人过错为要件的主要原因。

第三节 对知识产权侵权的救济

一、概述

如前所述,知识产权与物权同为排他权、专有权,都蕴含着排除他人干涉自己实现特定利益的法律上之力,即排他力。排他力的实现方式主要表现为一种请求权,在物权中称物

> ! 知识产权与物权均具有基于其自身排他力而生的请求权

上请求权、物权请求权;知识产权中过去对此关注不多,我们暂且将其称为基于排他力而生的请求权,简称排他请求权。这种请求权直接来自排他力,目的在于保证权利人圆满实现法律配置于己的特定客体上之利益,针对的是一切有碍于排他权实现的行为。物权请求权有三种:返还占有请求权、妨害除去请求权、妨害防止请求权。其中返还占有请求权为物权特有,妨害除去请求权与妨害防止请求权则是知识产权与物权都具备的。

二、妨害除去请求权

妨害除去请求权是指,只要对权利人实现利益有妨害且无合法抗辩理由,权利人即可请求排除。其中妨害包括阻碍(妨碍)和侵害。妨害除去请求权的提起,不以妨害人的过错为要件,也不问是否造成损害。只要有妨害存在,妨害人即应承担法律责任,责任的主要形式是停止侵害和排除妨碍。如果妨害人有过错并造成损失,权利人则还可要求其承担侵权责任,主要责任形式是损害赔偿。

> 妨害除去请求权是指,只要对权利人实现利益有妨害且无合法抗辩理由,权利人即可请求排除

我国修订后的《专利法》第57条第一句话、《商标法》第52条和第56条第3款、《著作权法》第46、47、52条以及《软件保护条例》第23、24、28条就反映出了知识产权中的妨害除去请求权,它们都未涉及"过错要件",有些还明示了"不承担赔偿责任"。

三、妨害防止请求权

妨害防止请求权是指,只要有可能受到妨害,权利人即有请求防止的权利。它比妨害除去请求权更扩张了一步。只要某行为有妨害他人排他权的危险,即使妨害效果尚未现实地发生,该行为人即应承担消除危险

> 妨害防止请求权是指,只要有可能受到妨害,权利人即有请求防止的权利

的责任。权利人主张妨害防止请求权同样不以相对人过错为要件,尤其不以损害后果为要件。

对于即发而未发的侵害知识产权行为的行为人应否承担法律责任,曾经是有争议的。因为这些即发行为并未造成现实损害,不能成立典型的损害赔偿之债,其行为人似乎不应承担任何责任。这种看法正是忽略了知识产权中的妨害防止请求权,并简

单地将侵害知识产权的责任与损害赔偿等同起来,有意无意间剔除了知识产权中的排他力,从而否定了知识产权的排他权属性。在能够预先阻止侵害知识产权的行为时,却不让权利人去阻止,无异于迫使权利人"坐以待损"而为侵害行为铺平道路,徒增诉累不说,这几乎与非逼着人先感染疾病再给药吃一样荒谬。

尤其在知识产权领域,有的损害一旦发生就难以甚至无法补救。例如,假冒他人商标的某食品在制造时不允许权利人予以阻止,非等到上市销售后再去制裁,即使能够将假冒商品全部清出市场,也会因曾有假货而破坏消费者购买真货的欲望,从而影响真货的销路。这种影响往往因消费者的谨慎心理而持续较长时间,使商标权人在得到法律救济后仍难恢复元气甚至一蹶不振。如果损害发生后,再要求权利人证明侵害人的过错才能得到救济,那就真是雪上加霜了。

我国修订后的《专利法》第61条、《商标法》第57条、《著作权法》第49条以及《软件保护条例》第26条已在立法上明确了妨害防止请求权的地位。

四、知识产权侵权的诉讼时效

一般认为,排他请求权均不罹于消灭时效,因为若无排他请求权,排他权中的排他力将无从谈起,而一个排他权中如果失去排他实现利益的"法律上之力",该排他权本身也将无法存在,所以只要排他权存在,其中

排他请求权均不罹于消灭时效;损害赔偿请求权是一种债权请求权,受到消灭时效的影响

的排他力必然不可缺少,排他请求权自然随之不断地发生。损害赔偿请求权是一种债权请求权,因而受到消灭时效的影响。

对知识产权的侵害,一般都是持续性的,经常会超过时效期间。这时,只要被侵害的知识产权仍在有效期内,权利人就可以主张排他请求权,如请求侵害人停止侵害、排除妨碍、防止进一步侵害等;如果具备侵权人过错、权利人实际损害等要件的,权利人

还可以提出损害赔偿的请求,但这种债权请求权须依有关时效的规定处理,即只能就起诉之日向前推两年这一期间内侵权行为所造成的损害请求赔偿。①

五、排他请求权与损害赔偿请求权的转换

排他请求权虽与损害赔偿请求权不同,但实践中这两种请求权总是交织在一起,很多时候排他请求权还会转化为损害赔偿请求权这种债权请求权。物权请求权会发生这种转化②,知识产权的排他请求权同样如此,当排他请求权无必要或无可能时,就会由债权请求权替代。如《知识产权协议》第44条规定:"司法当局应有权责令当事人停止侵权……对于当事人在已知、或有充分理由应知经营有关商品会导致侵犯知识产权之前即已获得或已预购的该商品,成员无义务授予司法当局上述权利。"这就是说,只要当事人在获得或预购某商品时不知或不应知经营该商品会侵害他人知识产权,《知识产权协议》则不要求法院必须责令该当事人停止侵害,但根据紧随其后的第45条之规定,该当事人仍应向被侵害的知识产权人承担损害赔偿责任。显然,此时知识产权人的排他请求权已由其债权请求权替代。道理在于,即使是侵害知识产权的经营活动,开始后再强行停止,于货物流动和交易秩序也是不利的,而如果适时地用损害赔偿替代停止侵害,贸易双方及知识产权人可能反倒"各得其所"。

【参考书目】

[1] 梁慧星主编:《中国物权法研究》(上),法律出版社1998年版。

---

① 中国民法典草案知识产权篇(专家建议稿)第16条;最高人民法院著作权司法解释第28条、商标权司法解释第18条、专利权司法解释第23条。
② 梁慧星主编:《中国物权法研究(上)》,法律出版社1998年版,第98页。

【思考题】

一、名词解释

1. 知识产权侵权
2. 直接侵权
3. 间接侵权

二、简答题

1. 何为协助侵权,其构成要件有哪些?
2. 何为转承侵权,其构成要件有哪些?

三、论述题

1. 简述妨害除去请求权与妨害防止请求权的区别。
2. 论述在对知识产权侵权的救济中知识产权的排他请求权与损害赔偿请求权的转换。

第五章 知识产权纠纷的多元化解决机制

知识产权贸易已经成为现代经济贸易的主要支柱之一。随着知识产权贸易的增加,有关知识产权的纠纷也日益增多起来。传统的知识产权纠纷的解决主要依靠诉讼。但是,面对如此日益增多的知识产权纠纷,传统知识产权纠纷解决机制已经显现出其弊端来。尤其对于跨国的知识产权贸易而言,若诉诸传统的诉讼途径,将面临必须先确定管辖权、确定适用法律以及如何执行判决的问题,对于一般当事人而言尤其会造成时间与金钱的重大负担。这迫使各国去寻找应对举措:一种是对诉讼制度本身进行改革,包括转变法院职能,减少诉讼的对抗性,增加国际合作渠道,简化诉讼程序,缩短诉讼时耗,降低诉讼成本等;另一种就是通过建立各种更快捷简便的纠纷解决方式来分担诉讼压力。由此,多元化的知识产权纠纷解决机制得以逐步建立和完善。

第一节 知识产权纠纷的 ADR 解决

一、知识产权纠纷 ADR 解决的特点

人们一般把法院以外的各种非诉讼纠纷解决方式统称为 ADR(Alternative Dispute Resolution),即替代性纠纷解决方式。① 这一概念既可以根据字面意义译为"替代性(或代替性、选择性)纠纷解决方式",亦可根据其实质意义译为"审判外

ADR 在解决知识产权纠纷中具有选择性、经济性、便利性等特点

---

① 范愉:《非诉讼纠纷解决机制研究》,中国人民大学出版社 2000 年版,第 242—244 页。

第五章 知识产权纠纷的多元化解决机制

（诉讼外或判决外）纠纷解决方式"或"非诉讼纠纷解决程序"、"法院外纠纷解决方式"等。

与诉讼相比较，ADR 在知识产权纠纷解决中具有以下的特点：

第一，体现了当事人的选择性。法治社会从本质上说应以尊重当事人的自治权和处分权为前提，旨在为社会主体提供一个能够最大限度地发挥自主性和积极性的自治空间。所以，在纠纷解决过程中，当事人的主体性是否得以体现，主要取决于意思自治原则在制度设计中能否得以贯彻。在此方面，与诉讼机制相比较，ADR 解决知识产权纠纷具有鲜明的优势。ADR 强调纠纷解决要以当事人的合意为基础，主张双方在相关的让步下达成一致的意见，以有利于双方保持友好关系，便于双方以后的继续合作，便于知识产权纠纷的解决方案最终为双方共同遵守。

第二，契合了纠纷解决经济性和便利性的需要。纠纷解决的过程，实质上就是一个在当事人之间合理充分地分配程序性和实体性权益的过程。纠纷解决的程序正义目标与市场经济的效率价值相契合，要求在纠纷解决的制度设计上贯彻程序经济性原则。诉讼为了保证审判的公正而在程序上或制度上设定了种种要求和规范做法，充分给予当事人对等的攻击、防御机会，并形成制度化的程序和在实际的制度运作中严格遵守这样的程序要求。而这样高的程序要求在调解、仲裁等纠纷解决方式中则不同程度地予以简化，甚至不作要求。那么，通过诉讼，固然在一定程度上能够满足知识产权纠纷当事人和社会主体对于正义的需求，解决纠纷、恢复被侵害的权利，但亦需付出相当大的代价，这种代价即所谓诉讼成本，包括公共和私人的直接（经济）成本以及道德成本和错误成本等等。在此方面，ADR 则在程序构成上相对简单，操作适用上也更为方便，缩短了纠纷解决的周期，且费用相对低廉。这些对于具有期限性的知识产权来说更具有特别的意义。因为技术的生命周期愈来愈短，产品的生命周期也不例外，尽量减少纠纷解决所需时间，避免纠纷的久拖不决，以有利于知识产品的市场战略,已成为权利人的迫切需要。

对于国际的知识产权纠纷,在确定管辖权、确定适用法律以及如何执行裁决方面,ADR 中的仲裁方式在解决更具有诉讼所不可比拟的优势:

首先,在确定管辖权方面。由于知识产权所固有的地域性,国际民事诉讼的理论与时间长期固守知识产权纠纷由权利要求地法院专属管辖。如 1968 年欧共体签订地《关于民商事案件管辖权及判决承认的布鲁塞尔公约》第 16 条就规定:有关商标权、专利权等知识产权注册地和效力地纠纷由办理注册地国家法院管辖。但是,这种单一的专属管辖制度在科学技术迅猛发展的今天遇到了麻烦。由于信息网络技术的发展,有关知识产权的不法行为很可能同时发生在互联网所能联结的数个甚至数十个国家中,于是权利要求地也相应地成为数十个。如果要求权利人依传统专属管辖制度在这些国家一一提起诉讼,那么将会对权利人造成极大的麻烦和不公。而假如是通过国际商事仲裁解决的话,因为国际商事仲裁的管辖权确定方面首先适用的是当事人自主选择的仲裁机构和管辖地,则不会存在诉讼中专属管辖的麻烦和不公了。

其次,在法律适用的确定方面。国际民事诉讼在法律适用上一般都是坚持主权原则而适用法院地法。假如法律冲突复杂的话,在国际民事诉讼中法律适用的确定本身就是一个容易引起争议地问题。在知识产权领域,虽然已经形成了诸多的国际公约,但是,这些国际公约在这方面也仍然尊重各国的独立性。① 所以,一个跨国的知识产权不法行为同样会导致适用几个甚至是几十个国家的法律的不合理状况。而国际商事仲裁在确定适用法律问题上则相对要灵活和简单得多。在仲裁程序中,仲裁庭将首先采用当事人共同选择的某一国实体法作为准据法;如果双方当事人没有选择,那么,仲裁庭可以直接适用它认为恰当的实体规范,

---

① 《伯尔尼公约》第 5 条,《巴黎公约》第 4 条。

甚至在双方当事人的共同授权下不适用任何准据法,仅依靠公平善意和诚实信用原则对纠纷作出"友好裁决"。

再次,在裁决的承认和执行方面。任何国家法院的判决都是一国司法机关代表其国家针对特定的法律争议而作出的,因此,根据国家主权原则,一国法院的判决只能在法院地国家境内发生效力。因而,不同国家法院作出的判决就不可能在其他国家自动得到承认和执行。又由于世界各国在政治制度、经济制度、法律意识方面的不同,在社会组织尤其是司法组织方面的差异,以及各国在经济领域的利益冲突和随之而来的对外国法院司法行为的不信任等等,所以国家的国内立法和有关国际公约,在规定内国法院需承认与执行外国法院判决的同时,都规定了承认和执行外国法院判决时应予遵循的各种条件。而且,这些条件很多情况下均非常严格①,相比较而言,在国际商事仲裁中,因为仲裁机构的民间性和中立性,在承认和执行外国仲裁裁决时所要求的条件相对要简单的多。更主要的是,目前国际上并没有形成一个有关承认及执行外国法院判决的国际公约,而在国际商事仲裁方面则已经有了《承认及执行外国仲裁裁决的纽约公约》。目前,已有一百多个国家参加了这个公约。所以,在承认和执行裁决方面,国际商事仲裁比国际民事诉讼就简捷快速得多了。

随着国际知识产权制度的发展,国际上寻求知识产权纠纷ADR解决的努力一直未停止过。鉴于以往的知识产权国际公约缺乏行之有效的执行措施,1993年12月30日,经过长期的艰苦谈判,乌拉圭回合终于达成并通过了《与贸易有关的知识产权协议》(TRIPs)。根据该协议第64条的规定,知识产权的国际争端的解决可借助世界贸易组织的争端解决机制,其中包括调解、仲裁等方式。② 不过,该机制仅限于解决成员间为执行TRIPs的争端。1993年9月,为使国际间私人之间有关知识产权纠纷也能得到有效解决,世界知识产权组织全体大会正式批准成立世界知识

---

① 详见刘仁山:《国际民商事程序法通论》,中国法制出版社2000年版,第159页。
② 世界贸易组织章程附件二《关于争端解决规则和程序谅解书》第25条。

★ 第一编 总论

产权组织"仲裁中心"(WIPO Arbitration Center)。"中心"主要负责审理解决个人之间或企业之间有关知识产权的纠纷,并且不要求当事人必须与条约成员国有某种关系,也不论其国籍所属。为了更有效和迅速地解决争议,"中心"的服务也不限于知识产权争议。这样,当事人便不必在将争议提交"中心"之前花时间和精力去认真考虑其争议是否属于知识产权纠纷而能否提交"中心"解决。国际知识产权专门仲裁机构的建立是知识产权仲裁的一个重大发展。此后,包括中国国际经济贸易仲裁委员会(CIETAC)和美国仲裁协会(AAA)在内的各国仲裁机构纷纷开始受理知识产权纠纷。

二、知识产权纠纷 ADR 解决的范围

当然,我们也应认识到 ADR 解决知识产权纠纷的一些不足。以仲裁为例,仲裁一般只解决经双方当事人协议提交的纠纷,仲裁庭没有义务解决双方当事人未协议提交的纠纷,仲裁庭更不能解决涉及双方当事人之外的第三方的纠纷,并且,因为仲

知识产权纠纷 ADR 解决的可能性,即是纠纷具有可以被当事人协议提交 ADR 解决的可能性

裁的民间性,不具备强制的调查取证、发布禁令、作出惩罚性赔偿、强制销毁侵权产品和制造工具、排除出商业流通之外等的权力。这就给当事人间知识产权纠纷的全面解决带来了不便。而且,仲裁的不公开审理原则与 WTO 以及 TRIPs 对知识产权裁决的透明度原则也存在一定的冲突,不利于国际知识产权纠纷的合理解决。此外,在当代社会,法在构建社会秩序中扮演着主要角色,纠纷的发生便构成了对法秩序一致性、连续性和稳定性的破坏,国家之所以设置诉讼制度,其很重要的目的就在于通过纠纷的解决来恢复法秩序的一致性、连续性和稳定性,实现维护法秩序正常化的目的。在这方面,ADR 一般就不具有此项功能。因此,各国法律一般都规定,ADR 不能解决公法上的纠纷,比如,行

第五章 知识产权纠纷的多元化解决机制

政争议等。实际上,纠纷的不可通过 ADR 解决反映了国家在以司法方式而不是以 ADR 方式解决争议方面所具有的一种特别的利益,由于这种特别的利益,使得国家不允许把某些争议通过具有民间性质的 ADR 方式解决。

那么,具体来说,哪些知识产权纠纷可以 ADR 解决,哪些知识产权纠纷不可以 ADR 解决呢？知识产权纠纷 ADR 解决的范围取决于知识产权纠纷 ADR 解决的可能性。所谓知识产权纠纷 ADR 解决的可能性,即是纠纷具有可以被当事人协议提交 ADR 解决的可能性,简称知识产权纠纷的可 ADR 性。一般来说,只有源于当事人能够意思自治的权利而产生的纠纷才可以由双方当事人独立解决,并且又能够被当事人让渡给 ADR 机构解决,因此,才是具有可 ADR 性的。相反,假如不是源于当事人能够意思自治的权利而产生的纠纷,也即产生于当事人的意思自治受到限制而不能由双方当事人自己独立处分、更不能被让渡给民间的第三方——比如仲裁庭——处分之权利的纠纷,即是不具有可 ADR 性的。

我们知道,知识产权是民事权利,是私权,按照私法自治的原则,一般来说,当事人能够自治地处分有关知识产权的纠纷。但是,首先,知识产权尤其是专利权和商标权并不是自始取得的,知识产权在确权、保护和管理的过程中需要国家权力机关的大量介入,因此而产生的纠纷属于典型公法上的行政争议,当然不具有可 ADR 性。其次,知识产权还涉及人身权的问题。知识产权的人身性主要表现在著作权领域。一般认为,我国的法律不承认著作人身权的可转让性,也即著作人身权不是当事人所能够自由处分的,因而,就我国现阶段的法律规定而言,著作人身权的纠纷也是不具有可 ADR 性的。再次,在知识产权的侵权纠纷中,因为知识产权的私权性,一般首先采取普通的民法保护方法进行制止,但是,当侵犯知识产权的行为不仅损害了知识产权人的私人利益,而且侵害了国家和社会公众的利益,扰乱了社会和国家正常的公共秩序,这时,该侵权人不但要对侵权行为承担民事责任,同时也要承担行政责任,甚至刑事责任。所以,各国一般均设有专门的行政管理机关,如版权局、专利局、商标局,还有海关和工商管理局等,或是成立统一的管理知识产权事务的部门,如工业产权局、知识产权局等,采取各种行政措施以保护当事人的合法权益以及维护公共利益。① 由此种侵犯知识产权的行为而产生的知识产权侵权纠纷,便因其侵权行为危害到社会和国家的公共利益、因为国家权力机关的介入干预而不是知识产权人和侵权人所能够意思自治解决的纠纷,因而也是不具有可 ADR 性的。

三、知识产权纠纷 ADR 解决的具体方式

(一) 知识产权纠纷的协商解决

知识产权纠纷的协商解决,是指当事人以平等互利、公平合理的原则进行磋商,通过摆事实、讲道理、分清是非,明确责任,互谅互让,以达成共识并解决知识产权纠纷活动。一般来

> ！知识产权纠纷的协商、调解与仲裁

说,协商解决知识产权纠纷最主要的优势就是便利、快速、低成本(甚至无成本)、非对抗、保密、易于贯彻执行、有利于继续合作等。

协商解决知识产权纠纷的主要方式是谈判。谈判是指双方为寻求合意所进行的一系列信息传递和交换过程,它旨在相互说服,以达成解决纠纷(或者预防潜在的纠纷)的协议。可以说,谈判是历史最悠久、也是最常用的纠纷解决方式。谈判具有以下的特点:(1)是一种自力救济型的纠纷解决方式,一般没有第三方的参与,而完全由当事人自己磋商求得和解;(2)谈判是一种自愿性行为,不具有任何强制性;(3)谈判达成的纠纷解决和解协议一般也不具有法律上的强制执行力。

---

① TRIPs 协议要求各缔约方加强司法机关的权力,以建立一种对侵权行为保持有效的威慑。比如:在不给任何补偿的情况下,司法机关有权命令对侵权商品进行处理,禁止其进入商业渠道,或者将上述侵权商品予以销毁;此外,司法机关还有权命令,将主要用于制造商品的材料和工具进行处理,禁止其进入商业渠道,以尽可能减少进一步侵权的危险。又比如,TRIPs 还规定了海关中止放行制度,等等。

除了谈判外,还有一种协商解决知识产权纠纷的方式:斡旋。对于复杂的知识产权纠纷,当事人也可先由第三方从中进行斡旋,确切了解争议双方当事人的立场、意图,努力创造有利于谈判的气氛。近年来,当事人通过聘请知识产权法律顾问出面同对方当事人协商,是促进知识产权纠纷通过协商方式解决的有效方式。由于知识产权法律顾问熟悉法律和相关政策,又富有知识产权纠纷解决的经验,既能较好地维护委托人的合法权益,又不迁就双方当事人的无理要求,有利于知识产权纠纷的公正解决。

(二)知识产权纠纷的调解解决

知识产权纠纷的调解解决,是指在第三方协助下进行的、当事人自主协商性的知识产权纠纷解决活动。调解是最重要的一种 ADR。比如在美国,90% 以上的知识产权纠纷都是通过 ADR 解决的,而其中调解所占的比例又最高。我国的《著作权法》、《专利法》、《商标法》等立法中都规定有相关纠纷调解解决的条款。调解解决纠纷具有以下的特点:(1)调解以当事人的自愿为前提,调解的启动、调解规则的适用、调解员的选定等都取决于当事人的共同意愿;(2)调解是在中立的第三方的参与下进行的纠纷解决活动,这里"中立第三方"是指与纠纷事实没有利害关系、对一方当事人不得有任何偏袒言行的、并且没有权力对争执的双方当事人施加外部强制力的第三人;(3)调解无需遵循严格的程序,调解员可以根据当事人的意见对调解的程序进行选择和简化,因此,调解一般都能在一种非对抗的、和谐的气氛中进行;(4)调解协议本身的达成和生效不具有国家强制性,但其效力能够达到法律的保证。①

(三)知识产权纠纷的仲裁解决

知识产权纠纷的仲裁,是指根据双方当事人的合意,把基于一定的知识产权法律关系而发生或将来可能发生纠纷的处理委

---

① 2002 年 9 月 16 日,最高人民法院公布了《关于审理涉及人民调解协议的民事案件的若干规定》,其在第 1 条正式承认"经人民调解委员会调解达成的、有民事权利义务内容,并由双方当事人签字或者盖章的调解协议,具有民事合同性质"。

托给仲裁机构进行裁决的知识产权纠纷解决活动。相比较协商和调解,仲裁在解决知识产权纠纷中具有以下的特点:(1)需要达成仲裁协议,和协商、调解解决纠纷不同的是,在整个仲裁制度中,仲裁协议处于至关重要的地位,它是一方当事人将纠纷提交仲裁的依据,也是仲裁庭受理案件的依据;(2)程序上更规范化,在现代国家里,一般均有相关仲裁的专门立法,对于仲裁程序的启动、仲裁的受理、审理、仲裁的保全、仲裁裁决的作出以及执行等,有非常明确的规定;(3)仲裁裁决具有强制的执行力,如果一方当事人不自动履行,另一方当事人可以向法院申请强制执行,对于涉外仲裁裁决而言,1958年生效的《关于承认和执行外国仲裁裁决的公约》更能够保证其在国外的强制执行力。

前文提到ADR是一个开放、发展的体系。除了和解、调解、仲裁以外,ADR还包括:简易陪审团审判(通过民事陪审团的介入促进在司法审判中解决争议)、微型审理(一种预测性程序,其目的在于通过向当事人告知其在纠纷中所具有的优劣势,并预测可能的裁判结果,从而促使当事人和解)、租借法官(即雇请或租借退休法官处理私人案件)、律师或中立专家的联合磋商(中立第三人可以是一名律师或技术专家,通过当事人在律师或技术专家面前提交备忘录、口头陈述或适当的辩论以解决纠纷)等,以及协商、调解、仲裁等方式之间的综合利用,比如协商/调解、协商/仲裁、调解/仲裁等。由以上众多的ADR方式构成一个开放的ADR体系,它们之间的有机结合,在不同层次上为知识产权纠纷的当事人和社会主体提供了更加多样的选择可能性,构成了更加丰富多彩的知识产权纠纷解决系统,也为充分尊重并发挥各种知识产权法律规范的作用提供了更广大的空间。

第二节 知识产权纠纷的行政解决

一、知识产权纠纷行政解决的特点及其范围

知识产权纠纷的行政解决,主要是指由行政机关出面依法解决知识产权纠纷。实际上,在很长一段时期内,我国的知识产权纠纷的解决主要采取行政解决方式。① 这种现象具有深刻的历史背景和现实原因。长期以来,我国实行计划经济体制。

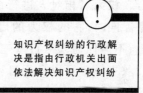
知识产权纠纷的行政解决是指由行政机关出面依法解决知识产权纠纷

计划经济体制不单纯是一种经济模式,而且也是一种社会管理模式。这反映在知识产权执法以及纠纷解决中就体现为行政权力的较多干预,比如,在《专利法》修改之前,我国的相关立法甚至规定行政裁决具有终局的法律效力,当事人甚至不能再起诉。在当时,通过行政的手段来加快我国知识产权法律制度与国际间接轨、推进我国知识产权法律制度的完善,曾经起到过非常重要的作用。但是,发展到现在,行政解决知识产权纠纷的地位则需要作重新审视。

首先,我们应该看到,行政方式解决知识产权行政纠纷仍然具有明显的优势。

知识产权作为一种民事权利,却与公共利益密切相关,因此和其他一般的民事权利相比便有其特殊性,即在其权利的设定、交易、限制、保护以及管理上具有显著的国家公权力色彩;再加上国家为保障和促进科技进步,加速科学技术成果的合理使用和推广,保障和促进国际知识产权交流和合作,协调人与自然的关系,在知识产权立法中又规定了大量的行政命令性规范,这些,都构成了知识产权法的行政法律规范。由此,便形成了大量的知识产权行政法律关系,因此而产生的纠纷即是知识产权行政纠纷。

行政机关在解决知识产权行政纠纷中具有以下明显的优势:(1)职权上的优势。这主要表现在处理程序上,行政主体可依其

---

① 仅以1996年为例,我国各级人民法院受理的知识产权侵权纠纷案件比上年上升11.8%,我国各级工商行政机关查处的不正当竞争案件比上年上升31.4%。从绝对数量看,1996年1月至1997年5月我国各级人民法院受理的(专利、商标、著作权、技术合同纠纷以外的)不正当竞争及其他知识产权民事纠纷案件为1015件,而1996年仅我国各级工商行政机关查处的不正当竞争案件就为11300余件。参见郑成思主编:《知识产权研究(第四卷)》,中国方正出版社1998年版,第300、311页。

行政权力对相对人进行命令,以利于迅速查清案件真相、富有效率。同时,它的权力的启动也不需要仅仅限于利害关系人的告诉,不但任何人对行政违法行为可以向行政主体提出控告,而且行政主体也可以自行启动处理程序。《与贸易有关的知识产权协议》明确承认并支持行政执法在知识产权纠纷解决尤其是知识产权的保护中的作用,认为它可在较简便的程序中较迅速地制止侵权行为并阻止侵权行为扩大。(2)专业上的优势。在新技术革命和现代市场经济的条件下,知识产权纠纷面广量大,专业性也越来越强。随着我国最近几年来行政机关在制度上的改革和创新,已经有越来越多的专业人才充实到知识产权相关的行政机关里面来。更重要的是,大量的知识产权法律、法规及其实施细则的大多数均由相关的知识产权行政主管部门参与具体的制定和实行。所以,相关的行政机关在解决相关的知识产权纠纷上,其专业化的优势便比较明显。(3)快捷的优势。知识产权纠纷的行政解决与诉讼相比,前者具有直接交易成本(成本要素包括时间、精力、金钱、声誉等)较低且效率较高的特点,不失为多数情况下降低私人成本和社会成本、并节省目前非常短缺的司法资源的一种优先选择。

其次,我们必须重视,行政方式解决知识产权民事纠纷明显与市场经济下的权利观念不符。

市场经济的共同要求就是保障权利、限制权力。因为只有这样,才能造成一个生动、活跃的市场环境,从而充分展现市场主体的独立性、主体性。而权利的本质实际上又是一种自由和意志。在通常情况下,一项权利就是一项自由。权利人可以按个人意志去行使或放弃该项权利不受外来的干预和压迫。法律按其真实含义而言,与其说是限制还不如说是指导一个自由而有智慧之人去追求他的正当利益……法律的目的不是为了废除或限制自由,而是保护和扩大自由。

假如行政机关在知识产权纠纷解决的过程中进行过多干预,这在一定程度上是对知识产权纠纷当事人的权利不够尊重,限制过多,甚至是对当事人民事处分权的否定。虽然随着为平衡私人利益与公共利益之间的矛盾,公权力广泛的介入到知识产权的保护中,因此而存在于知识产权法中的行政法律规范,比任何其他部门法都广泛、细密、复杂得多,但是,众所周知,知识产权首先是私权。假如说,在知识产权行政纠纷中,行政解决仍然是一种重要的知识产权纠纷解决方式,那么,对于大量的知识产权民事纠纷而言,若仍然强调行政解决,其实质就是对知识产权作为民事权利性质的淡化,甚至是行政权对审判权的侵蚀。

目前,一个相对自主、开放的市场社会在我国正逐渐形成。在知识产权纠纷的解决过程中,民事知识产权纠纷主体对国家的依附性明显降低,因此,原有的强化职权色彩的知识产权纠纷的行政解决方式应不再成为知识产权纠纷解决的主导方式。

综上,笔者认为,在社会主义市场经济下的行政解决知识产权纠纷的范围,一方面,应该充分突出行政解决的方式在知识产权行政纠纷解决上的运用,而另一方面,对于其他一般的知识产权民事纠纷,假如没有双方当事人的共同意愿,行政机关再不宜过多介入。

二、知识产权纠纷行政解决的具体类型

知识产权纠纷的行政解决具有以下几种具体类型:

（一）行政执法

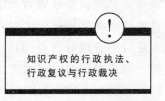

知识产权的行政执法、行政复议与行政裁决

行政执法是指行政机关通过对法律的执行以解决知识产权纠纷。这里具体的执法机关包括知识产权局、版权局、专利局、商标局、工商行政管理局、公安机关、海关等;而具体的执法行为主要指行政确权、行政监督检查、行政处罚等。行政机关通过主动的行政执法,可以解决大量的知识产权行政纠纷。

1. 行政确权

大量的知识产权首先需要当事人按照法律的规定,向相关行

政机关提出申请、由行政机关确认而取得。假如当事人对于行政机关的相关知识产权的确认有异议,由此便产生知识产权的确权纠纷。确权纠纷的产生表明权利要求人的权利本身还处于争议、不确定的法律状态。此类纠纷表面上是当事人之间所发生的要求确定专利本身法律地位的纠纷,实质上是当事人对行政机关的确权行为的异议,因而是一种行政争议。对于此类有关知识产权的行政争议,当事人一方面可以通过向法院提起行政诉讼而解决,另一方面,当事人也可以向行政机关提出异议,由行政机关通过行政确权而解决。例如,我国现行《专利法》第45条规定:自国务院专利行政部门公告授予专利权之日起,任何单位或者个人认为该专利权的授予不符合本法有关规定的,可以请求专利复审委员会宣告该专利权无效。第46条规定:专利复审委员会对宣告专利权无效的请求应当及时审查和作出决定,并通知请求人和专利权人。宣告专利权无效的决定,由国务院专利行政部门登记和公告。

2. 行政监督检查

行政监督检查是指由中央和地方的行政管理机关协调指导,由工商、公安、新闻出版、广播电视、文化教育、医药、外贸、海关以及各知识产权行政管理机关实行的行政监督检查。通过各行政机关依据法律所赋予的权力对各类违反知识产权法律、法规的行为进行单独或者联合的行政监督检查,可以制止、解决大量的知识产权侵权纠纷。根据我国的《专利法》、《著作权法》、《商标法》以及其他相关法律、法规,有关知识产权纠纷的行政监督检查对象包括:音像制品、书刊和计算机软件的盗版盗印;商标特别是驰名商标假冒侵权行为;专利侵权以及不正当竞争行为。检查的重点是侵权产品的生产地和销售地,涉嫌侵权产品的生产工具和生产线,有关科技成果产品的出版、复制、进口、批发、零售、出租、经营性录像放映、网络传播等生产经营单位。

3. 行政处罚

知识产权纠纷解决中的行政处罚是指国家知识产权行政管

理机关依法惩戒违反知识产权法律、法规的行政相对人的一种具体行政行为,属于行政制裁的范畴。知识产权管理机关通过对行政相对人的处罚和制裁,一方面可以维护正常的知识产权法律秩序和权利人的合法权益,另一方面也可以解决相关的很多知识产权纠纷。因此,我国的法律赋予了知识产权行政管理机关广泛的行政处罚权。与此同时,国家的法律也详细规定了对行政处罚权的限制,比如程序合法、公开、透明等,以保护行政相对人的合法利益。[1]

(二)行政复议

公民、法人和其他组织,认为国家行政机关的具体行政行为侵犯其合法权益的,可以依法向相应的国家行政机关申请复议。行政复议是很重要的一种知识产权纠纷的行政解决方式。比如,我国2002年7月25日由国家知识产权局颁布的《国家知识产权局行政复议规程》就在第5条里明确规定了诸多可以申请复议的具体情形。

行政复议在解决知识产权纠纷中具有以下的特点:(1)行政复议是一种行政司法行为。除法律有规定之外,行政复议不是解决知识产权纠纷的必经程序,其程序必须经当事人的提出申请而启动。(2)行政复议一般不应由作出原行政决定的机构作出,行政机关也"不能作自己案件的法官",为保证行政复议的公正性,行政复议一般应由作出行政决定的行政机关的上级机关或者法律、法规规定的行政机关进行。(3)在解决知识产权纠纷的过程中,行政复议遵循的程序是行政程序,与司法程序相比,具有灵活、简便、费用低廉的特点。而且,由于行政机关对本工作部门直

---

[1] 比如,自2001年起,我国对著作权相关的法律、法规相继进行了修改,修改的内容当中,著作权执法措施得到进一步完善与加强。为配合这些修改,使著作权执法工作更加适应当前形势的要求,国家版权局2003年7月23日公布了新版的《著作权行政处罚实施办法》,在该实施办法中不但对《著作权法》、《著作权法实施条例》、《计算机软件保护条例》的一些规定做了进一步细化,以强化著作权行政处罚的可操作性,保障著作权行政管理的有效实施;而且按照行政处罚法的规定和依法行政的要求,进一步明确了著作权行政处罚的程序性,加强了行政处罚的透明度。

接主管,业务熟悉,复议的成本更可以大大减低。

（三）行政裁决

知识产权纠纷的行政裁决是指知识产权行政机关依法裁决知识产权纠纷的行为。行政裁决的种类包括权属纠纷裁决、侵权纠纷裁决、损害赔偿纠纷裁决、补偿性纠纷裁决、其他侵权纠纷裁决等。比如,我国现行《专利法》第57条就规定：未经专利权人许可,实施其专利,即侵犯其专利权,引起纠纷的,由当事人协商解决；不愿协商或者协商不成的……也可以请求管理专利工作的部门处理。管理专利工作的部门处理时,认定侵权行为成立的,可以责令侵权人立即停止侵权行为……进行处理的管理专利工作的部门应当事人的请求,可以就侵犯专利权的赔偿数额进行调解……《专利法实施细则》的第79条对以上的规定又进行了细化。

行政裁决解决知识产权纠纷具有以下特点:(1)是行政机关居间解决有关知识产权纠纷的活动；(2)行政裁决的职权来源于全国人大及其常委会制定的法律的明确授权；(3)行政裁决程序是一种准司法程序。

【参考书目】

[1]〔英〕施米托夫：《国际贸易法文选》,赵秀文选译,中国大百科全书出版社1993年版。

[2]〔日〕谷口安平：《程序的正义与诉讼》,王亚新、刘荣军译,中国政法大学出版社1990年版。

[3] 范愉：《非诉讼纠纷解决机制研究》,中国人民大学出版社2000年版。

[4] 黎晓光：《论涉外知识产权仲裁的可仲裁性》,载《仲裁与法律通讯》1996年第6期。

[5] 崔国斌：《专利有效性仲裁制度评析》,载《知识产权》1998年第3期。

[6] 饶传平、焦洪涛：《可仲裁性理论探微——意思自治及其限制的视点》,载《华中科技大学学报》(社会科学版)2004年第4期。

第五章　知识产权纠纷的多元化解决机制 ★

【思考题】

一、名词解释

1. 替代性纠纷解决方式(ADR)
2. 知识产权仲裁

二、简答题

1. 知识产权纠纷的特点。
2. 知识产权纠纷 ADR 解决的优势、局限、范围。

三、论述题

简述知识产权纠纷行政解决的特点。

第二编 著 作 权 法

第六章 著作权法概述

本章主要介绍著作权(版权)的概念和著作权法律制度的历史与现状。著作权与工业产权共同构成知识产权的主要内容。理解并掌握著作权的基本概念和特征是学习和运用知识产权法的基础,了解著作权法律制度的历史与现状有助于认识这一法律制度的发展规律及其对鼓励创新的重要作用。

第一节 基本概念及特征

一、著作权的定义

著作权与版权同义,指著作权人依法对文学、艺术和科学作品享有的专有权利。著作权包括人身权和财产权两方面:人身权又称精神权利,指发表权、署名权、修改权和保护作品完整权。财产权又称经济权利,主要指以各种方式(如复制、表演、播放、展览、发行、拍摄电影、电视、录像或改编、翻译、注释、编辑等方式以及许可他人以前述各种方式)使用作品而获得经济利益的权利。

著作权与版权同义,指著作权人依法对其作品享有的专有权利

英美法系国家注重作品传播中产生的财产权利,一直沿用

"复制权"或"翻印权"(copyright)的概念,意指创作者、传播者就作品的使用应获得的利益。大陆法系国家则强调创作者的自然权利,认为作品在创作、传播和使用中产生的人身权利和财产权利都是一种天赋人权,因此将著作权称为"作者权"(author's right);将与作者相关的权利相应地被称为"邻接权"。我国采用的"著作权"用语来源于日本①,意指"著作人的权利"。

二、著作权的特征

著作权是知识产权的核心组成部分,是我国公民依法享有的基本民事权利的一种。作为知识产权的核心组成部分,著作权具有知识产权的主要特征,如专有性、地域性、时间性、客体的可复制性等。

著作权有专有性、地域性、时间性、客体的可复制性等特征

(一)专有性

指著作权专属权利人所有,体现为类似所有权的排他性和独占性;没有法定缘由和著作权人的许可,任何人不能随意使用权利人的作品。著作权的专有性受合理使用、权利穷竭、法定许可等方面制度的影响和时空限制,而且权利人对作品的专有权并不延及作品所包含的思想。

(二)地域性

著作权的专有性受到的空间限制即它的地域性。著作权法是国家民事法律的组成部分;一国法律所确认和保护的著作权,其效力一般限于在该国境内的本国人。如我国《著作权法》保护的口述作品在许多国家并不受保护;又如我国著作权的保护期是50年,有的国家著作权受保护期限为70年、80年、甚至99年。②著作权的地域性正受到知识产权保护国际一体化的挑战,比如《伯尔尼公约》所明确的著作权自动保护、国民待遇等原则使得各

---

① 郑成思:《版权法》(修订本),中国人民大学出版社1997年版,第13页。
② 江建民:《著作权法导论》,中国科技大学出版社1994年版,第265页。

成员国承认或授予的权利内容基本相同。

（三）时间性

著作权的专有性受到的时间限制即它的时间性，这种时间性的限制主要是针对财产权的，即权利人只能在一定时间内享有对作品的专有使用权及获酬权。精神权利中除发表权外，署名权、修改权和保护作品完整权都不受时间限制。

（四）客体的可复制性

又称著作权客体的非物质特性，指著作权客体可以被无限复制使用（而且可无数人同时使用）而不会发生像有形客体那样的损耗。著作权人对其作品享有的专有权不像对有形的物质客体那样体现为在空间上的实际占有或控制，而是体现为以复制为实质的对作品的排他性使用。作为典型的知识产权，著作权区别于其他基本民事权利的本质特征在于其客体的非物质性。①

第二节 著作权法律制度及其产生与发展

一、著作权法律制度的产生和发展

（一）著作权法的产生

著作权法是确认和保护著作权人对某一作品享有某些权利，规定因创作、传播和使用作品而产生的各种权利、义务关系的法律规范的总和。

著作权法律制度随着传播技术的发展而产生和发展

现代意义上的著作权法律制度是随着印刷技术的发展而产生和发展起来的，其建立的初衷是为了保障创作者在作品传播和使用中获得相应的利益。1709年，英国议会通过的《安娜女王法》是世界上第一部以保护作品作者及传播者合法权益为主的版权（著作权）法。由于传播技术的发展，各国感到仅在一国内保护著作

---

① 吴汉东：《关于知识产权本体、主体与客体的重新认识》，载《法学评论》2000年第5期。

权难以有效保护著作权人利益,因此于1886年在瑞士伯尔尼缔结了《保护文学艺术作品伯尔尼公约》,将著作权的法律保护扩张到了国际层面;截至2004年12月,加入《伯尔尼公约》的国家已有157个。①

(二)著作权法的宗旨与发展趋势

著作权法律制度既要注重保护作者的合法利益,又要促进文化、科学、技术的广泛传播,因此,要不断协调著作权专有性与作品社会性之间的矛盾。著作权是一种垄断性的权利,国家通过赋予作者及其他权利人这种垄断性的权利来激励文学艺术的创作,但同时又限制其权利,以保证社会公众对信息获取的需要,保证文学艺术作品的广泛传播,促进文化事业的进步。随着历史的发展,这一矛盾在一次又一次的技术进步中被不断激化,而又不断寻找到新的平衡点,使得著作权法律制度得以不断发展和完善。

著作权法律制度的产生是随着科技的发展而日益浮出水面的,并且一直被科技的发展影响着。著作权法律制度发展的历史,也就是传播技术进步的历史。印刷术、摄影、留声机、收音机、电影、广播电视、录音机、录像机、电脑、网络……20世纪下半叶以来,数字化这一廉价、简单、忠实、快捷的复制方式与传播方式迅速崛起。著作权法律制度总是受到新技术日新月异的挑战。信息资源的共享和作品的无障碍多元化传播使新技术革命给社会文化的发展带来前所未有的机遇,也使著作权人发觉自己的权利和地位越来越难以保障。一方面是岌岌可危的版权权利人的利益,另一方面是公众对信息自由与共享的前所未有的需求,著作权法律制度应该如何调整来实现私权和公众利益间的平衡,是目前这一制度必须应对的问题。同时,以往的著作权法律制度设计的重心在于保护创作者的利益,极少顾及或基本忽视了创作之源的权利人之利益,比如长期以来民间文学艺术被视为"公有领域",是任何人可以自由使用的免费大餐。民间文学艺术的保护

---

① 李顺德:《知识产权概论》,知识产权出版社2006年版,第353页。

问题在国际层面的提出,表明原有的知识产权、尤其是著作权法律制度在这方面有一定的偏失或遗漏。民间文学艺术是我国的优势信息资源,如何对其进行必要的保护,也是完善著作权法律制度时必须要考虑并解决的问题。

二、新中国的著作权法律制度

（一）《著作权法》的产生与修订

我国于 1990 年 9 月 7 日通过了《中华人民共和国著作权法》(以下简称《著作权法》),于 1991 年 6 月 1 日生效。1991 年 5 月 24 日通过了《计

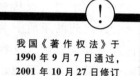

我国《著作权法》于 1990 年 9 月 7 日通过,2001 年 10 月 27 日修订

算机软件保护条例》,同年 5 月 30 公布实施了《著作权法实施条例》,作为《著作权法》的配套法规。2001 年 10 月 27 日,在我国加入世界贸易组织（WTO）之前通过了《关于修改著作权法的决定》,并由即日起施行,此即为现行的《著作权法》。2002 年 1 月 1 日起施行修改了的《计算机软件保护条例》;2002 年 9 月 15 日起施行与新修订《著作权法》相配套的《著作权法实施条例》;2004 年 12 月 22 日通过了《著作权集体管理条例》;2006 年 5 月 10 日通过了《信息网络传播权保护条例》。

（二）中国著作权法的基本原则

著作权法是民事法律的一种,因此其基本立法原则应遵循民法上的一般原则,如公平、诚信、等价有偿等;同时,著作权法还具有一些特有的立法原则,包括:以维护作者权为中心、权利平衡及促进公益、著作权自动产生原则和遵循国际规则原则。作者是著作权法的核心主体,是实施创作,运用自己的独到的智力活动直接创造出文学、艺术和科学作品的人,因此整个著作权法律制度的设计理念就是以法律的形式将作者的相关权益固定下来,赋予其一定条件的专有权,以鼓励独立创作、繁荣文化科学。著作权法应当在作品的创作、传播和使用之间尽量寻求平衡点,协调其间的权利义务关系。在我国,著作权随着创作完成而依法自动产

生,毋须履行特别的登记注册手续。这一自动产生原则也是《伯尔尼公约》的要求。我国要融入世界市场经济体系,必须建立遵循公认的国际惯例的知识产权制度。

三、中国著作权法与国际公约的接轨

我国于 1992 年 10 月加入了《伯尔尼公约》。WTO 成立后,其《与贸易有关的知识产权协议》(TRIPs)成为保护知识产权的最新国际标准。为了加入 WTO,我国于 2001 年 10 月
27 日通过了新修改的《著作权法》,解决了背景音乐保护、计算机软件保护、著作权集体管理以及著作权保护救济措施等未达到 TRIPs 要求的方面。《著作权法》还增加了对杂技、建筑作品的保护;明确了复制、发行、出租、展览、表演、放映、广播、信息网络传播、摄制、改编、翻译、汇编等具体权利的内容;解决了过去保护外国人著作权水平超过保护国内著作权水平的问题;对执法措施、集体管理机构地位、侵权责任等作了更明确的规定。至此,我国《著作权法》的保护规则已基本上与最新国际保护基准相接轨。

执法方面,2003 年修改了 1995 年 7 月国务院发布的《海关保护知识产权条例》,进一步改善了与国际贸易有关的著作权的执法环境。2004 年 12 月 21 日和 2007 年 4 月 4 日最高人民法院、最高人民检察院联合公布《关于办理侵犯知识产权刑事案件具体应用法律若干问题的解释》及其(二),降低了著作权犯罪的起刑标准,增加了刑事打击的可操作性。这些行政法规和司法解释对加强我国的著作权保护力度、履行入世承诺十分有帮助。

【参考书目】

[1] 郑成思:《版权法》(修订本),中国人民大学出版社 1997 年版。
[2] 吴汉东:《知识产权法》,北京大学出版社 2003 年版。
[3] 李明德、许超:《著作权法》,法律出版社 2003 年版。

【思考题】

一、名词解释
1. 著作权
2. 著作权法
3. 著作权客体的可复制性

二、简答题
1. 简述著作权的权利内容。
2. 简述著作权的特征。
3. 简述著作权与物权的异同。

三、论述题
1. 试论著作权法律制度的发展趋势。
2. 论述我国著作权法律制度的发展及现状。
3. 试述著作权法律制度的设计理念及其作用。

四、案例分析

1998年至1999年间,原告张铁军在《中华女子乐坊创意策划文案》的基础上创作完成了《北京中华女子乐坊文化发展有限公司整合报告》。在上述期间,原告与被告王晓京相识,向被告介绍了关于成立"中华女子乐坊"乐队演奏民乐的创意,希望被告投资,双方合作。此后,王晓京未就成立"中华女子乐坊"与张铁军进行合作。2001年5月,王晓京与案外人孙毅刚为被告世纪星碟公司创作完成了《"女子十二乐坊"项目实施计划》,随即世纪星碟公司成立了"女子十二乐坊"乐队,演奏新民乐,产生一定社会影响。原告诉至法院,请求法院判令王晓京和世纪星碟公司停止侵权、赔礼道歉、赔偿损失。经查,《实施计划》和《整合报告》的内容完全不同,二者的篇章结构和具体的表达形式也不相同,《实施计划》并非改编《整合报告》而成,但同样使用了"女子乐坊"等词汇。

问:被告是否侵害原告的著作权,为什么?

第七章 著作权主体

本章主要介绍依照著作权法的规定哪些人可以享有著作权。著作权原则上属于创作作品的作者,但依照法律被视为作者的法人或其他组织,以及因民事关系而继受著作权的非作者的公民、法人、其他组织、外国人、无国籍人和国家,也可以成为著作权的主体。针对实践中常见的著作权归属争议,法律专门规定了合作作品、演绎作品、职务作品、汇编作品、摄影作品、电影作品、委托作品等特殊作品的著作权归属。

第一节 著作权主体的概念及分类

一、著作权主体的概念

著作权主体又称著作权人,是依法享有著作权权利和承担著作权义务的人。依照我国著作权法,著作权人包括作者及其他依法享有著作权的非作者的公民、法人或其他组织;在一定条件下,著作权的主体还包括国家。

著作权人是作者或其他依法享有著作权的非作者的公民、法人或其他组织

在这里,作者通常为自然人;"其他组织"多为非法人组织或群体,如临时性的课题组、某高校院系内部的研究中心、教研组等,它们的具体法律地位由相关的法律、法规界定。

著作权人不一定是作者,但多数情况下作者就是著作权人。

二、著作权主体的分类

(一)原始主体与继受主体

著作权的原始主体指作品创作完成后依法直接自动获得著

作权的人,即作者或准作者。在这里,"作者"指的是真正意义上的创作者,即亲自创作作品的自然人。"准作者"即依法被视为作者的其他自然人、法人或其他组织。我国《著作权法》规定:创作作品的公民是作者;如无相反证明,在作品上署名的公民、法人或其他组织为"作者"。继受主体是从原始主体处通过继承、受赠或受让等合法方式取得全部或部分著作权的人,也包括自然人、法人和其他组织,特定情形下还包括国家。依一般民事法律,人身权是不可继承和转让的;但继承人和受让人有权维护作者的人身权。①

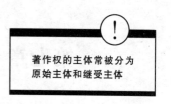

著作权的主体常被分为原始主体和继受主体

(二)完整主体与部分主体

完整主体是依法享有著作权法所赋予的所有著作权权项的人。在我国,完整的著作权包括人身权利和财产权利,而人身权是永久性地附属于作者和准作者、不可转让的,所以,只有作者和被视为作者的人才可能拥有真正的完整著作权,成为著作权的完整主体。部分主体指依法通过继承和转让等方式取得部分著作权的人。继受主体必然是部分主体,因之即使从原始主体处获得所有的著作财产权,但无法获得其中的人身性权利,也不能成为完整的著作权主体;反之,原始主体一旦将全部或部分的著作财产权转让出去,自己也就成为了著作权部分主体。

第二节　作者及其他著作权人

一、作者的定义

作者是直接创作作品的人,指通过独立的构思、以自己的能力和技巧表达出某种思想或感情、创作出文艺、科学作品的人。

---

① 见《中华人民共和国著作权法实施条例》第15条:作者死亡后,其著作权中的署名权、修改权和保护作品完整权由作者的继承人或者受遗赠人保护。

根据我国《著作权法实施条例》的解释,创作是"直接产生文学、艺术和科学作品的智力活动。为他人创作进行组织工作,提供咨询意见、物质条件,或者进行其他辅助工作,均不视为创作"。创作是一种民事事实行

作者是直接创作作品的人;创作是直接产生文学、艺术和科学作品的智力活动

为,因此,凡在客观上具有创作能力的人,即能够通过自己的独立构思,运用自己的技巧和方法,直接创作出(包括书面的、口头的和立体的形式表现)反应自己的思想与感情、个性与特点的作品的人,包括没有完全民事责任能力的未成年人,都可能成为作者。那些帮助作者修改稿件、提供咨询意见、资金、劳务、编辑、校对、审稿的人等不能成为作者,因为他们的这些活动是为创作服务或在作者创作基础上进行的,并不是创作活动本身。

二、作者的范围

(一) 自然人

严格说来,真正的创作者只能是自然人,因为只有自然人才能对作品付出创造性思维劳动,即从作品的立

著作权人是作者或其他依法享有著作权的人

意、构思、内容的选择和编排,到将自己的思想观点以自己的方式表现出来,都是人类专有的思考能力。有的国家在法律中明确了这一点,如《西班牙著作权法》。① 大陆法系基于"天赋人权"概念在法律中仅承认自然人是作者;英美法系的法律传统上注重的是版权人的概念,对作者并没有明确的定义,但在学理解释中也是把作者理解为自然人的。② 从理论上讲,一切有创作能力并创造出作品的自然人均是作者,包括违禁作品的作者和被依法剥夺政治权利的人;但是,由于宪法和其他法律、法规的原因,这类作者

---

① 郑成思:《版权法》(修订本),中国人民大学出版社 1997 年版,第 26 页。
② 〔英〕W. R. Cornish:《知识产权:版权、专利、商标与有关权》(第 4 版),SWEET&MAXWELL 出版社 1999 年版,第 339—470 页。

的著作权并不受我国《著作权法》的保护或不能自由行使其著作权。

（二）法人或其他组织

在著作权法律建立和完善的过程中,关于法人及其他组织能否成为作者的问题一直颇有争论,争论的主要诱因是大多数已建立著作权或版权保护的国家,一般都承认法人和自然人一样,可以成为原始版权人,如电影作品的制作人、委托作品的委托人及著作权贸易中的受让人等。在这里,很多人可能自然地把"原始版权人"和"原始创作者"的概念混淆在一起,认为法人或其他组织也可以成为原始创作者,即作者。否定这种观点的意见认为创作作为一种人类特有的思维活动,不可能由非自然人的组织实行,因此作者只能是自然人;肯定意见则认为:虽然法人和其他组织不具有人类的思维能力,不能亲自创作,但法人作为法律上拟制的人,可以依自己的意志组织创作并成为作者及著作权人。

（三）我国的法律规定

我国的《著作权法》在条文中指出:创作作品的公民是作者。由法人或者其他组织主持,代表法人或者其他组织意志创作,并由法人或者其他组织承担责任的作品,法人或者其他组织视为作者。如无相反证明,在作品上署名的公民、法人或者其他组织为作者。① 这是一种折中的选择,一方面明确作者是创作作品的"公民",即自然人;另一方面,在特殊情况下将某些并非作者的公民、法人或其他组织"视为"作者或根据证据条件"推定为"作者。

三、其他著作权人

根据我国《著作权法》的规定,除了作者及被视为作者的人外,还有其他一些主体可以成为著作权人。具体包括以下几类：

其他著作权人包括非作者的公民、法人、其他组织及国家

---

① 见《著作权法》第11条。

第七章 著作权主体 ★

(一) 未被视为作者的法人和其他组织

一种一定条件下的职务作品,由该法人或其他组织享有除作者署名权之外的著作权;另一种是电影作品的著作权由制片人享有。具体内容在下面"著作权归属"部分阐述。[①]

(二) 继受著作权人

即作者或推定作者之外,通过继承、遗赠、转让、赠与、委托等民事关系成为著作权主体的公民、法人及其他组织。《中华人民共和国继承法》第 3 条第(六)项规定著作权中的财产权作为遗产可以继承;第 16 条规定公民可以将个人财产赠给国家、集体或者法定继承人以外的人。《著作权法》第 19 条规定:公民在死亡后,其作品的使用权和获得报酬权在本法规定的保护期内,依照《继承法》的规定转移。另外,根据《著作权法》第 25 条的规定,著作财产权可以依法单项或全部转让,那么受让人就可以合法地成为享有相关权利的著作权人。同时,如果在委托创作合同中明确某项或全部著作权属于委托人,则委托人就依法成为相关权项的著作权人。

(三) 国家

根据《著作权法》和《继承法》,特殊情形下国家成为著作权人,包括以下几种情况:(1) 作者生前将作品原件及著作权中的财产权无偿赠与国家,或者将已发表的作品的著作权中的财产权无偿转让给国家;(2) 作者通过遗嘱方式将其全部或部分作品著作权中的财产权在他死后赠送给国家;(3) 作者死亡后,其作品著作权中的财产权无人继承又无人受赠,著作权中的财产权由国家享有;(4) 著作权属法人或其他组织,法人或其他组织变更、终止后,没有承受其权利与义务的法人或者其他组织,著作权由国家享有。国家享有著作权的,由著作权行政管理部门代表行使。

(四) 外国人和无国籍人

根据《著作权法》第 2 条,外国人和无国籍人作为著作权主体

[①] 见《著作权法》第 15、16 条。

分为三种情况:(1)根据其所属国或者经常居住地所在国同中国签订的协议或者共同参加的国际条约享有的著作权的,受我国《著作权法》保护。(2)其作品首先在中国境内出版的,依照《著作权法》享有著作权;其作品在中国境外首先出版后,30日内在中国境内出版的,视为该作品同时在中国境内出版。(3)未与中国签订协议或者共同参加国际条约的国家的作者以及无国籍人的作品首次在中国参加的国际条约的成员国出版的,或者在成员国和非成员国同时出版的,受我国《著作权法》保护。

第三节　特殊作品的著作权归属

著作权归属即对著作权的主体的认定,指著作权的诸项权利归谁享有。确认著作权的归属,对著作权的行使、转让和继承、解决实践中经常发生的纠纷具有十分重要的意义。根据我国《著作权法》第11条的规定:著作权属于作者,本法另有规定的除外。但是,在特殊情形下,"作者"难以确认,或不宜成为原始著作权人,这时就适用法律所谓的"另有规定"。实践中的著作权归属纠纷通常涉及以下几个方面:

一、合作作品的著作权归属

两人以上合作创作的作品为合作作品,著作权应由合作作者共同享有。合作作品必须有共同的创作意图并由共同的创作行为产生。合作者必须都对作品付出了直接的、创造

合作作品的著作权由合作作者共同享有

性的、实质性的脑力劳动贡献,都参加了作品的构思和创作过程,对作品赋予了一定的思想感情、观点或表达方式,而最终的作品的确也包含了合作者的智力成果;简单的劳务性工作如抄写、打字、整理资料等,或提供事实、咨询、指导等行为不属于创作。合作作品可分割使用的(如一首歌的词、曲),作者对各自创作的部

分各自享有著作权,但单独行使不应侵害整体著作权;合作作品无法分割使用的(如共同创作的一幅油画),其著作权由各合作作者共同享有,通过协商一致行使;不能协商一致,又无正当理由的,任何一方不得阻止他方行使除转让权以外的其他权利,但是所得收益应当合理分配给所有合作作者。合作作者之一死亡后,其对合作作品享有的《著作权法》第10条第1款第(五)项至第(十七)项规定的权利(即财产性权利)无人继承又无人受遗赠的,由其他合作作者享有。

二、演绎作品的著作权归属

演绎作品指对已有作品进行改编、翻译、注释、整理等行为而产生的作品,又称派生作品或二次作品。演绎的实质是一种基于已有作品进行的再创作行为。演绎作品的著作权由演绎人享有,但这种著作权相对于

演绎作品的著作权由演绎人享有,但其行使著作权时不得侵害原著作权人的权利

原作的著作权具有从属性,即在对尚有著作权保护的作品进行有独创性的演绎加工时,不得侵害原著作权人的已有著作权,演绎必须经原著作权人同意并向其支付报酬。如钱钟书、人民文学出版社诉胥智芬、四川文艺出版社著作权纠纷案①中,二被告就是因为事先未经钱钟书的同意对其作品《围城》进行汇校,从而侵犯了钱钟书的著作权和人民文学出版社的专有出版权。在有关演绎作品的著作权纠纷中,主要是关于改编行为的;因为改编、浓缩、提炼等行为通常被认为是创作,独创性要求也相对要高;在此创作过程中改编者很可能忽视原著作权人的权利。翻译作品因常常涉及作为原著作权人的外国人,为取得合法权利,翻译者应注意《著作权法》关于外国人、无国籍人问题的具体规定。

---

① 郭禾(主编):《知识产权法案例分析》,中国人民大学出版社2001年版,第99页。

三、汇编作品的著作权

汇编作品又称编辑作品,指将若干作品、作品的片段或不构成作品的数据或其他材料,在内容的选择或编排上体现了独创性的作品,如报纸、杂志、字典等。汇编行为原则上应当征得汇编材料原著作权人的许可,获

汇编作品的著作权由汇编人享有,但在行使著作权时不得损害原作品著作权人的权利

得授权的汇编形成的作品由汇编人享有著作权;汇编人在行使著作权时不得损害被编辑作品的著作权。汇编作品的创造性表现于汇编人独特的选择和编排材料的方法,并在整体上赋予这些原本分散的作品或材料以新的组织结构和表现形式,因而汇编人就设计的新结构或新形式享有作者的资格,如报刊杂志社除了可以享有对其具备作品要件的版式与装帧的著作权外,还可以对整本杂志或报刊版面享有著作权,但该权利仅及于版面的整体而不及于其中包含的作者的作品。对没有著作权的作品或其他事实材料、信息以自己的构思进行独特的选材、加工和编排的(如古代文集、法规选编等),汇编人仅就其设计的形式及编排的整体结构享有著作权。

四、职务作品的著作权归属

根据《著作权法》第 16 条的规定:公民为完成法人或其他组织工作任务所创作的作品是职务作品。"工作任务"是指作者工作单位的正常工作或业务所必需的活动,或是直接服

职务作品的著作权归属有作者享有和单位享有两种情形

务于工作单位的法定业务。职务作品的要件首先是作者与该单位应具有劳动关系,其次,作品的创作应在作者的本职工作(包括临时任务)范围内。英美法系国家将类似的情形下产生的作品叫雇佣作品,规定雇佣作品的原始著作权归作者的雇主享有,典型

的如美国;在英国,雇佣作品的署名权归创作者所有,财产权在无相反协议的情况下归单位所有。大陆法系国家一般认为职务作品的原始著作权仍归作者本人,但作者必须在劳动雇佣合同或其他合同中明确表示其所在单位有一定的权利或便利在合同范围内利用该作者的职务作品。我国立法侧重保护的是创作者的利益,即双方没有对职务作品的著作财产权作出约定的情况下,职务作品的著作由作者享有;同时,考虑到单位在一些大型作品创作中不可或缺的作用,也规定了由单位享有著作权的情形。

(一) 作者享有

职务作品原则上归创作者享有,但法人或其他组织有权在其业务范围内优先、无偿使用职务作品的著作权,同时应给作者以适当的奖励。职务作品在完成两年之内,未经作者所在单位同意,作者不得许可第三人以与该单位相同的使用方式使用其作品;如果在该两年内所在单位在其业务范围内不使用,作者可以要求该单位同意由第三人以与单位相同的使用方式使用其作品,单位没有正当理由不得拒绝。在这种情况下,作者许可第三人以与单位使用的相同方式使用作品所得的,由作者与单位按比例分配。

(二) 单位享有

主要利用法人或其他组织的物质条件创作并由法人或其他组织承担责任的工程设计、产品设计图纸及其说明、计算机软件、地图等职务作品,以及根据法律、法规规定或劳动合同约定著作权由法人或其他组织享有的职务作品,除署名权由创作者享有外,其他的著作权权利由法人或其他组织享有,但创作者可得到适当的奖励。

随着市场经济的发展,市场机制鼓励民事主体自主选择使用法律行为,即合同方式解决问题。所以,职务作品的著作权归属可以由劳动者和工作单位之间通过合同去约定。实践中,职务作品往往容易与委托作品产生混淆,区分的关键在于这种创作是基于著作人的职责范围还是基于委托合同的约定,职务作品的创作往往和单位的法定业务活动直接相关。

五、摄影作品的著作权归属

摄影作品是拍摄者通过自己的构思和摄影技术、借助摄影器材再现客观物体形象,以表现某种思想情感的作品。根据《著作权法实施条例》对摄影作品的定义①,摄影作品应具

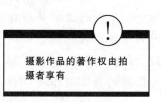
摄影作品的著作权由拍摄者享有

有"艺术性"。人物艺术照,不论是完全个性的摄影,还是模式化(化妆、布景、造型格式化)的艺术摄影,需要摄影师更多的智力创作投入,包括对拍摄对象特点的把握及表现构思、取景布局、光线、技巧应用等,因此可以获得著作权。由于行使著作权会涉及被拍者的肖像权,摄影师与拍摄对象应通过合同的具体约定来妥善解决作品(包括胶卷底片、数码存储物和冲印照片)的使用及权益归属问题。证件照要求真实、清晰再现拍照对象的外表,不要求创作艺术性,一般不应成为著作权保护的对象。

六、电影作品的著作权归属

实践中参与电影作品(包括以类似摄制电影的方法创作的作品)实际创作的通常有导演、编剧、词曲作者、演员、摄影等,但由于电影作品是融会各个作者的创作和技巧而形成的

电影作品的著作权由制片人享有

综合艺术品,不宜由某个作者单独行使其著作权。为简化相关的法律关系,我国《著作权法》规定电影作品的导演、编剧、词曲作者、演员、摄影等享有署名权及获酬权,其他著作权(如复制、发行、翻译、改编)由制片人享有;对电影作品中可以单独使用的剧本、音乐等,其作者可单独行使其著作权。这一规定的实质是将

---

① 《著作权法实施条例》第4条之(十):摄影作品,是指借助器械在感光材料或者其他介质上记录客观物体形象的艺术作品。

电影作品作为职务作品看待,究其根源,其一,是由于整部作品投资、风险都很大,通常都是依靠制片人提供的物质技术条件,如专用资金、资料、设备等完成的,而且由制片人承担责任;其二,是一般导演、编剧、摄影、演员等都是制片人旗下的职员,参加由制片人组织拍摄的电影作品创作是其本职工作。将电影作品的整体著作权赋予制片人是世界各国的一致做法。

音像作品(这里主要是指具有作品性质的音乐电视,即MTV),是依据音乐内容和体裁的具体要求,选择声乐和器乐模式、人物形象、背景布景的情景氛围,必要时运用数字技术的手段使情景与音乐合一创作出的作品,属于《著作权法》所称的电影作品。这里要注意将其区分于音像制品,即对声音与图像等有内容的对象进行机械记录或者复制所形成的音像磁带、激光视盘等产品。按照《著作权法》第15条的规定,音像作品的著作权由制片人享有;按照《著作权法》第41条的规定,获得许可制作音像制品的制作者享有许可他人复制、发行、出租等权利。

七、委托作品的著作权

委托作品是一方接受另一方委托,依照委托合同约定的有关事项创作而产生的作品。此类作品的著作权归属由委托合同约定,若无明确约定的,著作权属于受托人,即创作作品的作者。区分委托作品和职务作

委托作品的著作权归属由合同约定,无明确约定的著作权属于受托人,即创作作品的作者

品的关键在于:委托作品的受托人从事创作是在履行与委托人达成的民事合同,而职务作品的作者进行创作是为了完成单位下达的工作任务。我国《著作权法》从保护作者权利的角度出发,对委托作品的著作权归属进行了规定:

(一)自行约定著作权的归属

这一方面是尊重作者也即受托人的意愿,另一方面是为了方便委托人有效地使用作品。双方当事人可以自由约定其归属的

一般仅限于著作财产权。

（二）著作权属于受托人

在当事人没有特别约定的情况下，委托作品的著作权属于受托人，这是因为受托人接受委托创作完成作品，是委托作品的作者。当然，受托人在享有著作权的同时也受到如下的限制：（1）受托人应当按照约定将委托作品提供给委托人使用。委托人有权在约定的范围内使用；如果没有约定使用范围，委托人可以在委托创作的特定目的范围内免费使用。（2）受托人行使著作权应当遵循诚实信用原则，不得妨碍委托人的正当使用。

八、其他

美术作品的著作权：美术作品原件所有权的转移，不视为作品著作权的转移；美术作品原件的展览权由原件所有人享有，美术作品的著作权属于著作权人。

原件所有人享有美术作品的展览权；作者身份不明的作品由原件所有人行使其著作权

作者身份不明的作品：指无法从通常途径了解作者身份的作品，由作品原件的所有人行使除署名权以外的著作权。作者身份确定后，由作者或者其继承人行使著作权。

【参考书目】

[1] 郑成思：《版权法》（修订本），中国人民大学出版社1997年版。
[2] 吴汉东：《知识产权法》，北京大学出版社2003年版。
[3] 李明德、许超：《著作权法》，法律出版社2003年版。

【思考题】

一、名词解释

1. 著作权人
2. 作者
3. 创作

4. 继受著作权人

二、简答题
1. 简述我国著作权法对著作权主体的规定。
2. 简述合作作品著作权的归属。
3. 简述汇编作品著作权的归属。
4. 简述摄影作品的著作权及其归属。

三、论述题
1. 论作者与著作权人的异同。
2. 论述我国《著作权法》对职务作品著作权的规定。
3. 试论电影作品的著作权。
4. 试论作品的演绎及其成果的权利归属。
5. 试论由别人代为起草而以个人名义发表的作品之著作权归属。

四、案例分析
1. 某年高考,17岁的甲作文获满分。之后该作文多次被多本教材、教辅书等采用。请分析该作文是否有著作权。若有,请说明其归属及理由;若无,请说明理由。

2. 甲受某单位乙的委托,精心设计了乙(单位)的网站及其各级网页。乙曾经表示:如果甲的网站做得好,可以将他调进乙工作(但是既没有书面协议,更没有正式向甲的原单位提交调入文件)。甲将网站做好后,各界好评如潮。一天,他发现乙网站的几个专题网页都被另一家大型网站丙转发在自己的网页上,其中还对一些内容进行了删改。经过了解,原来是乙允许丙"使用"这些网页的。请分析甲、乙之间的权利义务关系。

第八章 著作权的客体

著作权的客体指受著作权法保护的文学、艺术和科学作品。作品是《著作权法》所保护的对象,也是著作权法律关系中权利义务所指向的对象。本章在给出著作权意义上"作品"的定义后,阐述了作品的主要构成要件,并详细列举了受我国《著作权法》保护的作品种类。

第一节 作品及其主要特征

一、作品的定义

我国《著作权法实施条例》第2条规定:作品是在文学、艺术和科学领域内具有独创性的、并能以某种有形形式复制的智力创作成果。

作品是有独创性的、并能以某种有形介质复制的文艺、科技智力创作成果

作品和知识产权的任何客体一样,是一种无形的智力创造成果。因此它是一种知识产品,有别于一般的劳动生产活动产生的有形物质产品。目前,这种知识产品仅限于传播思想的文艺和科学(包括自然和社会所有学科)领域,没有涉及其他领域如体育竞技活动、产业经营活动等方面。在国外一些国家的著作权法或有关判例里,法律对作品的保护还延伸到作品中具有独创性的标题、人物形象、地点等。① 目前我国的《著作权法》仍没有相关规定。尽管如此,现有知识产权法仍可以提供一定的保护方式,如著作权

---

① 黄晖:《法国知识产权法典》,L.112-4条,商务印书馆1999年版;李明德:《美国知识产权法》,法律出版社2003年版,第165页。

人可以采取商标注册的方式将作品标题和核心人物形象注册,但目前仍是有经营权的报刊杂志社享有此选择权①;作为创作者的个人很难得到注册。

二、作品的特征

(一) 独创性(Originality)

作品必须是作者独立完成的智力性创作,不是抄袭、复制他人的。同样的素材、内容,只要不同的作者各自以自己的技巧、风格表现出来,体现了个性,就可以各自享有自己的

作品受著作权法保护的实质要件是其必须有独创性、并能以某种有形介质复制

著作权。两大法系国家都把"独创性"视为构成作品的必要条件。独创性一般通过两个要件体现:一是"原创性",二是"创造性"。原创性指作品是创作者独立于其他人亲自创作出来的;创造性则指作品体现了创作者不同于一般的创作水平。作品的独创性既要求作品是独立创作完成的,又要求作品必须具有一定的个性或达到一定的创作高度。独创性并不要求具有首创性或新颖性,即不意味着作品的所有内容都与他人的作品不同,而只是要求智力创造成果和已有知识相比在表现上存在着差异性(即具有个性)。毫无疑问,创造性越高,独创性得到认可的程度越高。由于作品具有独创性是其受保护的前提条件,某一智力成果是否具有独创性经常成为著作权侵权纠纷中首当其冲要判定的问题。在理解这个问题时,应当考虑客观上存在的表达方式的可选择性:如果对于某一内容现有表达方式十分有限,或表达方式唯一,则此类表达不具有独创性,即不受著作权法保护,如五线谱改写为简谱;反之,如果对某一内容可供选择的表达方式越多,该表达受著作权法保护的程度越高,如关于外星人的科幻小说。在这方面,典型的案例如《新现代汉语词典》一案,法院认为:现代汉语的收词

---

① 如《读者》杂志就注册了商标,用于保护自己的刊名。

范围、编排方式及基本词义的选择余地较小,人们都对它具有共同认识,不应赋予著作权;但对词义的解释,人们完全可以从不同角度、用不同方法、不同措辞来表述,而且准确、精练的释义和例句需要作者进行大量的独创性智力投入。因此只要是超出了合理使用的范围,照抄词典构成著作权侵权。①

(二) 可复制性(Duplicability)

作品是作者思想情感的表达方式,它必须能以某种有形方式固定下来并复制出来才能为人们感知、传播、利用。有形的方式,除了我们可以看得见摸得着的有形载体,如纸张、磁带、胶片、光盘等外,还应包括人脑的准确记忆,如即兴吟唱的作品若大多数听众都能复述,则法律应承认其著作权。复制是作品使用和传播的基本方式,依照我国的《著作权法》,复制是"以印刷、复印、临摹、拓印、录音、录像、翻拍等方式将作品制作一份或多份的行为"②。不管各国如何解释复制,其中最根本的一点是共通的,即作品必须可以以某种方式复制再现。

第二节 作品的分类

一、文字作品

指用文字或其他等同于文字的各种符号来表达思想感情的作品,如小说、诗歌、散文、剧本、乐谱、论文、教材、文书、书信、日记、译文、科学著作等,但没有独创性的通用表格、法律、时事新闻等不属于文字作品。近年来出现比较多的有短小精悍的短信、段子等。另外,广告等商务性用语通常只有一两句话,

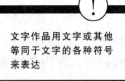

文字作品用文字或其他等同于文字的各种符号来表达

---

① 参见"中国社会科学院语言研究所、商务印书馆诉王同亿、海南出版社侵犯辞书作品著作权案",孙建、罗东川(主编):《知识产权名案评析》(2),中国法制出版社1998年版,第131页。

② 见《著作权法》第10条之(五)。

但由于目前我国《商标法》没有对之作出明文规定,实践中产生纠纷时权利人都只能按《著作权法》争取法律保护。商务性用语能否受到保护,关键看它是否构成独立的作品,如广西南宁卷烟厂因一句"天高几许问真龙"的广告语与广告语的原创作者刘毅打了两年官司,最后确定该广告语是委托作品。① 我们日常生活中常用到的文字作品还包括为某种目的而编制的试题,任何试题只要符合《著作权法》规定的作品构成要件,并排除合理使用等权利限制情形的,都应得到法律保护。这方面最典型的案例是"新东方学校侵犯著作权和商标专用权纠纷案",新东方因使用了大量美国教育考试服务中心(ETS)的 TOEFL 试题而被起诉。法院认为这些试题具有独创性,属于我国《著作权法》意义上的作品,应受我国法律保护。由此汇编而成的整套试题也应受到我国法律保护。②

二、口述作品

指以口头方式创作的、尚未以物质载体固定的语言作品,如讲课、演说、即兴赋诗、法庭辩论、祝词、说书等,因之非常容易以记录、录音录像等方式复制,符合著作权客体的要

口述作品是尚未以物质载体加以固定的语言作品

件。不能认为所有的口头表达都构成作品,口述作品除了要有《著作权法》要求的独创性和可复制性外,在实践中还要求应当具有相对的完整性,即平常人们随意的、没有独特构思的讲话或发言并不构成口述作品。脱稿背诵、演讲和照稿宣读一样,只是文字作品的再现而非口述作品。口述作品因首先并未以可见的物质载体复制下来,在发生侵权纠纷时很难举证,因此英美法系国

---

① 见桂林市中级人民法院(2004)桂市民初字第 64 号民事判决和广西壮族自治区高级人民法院(2005)桂民三终字第 3 号判决。
② 见"北京市高级人民法院审理新东方学校侵犯著作权和商标专用权纠纷上诉案民事判决书",(2003)高民终字第 1393 号。

家通常不承认口述作品,认为其没有"固定"下来因而不受著作权法保护。在我国,保护口述作品是十分必要的,因为我国人民有即兴创作的传统,一首有感而发的好诗、一段现编的相声、一首灵感突发吟唱出的歌曲等,如果被他人默默记下或录下转而将之据为己有并将其发表获利,对真正的作者——即席创作者是十分不公平的。将口述作品原样记录下来的文字或录音应视为对口述作品进行复制的方式,记录人或录音人可享有著作邻接权。

三、音乐、戏剧、曲艺、舞蹈、杂技艺术作品

(一)音乐作品

指能够演唱或演奏的、用有组织的乐音来表达思想感情的、带词或不带词的作品,如声乐作品歌曲、器乐

艺术作品是为各种舞台表演而创作的

作品交响曲等。音乐作品一般以乐谱形式表达,其关键在于曲调或旋律;单独的歌词部分可以归属于文字作品。在音乐作品的创作中,自然界的音响有时会成为创作者的素材,音乐家通过自己的理解和技艺将之生动地表现在乐谱上,完全可以成为受著作权法保护的客体;但那些机械地、不加选择和筛选地录制大自然声响的行为不属于创作,所形成的产品不是作品而是录音制品。

(二)戏剧、曲艺作品

戏剧指为舞台演出而创作的、将说、唱、念、做、打等语言和动作融合为一体的剧本,如话剧、歌剧、地方戏等;曲艺指利用说、唱、弹、做等形式来表现某种思想感情的曲目,如相声、快书、大鼓、评书、小品等。

(三)舞蹈作品

指通过各种动作、姿势、表情的设计、编排(可以文字等方式记载)来表达某种思想感情的作品。舞蹈作品可以是专门设计的有独创性的舞谱,舞蹈家是表演者而非创作者。不过,自编自导自演的作品应受到著作权和邻接权的双重保护,如即兴编排的独特的舞蹈动作本身作为一种身体语言,也完全可以成为一种受著

作权法保护的表达方式。

（四）杂技艺术作品

杂技艺术作品指为通过各种有独创性的技艺（如车技、口技、走钢丝、耍狮子、魔术等）的编排设计以表现某种思想观念从而形成的作品。杂技被列入《著作权法》的保护范畴，是2001年《著作权法》修订以后的事情。中国杂技在国际上享有很高的声誉，将杂技纳入《著作权法》保护，有利于发展我国的杂技艺术。在杂技著作权的问题上，单纯的杂技技巧动作不应具有著作权，大家都可以练，但其创作设计者可以拥有其冠名权；但整套的动作编排设计方案及整个的表演形式应当享有著作权。

四、美术、建筑作品

（一）美术作品

指以各种色彩、线条、造型等方式创作的平面或立体形式的艺术作品，如绘画、书法、雕塑、及工艺美术品等。美术作品和其他类型的作品一样应当具有独创性，但其特殊处在于作品原件因其承载着作品全部的视觉信息而产生了绝对意义上的特

美术作品指以各种色彩、线条、造型等方式创作的作品；建筑作品指外观、装饰或设计上具有独创性的建筑物本身及建筑设计图与模型

定性，它不能为任何复制品甚或其他相同主题的再创作所替代。也就是说，美术作品中作者的灵感、个性是在某个特定的时间地点、通过作者的笔触一次性地凝结于其画稿之上的。因此，美术作品的原件通常具有极高的收藏价值，而且其所有权常常与创作者分离；但是，原件的转移并不影响作者的著作权，这是各国著作权法明确的原则。

（二）建筑作品

指外观、装饰或设计上具有独创性的建筑物本身以及建筑设计图与模型。建筑物的外观是设计师凭自己的美学构思而作出的表达形式，符合原创性、独创性条件的应受版权保护。建筑设

计图是建筑师绘制出的建筑表现图或总体图的一部分;模型包括施工模型和缩影模型,表现了建筑师对整个建筑物的独创性构思,这二者在一般人看来与美术作品别无二致,也应受版权保护。建筑作品与美术作品相比更细致、更严格,科学技术及数学、力学的应用起着极重要的作用。

五、摄影作品

指借助摄影器材和科技手段,以拍摄者独特的技巧和角度,记录和显示事物的影像以表达某种思想感情的艺术作品。纯复制性的、机械性的拍摄不产生新作品。一般说来,摄影

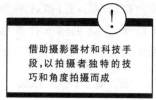

借助摄影器材和科技手段,以拍摄者独特的技巧和角度拍摄而成

作品所保护的客体是照片,与其反映的对象及反映的目的是无关的;也就是说,无论是人、物、景,还是事物的照片,也无论是业余拍摄,作为艺术家进行艺术创作而有目的的拍摄,还是为作广告以及为宣传报道而拍摄,其产生的成果都是著作权保护的客体。

六、电影作品和以类似摄制电影的方法创作的作品

此类作品又称电影作品或影视作品,指摄制并记录在一定的介质上、由一系列有伴音或无伴音的活动图像组成、并可借助于适当的装置重新放映、演播的作品。电影作品的创

电影作品和以类似摄制电影的方法创作的作品是多种创作合成的

作是个十分复杂的过程,通常包括剧本、音乐、布景、服装设计、美术以及演员的表演、配音、摄影、剪辑等,最后才能合成一部完整的作品;电影作品和以类似摄制电影的方法创作的作品的著作权由制片者享有,但编剧、导演、摄影、作词、作曲等作者享有署名权,并有权按照与制片者签订的合同获得报酬;其中的剧本、音乐等可以单独使用的作品的作者有权单独行使其著作权。

七、工程设计图、产品设计图、地图、示意图等图形作品和模型作品

工程设计图指为拟建工程的施工和产品的生产而绘制的图纸以及对图纸的文字说明。工程设计包括整个工程（建筑、电路、机械设备）项目所含的技术文件，如计划书、预算书、设计图、模型、说明书等。产品设计图包括各类产品的设计图纸及说明书等。地图是以图形或模具表示地球表面某些现象的空间分布的作品，包括地理图、交通图、人口分布图、地质图、气象图、航海图等。地图一般以一定的比例尺、特定的符号、图示绘制，可以是平面图纸的，也可绘制在球面或其他形状的介质上。地图是将科学数据以独创性的符号、方式表达出来的，应受著作权法的保护。示意图指以简单的点、线、图形符号等来说明某种复杂原理、现象或为显示事物的轮廓、形状而绘制的略图，如线路图、解剖图、透视图、工程示意图等。

图形、模型类作品有很强的科学性、实用性

八、计算机软件

指计算机程序及有关文档。计算机程序指为了得到某种结果而可以由计算机等具有信息处理能力的装置执行的代码化指令序列，或者可被自动转换成代码化指令序列的符号化指令序列或符号化语句序列。文档指用自然语言或者形式化语言所编写的文字资料和图表，用来描述程序的内容、组成、设计、功能规格、开发情况、测试结果及使用方法，如程序设计说明书、流程图、用户手册等。

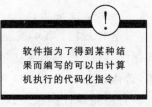

软件指为了得到某种结果而编写的可以由计算机执行的代码化指令

九、法律、法规规定的其他作品

随着科技文化事业的发展,已有的作品形式不断得以开发、新的作品形式不断出现,因此著作权法特意写明这一弹性条款,以便在条件成熟时将新的客体列入著作权法保护范围。如民间文艺作品、集成电路布图设计等。

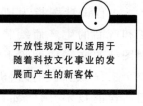

开放性规定可以适用于随着科技文化事业的发展而产生的新客体

第三节 《著作权法》不保护的对象

一、不受《著作权法》保护的作品

虽然受《著作权法》保护的作品都必须具有独创性和可复制性,但并不是所有具有独创性和可复制性的作品都可以得到《著作权法》保护。在我国,由于以下一些原因,《著作权法》对这些创作成果不予保护。

不受《著作权法》保护的作品包括依法禁止出版、传播的和保护期满的作品

(一)依法禁止出版、传播的作品

《著作权法》第4条规定:依法禁止出版、传播的作品,不受本法保护。《著作权法》制定这条规定的原因,是因为在现代国家里,著作权和其他民事权利一样是一种法定权利,而非自然权利。言论自由是现代国家公认的公民的基本人权,我国《宪法》规定公民有言论自由,出版是言论自由权的行使方式;但是言论自由是要受到一定限制的,任何人无权以破坏公民整体的人权保障和牺牲国家主权为代价,片面地强调言论自由。对于依法禁止出版、传播的作品,不仅不给予《著作权法》保护,如果出版和传播了这类作品还要视情节轻重,依相关法律追究行为人的行政责任或刑事责任。

依法禁止出版、传播的作品,主要有三类:(1)违背一般法律

原则的作品。如恶毒攻击社会主义制度的反动作品,还有企图为违法犯罪活动提供便利条件的作品,如讲解如何实施犯罪活动的文字、图形作品、软件等。(2)违背社会公德和社会伦理的作品。如黄色、淫秽的书刊、报纸、电影等。(3)故意妨碍公共秩序的作品。如故意欺骗公众的作品。被依法剥夺了政治权利的人,在其被剥夺政治权利期间丧失了一定的公民权利,其作品在此期间不受《著作权法》保护。其他并没有被剥夺政治权利的服刑人员,只要其作品不属于违禁作品,其在服刑期间的著作权并不受影响。

(二)保护期满的作品

各国著作权法对作品的保护期不尽相同。我国《著作权法》对不同类型作品规定了相应的保护期①,凡保护期满的作品,一律进入公有领域,其发表权、使用权和获酬权不再受到《著作权法》的保护。

二、不适于《著作权法》保护的对象

我国《著作权法》第5条规定了不适用该法保护的几种对象,分别阐述如下:

不适于《著作权法》保护的对象主要是规范性文件、时事新闻、通用历法等

(一)法律、法规,国家机关的决议、决定、命令和其他具有立法、行政、司法性质的文件,及其官方正式译文

由于不符合《著作权法》的设立宗旨,不适于用《著作权法》保护。它们是国家为执行公益事业而创作的,是国家为履行立法、行政、司法职责的依据,国家鼓励人们尽可能多、尽可能快地传播这些作品。但是,对这些内容进行汇编形成的有特色的法规全集、法律光盘数据库、检察机关的起诉意见书、法院判决文书、律师的代理意见书等符合独创性的可复制客体,是受《著作权法》

---

① 见《著作权法》第三节第20、21条。

保护的。

（二）时事新闻

时事新闻是指报社、通讯社、广播电台、电视台等新闻机构对最近期间国内外政治事件或社会事件的报道，时事作为一种客观存在的事件，对它的客观忠实报道的表达方式是有限的，不应为某人垄断。这一规定也是为了让每位公民及时充分地了解国内外大事，获得自己感兴趣的知识和信息。但新闻评述、新闻电影、纪实报道等加入了创作性因素的可以成为受保护的新闻作品。

（三）历法、通用数表、通用表格和公式

这些内容是历代人类知识的积累，是全人类共同的知识财富，不应让某些人垄断。比如公历、阴历等日历、元素周期表、计量单位换算表、通用会计报表等。

【参考书目】

[1] 郑成思：《版权法》（修订本），中国人民大学出版社1997年版。
[2] 吴汉东：《知识产权法》，北京大学出版社2003年版。
[3] 李明德、许超：《著作权法》，法律出版社2003年版。

【思考题】

一、名词解释

  1. 作品
  2. 软件
  3. 电影作品
  4. 新闻作品

二、简答题

  1. 简述作品的独创性特征。
  2. 简述广告语受著作权法保护的条件。
  3. 哪些照片可以成为受保护的摄影作品？
  4. 简述建筑作品受我国《著作权法》保护的原因。

三、论述题

  1. 论作品的构成要件。

2. 概述我国《著作权法》对作品种类的规定。
3. 我国《著作权法》不保护哪些作品与表达材料？
4. 论手机短信的可保护性。

四、案例分析

原告的广西广播电视报发行于广西境内。原告与中国电视报社签订协议：中国电视报社向原告提供中央电视台节目预告表，由原告在其报纸上刊登或转载，每期付给中国电视报社稿酬80元；原告与广西电视台口头协商将其一周的电视节目预告表由原告刊登，每期付给广西电视台稿酬100元。被告广西煤矿工人报社未经原告同意，持续每周在其报纸上转载原告报纸中刊登的中央电视台、广西电视台一周电视节目预告表。经声明、申诉无效后，原告向法院提起著作权侵权诉讼。

问：原告的电视节目预告表是否受我国《著作权法》的保护？请详细阐述理由。

第九章 著作权的内容

本章主要介绍著作权的具体内容,即由著作权人享有且受《著作权法》保护的各项权利。一般而言,著作权包括两个方面的内容,即作者的精神权利和经济权利。正确理解著作权的具体内容,厘清各项权利之间的联系与差异,有助于其后对著作权侵权行为的分析与判断。

第一节 精神权利

著作权中的精神权利,又称著作人身权,是指作者基于作品的创作而依法享有的以精神利益为内容的权利。对于精神权利的内容,各国著作权法的规定不尽相同,但其基本上可以分为四个部分:即发表权、署名权、保护作品完整权和作品收回权。我国《著作权法》规定了作者享有四项精神权利:发表权、署名权、修改权和保护作品完整权。

一、发表权

发表权是指作者决定作品是否公之于众的权利。具体而言,发表权是指作者对其创作的作品享有是否发表、何时发表、以何种形式发表的权利。发表权是作者首要的精神权利,发表权的行使是其他精神权利和经济权利得以实现的前提。

发表权是指作者决定作品是否公之于众的权利

发表权通常不能单独行使,其权利的实现需要依附于经济权利的行使。例如,文字作品的发表权通常与复制权的行使相结合;美术作品的发表权通常与展览权的行使相结合;电影作品的发表权通常与放映权的行使相结合；舞蹈作品的发表权通常与表演权的行使相结合。

发表权只能行使一次。作者一旦将作品发表，其对作品享有的发表权即行使完毕。在实践中，作品的经济权利的行使通常伴随着发表权的实现，因此，为了保障其他著作权人的利益，作者在转让作品的经济权利之后不能再次行使该作品的发表权。

二、署名权

署名权，又称确认作者身份权，是指作者表明其身份，在作品上署名的权利。具体而言，署名权包括是否在作品上署名，以何种方式在作品上署名，是署真名还是假名、笔名、艺名

署名权是指表明作者身份，在作品上署名的权利

等权利。其中值得注意的是，不署名也是署名权的行使方式。作者没有在作品上署名，并不等于作者放弃了署名权或者其他著作权，因此不能因为作者未在作品上署名而侵犯其依法享有的著作权。

署名权是作者人格利益的集中体现：第一，署名是一种社会公示，其向社会表明了作品创作者的身份。作品在传播的过程中，读者必然会产生对作品的评价。无论此种评价是积极的还是消极的，通常都由作品的创作者来承担，因而其会影响创作者在社会上的声誉与形象。因此，署名权是作者所蕴含于作品之中的人格利益得以体现的关键。第二，署名明确了作者的身份，进而明确了作品在法律上的权利归属。由作品所衍生出来的精神权利与经济权利由于作者的署名而得以明确实现。

三、修改权与保护作品完整权

修改权是我国《著作权法》特有的一项精神权利，是指作者修改或者授权他人修改作品的权利。修改权属于作者，但是作者也可以通过一定的方式将修改权授予他人行使。修改一般是对作

品的思想内容进行修改,其修改不能改变作品基本的中心思想和表达方式,否则就成为演绎创作或者重新创作。另外,作品的修改不等同于再版修订。一部作品出版之后,如果其并没有达到再版的要求,在再版修订之前作者同样可以对作品进行修改。

修改权是指作者修改或者授权他人修改作品的权利;保护作品完整权是指作者保护作品不受歪曲、篡改的权利

在此情况下,作者对作品的修改可能有利于作者和社会公众,但未必有利于出版者。如果法律没有规定修改权,出版社可能会拒绝作者的修改。因此,为了维护作者的权益,法律明确规定作者享有修改权仍然是必要的。①

保护作品完整权是与修改权相对应的一项精神权利,是指作者保护作品不受他人歪曲、篡改的权利。学说上一般认为修改权和保护作品完整权是一项权利的两个方面:一方面修改权赋予了作者修改其作品的权利;另一方面保护作品完整权则赋予作者禁止他人恶意改动其作品的权利。当然,作者的保护作品完整权这项精神权利是有着严格的法律界定的。保护作品完整权是保护作品不受歪曲和篡改。歪曲是指曲解作者原意,损坏和丑化作者观点的行为;篡改是指擅自增补、删节、改变作品的行为。根据《伯尔尼公约》的规定,认定他人侵犯了保护作品完整权必须是其对作品的歪曲和篡改达到了"有损作者荣誉或名声"的程度,我国《著作权法》虽然没有明文规定"有损作者荣誉或名声",但是学术界一般认为保护作品完整权还是应该有所限制。② 因为从主观上讲,如果任何情形的改动都可以构成对保护作品完整权的侵犯,就会导致作者滥用权利,而作品的利用者却动辄得咎,这样不利于作品的传播和利用;而从客观上讲,使用他人的作品往往会

---

① 参见郑成思:《知识产权法》(第二版),法律出版社 2003 年版,第 320—321 页;李明德、许超:《著作权法》,法律出版社 2003 年版,第 80 页。
② 参见郑成思:《版权法》(修订本),中国人民大学出版社 1997 年版,第 150 页;李明德、许超:《著作权法》,法律出版社 2003 年版,第 70—80 页;孟祥娟:《版权侵权认定》,法律出版社 2001 年版,第 54—57 页。

对其作品进行善意的改动,例如,汇编人为了体现自己在内容的选择和编排上具有独创性会不可避免地对原作品进行部分改动,这种对原作品的善意改动并没有损害原作者的"荣誉或者名声",所以就不应该认定为侵害了作者的保护作品完整权。

四、作品收回权

作品收回权是指作者收回已经出版的作品,从而禁止作品传播的权利。作者的创作思想并不是一成不变的。作品在出版后,由于作者思想观点的改变或者作品中隐含的错误

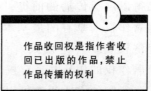

作品收回权是指作者收回已出版的作品,禁止作品传播的权利

被发现,作者会不满意已经出版的作品,在修改已经无法弥补作品缺陷的情形下,作者希望收回出版的作品并禁止作品的继续传播。为了满足和尊重作者收回作品的要求,一部分国家的著作权法规定了作者享有收回作品的权利,同时规定作品收回权的行使通常需要作者事先赔偿作品的使用者由于作品被收回而受到的损失。

第二节 经 济 权 利

著作权中的经济权利,又称著作财产权,是指作者或者其他著作权人基于作品的使用而依法享有的以经济利益为内容的权利。著作权由精神权利和经济权利构成。其中精神权利反映的是作者的人格利益,因此,通常专属于作者;经济权利反映的是基于作品使用而产生的财产利益,因此其与精神权利的人格专属性不同,经济权利可以被转让、许可或者继承。总体而言,经济权利的内容通常分为复制权、演绎权与传播权三大部分。具体来讲,包括复制权、发行权、出租权、展览权、表演权、放映权、广播权、信息网络传播权、摄制权、改编权、翻译权、汇编权等。其中信息网络传播权本书将另设章节来具体论述。

一、复制权

复制权,即复制作品的权利。具体而言,是指以印刷、复印、拓印、录音、录像、翻录、翻拍等方式将作品制成一份或者多份的权利。复制是作品得以广泛传播的前提,因此复制权是著作权人享有的最基本、最原始的经济权利。著作权人有权复制其享有著作权的作品并且有权禁止他人复制其作品。

复制权是指以印刷、复印、拓印、录音、录像、翻录、翻拍等方式将作品制成一份或者多份的权利

复制的方式通常可以分为手工复制和机械复制两大方面。①手工复制是指以手工操作来完成作品的复制,例如,手抄、拓印、雕刻等方式。其中还包括侵权认定中的抄袭和剽窃。抄袭和剽窃是一种特殊的复制行为,其通常是指在自己的作品中大量地使用他人作品而没有标明出处,从而使读者误以为所使用的作品是抄袭者或者剽窃者的个人创作。抄袭和剽窃通常不是简单机械的复制,其抄袭和剽窃的内容与原作品之间往往也不是一成不变的,通常抄袭者和剽窃者会加以改动,从而达到混淆与欺骗读者的目的,所以说抄袭和剽窃属于手工复制,其侵犯了著作权人的复制权。需要注意的是,抄袭和剽窃与著作权中对作品的合理引用往往较难区分。根据我国《著作权法》的规定,为了介绍、评论某一作品或者说明某一问题,适当引用他人已经发表的作品不构成侵权,但是作品的合理引用有着严格的限制:其所引用的部分不能构成引用人作品的主要部分或实质部分,同时必须明确地注明所引用内容的作者和出处,否则将构成侵权。复制的另外一种方式是机械复制,其是指借助现代技术手段复制作品,例如,印刷、录制、照相、复印等方式。随着新技术的发展,机械复制成为作品复制的主要手段。并且,由于一些新兴技术的出现,传统的

---

① 参见郑成思:《版权法》(修订本),中国人民大学出版社1997年版,第161页;齐爱民主编:《现代知识产权法学》,苏州大学出版社2005年版,第148页。

复制的范围被逐渐扩大。例如，传统作品的数字化、计算机信息的缓存、计算机软件的安装等。

二、发行权

发行权是指以出售、赠与等方式向公众提供作品的原件或复制件的权利。发行权是著作权人一项重要的经济权利。著作权人既可以自己发行作品，也可以许可他人发行作品，并有权选择相应的发行商。作品

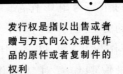

发行权是指以出售或者赠与方式向公众提供作品的原件或者复制件的权利

的传播离不开复制和发行。在实践中，复制权和发行权通常连在一起，两者统称为出版权。作者通常以合同的方式授权出版社行使复制权和发行权。

实践中，发行权的行使通常伴随着发表权的实现，同时发表和发行都具有著作权人希望将作品公之于众的意思以及向社会公众传播作品的行为，两项权利在表现上有些相似。因此，发表权和发行权在理解上容易混淆，两者的区别主要有两点：第一，两者的权利内容不同。发表权主要在于决定是否将作品公之于众，而发行权主要是向社会公众提供作品的复制件。对于未发表的作品，其一经发行即默认为已经发表。对于未发行的作品，发表却不会导致作品的发行。例如，公众场合的演说，虽然作品已经公之于众，但是演说家却没有将作品的复制件提供给公众。第二，两者的权利性质不同。发表权是一项精神权利，不能被转让。发行权是一项经济权利，可以被转让。

发行权的行使遵循"权利穷竭"的原则，即权利一次用尽原则。发行权一旦行使之后，权利即告消灭，著作权人不能再次主张同一作品的发行权。需要注意的是，发行权的"权利穷竭"是具有地域性的。在平行进口的情形中，著作权人在一国行使作品的发行权并不影响其在另一国行使该作品的发行权。

三、出租权

出租权是指有偿地许可他人临时使用作品的权利。我国《著作权法》第 10 条第 1 款规定了享有出租权的作品为电影作品、以类似摄制电影的方法创作的作品、计算机软件。《著作权法》第 41 条同时又规定了录音录像制作者对其制作的录音录像制品享有出租权。因此,在我国只有电影作品、以类似摄制电影的方法创作的作品、计算机软件的著作权人以及录音录像制作者享有出租权。其中计算机软件的出租,其软件必须是出租的主要标的,否则不构成著作权法意义上的出租。例如,智能化的家用电器,其虽然附带计算机软件系统,但是其软件并不是出租的主要标的,因此出租人享有的只是民事法律意义上的出租权,而不是著作权法意义上的出租权。

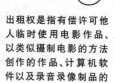

出租权是指有偿许可他人临时使用电影作品、以类似摄制电影的方法创作的作品、计算机软件以及录音录像制品的权利

四、展览权

展览权,又称公开展览权,是指公开陈列美术作品、摄影作品的原件或者复制件的权利。其中陈列的作品主要是美术作品和摄影作品,其他的作品一般不享有著作权法意义上的展览权。

展览权是指公开陈列美术作品、摄影作品的原件或者复制件的权利

展览权的行使往往会与其他权利相冲突。其一方面是美术作品的展览通常会涉及美术作品的展览权与作品原件的物权之间的冲突。一般而言,美术作品的转让会导致作品展览权的转移。我国《著作权法》第 18 条规定:"美术等作品原件所有权的转移,不视为作品著作权的转移,但美术作品的展览权由原件所有人享有。"另一方面是摄影作品的展览通常会涉及摄影作品的展

览权与他人的肖像权以及隐私权之间的冲突。展览权是一项经济权利,而肖像权与隐私权是重要的人格权利。展览权的行使不能侵犯他人的人格权,因此摄影作品的展览如果涉及他人的肖像或者隐私,其事先必须征得他人的许可,否则展览者将侵犯他人的人格权。

五、表演权

表演权即公开表演作品的权利,具体而言,是指通过朗诵、演奏、演唱、舞蹈等方式,同时借助技术设备以声音、表情、动作等手段公开表演作品的权利。表演权与表演者权是不同的。前者是著作权人基于作品

表演权是指公开表演作品,以及用各种手段公开播送作品的表演的权利

而享有的许可或者禁止他人公开表演作品的权利;后者属于邻接权的范围,是表演者基于其表演形象以及表演活动享有的权利。

表演可以分为现场表演和机械表演。其中现场表演是最普通的表演方式,又称为舞台表演,是指表演者在现场直接面对社会公众表演作品。机械表演是指以广播、放映、播放等机械的手段向公众传播表演,例如,KTV歌厅等娱乐场所播放音像制品,酒吧、餐厅等公共场所播放背景音乐。无论是现场表演还是机械表演,表演者表演作品时都应当事先征得著作权人的许可,在得到著作权人的授权后才可以表演作品。

六、放映权

放映权是指以放映机、幻灯机等技术设备再现作品的权利。放映权是我国《著作权法》修订后新增的一项经济权利。我国《著作权法》将享有放映权的主体限定为美术、摄影、

放映权是指通过放映机、幻灯机等技术设备公开再现美术、摄影、电影和以类似摄制电影的方法创作的作品等的权利

电影和以类似摄制电影的方法创作的作品的著作权人。事实上,

放映和机械表演这两种行为在性质上是一致的,都是机械地再现作品的行为。在实践中,美术、摄影作品通常以展览的方式来传播,放映权的客体主要集中在电影作品上。其中放映含有他人表演活动的作品实际上即属于严格意义上的机械表演行为。①

七、广播权

广播权,即以广播的方式传播作品的权利。广播的方式可以分为三种,第一种是无线广播的方式,例如,电台、电视台播放节目;第二种是有线广播的方式,例如,有线电视;第三种是通过扩音器、扬声器等工具向公众传播作品的方式。

广播权是指以广播的方式传播作品的权利

八、摄制权

摄制权是指以摄制电影或者类似摄制电影的方法将作品固定在载体上的权利。摄制权也是我国《著作权法》修订后新增的一项经济权利。在《著作权法》修订以前,我国将摄制权的保护纳入到改编权的范围之中,

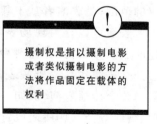

摄制权是指以摄制电影或者类似摄制电影的方法将作品固定在载体的权利

把摄制权看成是改编权的一种。事实上,摄制作品作为一种演绎方式,必然涉及对原作的改编。因此,从本质上来讲,摄制权是一种特殊的改编权。在实践中,摄制权的许可通常伴随着改编权的许可。我国《著作权法实施条例》第10条规定:"著作权人许可他人将其作品摄制成电影作品和以类似摄制电影的方法创作的作品的,视为已同意对其作品进行必要的改动,但是这种改动不得歪曲篡改原作品。"

---

① 参见李明德、许超:《著作权法》,法律出版社2003年版,第101页。

九、改编权

改编权是指在原作品的基础上,通过改变作品的表现形式来创作新作品的权利。改编权是一项重要的经济权利,其与精神权利中的修改权是不一样的。改编通常不改变原作品的思想内容,而是通过对原作品表现形式的更改来再现原作品的内容。例如,将小说改编成剧本或者对原作品进行缩写。所以,从严格的意义上来讲,著作权法上的改编是不改变原作品的思想内容而改变原作品的表现形式。与原作品相比较,其改编后的作品要求具有独创性。① 而著作权法中的修改则刚好相反,其通常是对作品的思想内容进行改动,其修改一般不涉及作品基本的表现形式,也不需要具有独创性。因此,改编权和修改权是两项不同的权利。但是,无论是修改权还是改编权,其权利的行使都不能歪曲和篡改原作品,不能侵犯原作品的著作权。

改编权是指改变作品,创作出具有独创性的新作品的权利

十、翻译权

翻译权是指将作品从一种语言文字转化为另一种语言文字的权利。其既包括文字语言的转化,也包括计算机语言的转化,例如,将源代码转化为目标代码。翻译作品是一种演绎作品,翻译权是著作权人享有的专有权利。因此,翻译作品应当事先征得作品著作权人的许可。但是翻译权的行使也有相应的限制,在一些情形中,翻译他人享有著作权的作品不需要征得著作权人的许可。我国《著作权法》规定了两种情形:第一,为学校课堂教学或者科学研究,翻译已经发表的作品,供教学或者科

翻译权是指将作品从一种语言文字转换成另一种语言文字的权利

---

① 参见孟祥娟:《版权侵权认定》,法律出版社2001年版,第128页。

研人员使用,但不得出版发行;第二,将中国作者已经发表的汉族文字作品翻译成少数民族文字在国内出版发行。

十一、汇编权

汇编权是指将作品、作品的片断通过选择或者编排,汇集成新作品的权利。汇编权与汇编作品的著作权(汇编者权)是不同的。虽然我国立法上对汇编作品的著作权有明确的规定,但是在司法实践中,由于汇编作品的特殊性,其导致的著作权纠纷往往层出不穷而且不易把握。从本质上讲,汇编作品也是一种演绎作品。与改编等其他演绎方式不同,汇编主要是一个将零碎的作品、作品的片断甚至是不构成作品的数据以及材料按照一定的创作思路汇集起来的过程。被用以汇编的作品或者数据材料在被汇编之前是已经存在的。因此,就作品汇编而言,汇编是建立在原作品著作权人所享有的汇编权的基础上的,汇编他人的作品首先要征得他人的同意,否则就侵犯了原作品著作权人的汇编权。其次,汇编作品提供的信息量与没有汇编之前零碎的作品或者数据材料提供的信息量在数量上是一致的。也就是说,汇编从本质上讲并没有创造出新的作品,也不是针对原作品或者数据材料在表现形式上的演绎。汇编作品之所以能够被称为著作权法意义上的作品而受到其保护主要是因为汇编人对原作品或者数据材料的选择和编排上体现出了一定的独创性。根据以上的推论,汇编人享有对汇编作品的著作权,但是其不能排斥他人用同样的作品和数据材料进行汇编,除非他人采用了与汇编人相同的编排方式。再次,仍然就作品汇编而言,由于汇编作品必然以原作品作为其汇编的具体内容,因此其具有双重著作权的属性。汇编人的著作权是不完整的,其受到非常严格的限制。一方面,汇编人要注意尊重原作品著作权人的精神权利;另一方面,汇编人对汇编作品任何一项经

汇编权是指将作品、作品的片段通过选择或者编排,汇集成新作品的权利

济权利的行使,除了法律特别规定或者约定之外,都要事先征得原作品著作权人的允许并支付相应的报酬。

第三节 著作权的取得与保护期限

著作权作为一项知识产权,其权利的取得以及权利的保护期限在法律上有着严格的限制。对于著作权的取得制度,各国著作权法规定的并不相同,概括起来主要是三种:一是自动取得制度;二是登记取得制度;三是加注版权标记取得制度。对于著作权的保护期限,不同的权利所享有的期限并不一致,其分为精神权利的保护期限和经济权利的保护期限。

一、著作权的取得

著作权的取得制度主要是三种:一是自动取得制度,二是登记取得制度,三是加注版权标记取得制度。

著作权的取得制度:自动取得制度、登记取得制度、加注版权标记取得制度

自动取得制度是指著作权自作品完成之时自动产生,不需要履行任何法律手续。自动取得制度目前为大部分国家所采用。《伯尔尼公约》第3条第1款规定:"作者为本联盟任何成员国国民的,其作品无论是否发表,都应受到保护。"我国实行的著作权取得制度即为自动取得制度。我国《著作权法》第2条第1款规定:"中国公民、法人或者其他组织的作品,不论是否发表,依照本法享有著作权。"我国《计算机软件保护条例》在修订前规定软件所有人应当向软件登记机构进行登记,登记虽然不是软件著作权取得的要件,却是提起软件著作权诉讼的前提。2001年《计算机软件保护条例》修订后废除了原来的强制登记制度,改为自愿登记制度,即软件所有人可以自愿登记,登记不再是提起软件著作权诉讼的前提。

登记取得制度与自动取得制度刚好相反,其是指作品完成后

不必然产生著作权,著作权的产生还需要履行相应的登记手续。目前只有少数国家实行登记取得制度。登记取得制度虽然使得权利归属明确,但是其不利于保护未登记的作品。因此,登记取得制度已经逐渐被自动取得制度所代替。

加注版权标记取得制度是《世界版权公约》认可的办法,是指在作品上加注特定的著作权标记来取得著作权。

二、著作权的保护期限

精神权利和经济权利所体现的利益和价值是不同的,因此两者的保护期限也不相同。

精神权利除发表权外保护期不受限制;经济权利的保护期限为作者终生及其死后 50 年或者作品首次发表后 50 年

著作权中的精神权利是作者的人格利益的集中体现,因此世界上绝大部分国家的著作权法都规定精神权利的保护是没有时间限制的。我国《著作权法》第 20 条规定:"作者的署名权、修改权、保护作品完整权的保护期不受限制。"其中之所以把精神权利中的发表权排除在外是因为发表权通常与经济权利紧密相连。实践中,经济权利的行使通常伴随着发表权的实现,作品的发表会给作品带来经济上的利益,因此,我国《著作权法》规定了发表权和经济权利具有一样的保护期限。

经济权利的保护期限根据不同的计算方式可以分为两种①:一种是"死亡起算主义",即著作权的期限为作者终生加死后若干年,其中自然人的作品即采用此种计算方式,我国《著作权法》第 21 条规定公民的作品,其发表权和经济权利的保护期为作者终生及其死亡后 50 年,截止于作者死亡后第 50 年的 12 月 31 日,如果是合作作品,截止于最后死亡的作者死亡后第 50 年的 12 月 31 日。另一种是"发表起算主义",即著作权的期限为作品发表后若

---

① 参见齐爱民:《现代知识产权法学》,苏州大学出版社 2005 年版,第 160—161 页。

干年,其适用于法人作品、职务作品、匿名作品、电影作品以及摄影作品等。我国《著作权法》规定了上述作品著作权的保护期限为50年,即截止于作品首次发表后第50年的12月31日。但作品自创作完成后50年内未发表的,《著作权法》不再保护。

【参考书目】
[1] 郑成思:《版权法》(修订本),中国人民大学出版社1997年版。
[2] 郑成思:《知识产权法》(第二版),法律出版社2003年版。
[3] 李明德、许超:《著作权法》,法律出版社2003年版。
[4] 齐爱民主编:《现代知识产权法学》,苏州大学出版社2005年版。
[5] 孟祥娟:《版权侵权认定》,法律出版社2001年版。

【思考题】

一、名词解释

　　1. 著作权中的精神权利

　　2. 著作权中的经济权利

　　3. 作品收回权

二、简答题

　　1. 修改权与改编权有何区别?

　　2. 发表权与发行权有何区别?

　　3. 著作权的保护期限如何计算?

三、论述题

　　1. 根据我国《著作权法》的规定,著作权人享有哪些权利?

　　2. 简述表演权与表演者权之间的关系。

　　3. 简述汇编权与汇编者权之间的关系。

四、案例分析

　　2005年12月,著名导演陈凯歌执导的影片《无极》在国内各大城市隆重上映。与此同时,一个名不见经传的小人物胡戈的恶搞短片"一个馒头引发的血案"(以下简称馒头血案)在网络上流传得沸沸扬扬。作为对影片《无极》的恶搞,"馒头血案"以独特的视角评论和荒诞的画面组合让每一个看过的人都忍俊不禁。而正当人们在感慨胡戈天才创意的同时,《无极》的制片人和导演——陈凯歌夫妇认为"馒头血案"侵犯了影片《无极》的著作权并进一步表示要起诉胡戈。胡戈显然没有预料到自己的信手之作居然会掀起轩然大波。他一面通过媒体向陈凯歌夫妇道歉,但同时仍然认为自己的创作属于我国《著作权法》上的"合理使用"而不构成侵权。对于陈凯歌夫妇准备起诉胡戈的声明,社会上大多数的网友包括部分学者出于对胡戈的同情而倾向于支持胡戈,他们认为陈凯歌导演小题大做,胡戈的"馒头血案"只是一种新兴的网络评论方式,甚至有不少学者跨越"馒头血案"争论本身的范围从著作权的保护上升到公民宪法权利的维护。而与此同时,另一部分学者却认为胡戈的行为构成侵权,有人认为其侵犯了影片《无极》著作权人依法享有的改编权。

问:胡戈"恶搞"电影《无极》的行为是否构成侵权,具体侵犯了著作权人的何种权利?

第十章 邻接权

邻接权是在作品的传播过程中基于传播者的传播行为所产生的,由作品传播者享有。其是由著作权衍生出来的一种权利,但又有别于著作权。我国《著作权法》中没有"邻接权"的概念,而是使用了"与著作权有关的权益"。在我国,邻接权主要包括出版者权、表演者权、音像制作者权、广播组织权。

第一节 邻接权概述

一、邻接权的概念

邻接权(neighboring rights),其本意为相邻、相近或类似的权利。作为法律用语,专指与著作权相邻,也即与著作权有关的权利,指作品的传播者在传播作品的过程中,对其付出的创造性劳动成果依法享有特定的专有权利的统称,因此又称作品传播者

邻接权是指作品的传播者在传播作品的过程中,对其付出的创造性劳动成果依法享有特定的专有权利的统称

权。这种权利是以他人的创作为基础而衍生出来的一种传播权,虽不同于著作权,但与之相关,故称邻接权。

邻接权有广义和狭义之分。狭义的,即传统的邻接权,包括表演者权、录制者权、广播组织者权三种。广义的邻接权,则把一切传播作品的媒介所享有的专有权都归入其中,其基本内容包括出版者对其出版的图书和报刊享有的权利,表演者对其表演享有的权利,录音录像制作者对其制作的录音录像制品享有的权利,广播电台、电视台对其制作的广播、电视节目享有的权利。

我国《著作权法》没有使用"邻接权"的概念,而是使用了"与

著作权有关的权益",实际也是取与著作权相邻、相关的含义。《著作权法实施条例》第 26 条对"与著作权有关的权益"作了明确界定,即"出版者对其出版的图书和期刊的版式设计享有的权利,表演者对其表演享有的权利,录音录像制作者对其制作的录音录像制品享有的权利,广播电台、电视台对其播放的广播、电视节目享有的权利"。

二、邻接权的特征及其与著作权的关系

（一）邻接权的特征

邻接权是独立于著作权之外的一种权利。邻接权的特征是指其与著作权相比较的区别,包括以下几点:

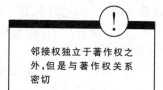

邻接权独立于著作权之外,但是与著作权关系密切

1. 权利主体不同

著作权的主体是作者和其他依法取得著作权的人。邻接权保护的主体是以表演、录音录像或广播方式帮助作者传播作品的人员,即传播作品的表演者、录音录像制作者、广播电视组织和出版者。

2. 保护对象不同

著作权保护的对象是由作者创作的文学艺术作品和科学作品。邻接权保护的对象则是演员的表演、录音录像制品、广播电视节目、书刊的版式装帧设计和图书的专有出版。

3. 权利内容和范围不同

著作权人享有发表权、署名权、修改权、保护作品完整权、使用权和获得报酬权等。其中使用权包括的形式、范围又十分广泛。邻接权虽然也涉及某些精神权益,但一般仅为财产权,而财产权的范围也小于著作财产权的范围。

4. 保护力度不同

由于著作权基于作者对作品的创造性劳动直接产生,作品一经创作完成则权利而自动产生,因此,一般情况下法律不对著作

权的取得附加其他的限制。法律对著作权的保护比较直接,保护的力度比较强。而邻接权基于作品传播者对作品的传播行为产生,而传播实际上是对作品的使用行为,因此邻接权要受到被其传播作品的著作权的限制。除法律规定的几种特殊情况外,传播他人享有著作权的作品原则上必须征得著作权人的许可和向著作权人付报酬,并不得以任何方式侵犯作品原有的著作权。

5. 保护期限不同

作者的署名权、修改权、保护作品完整权的保护期不受限制。公民的作品,其发表权、使用权和获得报酬权等权利的保护期为作者终生及其死后50年。法人或者非法人单位的作品、著作权(署名权除外)由法人或其他组织享有的职务作品,其发表权、使用权和获得报酬权等权利的保护期为50年。邻接权的保护期一般从传播行为发生之时起算,如从表演发生时、录音录像制品首次制作完成时起计算,享受50年的保护。

(二) 邻接权与著作权的关系

邻接权与著作权关系密切,它的行使与著作权相关。此外,二者之间还存在着许多共同点,如:

1. 均以作品为存在基础

就著作权而言,其产生有赖于作品的创作完成,故与作品存在直接联系;就邻接权而言,同样无法脱离作品而独立存在,如表演者表演的对象是作品,而录制者是对作品表演的录制,广播组织者是对作品表演的广播,均与作品存在间接联系。

2. 均为法定权利

著作权和邻接权的主体、客体及内容均来自于法律的直接规定。

3. 均有严格的地域性

邻接权同著作权一样,具有严格的地域性,即只有在国家法律承认邻接权的地域内才能依法定条件获得保护。

三、邻接权保护制度的源起和发展

邻接权保护制度之所以从著作权法制中分立出来,源于著作权法制原本就有"著作权法制"（Copyright System）与"著作人权利法制"（Author's Right System）之分歧。著作权法制盛行于英美法系国家，认为著作权保护的主要目的在于给予

自20世纪60年代起，对邻接权的保护成为各国立法的共同趋势

投资于创作的那些人以经济上的回报。著作人权利法制则为欧洲、拉丁美洲及其他大陆法系国家所采用，认为著作权保护的主要目的在于保护创作人创作的天赋人权，关键是要确保著作人对自己创作的控制。那些实行著作人权利法制的国家认为著作必须以人的精神创作为成分，而摄影、电影、录音、广播等或不是自然人的创作，或是创作性较低，不宜以著作权法保护，必须建立一套较低的保护标准与此相适应，邻接权制度因此而产生。

从邻接权保护制度的现实条件来看，19世纪末20世纪初录音录像和无线电传播技术等现代传播技术的发展导致了邻接权保护制度的产生。早期人们欣赏表演必须亲临剧场，但随着录音、录像及无线电技术的发展，唱片、电影片得以大量复制和广泛发行，在很大程度上取代了演员的实况表演，人们足不出户即可通过传播媒体欣赏节目，表演者的收入因此锐减，其利益受到严重损害。同时，录音录像制作者的录制品被他人擅自复制，广播组织制作的节目也被他人无偿播放。在上述情况下，就有了保护传播者利益的权利要求，邻接权保护制度应运而生。

1910年，德国在其《文学与音乐作品产权法》中，率先把音乐作品及音乐戏剧作品的表演者当做原作的"改编创作者"予以保护。次年，英国在其著作权法中列入了保护音乐唱片的条款，1925年又颁布了保护戏剧音乐表演者的法律。1936年之后，奥地利、意大利的著作权法加入了对录音制品作者予以保护的条款。同一时期，波兰、罗马尼亚、西班牙、墨西哥、阿根廷、哥伦比亚、多米尼加、印度、土耳其等国相继在自己的著作权立法中增加了保护艺术表演者、唱片制作者的条款。为了保护广播组织的权利，1946年成立了国际无线电组织（后改名为"国际无线电与电

视组织")。自20世纪60年代起,对邻接权的保护逐渐成为世界各国立法的共同趋势。

在邻接权的具体保护模式上,世界各国所采取的方法又有所不同。如有些国家通过劳动法、禁止不公平竞争法或合同法等对邻接权予以保护;还有些国家则运用刑事赔偿的方法来救济受侵害的邻接权。但总的来看,通过知识产权法对邻接权加以保护是世界上大多数国家的共同做法和主要潮流。在采取知识产权保护制度的国家中,又可分为两类:一类是通过专门法规来保护邻接权,如巴西、卢森堡等少数国家;另一类则是把邻接权作为著作权法的一部分,如日本、德国等多数国家。我国采用的显然是把邻接权作为著作权法的一部分的邻接权保护模式。

关于邻接权的国际保护,目前,国际上有三个公约,即《保护表演者、唱片制作者和广播组织的国际公约》(International Convention for the Protection of Performers, Producers of Phonograms and Broadcasting Organizations)、《保护唱片制作者防止唱片被擅自复制公约》(Convention for the Protection of Producers of Phonograms Against Unauthorized Duplication of Their Phonograms)、《关于播送由人造卫星传播有节目信号的公约》(Convention Relating to the Distribution of Programme-Carrying Signals Transmitted by Satellite)。

第二节 出版者权

一、出版者权的概念

出版者权,是指书刊出版者在一定期限内对其出版的作品所享有的一系列权利的统称。出版者是指出版图书和期刊的出版社或杂志社。

我国《著作权法》将出版者的权利与表演者权、录音录像制作者权、广播电视组织权等传统的邻接权规定在一起,单独作为一章,即

出版者权是指书刊出版者在一定期限内对其出版的作品所享有的一系列权利的统称

第四章,统称为"出版、表演、录音录像、播放",在规定法律责任的部分,又将其称为"与著作权有关的权益",这在世界各国的著作权立法中是独有的。因为其他国家,即使是采用广义著作邻接权概念的德国、意大利等国的著作权法,也没有将书刊出版者权利的各项内容与表演者权利等并列在一起规定。

二、出版者的权利

1. 专有出版权。专有出版权是指出版者经著作权人的授权和许可,在合同有效期内和在合同约定的地区,享有并排除他人出版某一作品的权利,又称独占出版权。

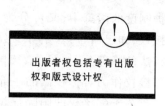

出版者权包括专有出版权和版式设计权

值得注意的是,出版者的专有出版权要受到一定的限制:(1)在各类出版者中,只有图书出版者对其所出版的作品拥有法定的专有出版权。报纸、期刊出版者能否对其出版的作品享有专有出版权取决于与作者的合同约定。(2)图书出版者只能在出版合同约定的期间内享有专有出版权;并且合同约定的期限不超过10年。合同期满后,当事人可以续订,但续订后的专有出版权仍然不能超过10年。(3)出版者所享有的专有出版权还受到版本的限制。按照我国《著作权法》的规定,对作品某一种文字版本的专有出版权只能限于该文字的原版、修订版和缩编本。

2. 版式设计权。版式设计是指印刷品的版面格式的设计,包括对版心、排式、用字、行距、标题、引文、标点等版面因素的安排。版式设计是在利用作品的基础上产生的,其目的是更好地将作品传播给社会公众。

版式设计权的保护期限为10年,截止到使用该版式设计的图书、期刊首次出版后第10年的12月31日。

三、出版者的义务

1. 图书出版者出版图书,应当同著作权人订立书面的出版合同,并支付报酬。

2. 图书出版者经作者许可,可以对作品修改、删节。报社、期刊社可以对作品作文字性修改、删节。对内容的修改,应当经作者许可。

出版者义务包括签订出版合同、修改需经作者许可等

3. 出版改编、翻译、注释、整理、汇编已有作品而产生的作品,应当取得改编、翻译、注释、整理、汇编作品的著作权人和原作品的著作权人许可,并支付报酬。

4. 按期、按质出版作品。

5. 图书出版者重印、再版作品时,应当通知著作权人,并支付报酬。图书出版者拒绝重印、再版的,著作权人有权终止合同。

第三节 表演者权

一、表演者权的概念

表演者权是指表演者对其表演活动依法享有的权利。

表演者权是指表演者对其表演活动依法享有的权利

表演者权与表演权并非同一概念,它们是两个独立的权利范畴。两者的区别主要体现在以下几个方面:

第一,权利属性不同。表演权属于著作权,表演者权属于邻接权。

第二,权利主体不同。表演权的权利主体为著作权人,表演者权的权利主体为表演者。

第三,权利客体不同。表演权的权利客体是作品,而表演者权的权利客体是表演者自身在表演作品时的形象、动作等一系列表演活动。

第四,权利内容不同。表演权属于著作权中的财产权,主要体现为:无论作品是否发表,表演者使用他人作品进行营业性演出,必须取得著作权人的许可并支付报酬。表演权的权利主体是作品的创作人,即作者,其所相对的义务主体则是表演者。表演者权则是在获得作者授权后对其表演享有的权利。表演者权包括人身权和财产权两个方面。表演者的人身权即署名权和保护表演完整权,表演者的财产权包括公开传播权、录制权、复制发行权及相应的报酬请求权。

第五,权利的保护期限不同。公民表演权的保护期为作者终生及其死亡后50年,截止于作者死亡后第50年的12月31日。表演者权利的保护期限因权利的内容不同而有所差别:表演者署名权和保护表演完整权的保护期不受限制,其他权利的保护期为50年,截止于该表演发生后第50年的12月31日。

根据我国《著作权法实施条例》第5条的规定,表演者"是指演员、演出单位或者其他表演文学、艺术作品的人"。可见,表演者应当是表演作品的人,表演者的范围不包括运动员、马戏演员、魔术师等人。同时,法人或其他组织也可以成为表演者。此外,根据该条例第33条的规定,外国人、无国籍人在中国境内的表演以及外国人、无国籍人根据中国参加的国际公约对其表演享有的权利,都受我国《著作权法》保护。

二、表演者的权利

1. 表明表演者身份的权利。在实践中,表明表演者的身份的方式通常有如下几种:(1) 在演出广告、宣传栏、节目单或者文艺刊物刊登的剧照上标明表演剧团和演员的名称;

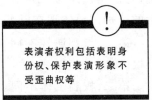

表演者权利包括表明身份权、保护表演形象不受歪曲权等

(2) 表演之前由主持人介绍表演者的姓名;(3) 由广播电台、电视台播报表演者的姓名;(4) 在电影、电视和录像制品的片头或者片尾显示表演者的姓名;(5) 通过字幕显示表演者的姓名等。表演者也有权禁止他人假冒其身份或未参加表演却要求署名的行为。

2. 保护表演形象不受歪曲的权利。表演形象是表演者在现场演出时塑造出来的艺术形象,反映了其水平和艺术风格,与表演者密不可分。表演者有权禁止他人丑化其表演形象。

3. 许可他人从现场直播和公开传送其现场表演,并获得报酬的权利。现场直播是指通过广播组织以无线方式向公众播放表演者现场表演的行为;公开传送其现场表演指通过无线方式以外的其他手段或方式将表演者的现场表演向公众传播的行为。

4. 许可他人录音录像,并获得报酬的权利。

5. 许可他人复制、发行录有其表演的录音、录像制品并获得报酬的权利。

6. 许可他人通过信息网络,向公众传播其表演,并获得报酬的权利。

上述第3—6项权利的保护期为50年,截止于该表演发生后第50年的12月31日。

三、表演者的义务

1. 表演者使用他人作品演出的,应当取得著作权人许可,并支付报酬。演出组织者组织演出的,应当由该组织者取得著作权人许可,并支付报酬。

表演者应取得原著作权人的许可,并支付报酬

2. 表演者使用改编、翻译、注释、整理已有作品而产生的作品进行演出的,应当取得改编、翻译、注释、整理作品的著作权人和原作品的著作权人许可,并支付报酬。

3. 表演者依照著作权法使用他人作品的,不得侵犯著作作者的署名权、修改权、保护作品完整权和获得报酬的权利。

第四节　音像制作者权

一、音像制作者权的概念

音像制作者权是指音像制作者对其制作的音像制品所依法

享有的许可他人复制、发行并获得报酬等人身和财产上的专有权利。

录音录像是指将一定的声音与形象以物质形式固定下来,并进行复制,以满足人们视听需要的行为。音像制品的载体有唱片、磁带、激光唱盘、录像带等。

音像制作者权是指音像制作者对其制作的音像制品所依法享有的许可他人复制、发行并获得报酬等人身和财产上的专有权利

音像制作者是录音制品和录像制品的首先制作人,也即将声音、形象或两者的结合首次固定于物质载体上的人。大多数国家都承认自然人与法人均可成为音像制作者,并对录音制作者与录像制作者作了区分。如法国及我国的著作权法,对这两者的权利都作了规定。而日本、德国的著作权法则只规定了录音制作者的权利,而未规定录像制作者的权利。

二、音像制作者的权利

1. 复制权。录音录像制品的复制是指对音像制品的母带进行制作复制品的行为。音像制作者的复制权利包括两个方面:一是自己复制、发行其制品的权利;二是许可或禁止他人复制发行其制品的权利。

音像制作者权利包括复制权、发行权、出租权及信息网络传播权

2. 发行权。录音录像制品的发行是指将音像制品的复制品对公众的公开出售或公开播放的行为。

3. 出租权。录音录像制品的出租是指利用录音录像制品的复制品向社会公众出租并收取租金的行为。任何人有偿出租音像制品的复制件,必须取得音像制品制作者的许可同意并向其支付报酬。

4. 信息网络传播权。通过信息网络传播是指通过互联网络上的网站,向不特定的公众传播录音录像制品内容的行为。任何人通过互联网络传播录音录像制品,应当取得音像制品制作者的

许可并向其支付报酬。

著作权法对上述权利的保护期为50年,截止于录音录像制品首次制作完成后的第50年的12月31日。

三、音像制作者的义务

1. 录音录像制作者使用他人作品制作录音录像制品,应当取得著作许可,并支付报酬。

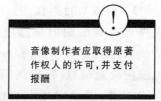
音像制作者应取得原著作权人的许可,并支付报酬

2. 录音录像制作者使用改编、翻译、注释、整理已有作品而产生的作品,应取得改编、翻译、注释、整理作品著作权人和原作品的著作权人许可并支付报酬。

3. 录音录像制作者制作录音录像制品,应当与表演者订立合同,并支付报酬。该合同应确定双方的权利和义务,并规定报酬额。

第五节 广播组织权

一、广播组织权的概念

广播组织权是指广播电台、电视台等广播组织对其编制的广播、电视节目所依法享有的权利。

广播组织权是指广播电台、电视台等广播组织对其编制的广播、电视节目所依法享有的权利

广播组织是指将特定节目的声音、图像转换为可以接收的无线电信号发射出去的专业机构,通常是指广播电台和电视台。在我国《著作权法》中,其特指广播电台、电视台。这里的广播电台、电视台仅指那些依法核准,专门从事广播电视节目的制作并面向其覆盖范围内不特定的公众播发图文、声像信息的单位。企事业单位内部和乡镇地方组织为了宣传需要而设立的广播站、电视台不包括在内。

广播组织权保护的对象是广播电视节目,这些节目既包括著作权法所称的作品的播放,如电影、电视片等,也包括不构成作品的客观事实的报道,如体育比赛的直播节目等。

二、广播电视组织的权利

1. 播放节目的权利。广播电台、电视台对其编制的广播电视节目或依法取得的音像节目,有权通过无线电波向公众播放,任何组织和个人都不得干涉;未经广播电视组织许可,他人不得播放其录制的节目。

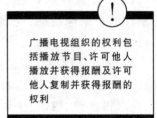

广播电视组织的权利包括播放节目、许可他人播放并获得报酬及许可他人复制并获得报酬的权利

2. 许可他人播放并获得报酬的权利。广播电视组织对播放其制作的节目享有排他的控制权,其他广播电视组织未经其许可,不得进行营利性的播放,如需播放,必须征得其同意,并支付报酬。

3. 许可他人复制并获得报酬的权利。即有权许可他人复制发行其制作的节目。此外,广播电视组织还享有播放已出版的录音制品的权利。

广播电视组织的权利保护期为50年,截止于该节目首次播放后第50年的12月31日。

三、广播电视组织的义务

1. 广播电台、电视台使用他人未发表的作品制作广播电视节目,应取得著作权人的许可,并按规定向著作权人支付报酬。

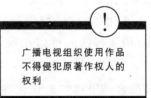

广播电视组织使用作品不得侵犯原著作权人的权利

2. 广播电台、电视台使用他人已发表的作品制作广播电视节目,可以不经著作权人许可,但著作权人声明不许使用的除外。

3. 广播电台、电视台使用改编、注释、翻译整理已有作品而产生的作品制作广播、电视节目,应当向改编、注释、翻译、整理作品的著作权人和原作品的著作权人支付报酬。

4. 广播电台、电视台制作广播、电视节目,有同表演者订立合同并支付报酬的义务。电视台播放他人的电影、电视和录像,应当取得电影、电视制片人和录像制作者的许可,并向其支付报酬。

【参考书目】

[1] 齐爱民主编:《现代知识产权法学》,苏州大学出版社2005年版。
[2] 郑成思:《知识产权法》,法律出版社2004年版。
[3] 〔西班牙〕德利娅·利普希克:《著作权与邻接权》,联合国教科文组织中译本,中国对外翻译出版公司2000年版。
[4] 《国际版权和邻接权条约》(汉英对照),中国古籍出版社2000年版。
[5] 佟柔主编:《中华法学大辞典·民法学卷》,中国检察出版社1995年版。
[6] 吴汉东等:《西方诸国著作权制度研究》,中国政法大学出版社1998年版。

【思考题】

一、名词解释

1. 邻接权
2. 出版者权
3. 表演者权
4. 音像制作者权
5. 广播组织权

二、简答题

1. 邻接权保护制度的源起。
2. 出版者的权利和义务哪些?
3. 表演者的权利与义务有哪些?
4. 音像制作者的权利与义务有哪些?
5. 广播组织的权利与义务有哪些?

三、论述题

1. 邻接权与著作权的关系。
2. 表演者权与表演权的区别。

四、案例分析

北京鸟人艺术推广有限责任公司通过作者牛朝阳授权获得了歌曲《两只蝴蝶》的专有使用权,将该歌曲定为其签约歌手庞龙新专辑的主打歌,并授权他人出版发行了名称为《两只蝴蝶》的庞龙音乐专辑的录音带及 CD 光盘,同时在出版物上载有著作权保护声明。为了宣传该歌曲,原告又投入巨额宣传费,其中包括但是并不限于拍摄音乐电视片并在全国电视台推广、在中央人民广播电台做宣传该歌曲的广告、并为该歌曲复制宣传光盘在全国的电台打榜推广等等。歌曲《两只蝴蝶》在市场上迅速蹿红,成为 2005 年底音像市场上最火爆的歌曲。随后,北京鸟人艺术推广有限责任公司发现北京华联商厦股份有限公司在市场上销售录有庞龙演唱的《两只蝴蝶》的涉案侵权光盘,其外部包装标有"新国语老歌 1"、"新国语老歌 2"字迹,内部盘标有"网络最强原创 周笔畅笔记 FL-JH-383c-02"字迹和"网络最强原创(3)JH-383c-0v"字迹,其 SID 码为 ifpiv118、if-piv112 的涉案盗版光盘,经过对照全国光盘复制生产单位 SID 码一览表确定该涉案盗版光盘为茂名市(水东)佳和科技发展有限公司非法复制、发行,并由安徽文化音像出版社非法出版。该光盘中完整地使用了原告享有专有使用权的歌曲作品《两只蝴蝶》。

北京鸟人艺术推广有限公司的何种权利在本案中受到侵害?为什么?

第十一章 信息网络传播权

2001年10月27日,第九届全国人民代表大会常务委员会第二十四次会议通过了《关于修改〈中华人民共和国著作权法〉的决定》。在修改后的《著作权法》第10条第12款中增加了一项新的著作权,即"信息网络传播权"。这次《著作权法》的修改,一方面是为了因应我国加入WTO后对著作权的保护,与国际著作权保护制度相接轨的需要;另一方面更是为了调整著作权人、网络传播者及广大公众之间的利益,以适应快速发展的计算机网络环境下著作权保护的迫切需要。

2006年5月10日,国务院第135次常务会议通过了《信息网络传播权保护条例》,进一步完善了著作权人、表演者、录音录像制作者的信息网络传播权的权利保护。

信息网络传播权的确立,开创了一项新的著作权权利保护制度,关系到一个全新的行业发展和主体利益的平衡。因此,研究信息网络传播权问题,对于当今计算机网络时代的著作权保护而言具有重要意义。

第一节 信息网络传播权概述

一、信息网络传播权的立法背景与保护现状

众所周知,著作权法律保护的根本目的在于通过赋予著作权人私有产权以激励创新,进而促进和推动文学、艺术、科学的繁荣。在今天,当人们提到著作权法,为什么往往会联想到"印刷"、"出版"呢?这是因为,在印刷术出现之后,作品的大

> ! 计算机网络技术的发展带来了作品的创作和传播上一次新的革命

规模复制和传播成为可能,法律假如不对这种作品的大规模复制和传播行为进行必要的限制,那么,著作权人的利益便得不到很好的保护,导致其创作热情和动力下降,促进文学、艺术、科学的繁荣便成为空谈。因而,如郑成思教授所言,无论东、西方的知识产权法学者,都无例外地认为著作权是随着印刷术的采用而出现的。① 不仅如此,在传统著作权和发行权的基础上,著作权制度更是一直随着表达方式和传播技术的发展而发展:随着传统复制技术的发展而产生了出租权、展览权,随着作品被公开表演、演奏、传播而产生表演权及表演者(邻接)权,随着摄影技术以及电影摄制、放映技术的发展产生了摄影作品、电影作品及其放映权,随着录音录像技术、广播电视技术的发展而产生了广播权及录音录像制品制作者、广播电视组织的相关邻接权。② 因此,随着新技术的发展,各国著作权保护总是或迟或晚,不同程度地对迅猛发展的技术作出反应。③ 人类自进入20世纪后半叶以来,计算机网络技术的发展更是带来了作品的创作和传播上一次新的革命。在网络环境下,创作作品的表达方式由传统单一的文字、图形、声音、

---

① 郑成思:《知识产权论》(修订本),法律出版社2001年版,第15页。
② "邻接权"一词因为在法理上不受青睐,所以其内容始终含糊不清;但因约定俗成的关系,它最终为人们所接受。根据世界知识产权组织的词汇汇编,这个词"通常指在日益增多的国家中,为保护表演者或演奏者、录音制品制作者和广播组织在其与公开使用作者作品、各类艺术表演或向公众播送时事、信息及在声音或图像有关的活动方面应得的利益而给予的权利"。对于著作权和邻接权之间的关系,一般认为,它们之间是一种类似关系和并行关系,而不是从属关系。详见〔西班牙〕德利娅·利普希克:《著作权与邻接权》,联合国教科文组织中译本,中国对外翻译出版公司2000年版,第271—280页。正是托马斯·阿尔瓦·爱迪生的留声机、路易·吕米埃和奥古斯特·吕米埃兄弟的电影放映机以及海因里希·鲁多夫·马可尼的收音机标志着19世纪末和20世纪初这段时期技术进步的起点,这种进步导致对邻接权的承认。与前面的技术相比,本章所着重讨论的计算机网络传播技术对于著作权和邻接权的影响更为深远。已经有文章提出我国在保护著作权人的信息网络传播权的同时,也应该同时保护信息网络传播者的权利。详见刘华、王海燕:《论信息网络传播者权——一种新的邻接权的建立》,载《电子知识产权》2002年第12期。但本章的论述仍主要集中在著作权的范围内展开。
③ Sam Ricketsin, The berne Convention for the Protection of Literary and Artistic Work: 1886—1986, *Centre for Commercial Law Studies*, Queen Mary College, University of London, 1987, at 437.

图像等变得更加综合和便捷,作品的载体也由传统有形的纸张、录音带、录像带等变成虚拟性、无形性、全球性的数字化网络,作品在网络上的传播变得更是让著作权人无法控制。这一切给著作权法所带来的全面而深刻的冲击,使著作权法在最近百年来遇到了真正的挑战。甚至有学者预言,计算机网络技术是全面冲击著作权法的最后的技术。① 因此,如何在网络环境下有效地保护著作权人的利益便成了著作权法不得不面对的核心问题。

从世界范围看,对于这一问题的解决目前主要有三种不同的处理模式。② 一种属于"隐含式",即用著作权人现有的发行权、公开表演权和公开展览权的扩大化解释来保护,美国是这一类处理模式的典型。③ 一种是"重组式",即对著作权人的各类作品传播权进行重组,把除了复制发行权之外的其他传播方式(包括网络传播在内)统一为一种综合的传播权,澳大利亚即属于这一类。另外一种是"新增式",即在不改变现有著作权权利配置的前提下,直接赋予著作权人控制作品的数字化和进行网络传播的新权利。可以认为,我国新《著作权法》规定的信息网络传播权以及国务院通过的《信息网络传播权保护条例》即是这一类处理模式的尝试。

三种保护模式各有侧重、各有利弊,而且和各国传统的著作

---

① Goldstein Paul, *Copyright's Highway*, p. 236. 转引自袁泳:《数字著作权》, http://www.netlawcn.com/之袁泳专栏,2003 年 5 月 22 日访问。
② 薛虹:《网络时代的知识产权法》,法律出版社 2000 年版,第 10—11 页。
③ 以发行权为例,1995 年美国信息基础设施专门工作组下属的知识产权工作组公布了题为《知识产权和国家信息基础设施》的报告(又称白皮书)。白皮书指出"在现行法中传输是否构成对作品复制件的发行并不明确",但提出"传输实质上可以导致对作品复制件的发行",并且认为"没有理由区别对待以传输方式向公众发行和以其他传统方式发行",因为"无论通过哪一种发行手段,消费者都会获得作品的复制件",因此,白皮书建议"修改著作权法,明确承认作品的复制件可以通过传输向社会公众发行,而且该传输行使了著作权人的排他性权利"。在白皮书附录中的正式立法建议对《美国著作权法》第 106 条第 3 款"发行权"作如下修改:"著作权所有者享有通过出售或所有权转移的其他方式,或者通过出租、或出借,或通过传输向公众发行有著作权作品的复制件或录音制品。"但也有学者认为白皮书的这一立法建议存在着一个致命缺陷,即它混淆了行为和客观现象之间的界限。详见王迁:《论网络环境中发行权的适用》,载《知识产权》2001 年第 1 期。

权保护制度有直接的关系。美国是计算机互联网的发源地,因网络传播而产生的著作权纠纷最早也最集中,这促使美国法律界很早就开始研究在网络环境下如何保护著作权的问题。早在1995年9月美国就公布了有关知识产权和国家信息基础设施的"白皮书",得出结论:在网络环境下,美国的著作权法不需要作大的修改,只需稍作澄清和调整即可。① 这也是和美国判例法所具有的极大弹性和前瞻性特点相吻合的。与美国的以不变应万变的做法相反,澳大利亚之所以尝试对著作权人的传播权作大刀阔斧的改革和重组,和澳大利亚原先对传播权的立法缺陷有关。其原先立法把传播权分成三种:公开表演作品的权利、广播作品的权利、通过发送服务使作品被传输给用户的权利,这三种传播权不仅在范围上存在交叉、重叠等不合理之处,而且是基于20世纪上半叶的传播技术而设立的,根本无法适应网络环境的现实需要。② 而我国之所以毅然选择新增权利的保护模式,原因有二:其一,因为传统的原因,采取"重组式"可能性不大;其二,采取"隐含式"虽可解燃眉之急,但仍有不足之处。③

虽然我国新《著作权法》在第12条、第37条、第41条里规定了新增的信息网络传播权,但是,当我们仔细研究这些具体条文时很容易发现,对于信息网络传播权的具体内容的规定近似于语焉不详:除了在第10条第12款对信息网络传播权作了一个及其简单的概念性规定外,其他的几个条文中只是一再出现这一概念,除此没有其他任何更多的内容。新《著作权法》也意识到了这个问题,所以在"附则"的第58条规定信息网络传播权的保护颁发由国务院另行规定。2006年5月10日,国务院通过的《信息网络传播权保护条例》则对信息网络传播权的权利内容及其限制进行了相应规定,回应了司法实践的需要。

---

① Information Infrastructure Task Force, "Intellectual Property and the National Information Infrastructure:The Report of the Working Group on Intellectual Property Rights" (September 1995), at 17.
② 薛虹:《网络时代的知识产权法》,法律出版社2000年版,第17页。
③ 同上书,第19—26页。

二、信息网络传播权的概念与特征

新《著作权法》第 10 条第 12 款、第 37 条第 6 款、第 41 条的规定以及《信息网络传播权保护条例》第 26 条规定：信息网络传播权，即以有线或者无线方式向公众提供作品、表演或者录音录像制品，使公众可以在其个人选定的时间和地点获得作品、表演或者录音录像制品的权利。

《信息网络传播权保护条例》第 26 条对信息网络传播权的概念有详细规定

从以上的立法规定看，信息网络传播权和其他著作权一样，其权利主体包括著作权人和邻接权人，权利客体是受《著作权法》保护的文学、艺术作品及政治、经济、科学技术等非公有领域的作品。而且，从新《著作权法》第 10 条的具体规定来看，把信息网络传播权列为著作权的第 12 项，并在之后明确规定"著作权人可以许可他人行使前款第（5）至第（17）项规定的权利并依照约定或者本法有关规定获得报酬"，可以明显看出我国立法者是把信息网络传播权当做一项纯粹的财产权来看待的。因此从信息网络传播权的权属性质上讲，它是属于著作财产权的范畴。下面，我们对信息网络传播权的权利内容和权利特征作进一步分析。

第一，信息网络传播权是属于公开传播权之一种。以任何一种直接传播或间接传播的方式向公众传播作品一直是著作权人的一项专有权利，也即公开传播权。最常见的公开传播方式有：艺术作品或其复制品的展出，对戏剧、舞蹈等作品的公开表演或演奏，电影作品和其他视听作品的公开放映或展示，广播、卫星公开传播和电缆传送，以及通过远距离信息传送机构公开传播受保护的作品等几种。有著作认为，作品的公开传播指的是一些人可通过复制品发行以外的手段，全部或部分利用作品原作或改变形式的任何行为。也即，如果在严格的家庭范围以外传播，甚至在此范围内，如果它假以任何种类的传播网或与其联成一体时，不管其目的如何,都将被视为公开传播。① 在我国新修改之前的《著作权法实施条例》第 5 条也有相关传播权的规定。② 随着信息传播技术的发展,作品在计算机网络上的传播显然也属于作品的公开传播方式之一。从新《著作权法》和《信息网络传播权保护条例》的具体条文看,将信息网络传播权定义为"以有线或者无线方式向公众提供作品、表演或者录音录像制品,使公众可以在其个人选定的时间和地点获得作品、表演或者录音录像制品的权利",也是明显借鉴了《世界知识产权组织著作权条约》第 8 条"向公众传播的权利"的规定。③

第二,信息网络传播权的传播方式体现为通过计算机网络来向公众提供作品。这也正是信息网络传播权权利行使方式的一个显著特点。

第三,信息网络传播权的权利内容具有复合性。一般来说,在不同的传播技术下规定的传播权内容会有不同。对于信息网络传播权而言,它是一种复合性的权利,这种复合性权利的特点是指作品的传播和使用混合了多种技术方式。传统的著作权法对作品一般采取分解保护的方式,即将任何一种使用和传播作品的行为如复制、表演、播放、展览、发行、摄制电影、电视、录像或者改编、翻译、注释、编辑等的行为分别规定为一项著作权。但是,比较而言,作品的计算机网络传播过程却很复杂,从技术上说它可分解为数字化、上载、传输、展览和下载等一系列子过程,每一个子过程同时也是一次独立的对作品的使用或者传播。

第四,公众能够自由地在计算机网络上获取作品。计算机网络的交互性、即时性、全球性让公众在获取作品方面具有了极大

---

① 〔西班牙〕德利娅·利普希克:《著作权与邻接权》,联合国教科文组织中译本,中国对外翻译出版公司 2000 年版,第 139—159 页。
② 在原《著作权法实施条例》第 5 条规定著作权人享有通过电波、有线电视传播作品的权利。
③ 《世界知识产权组织著作权条约》第 8 条规定:在不损害……的情况下,文学和艺术作品的作者应享有专有权,以授权将其作品以有线或无线方式向公众传播,包括将其作品向公众提供,使公众中的成员在其个人选定的地点和时间可获得这些作品。

的自由。在时间上,公众既可以在传播的同时、也可以在以后的任意时间内获取作品;在空间上,公众甚至可以在能够连通网络的任何地点获取作品。尤其值得注意的是,与传统的通过现场表演、出版、广播、电视传播方式下公众只能在固定的表演地、广播电台、电视台选定的时间和覆盖的范围内收看作品不同,计算机网络的全球性特征,以及目前计算机网络技术的极大普及,甚至可以让公众在全球获得来自任何地方的作品。公众能够自由地在计算机网络上获取作品这一特点,极大地增加了著作权人保护信息网络传播权的难度①,同时对于著作权的地域性特点和国际保护可以说是一个极大的冲击。

第二节 信息网络传播权的权利内容及其限制

一、信息网络传播权的权利内容

随着《信息网络传播权保护条例》的出台,信息网络传播权的权利内容也随之明晰化。

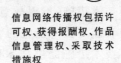

信息网络传播权包括许可权、获得报酬权、作品信息管理权、采取技术措施权

（一）许可权

《信息网络传播权保护条例》第2条规定,除法律、行政法规另有规定的外,任何组织或者个人将他人的作品、表演、录音录像制品通过信息网络向公众提供,应当取得权利人许可。

（二）获得报酬权

《信息网络传播权保护条例》第2条同时也规定,除法律、行政法规另有规定的外,任何组织或者个人将他人的作品、表演、录音录像制品通过信息网络向公众提供,应当支付报酬。

---

① 比如导致侵害著作权人信息网络传播权的无限扩大化、难以发现侵权人、在寻求司法保护中存在着管辖权和法律适用等方面的不确定因素,等等。下文在有关信息网络传播权的司法保护中再对此展开论述。

(三) 作品信息管理权

著作权人对其在网上传播的作品同样享有作品信息管理权。所谓作品信息管理权，亦称权利标示权，是指著作权人有权记载著作权作品的有关信息，包括著作权所有者的姓名和其他识别信息，适用该作品的条件和方式以及识别码等。主要包括以下三方面的内容：第一，著作权人有权禁止他人故意删除、改动权利管理信息的行为；第二，著作权人有权禁止他人故意提供或散布虚假权利管理信息行为；第三，著作权人有权禁止他人在明知或有合理理由知道权利管理信息已被删改的情况下，仍然发行、进口、广播、向公众传播有关作品或作品复制件的行为。

(四) 采取技术措施的权利

网络环境下，数字作品易被复制、盗版，技术措施对于保护网络作品著作权已不可或缺，技术措施的保护也成为著作权保护的重要课题，具体而言，权利人为了保护信息网络传播权，可以采取技术措施，以技术手段对作品主动采取措施，保护和管理自己的著作权，防止侵权的权利。任何组织或者个人不得故意避开或者破坏技术措施，不得故意制造、进口或者向公众提供主要用于避开或者破坏技术措施的装置或者部件，不得故意为他人避开或者破坏技术措施提供技术服务。但是，法律、行政法规规定可以避开的除外。

二、"通知与删除或断开链接"的简易程序

考虑到行政或司法救济的成本，有些情形下，对于权利人来说，由于只是涉及自己的少数作品，不愿意寻求司法救济，但同时又想及时制止侵权行为，避免网络快速传播给自己带

便捷的信息网络传播权维权程序

来更大的利益损失。因此，一种便捷的维权程序十分必要。我国的《信息网络传播权保护条例》就规定了这样一种"通知与删除或断开链接"的简易程序。

第十一章 信息网络传播权 ★

(一) 通知

在网络服务提供者只是提供信息存储空间或者提供搜索、链接服务,而未直接提供权利人的作品、表演、录音录像制品的情形下,权利人认为其服务所涉及的作品、表演、录音录像制品,侵犯自己的信息网络传播权或者被删除、改变了自己的权利管理电子信息的,可以向该网络服务提供者提交包含了权利人的姓名(名称)、联系方式和地址的信息;要求删除或者断开链接的侵权作品、表演、录音录像制品的名称和网络地址;构成侵权的初步证明材料等真实性内容的书面通知,要求网络服务提供者删除该作品、表演、录音录像制品,或者断开与该作品、表演、录音录像制品的链接。

(二) 删除或断开链接

网络服务提供者接到权利人的通知书后,应当立即删除涉嫌侵权的作品、表演、录音录像制品,或者断开与涉嫌侵权的作品、表演、录音录像制品的链接,并同时将通知书转送提供作品、表演、录音录像制品的服务对象;服务对象网络地址不明、无法转送的,应当将通知书的内容同时在信息网络上公告。

(三) 反通知

服务对象接到网络服务提供者转送的通知书后,认为其提供的作品、表演、录音录像制品未侵犯他人权利的,可以向网络服务提供者提交包含了服务对象的姓名(名称)、联系方式和地址;要求恢复的作品、表演、录音录像制品的名称和网络地址;不构成侵权的初步证明材料等的具有真实性书面说明,要求恢复被删除的作品、表演、录音录像制品,或者恢复与被断开的作品、表演、录音录像制品的链接。

(四) 恢复删除或链接

网络服务提供者接到服务对象的书面说明后,应当立即恢复被删除的作品、表演、录音录像制品,或者可以恢复与被断开的作品、表演、录音录像制品的链接,同时将服务对象的书面说明转送权利人。

为了避免程序的反复和权利人滥用通知的权利,且考虑到这种简易程序并非能从根本上解决纠纷,因此,一旦由于"反通知"而恢复删除或链接,权利人则不得再通知网络服务提供者删除该作品、表演、录音录像制品,或者断开与该作品、表演、录音录像制品的链接。

三、信息网络传播权的权利限制

著作权法在保护作者及其他著作权人利益的同时,还必须兼顾社会公共利益,防止权利被滥用,推动整个社会发展教育、科学和文化的障碍。所以,各国都对著作权予以了一定的限制。我国的《信息网络传播权保护条例》也有关于权利限制的相应规定。

权利限制的方式包括合理使用、法定许可、按照法律规定以公告的方式获得许可及保护技术措施的例外规定

(一)合理使用

我国《著作权法》第22条对合理使用进行了规定。设定合理使用制度的目的在于一定程度上限制权利人的权利,平衡权利人和其他主体如使用者之间的利益。但是这一规定是否适用于网络环境,学界一直存在争议。而《信息网络传播权保护条例》则结合网络环境的特点,规定了对信息网络传播权的合理使用制度。

根据《信息网络传播权保护条例》的规定,依照法律规定的情形和方式,通过信息网络提供他人作品,可以不经著作权人许可,不向其支付报酬,亦即所谓的合理使用。其具体情形包括:

1. 为介绍、评论某一作品或者说明某一问题,在向公众提供的作品中适当引用已经发表的作品;

2. 为报道时事新闻,在向公众提供的作品中不可避免地再现或者引用已经发表的作品;

3. 为学校课堂教学或者科学研究,向少数教学、科研人员提供少量已经发表的作品;

4. 国家机关为执行公务,在合理范围内向公众提供已经发表的作品;

5. 将中国公民、法人或者其他组织已经发表的、以汉语言文字创作的作品翻译成的少数民族语言文字作品,向中国境内少数民族提供;

6. 不以营利为目的,以盲人能够感知的独特方式向盲人提供已经发表的文字作品;

7. 向公众提供在信息网络上已经发表的关于政治、经济问题的时事性文章;

8. 向公众提供在公众集会上发表的讲话;

9. 图书馆、档案馆、纪念馆、博物馆、美术馆等可以不经著作权人许可,通过信息网络向本馆馆舍内服务对象提供本馆收藏的合法出版的数字作品和依法为陈列或者保存版本的需要以数字化形式复制的作品,不向其支付报酬,但不得直接或者间接获得经济利益。当事人另有约定的除外。"为陈列或者保存版本需要以数字化形式复制的作品",应当是已经损毁或者濒临损毁、丢失或者失窃,或者其存储格式已经过时,并且在市场上无法购买或者只能以明显高于标定的价格购买的作品。

(二)法定许可

法定许可是指依据法律规定的情形和方式,使用他人作品不必取得权利人同意,但应向权利人支付报酬。《信息网络传播权保护条例》规定信息网络传播权的法定许可情形主要是指为通过信息网络实施九年制义务教育或者国家教育规划,可以不经著作权人许可,使用其已经发表作品的片断或者短小的文字作品、音乐作品或者单幅的美术作品、摄影作品制作课件,由制作课件或者依法取得课件的远程教育机构通过信息网络向注册学生提供,但应当向著作权人支付报酬。

这一规定是因应远程教育发展的需要而设定的。远程教育作为一种新兴的教育模式,其发展依赖于网络和数字技术的发展,这种教育模式的本质尽管与传统教育模式并无差异,但其教学方式却明显不同。从发展教育事业,提高全民素质的角度考虑,前述法定许可的规定为远程教育的发展创造了更广阔的空间。当然,我们也要注意到,在适用该条规定时,要注意"为通过信息网络实施九年制义务教育或者国家教育规划"、"向注册学生提供"等这些限定条件。

(三)按照法律规定以公告的方式获得许可

除了合理使用和法定许可的情形外,要使用权利人的作品、表演、录音录像制品,应当获得其许可。但是,法律也规定了特殊的获得许可的方式,即以公告的方式获得许可。为扶助贫困,通过信息网络向农村地区的公众免费提供中国公民、法人或者其他组织已经发表的种植养殖、防病治病、防灾减灾等与扶助贫困有关的作品和适应基本文化需求的作品,网络服务提供者应当在提供前公告拟提供的作品及其作者、拟支付报酬的标准。自公告之日起30日内,著作权人不同意提供的,网络服务提供者不得提供其作品;自公告之日起满30日,著作权人没有异议的,网络服务提供者可以提供其作品,并按照公告的标准向著作权人支付报酬。网络服务提供者提供著作权人的作品后,著作权人不同意提供的,网络服务提供者应当立即删除著作权人的作品,并按照公告的标准向著作权人支付提供作品期间的报酬。

(四)保护技术措施的例外规定

技术措施,是指用于防止、限制未经权利人许可浏览、欣赏作品、表演、录音录像制品的或者通过信息网络向公众提供作品、表演、录音录像制品的有效技术、装置或者部件。按照法律规定,一般情形下,他人不得故意避开或者破坏技术措施。只有在法律规定的情形下,才可以避开技术措施,但不得向他人提供避开技术措施的技术、装置或者部件,不得侵犯权利人依法享有的其他权利:

1. 为学校课堂教学或者科学研究,通过信息网络向少数教学、科研人员提供已经发表的作品、表演、录音录像制品,而该作品、表演、录音录像制品只能通过信息网络获取;

2. 不以营利为目的,通过信息网络以盲人能够感知的独特方式向盲人提供已经发表的文字作品,而该作品只能通过信息网络获取;

3. 国家机关依照行政、司法程序执行公务;

4. 在信息网络上对计算机及其系统或者网络的安全性能进行测试。

第三节 侵犯信息网络传播权的形式及责任

一、侵犯信息网络传播权的形式

(一) 未经著作权人许可,通过信息网络向公众提供他人的作品、表演、录音录像制品的行为

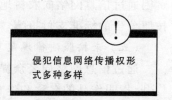

侵犯信息网络传播权形式多种多样

作品一旦完成,著作权人根据著作权法对该作品即享有一系列的包括信息网络传播权在内的专有权利。他人要通过信息网络向公众提供权利人的作品、表演、录音录像制品的,必须依法获得其许可。如果未经著作权人许可,通过信息网络向公众传播其作品、表演、录音录像制品的,除法律另有规定外,均构成侵权行为。

(二) 故意避开或者破坏技术措施的行为

除法律、行政法规另有规定外,权利人以外的其他主体均不得故意避开或者破坏权利人为其作品、表演、录音录像制品等采取的技术措施。

(三) 故意删除或者改变权利管理电子信息

权利管理电子信息,是指说明作品及其作者、表演及其表演者、录音录像制品及其制作者的信息,作品、表演、录音录像制品权利人的信息和使用条件的信息,以及表示上述信息的数字或者代码。作为一种识别信息,它对保护权利人的署名权、帮助其他主体了解作品、表演、录音录像制品的相关信息而言都十分重要。他人不得故意删除或者改变通过信息网络向公众提供的作品、表

演、录音录像制品的权利管理电子信息,不得通过信息网络向公众提供明知或者应知未经权利人许可而被删除或者改变权利管理电子信息的作品、表演、录音录像制品。

(四)未按规定付酬的行为

著作权人根据法律的规定和当事人的约定将一部分著作财产权许可他人行使,而被许可方依法或依著作权人同意使用其作品、表演、录音录像制品,必须按法律规定的付酬标准或当事人之间约定的付酬标准,向著作权人支付报酬。

侵犯信息网络传播权人获得报酬权的情形主要包括通过信息网络提供他人的作品、表演、录音录像制品未支付报酬;为扶助贫困通过信息网络向农村地区提供作品、表演、录音录像制品,未按照公告的标准支付报酬。

(五)未按照法律规定尊重权利人的精神权利

通过信息网络向公众提供他人作品的,应尊重权利人的精神权利,指明作品的名称和作者的姓名(名称)。为扶助贫困通过信息网络向农村地区提供作品、表演、录音录像制品,也应在提供前公告作品、表演、录音录像制品的名称和作者、表演者、录音录像制作者的姓名(名称)。

(六)故意制造、进口或者向他人提供主要用于避开、破坏技术措施的装置或者部件,或者故意为他人避开或者破坏技术措施提供技术服务的

(七)其他

二、法律责任

(一)侵权人应承担的法律责任

1. 民事责任

侵犯信息网络传播权应根据情况承担停止侵害、消除影响、赔礼道歉、赔偿损失等民事责任。包括通过信息网络擅自向公众提供他人的作

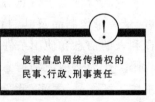
侵害信息网络传播权的民事、行政、刑事责任

品、表演、录音录像制品的;故意避开或者破坏技术措施的;故意删除或者改变通过信息网络向公众提供的作品、表演、录音录像制品的权利管理电子信息,或者通过信息网络向公众提供明知或者应知未经权利人许可而被删除或者改变权利管理电子信息的作品、表演、录音录像制品的;为扶助贫困通过信息网络向农村地区提供作品、表演、录音录像制品超过规定范围,或者未按照公告的标准支付报酬,或者在权利人不同意提供其作品、表演、录音录像制品后未立即删除的;通过信息网络提供他人的作品、表演、录音录像制品,未指明作品、表演、录音录像制品的名称或者作者、表演者、录音录像制作者的姓名(名称),或者未支付报酬,或者未依照条例规定采取技术措施防止服务对象以外的其他人获得他人的作品、表演、录音录像制品,或者未防止服务对象的复制行为对权利人利益造成实质性损害等情形。

2. 行政责任

侵犯权利人的信息网络传播权,同时损害公共利益的,除根据情况承担停止侵害等民事责任外,可以由著作权行政管理部门责令停止侵权行为,没收违法所得,并可处以10万元以下的罚款;情节严重的,著作权行政管理部门可以没收主要用于提供网络服务的计算机等设备。

此外,故意制造、进口或者向他人提供主要用于避开、破坏技术措施的装置或者部件,或者故意为他人避开或者破坏技术措施提供技术服务的;通过信息网络提供他人的作品、表演、录音录像制品,获得经济利益的;为扶助贫困通过信息网络向农村地区提供作品、表演、录音录像制品,未在提供前公告作品、表演、录音录像制品的名称和作者、表演者、录音录像制作者的姓名(名称)以及报酬标准的,由著作权行政管理部门予以警告,没收违法所得,没收主要用于避开、破坏技术措施的装置或者部件;情节严重的,可以没收主要用于提供网络服务的计算机等设备,并可处以10万元以下的罚款。

3. 刑事责任

侵犯权利人的信息网络传播权,破坏信息网络传播权保护秩序,情节严重,构成犯罪的,依法追究刑事责任。

(二)网络服务提供者的责任

网络服务提供者作为传播的中介环节,其责任的承担引起了人们的广泛关注,主要涉及是否要求网络服务提供者对其所传输或链接的作品、表演、录音录像制品是否侵犯他人权利在传输或链接前先行作出实质性判断。为此,《信息网络传播权保护条例》明确规定了网络服务提供者承担责任和免责的具体情形。

1. 网络服务提供者应承担责任的情形

网络服务提供者为服务对象提供搜索或者链接服务,明知或者应知所链接的作品、表演、录音录像制品侵权的,应当承担共同侵权责任。

因权利人的通知导致网络服务提供者错误删除作品、表演、录音录像制品,或者错误断开与作品、表演、录音录像制品的链接,给服务对象造成损失的,权利人应当承担赔偿责任。

网络服务提供者无正当理由拒绝提供或者拖延提供涉嫌侵权的服务对象的姓名(名称)、联系方式、网络地址等资料的,由著作权行政管理部门予以警告;情节严重的,没收主要用于提供网络服务的计算机等设备。

2. 网络服务提供者不承担赔偿责任的情形

网络服务提供者为服务对象提供搜索或者链接服务,在接到权利人的通知书后,根据条例规定断开与侵权的作品、表演、录音录像制品的链接的,不承担赔偿责任。

网络服务提供者根据服务对象的指令提供网络自动接入服务,或者对服务对象提供的作品、表演、录音录像制品提供自动传输服务,未选择并且未改变所传输的作品、表演、录音录像制品;向指定的服务对象提供该作品、表演、录音录像制品,并防止指定的服务对象以外的其他人获得,不承担赔偿责任。

网络服务提供者为提高网络传输效率,自动存储从其他网络服务提供者获得的作品、表演、录音录像制品,根据技术安排自动向服务对象提供,未改变自动存储的作品、表演、录音录像制品;不影响提供作品、表演、录音录像制品的原网络服务提供者掌握服务对象获取该作品、表演、录音录像制品的情况;在原网络服务提供者修改、删除或者屏蔽该作品、表演、录音录像制品时,根据技术安排自动予以修改、删除或者屏蔽的,不承担赔偿责任。

网络服务提供者为服务对象提供信息存储空间,供服务对象通过信息网络向公众提供作品、表演、录音录像制品,明确标示该信息存储空间是为服务对象所提供,并公开网络服务提供者的名称、联系人、网络地址;未改变服务对象所提供的作品、表演、录音录像制品;不知道也没有合理的理由应当知道服务对象提供的作品、表演、录音录像制品侵权;未从服务对象提供作品、表演、录音录像制品中直接获得经济利益;在接到权利人的通知书后,根据条例规定删除权利人认为侵权的作品、表演、录音录像制品的,不承担赔偿责任。

【参考书目】

[1] 薛虹:《网络时代的知识产权法》,法律出版社 2000 年版。
[2] 〔西班牙〕德利娅·利普希克:《著作权与邻接权》,联合国教科文组织中译本,中国对外翻译出版公司 2000 年版。
[3] 王迁:《论网络环境中发行权的适用》,载《知识产权》2001 年第 1 期。
[4] 刘华、王海燕:《论信息网络传播者权——一种新的邻接权的建立》,载《电子知识产权》2002 年第 12 期。

【思考题】

一、论述题

1. 复制技术的发展与著作权法的变迁。
2. 信息网络传播权的权利内容与权利限制。
3. 信息网络传播权的侵权行为与侵权责任。

二、案例分析

中国音乐著作权协会诉广州网易计算机系统有限公司和北京移动通信有

限责任公司在提供手机铃声下载服务中未经许可使用协会会员苏越的作品《血染的风采》而导致著作权侵权一案,已于2002年9月20日由北京市第二中级人民法院审结,判决结果为:广州网易计算机有限公司因侵犯作者的信息网络传播权而败诉,向协会支付赔偿费及相关费用14200元,北京移动通信有限责任公司不承担侵权责任。

请问:北京移动通信有限公司是否是一个适格的被告？是否应在手机铃声侵权行为中承担民事责任？为什么？

第十二章 著作权的利用和限制

第一节 著作权的利用

著作权利用的方式主要包括著作权的许可使用和著作权的转让,此外,著作权还可以作为著作权质押、著作权信托的对象。

一、著作权的许可使用

著作权的许可使用是指著作权人以合同的方式在一定范围和期限内许可他人使用其作品的行为。

著作权的许可使用是著作权人实现权利的主要方式,其包括专有许可使用和非专有许可使用。专有使用许可是指被许可人取得使用权后,

著作权的许可使用是指著作权人以合同的方式在一定范围和期限内许可他人使用其作品的行为

著作权人在许可使用的期限内不得再次将作品许可给第三人使用,且原则上著作权人自己也不得以与被许可人相同的许可使用方式使用作品;非专有使用是指被许可人取得使用权后,著作权人在许可使用的期限内可以再次将作品许可给第三人使用,且著作权人自己也可以与被许可人相同的许可使用方式使用作品。

著作权的许可使用具有以下特征:第一,著作权许可使用不改变著作权的归属,被许可人取得的只是使用权,并不能成为著作权的主体;第二,在著作权许可使用中,被许可人必须按照许可使用合同约定的范围和期限使用作品,未经著作权人许可不能将所获得的使用权再让渡给第三人;第三,在专有许可使用中,被许可人对第三人侵犯自己权益的行为,有权根据著作权许可使用合同,以自己的名义向侵权行为人提起诉讼。但要求保护的权利仅

限于许可使用合同中被许可人所享有权利的范围。

著作权的许可使用应当订立许可使用合同,其中许可使用的权利是专有使用权的,还应当订立书面合同。许可使用合同的内容一般包括:(1)许可使用的权利种类;(2)许可使用的权利是专有使用权或者非专有使用权;(3)许可使用的地域范围、期间;(4)付酬标准和办法;(5)违约责任;(6)双方认为需要约定的其他内容。其中许可使用合同中著作权人未明确许可、转让的权利,未经著作权人同意,另一方当事人不得行使。

二、著作权的转让

著作权的转让是指著作权人以合同的方式,将著作权的一部分或者全部在权利期限内转移给他人的行为。

著作权的转让是指著作权人以合同的方式将著作权的一部分或者全部在权利期限内转移给他人的行为

著作权的转让具有以下特征:第一,著作权转让的对象是经济权利。著作权包括精神权利和经济权利。其中精神权利作者基于作品的创作而依法享有的以精神利益为内容的权利,其与作者的人格利益紧密相关,具有永久性、不可剥夺性,自然不能转让。因此,著作权转让的对象只能是著作权中的经济权利。第二,著作权转让导致著作权主体的变更,改变了著作权的归属。这一点是著作权的转让与著作权的许可使用最明显的区别。第三,著作权的转让与作品载体的物权无关。在著作权的转让中,作品著作权的转移和作品载体物权的转移是截然分开的。作品著作权的转移不会直接导致作品载体物权的转移,同样作品载体物权的转移也不会直接导致作品著作权的转移。

著作权转让应当订立书面合同。转让合同内容一般包括:(1)作品的名称;(2)转让的权利种类、地域范围;(3)转让价金;(4)交付转让价金的日期和方式;(5)违约责任;(6)双方认为需要约定的其他内容。其中转让合同中著作权人未明确许可、转让的权利,未经著作权人同意,另一方当事人不得行使。

三、著作权的其他利用

著作权的利用方式除了著作权的许可使用、著作权的转让之外,著作权还可以作为著作权质押、著作权信托的对象。

（一）著作权质押

著作权中的经济权利可以作为

著作权中的经济权利可以作为著作权质押、著作权信托、破产财产以及法院强制执行的对象

债的担保的对象,主要是债的质押。著作权的质押是著作权人以著作权中的经济权利为出质标的来担保债务履行的担保方式。当债务人不履行债务时,债权人有权依法以该著作权折价或者以拍卖、变卖该著作权的价款优先受偿。债务人或第三人为出质人,债权人为质权人。

以著作权中的经济权利出质的,出质人和质权人应当订立书面合同,即著作权质押合同。该合同包括以下内容:（1）当事人的姓名(单位名称)及住址;（2）被担保的主债权种类、数额;（3）债务人履行债务的期限;（4）出质著作权的种类、范围、保护期;（5）质押担保的范围;（6）质押担保的期限;（7）质押的金额及支付方式;（8）当事人约定的其他事项。合同签订后必须到国家版权局指定的机构办理登记,合同方能生效。

（二）著作权信托

著作权信托是指著作权人通过转让或其他处分方式将著作权托付给受托人,受托人以自己的名义按照一定的目的对著作权进行管理或者进行其他处分行为,信托人按照约定的标准获取一定的报酬。在信托关系中,著作财产权属于受托人,但受托人须按照信托的目的行使著作权,以保障向信托人承担的义务。

此外,著作权中的经济权利还可以作为破产财产以及法院强制执行的对象。

第二节 著作权的合理使用

一、著作权的合理使用概述

著作权的合理使用是对著作权的法定限制,其是指在一些特定的情形下,对未经他人许可而免费使用他人享有著作权的作品的行为依法不认定为侵权的法律制度。

著作权的合理使用是指在一些特定的情形下,对未经许可而免费使用他人作品的行为依法不认定为侵权的法律制度

著作权的合理使用作为一项制度,其本身有着严格的限制。根据《伯尔尼公约》的规定,合理使用应当符合三个法定要件,即有关的使用是就具体的特殊情况而言,该特殊情况下的使用没有影响著作权人对作品的正常使用,也没有不合理地损害著作权人的合法权益。这一般被称为合理使用的"三步检验法"。[①] 我国《著作权法》第22条规定:在下列情况下使用作品,可以不经著作权人许可,不向其支付报酬,但应当指明作者姓名、作品名称,并且不得侵犯著作权人依照本法享有的其他权利。我国《著作权法实施条例》第21条规定:"依照著作权法有关规定,使用可以不经著作权人许可的已经发表的作品的,不得影响该作品的正常使用,也不得不合理地损害著作权人的合法利益。"

概括而言,著作权的合理使用一般需要符合三个条件:第一,使用的作品是已经发表的作品;第二,使用必须符合《著作权法》规定的具体情形;第三,使用的过程中不得侵犯著作权人的精神权利,不得影响作品的正常使用。

二、著作权合理使用的具体情形

根据我国《著作权法》第22条的规定,著作权的合理使用包

---

① 参见李明德、许超:《著作权法》,法律出版社2003年版,第111页。

括以下十二种特殊情形:

(一)为个人学习、研究或者欣赏,使用他人已经发表的作品

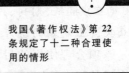

我国《著作权法》第22条规定了十二种合理使用的情形

该项合理使用必须符合"为个人学习、研究或者欣赏"的目的,其原则上只限于满足个人使用的目的而不可以扩展至第三人或者家庭及单位。当然也有一部分学者认为个人的空间过于狭隘,可以扩展至家庭,但是其使用作品也必须限制在家庭的范围里面,超出此范围,就不属于"为个人学习、研究或者欣赏"的目的从而构成侵权。值得注意的是,将他人作品上传至"个人空间"、"个人博客"等网络空间不属于"为个人学习、研究或者欣赏"。

(二)为介绍、评论某一作品或者说明某一问题,在作品中适当引用他人已经发表的作品

该项合理使用首先必须符合"为介绍、评论某一作品或者说明某一问题"的目的;其次,对于引用的数量和程度是有严格限制的,其所引用的部分不能构成引用人作品的主要部分或实质部分;再次,该项合理使用必须严格注明所引用作品的作者姓名和出处,否则构成"抄袭"和"剽窃"。

(三)为报道时事新闻,在报纸、期刊、广播电台、电视台等媒体中不可避免地再现或者引用已经发表的作品

该项合理使用必须符合"为报道时事新闻"的目的。不允许为制作广播电视节目而大量使用他人的作品,更不允许将他人作品无休止地在新闻节目中播放等规避法律的行为。

(四)报纸、期刊、广播电台、电视台等媒体刊登或者播放其他报纸、期刊、广播电台、电视台等媒体已经发表的关于政治、经济、宗教问题的时事性文章,但是作者声明不许刊登、播放的除外

该项合理使用必须符合以下条件:首先,只有经过正式批准手续的媒体才能使用其他媒体已经刊登或者播放的文章;其次,使用限于有关政治、经济、宗教问题的时事性文章;再次,作者可以声明保留自己作品不许其他媒体使用的权利。该项合理使用

不受数量的限制,既可以是全文转载、转播,也可以是摘录、摘播。

(五)报纸、期刊、广播电台、电视台等媒体刊登或者播放在公众集会上发表的讲话,但作者声明不许刊登、播放的除外

该项合理使用的目的是为了促进公众集会上的演说和讲话的广泛传播,借此迅速扩大其宣传范围和社会影响。但是作者同样可以声明保留自己的演说和讲话不许其他媒体使用的权利。

(六)为学校课堂教学或科学研究,翻译或者少量复制已发表的作品,供教学或者科研人员使用,但不得出版发行

该项合理使用必须符合以下条件:首先,非以营利为目的,带有营利性质的培训班、函授大学、广播电视大学等不在此范围之内;其次,使用者为教学或者科研人员,使用方式为"翻译或少量复制",且不得出版发行。

(七)国家机关为执行公务在合理范围内使用已经发表的作品

该项合理使用必须符合以下条件:首先,对国家机关的范围,不得作任何扩大的解释。这里的国家机关,指的是国家立法机关、司法机关、行政机关、军事机关等。其次,使用的方式仅限于执行公务,完成国家机关职能。超出这个范围则不属于合理使用。

(八)图书馆、档案馆、纪念馆、博物馆、美术馆等为陈列或者保存版本的需要,复制本馆收藏的作品

该项合理使用必须符合以下条件:首先,复制是出于"为陈列或者保存版本的需要";其次,复制的范围应以本馆收藏的作品为限。

(九)免费表演已经发表的作品,该表演未向公众收取费用,也未向表演者支付报酬

该项合理使用的"免费表演"必须符合两个条件:首先,该表演未向公众及其所在单位收取费用;其次,该表演未向表演者支付任何报酬。其中,变相的营利表演不属于合理使用,例如,为企业进行广告宣传而进行的表演。

第十二章 著作权的利用和限制 ★

（十）对设置或者陈列在室外公共场所的艺术作品进行临摹、绘画、摄影、录像

该项合理使用是针对于"设置或者陈列在室外公共场所的艺术作品"的作者权利的限制,其目的就是为了公众欣赏。因此对其进行临摹、绘画、摄影、录像,均属合理使用范畴,但不得采用直接接触的方式,如拓印。另外,该项合理使用不包括室内的艺术品。

（十一）将中国公民、法人或其他组织已经发表的以汉语言文字创作的作品翻译成少数民族语言文字作品在国内出版发行

该项合理使用必须符合以下条件:首先,使用的只能是中国作者已经发表的汉族文字作品,不包括外国人以汉族文字创作的作品。我国《实施国际著作权条约的规定》第 10 条规定:将外国人已发表的以汉族文字创作的作品,翻译成少数民族文字出版发行的,应当事先取得著作权人的授权。其次,只能是文字作品而不能涉及电影、电视等文字以外作品。再次,翻译成少数民族语言文字的作品只能在国内出版发行。

（十二）将已经发表的作品改成盲文出版

另外,著作权的合理使用同样适用于对出版者、表演者、录音录像制作者、广播电台、电视台的权利限制。

第三节 著作权的法定许可

一、著作权的法定许可概述

著作权的法定许可,其是指在一些特定的情形下,对未经他人许可而有偿使用他人享有著作权的作品的行为依法不认定为侵权的法律制度。

著作权的法定许可是对著作权人权利的一种限制措施。与著作权的合理使用一样,著作权的法定许可

著作权的法定许可是指在一些特定的情形下,对未经许可而有偿使用他人作品的行为依法不认定为侵权的法律制度

— 175 —

一般也需要符合以下三个条件:第一,使用的作品是已经发表的作品;第二,使用必须符合《著作权法》规定的具体情形;第三,使用的过程中不得侵犯著作权人的精神权利,不得影响作品的正常使用。除此之外,在著作权的法定许可中,虽然使用他人享有著作权的作品事先不需要征得著作权人的许可,但是必须向著作权人支付报酬。这是著作权的法定许可与著作权的合理使用最主要的区别。

我国《著作权法》在第 23 条、第 32 条第 2 款、第 39 条第 3 款、第 42 条第 2 款、第 43 条中对著作权的法定许可作了明文规定。与其他国家著作权法关于法定许可的规定相比较,我国《著作权法》规定了一个前提条件,即作者声明保留权利者除外,这是我国《著作权法》对法定许可的特殊规定。

二、著作权法定许可的具体情形

(一)教科书的法定许可

我国《著作权法》第 23 条规定:"为实施九年义务教育和国家教育规划而编写出版教科书,除作者事先声明不许使用的外,可以不经著作权人许可,在教科书中汇编已经发表的作品片段或者短小的文字作品、音乐作品或者单幅的美术作品、摄影作品,

我国著作权的法定许可包括教科书的法定许可、报刊转载的法定许可、制作录音制品的法定许可、播放已发表作品的法定许可

但应按照规定支付报酬,指明作者姓名、作品名称,并不得侵犯著作权人依照本法所享有的其他权利。"

该项法定许可必须符合以下条件:首先,使用的目的必须是为实施九年制义务教育或国家规划而编写、出版教科书,不属于九年制义务教育的大专院校的教科书就不适用法定许可;其次,使用的内容只能限于已发表的作品片段或者短小的文字作品、音乐作品或者单幅的美术作品、摄影作品。

(二)报刊转载的法定许可

我国《著作权法》第 32 条第 2 款规定:"作品刊登后,除著作

权人声明不得转载、摘编的以外,其他报刊可以转载,或者作为文摘、资料刊登,但应当按照规定向著作权人支付报酬。"

该项法定许可必须符合以下条件:首先,被转载、摘编的是发表在报刊上的作品;其次,能够转载、摘编的主体同样是报社、期刊社。其他媒体如出版图书的出版社的使用不适用法定许可。值得注意的是,有权发表不得转载、摘编声明的是著作权人,而不是刊登作品的报刊。实践中,许多报刊杂志经常声称"未经本刊同意,不得转载和摘编本刊发表的作品"。此类声明必须经过著作权人的授权才有效。

(三)制作录音制品的法定许可

我国《著作权法》第39条第3款规定:"录音制作者使用他人已经合法录制为录音制品的音乐作品制作录音制品,可以不必征得权利人许可,但应当按照规定向其支付报酬;著作权人声明不许使用的不得使用。"

该项法定许可必须符合以下条件:首先,被使用的是音乐作品,而且是已经被他人合法录制为录音制品的音乐作品。如果先前的录制是非法的,即未经著作权人的许可而录制为录音制品,其音乐作品不能作为法定许可的对象。其次,录音制作者使用他人已经合法录制为录音制品的音乐作品制作录音制品,必须独立录制,其不能翻录他人在先录制的录音制品。①

(四)播放已发表作品的法定许可

我国《著作权法》第42条第2款规定:"广播电台、电视台播放他人已发表的作品,可以不经著作权人许可,但应当支付报酬。"

我国《著作权法》第43条规定:"广播电台、电视台播放已经出版的录音制品,可以不经著作权人许可,但应当支付报酬。当事人另有约定的除外。具体办法由国务院规定。"

该项法定许可必须符合以下条件:首先,播放的主体是广播

---

① 参见吴汉东主编:《知识产权法》,法律出版社2004年版,第86页。

电台、电视台;其次,播放的内容是已经出版的录音制品以及已发表的作品,但是不包括电影作品和录像制品。

著作权的法定许可适用于对出版者、表演者、录音录像制作者、广播电台、电视台的权利限制。

第四节 著作权的强制许可

一、强制许可的概述

强制许可在著作权法上有两层含义。

第一种强制许可是指在著作权人无正当理由而拒绝与使用者达成使用作品协议情况下,使用者经向著作权行政管理部门申请并获授权而使用该作品。强制许可不必征得权利人的同意,但应向其支付报酬。此种强制许可制度的设立,是基于著作

著作权的强制许可有两层含义,一般认为其是指在著作权人无正当理由而拒绝他人使用作品的情形下,使用者经向著作权行政管理部门申请并获授权而使用该作品的法律制度

权法中的"公共秩序保留"原则。根据《伯尔尼公约》第 17 条的规定,著作权人行使自己的权利,不得违反社会公共秩序。各国政府基于公共秩序保留原则,对于滥用权利的著作权人,其既有权禁止作品的传播,也可以在必要时由国家主管机关颁发强制使用的许可。① 这种由国家主管机关颁发强制使用的许可制度即为著作权的强制许可。其是为了防止著作权人滥用权利,妨碍公众基于正当目的和合理条件使用作品。第二种强制许可是指著作权国际条约中对发展中国家的一种优惠。其具体是指发展中国家的使用者想翻译或者复制某一外国作品,但又找不到著作权人,或者虽然找到著作权人但得不到许可,则可以通过一定的程序,

---

① 参见郑成思:《知识产权法》(第二版),法律出版社 2003 年版,第 360—361 页;李明德、许超:《著作权法》,法律出版社 2003 年版,第 128—129 页。

从本国的著作权管理机关获得"强制许可证"。在获得这种强制许可之后,使用者就可翻译或复制有关的外国作品,但是应当向著作权人支付报酬。① 其中,两种强制许可制度都是对著作权的限制。一般而言,我们所讨论的强制许可制度主要是指第一种强制许可。

合理使用、法定许可和强制许可都是对著作权人权利的限制。其制度的共同点在于使用作品都不需事先征得著作权人同意。与合理使用、法定许可相比,强制许可是在使用者以合理条件要求著作权人许可使用,著作权人在无正当理由拒绝许可的情况下,经使用者申请而由著作权行政管理机关授权使用的。其差别在于:在合理使用与法定许可中,愿意使用作品的人,只要属于法律规定的可以合理使用或者法定许可的情形,其使用作品既不需要征得著作权人的许可,也不用履行任何手续;而强制许可需要经过以合理条件请求著作权人许可,并且向著作权行政管理机关提出申请和著作权行政管理机关审查、批准等手续。

二、强制许可制度在我国的适用

1909年的美国《著作权法》确立了世界上最早的强制许可制度。该法规定,音乐作品的著作权人一旦许可他人将其作品制作唱片,或明知他人制成唱片而予以容忍时,其他任何人均可将其作品制成唱片,但必须将其录制作品的意思通知著作权人并

我国《著作权法》没有规定强制许可制度,但是可以适用国际著作权公约中关于强制许可的规定

同时支付一定的使用费。由此可见,该项制度开始仅适用于音乐作品录制唱片。1919年,英国《著作权法》也明文规定了此项制度。随着著作权的国际性增强,强制许可使用制度逐渐扩展到大陆法系国家,从原来的仅限于音乐作品扩展到其他作品,并被《伯

---

① 李明德、许超:《著作权法》,法律出版社2003年版,第129—130页。

尔尼公约》和《世界版权公约》所认可。目前,我国现行的著作权立法都没有规定强制许可制度,但是我国已经加入《伯尔尼公约》和《世界版权公约》,所以公约中有关强制许可的规定也可适用。

【参考书目】

[1] 郑成思:《知识产权法》(第二版),法律出版社2003年版。
[2] 李明德、许超:《著作权法》,法律出版社2003年版。
[3] 吴汉东主编:《知识产权法》,法律出版社2004年版。

【思考题】

一、名词解释

1. 著作权的合理使用
2. 著作权的法定许可
3. 著作权的强制许可

二、简答题

1. 著作权的利用方式有哪些,有何特征?
2. 根据我国《著作权法》的规定,我国著作权合理使用的具体情形有哪些?
3. 根据我国《著作权法》的规定,我国著作权法定许可的具体情形有哪些?

三、论述题

1. 简述我国著作权的利用与限制。
2. 简述著作权的合理使用、法定许可、强制许可三者之间的区别联系。

四、案例分析

1992年10月,北京电影学院文学系学生吴琼为完成改编课程作业,将汪曾祺的小说《受戒》改编成电影剧本。北京电影学院对在校学生上交的改编作业进行审核后,选定将吴琼改编的剧本《受戒》用于学生毕业作品的拍摄。吴琼和北京电影学院教师赵凤玺通过电话与汪曾祺取得了联系。汪曾祺表示小说《受戒》的改编、拍摄权已转让给北影录音录像公司。赵凤玺与北影录音录像公司协商,该公司未明确表示同意北京电影学院拍摄《受戒》一片。1993年4月,北京电影学院投资人民币5万元,并组织该院89级学生联合摄制电影《受戒》,1993年5月拍摄完成。影片全长为30分钟,用16毫米胶片拍摄,片头字幕为:"根据汪曾祺同名小说改编",片尾字幕为"北京电影学院出品"。影片摄制完成后,曾在北京电影学院小剧场内放映一次,用于教学观摩,观看者均为该院教

第十二章 著作权的利用和限制 ★

师和学生。1994年11月,北京电影学院经国家广播电影电视部批准,组团携《受戒》等片参加法国朗格鲁瓦国际学生电影节。《受戒》影片在该电影节上进行了放映,观众系参加电影节的各国学生及教师,也有当地公民。放映该片时,电影节组委会对外公开出售少量门票。北京电影学院共制作《受戒》电影拷贝两个,及《受戒》一片录像带一盒,都已被法院封存。

问:北京电影学院未经权利人北影录音录像公司许可将作品改编成电影以供学生观摩并且利用该电影参加国际电影节的行为是否属于合理使用?

第十三章 计算机软件和数据库的法律保护

第一节 计算机软件法律保护的概述

一、计算机软件概述

计算机软件包括计算机程序及其有关文档。计算机程序,是指为了得到某种结果而可以由计算机等具有信息处理能力的装置执行的代码化指令序列,或者可以被自动转换成代码化指令序列的符号化指令序列

计算机软件包括计算机程序及其有关文档,其中计算机程序包括源程序和目标程序

或者符号化语句序列。其中,计算机程序可以分为源程序和目标程序。源程序是指人们可以直接读懂并编写的计算机语言,通常用英文和符号表示,例如,BASIC语言;目标程序就是一种用0和1来指示开和关的二进制机器语言。同一计算机程序的源程序和目标程序为同一作品。文档,是指用来描述程序的内容、组成、设计、功能规格、开发情况、测试结果及使用方法的文字资料和图表等,如程序设计说明书、流程图、用户手册等。计算机软件的保护,主要指的是计算机程序的保护,因为文档属于文字作品或者图形作品,可以适用著作权法予以保护。

二、计算机软件法律保护模式

国际上对于计算机软件的法律保护首先采用专利法的保护模式。与传统作品不同的是,计算机软件的本质其实是一种技术方法,其主要目

目前,采用著作权法保护软件的模式已经成为计算机软件法律保护的主流

的并不在于欣赏,而在于其功能的使用。正由于计算机软件的这种明显的实用性使其更倾向于专利权的客体,因此美国等一些国家最早尝试采用专利法来保护计算机软件。但是后来发现采用专利法来保护计算机软件存在一些困难①:首先,大部分软件都无法满足专利申请中要求具备的新颖性、创造性和实用性这三个特性;其次,专利的审查期间较长,与计算机软件更新换代的速度不符合;再次,专利的申请要求公开相应的软件程序,这为软件的非法复制提供了便利,因而不能被软件企业接受。另外,专利保护的期限相对较短,不利于保护权利人。正由于上述的困难,自上世纪60年代起,美国等一些国家逐渐放弃以专利法保护计算机软件的模式而采用著作权法来保护计算机软件。在美国的影响下,世界上主要的国家对软件的保护基本都采用了著作权法的保护模式。我国《著作权法》第3条明确将计算机软件作为著作权保护的客体。时至今日,采用著作权法保护软件著作权已经成为计算机软件法律保护的主流。

第二节 计算机软件著作权的权利归属和内容

一、软件著作权的权利归属

计算机软件著作权的归属广义上包括原始归属和继受归属两种情形。软件著作权的原始归属,是指软件在开发完成后其著作权的直接归属。软件著作权的继受归属,是指通过继承、转让和赠与等方式获得的软

《计算机软件保护条例》第9条:软件著作权属于软件开发者,本条例另有规定的除外

件著作权的权利归属。其中,软件著作权的继受必须建立在软件原始著作权清晰明确的基础上。因此,在著作权法上探讨和研究的软件著作权的归属主要指的是原始归属。

---

① 参见李明德、许超:《著作权法》,法律出版社2003年版,第259页。

一般而言，软件在开发完成后其著作权属于开发者。此外，我国《著作权法》分别规定了合作开发的软件、委托开发的软件、由国家机关下达任务开发的软件以及软件职务作品这四种特殊软件的权利归属。

(一) 合作开发的软件的权利归属

合作开发的软件，是指由两个或者两个以上的自然人、法人或者其他组织共同完成的软件。关于合作作品的著作权与合作开发的软件的著作权，《著作权法》和《计算机软件保护条例》的相关规定却不尽相同。我国《著作权法》直接规定合作作品的著作权由合作作者共同享有，并且规定没有参加创作的人不能成为合作作者。同时《著作权法》在第46条罗列的侵权行为中再次强调了"没有参加创作，为谋取个人名利，在他人作品上署名"的行为应当承担民事责任。也就是说，没有参加作品创作的人是不能享有作品的原始著作权的。相比之下，我国《计算机软件保护条例》第10条只是规定合作开发的软件的著作权由合作开发者签订书面合同约定，并未像《著作权法》那样明确规定没有实际参加开发的人不能成为软件的合作开发者。也就是说，没有实际参加软件开发的人可以通过约定或者协商成为软件的合作开发者并享有软件的原始著作权。《计算机软件保护条例》之所以如此规定是由于软件开发的特殊性决定的。软件的开发相对作品的创作而言较为复杂，除了需要开发者的独立创作之外，其通常还需要大量的资金、专用设备、物质技术、业务信息等一系列配套的软件开发环境。如果没有配套环境的提供，合作开发软件是很难进行的。因此，我国对合作开发的软件著作权的特殊规定是出于平衡软件开发者与上述软件开发的环境提供者的利益之考虑。

另外，在没有签订书面合同或者合同约定不明确的情况下，《计算机软件保护条例》第10条规定：如果合作开发的软件可以分割使用的，开发者对各自开发的部分可以单独享有著作权，但是行使著作权时不得扩散到合作开发的软件整体的著作权；如果合作开发的软件不能分割使用的，其著作权由各合作者共同享有,通过协商一致行使。不能协商一致,又无正当理由的,任何一方不得阻止他方行使除转让权之外的其他权利,但是所得收益应当合理分配给所有开发者。

(二)委托开发的软件的权利归属

委托开发的软件是指开发者接受自然人、法人或者其他组织的委托,基于委托合同开发的软件。委托开发的软件通常具有专业性,只在一定的范围内使用,例如,金融机构委托软件公司为其开发管理客户关系的软件系统。我国《计算机软件保护条例》第11条规定委托开发的软件的著作权由委托合同约定。无书面合同或者合同约定不明确的,其著作权由受托人享有。

(三)由国家机关下达任务开发的软件的权利归属

由国家机关下达任务开发的软件,实际上是一种依照指令开发的软件。我国《计算机软件保护条例》第12条规定其著作权由项目任务书或者合同约定。项目任务书或者合同没有明确约定的,其著作权属于接受任务的法人或者其他组织。

(四)软件职务作品的权利归属

软件职务作品,又称职务软件,其是指自然人在法人或者其他组织中任职期间为履行本职工作而开发的软件。软件职务作品分为三种情形:一是针对本职工作中明确指定的开发目标所开发的软件;二是开发的软件是从事本职工作活动所预见的结果或者自然的结果;三是主要使用了法人或者其他组织的资金、专用设备、未公开的专业信息等物质技术条件并由法人或者其他组织承担责任的软件。

我国《计算机软件保护条例》第13条规定软件职务作品的著作权属于法人或者其他组织,该法人或者其他组织可以对开发软件的自然人进行奖励。

二、软件著作权的内容

与传统的作品不同,软件的主要目的是为了使用而不是欣赏,其具有明显的实用性。软件开发的目的主要是实现其经济价值。因此，计算机软件的著作权与作品的著作权相比，其更注重于著作权人的经济权利，而软件著作权人的精神权利则受到很大的限制：一方面，由于对计算机软件的修改通常是为了完善其使用功能，提高其经济价值，而不是体现开发者的精神利益。因此，软件的修改权不再是专属于软件开发者的精神权利，购买软件的用户为了将软件适应于应用环境或者改善其功能也有权对软件进行修改。另一方面，由于软件更加注重功能性，而且更新换代速度很快，不像作品一样需要保持思想的连贯和完整，更不存在歪曲和篡改软件的情形。因此，《计算机软件保护条例》没有规定保护作品完整的权利。

软件的主要目的是为了使用而非欣赏，其权利内容更注重著作权人的经济权利

另外，软件的使用特点也决定了著作权人对其软件不具有展览权、表演权、放映权、广播权以及除了翻译权之外的演绎权。

（1）发表权，即决定软件是否公之于众的权利。

（2）署名权，即表明开发者身份，在软件上署名的权利。

（3）修改权，即对软件进行增补、删节，或者改变指令、语句顺序的权利。

（4）复制权，即将软件制作一份或者多份的权利。

（5）发行权，即以出售或者赠与方式向公众提供软件的原件或者复制件的权利。

（6）出租权，即有偿许可他人临时使用软件的权利，但是软件不是出租的主要标的的除外。

（7）信息网络传播权，即以有线或者无线方式向公众提供软件，使公众可以在其个人选定的时间和地点获得软件的权利。

（8）翻译权，即将原软件从一种自然语言文字转换成另一种自然语言文字的权利。

第三节　计算机软件著作权的许可使用和转让

软件著作权人可以依照《计算机软件保护条例》和《合同法》的规定,以许可使用合同和转让合同的形式,将软件著作权许可他人行使或让与他人。软件的许可使用和转让是软件著作权人实现经济利益的重要方式。

一、软件著作权的许可使用

软件著作权的许可使用是指软件著作权人以合同的方式在一定范围和期限内许可他人使用其软件的行为。

软件著作权的许可使用是指软件著作权人以合同的方式在一定范围和期限内许可他人使用其软件的行为

软件著作权人许可他人使用其软件的权利可以分为专有使用权和非专有使用权。软件的专有使用权是指被许可人取得软件使用权后,软件著作权人在许可使用的期限内不得再次将软件许可给第三人使用,且软件著作权人自己也不得使用软件;软件的非专有使用权是指被许可人取得软件使用权后,软件著作权人在许可使用的期限内可以再次将软件许可给第三人使用,且软件著作权人自己也可以使用软件。许可他人行使软件著作权应当订立许可使用合同,合同中未明确许可的权利,被许可人不得行使。其中,许可他人专有行使软件著作权的,必须通过书面合同明确约定,否则许可使用的权利应当视为非专有权利。

二、软件著作权的转让

软件著作权的转让是指软件著作权人以合同的方式,将软件著作权的一部分或者全部在权利期限内转移给他人的行为。软件著作权的转让和软件著作权的许可使用不同。软件著作权的转让改变了权利的主体,软件著作权的受让人可以独立对抗第三人;软件著作权的许可使用不发生权利主体的变更,因此软件著作权的被许可人不能独立对抗第三人。

软件著作权的转让和传统作品著作权的转让是不同的,我国《著作权法》明确规定著作权人只能转让经济权利,作者的精神权利是不能转让

软件著作权的转让是指软件著作权人以合同的方式将软件著作权的部分或全部在权利期限内转移给他人的行为

的,而软件著作权则既可以转让经济权利也可以转让精神权利。我国《计算机软件保护条例》第8条第3款规定:"软件著作权人可以全部或者部分转让其软件著作权。"软件著作权之所以可以转让精神权利主要还是因为考虑到计算机软件的特殊性。在实践中,软件企业购买其他企业的软件后,通常不会将该软件直接推向市场销售。其一般都要对该软件进行重新改造开发之后再推向市场,事实上是对原软件进行了一定程度上的修改和演绎,然而软件著作权中除了翻译权外并没有规定改编权、汇编权等其他演绎权,因此在这种情形下该软件企业无法以演绎者的身份署名。如果软件的署名权无法转让,该软件企业只能在修改后的新软件上署原企业的名称,那么消费者就会误以为该软件企业是署名企业的代理销售商,从而影响该软件企业的经营利益。

第四节 计算机软件著作权的法律保护和限制

一、侵犯软件著作权的行为及其法律责任

我国《计算机软件保护条例》第23条和第24条规定了涉及违法侵权行为及其应当承担的法律责任。两类行为的性质及其承担的法律责任不同。

《计算机软件保护条例》第23条规定了承担民事责任的侵权行为,第24条规定了承担民事、行政、刑事责任的侵权行为

（一）承担民事责任的侵权行为

《计算机软件保护条例》第 23 条规定，除著作权法或者本条例另有规定外，有下列侵权行为的，应当根据情况，承担停止侵害、消除影响、赔礼道歉、赔偿损失等民事责任：

（1）未经软件著作权人许可，发表或者登记其软件的；

（2）将他人软件作为自己的软件发表或者登记的；

（3）未经合作者许可，将与他人合作开发的软件作为自己单独完成的软件发表或者登记的；

（4）在他人软件上署名或者更改他人软件上的署名的；

（5）未经软件著作权人许可，修改、翻译其软件的；

（6）其他侵犯软件著作权的行为。

（二）承担民事责任的同时又可能承担行政责任、刑事责任的侵权行为

《计算机软件保护条例》第 24 条规定，除《著作权法》、本条例或者其他法律、行政法规另有规定外，未经软件著作权人许可，有下列侵权行为的，应当根据情况，承担停止侵害、消除影响、赔礼道歉、赔偿损失等民事责任；同时损害社会公共利益的，由著作权行政管理部门责令停止侵权行为，没收违法所得，没收、销毁侵权复制品，可以并处罚款；情节严重的，著作权行政管理部门可以没收主要用于制作侵权复制品的材料、工具、设备等；触犯刑律的，依照《刑法》关于侵犯著作权罪、销售侵权复制品罪的规定，依法追究刑事责任：

（1）复制或者部分复制著作权人的软件的；

（2）向公众发行、出租、通过信息网络传播著作权人的软件的；

（3）故意避开或者破坏著作权人为保护其软件著作权而采取的技术措施的；

（4）故意删除或者改变软件权利管理电子信息的；

（5）转让或者许可他人行使著作权人的软件著作权的。

有前款第（1）项或者第（2）项行为的，可以并处每件 100 元或

者货值金额 5 倍以下的罚款;有前款第(3)项、第(4)项或者第(5)项行为的,可以并处 5 万元以下的罚款。

二、计算机软件著作权的限制

(一)保护范围

著作权法的基本原则是保护思想的表达而不保护思想本身。因此对软件著作权的保护也只是软件程序本身而不延及开发软件所用的思想、处理过程、操作方法或者数学概念

软件的合法复制品所有人对其所有的软件依法享有三项权利:安装、备份、修改

等。另外,软件开发者开发的软件,由于可供选用的表达方式有限而与已经存在的软件相似的,不构成对已经存在的软件的著作权的侵犯。

(二)保护期限

软件著作权保护期限可以分为自然人的软件著作权的期限和法人或者其他组织的软件著作权的期限。自然人的软件著作权,保护期为自然人终生及其死亡后 50 年,截止于自然人死亡后第 50 年的 12 月 31 日;软件是合作开发的,截止于最后死亡的自然人死亡后第 50 年的 12 月 31 日。法人或者其他组织的软件著作权,保护期为 50 年,截止于软件首次发表后第 50 年的 12 月 31 日,但软件自开发完成之日起 50 年内未发表的,《计算机软件保护条例》不再保护。

(三)合理使用

为了学习和研究软件内含的设计思想和原理,通过安装、显示、传输或者存储软件等方式使用软件的,可以不经软件著作权人许可,不向其支付报酬。

(四)软件的合法复制品所有人的使用

我国《计算机软件保护条例》第 16 条规定软件的合法复制品所有人具有以下权利:第一,根据使用的需要把该软件装入计算机等具有信息处理能力的装置内。第二,为了防止复制品损坏而

制作备份复制品。这些备份复制品不得通过任何方式提供给他人使用,并在所有人丧失该合法复制品的所有权时,负责将备份复制品销毁。第三,为了把该软件用于实际的计算机应用环境或者改进其功能、性能而进行必要的修改;但是,除合同另有约定外,未经该软件著作权人许可,不得向任何第三方提供修改后的软件。

第五节 数据库的法律保护

随着信息技术的进一步发展,信息的价值日益彰显。其中关于对数据库的保护问题已经引起了国际知识产权界的重视,数据库的保护正在逐步完善。

一、数据库概述

数据库是指经系统或有序安排,并可通过电子或者其他手段单独加以访问的独立的作品、数据或者其他材料的集合。① 根据上述定义,以构成数据库内容的不同可以将数据库

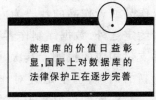

数据库的价值日益彰显,国际上对数据库的法律保护正在逐步完善

分为基本的两类:一类是作品数据库,即构成数据库的内容是独立的作品或者作品的片断,其内容本身受到著作权法的保护;另一类则是非作品数据库,即构成数据库的内容是不具有独创性的信息和材料,其内容本身不受著作权法的保护。

二、数据库法律保护的模式

(一)著作权的保护模式

以著作权法来保护数据库是由于一部分数据库构成了著作权法意义上的汇编作品。汇编作品是指以

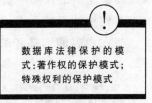

数据库法律保护的模式:著作权的保护模式;特殊权利的保护模式

---

① 《欧盟数据库保护指令》第1条第2款。

作品、作品的片段或者不构成作品的数据材料为内容进行编排，在内容的选择或者编排上具有独创性的作品。因此，不管是作品数据库还是非作品数据库，只要其在内容的选择或者编排上具有独创性，就构成了汇编作品受到著作权法的保护。我国《著作权法》第14条规定："汇编若干作品、作品的片段或者不构成作品的数据或者其他材料，对其内容的选择或者编排体现独创性的作品，为汇编作品，其著作权由汇编人享有，但行使著作权时，不得侵犯原作品的著作权。"另外，我国《实施国际著作权条约的规定》第8条也规定："外国作品是由不受保护的材料编辑而成，但是在材料的选取或者编排上有独创性的，依照著作权法第14条的规定予以保护。① 此种保护不排斥他人利用同样的材料进行编辑。"在著作权的保护模式中，数据库制作者是以汇编者权的形式对其制作的数据库享有权利，其权利受到一定的限制。首先，如果是以作品或者作品的片段为内容制作数据库，除了法律特别规定或者约定之外，数据库制作者都要事先征得原作品著作权人的许可并支付相应的报酬。其次，数据库的制作从本质上讲并没有创造出新的信息，也不是针对作品或者数据材料在表现形式上的演绎。数据库的价值在于通过一定的方式对信息进行选择和编排，从而方便用户查阅和使用信息。因此，数据库制作者享有对数据库的著作权，但是其不能排斥他人用同样的作品和数据材料制作数据库。也就是说，著作权法对数据库的保护不延及数据库的内容。由此可见，以著作权法保护数据库的模式存在着不足。一方面是由于数据库制作者对其数据库享有的权利受到较大的限制，因此其不能满足数据库制作者保护自己投资的要求；另一方面是由于著作权法只能保护一部分数据库，汇编作品的范围无法涵盖一些在内容的选择和编排上不具有独创性的数据库。

---

① 《实施国际著作权条约的规定》第8条所称的《著作权法》第14条是指修订前的《著作权法》第14条。该条规定："编辑作品由编辑人享有著作权，但行使著作权时，不得侵犯原作品的著作权。编辑作品中可以单独使用的作品的作者有权单独行使其著作权。"

（二）特殊权利的保护模式

已如前述,著作权法对数据库的保护并不完整。考虑到一些数据库虽然在内容的选择和编排上不具有独创性,但是数据库制作者在制作数据库时仍然投入了大量的人力、资金和技术。这些数据库制作者的利益同样应当受到法律的承认和保护。因此,欧盟和世界知识产权组织都试图为数据库制作者创设一种不同于著作权的特殊权利。这种特殊权利又被称为数据库权,其将赋予对数据库的制作付出了"重大投资"的数据库制作者许可或者禁止他人对其制作的数据库进行提取或者使用的权利。其"重大投资"是指在数据库内容的收集、汇集、核对、组织或者表达方面进行任何质量上或者数量上重大的人力、财政、技术或者其他资源的投资。① 在特殊权利的保护模式中,不论是何种数据库,只要数据库制作者对数据库的制作付出了"重大投资",其对数据库就享有相应的权利。但是这种保护模式与著作权的保护模式在保护范围上存在差异。著作权法对数据库的保护并不延及数据库的内容,而特殊权利保护的恰好是数据库的内容。数据库使用者提取或者使用数据库中的数据材料应当事先征得特殊权利人的许可并支付相应的报酬。因此,以特殊权利保护数据库能比较完整全面地保护数据库制作者的利益。但是,特殊权利的保护模式过于注重数据库制作者的利益,容易产生信息垄断从而损害社会公共利益。②

总而言之,随着信息技术的发展和普及,国际上对于数据库的保护的日益重视,如何平衡数据库制作者与社会公众之间的利益是解决数据库保护的关键。我国的知识产权界有必要适当调整法律、法规,依照我国国情并结合国际惯例来解决数据库的保护问题。

---

① 李明德、许超:《著作权法》,法律出版社2003年版,第324页。
② 参见孟祥娟:《版权侵权认定》,法律出版社2001年版,第44—46页。

【参考书目】

[1] 李明德、许超:《著作权法》,法律出版社 2003 年版。
[2] 孟祥娟:《版权侵权认定》,法律出版社 2001 年版。
[3] 张革新:《现代著作权法》,中国法制出版社 2006 年版。

【思考题】

一、名词解释

1. 计算机软件
2. 计算机程序
3. 数据库

二、简答题

1. 什么是软件职务作品,其权利归属如何确定?
2. 软件著作权的内容有哪些,与传统作品的著作权相比有何区别?
3. 软件著作权的许可中的专有许可使用与非专有许可使用有何区别?
4. 相比较传统作品著作权的转让,软件著作权的转让有何不同?

三、论述题

1. 简述软件的合法复制品所有人享有的权利。
2. 简述国际上对于数据库法律保护的两种模式。

四、案例分析

1986 年 9 月,原告郑忠中以电脑技术人员身份调入被告中国环球租赁有限公司(以下简称环球公司),负责公司的电脑管理工作。同年 10 月 16 日,环球公司在公司设置电脑室并聘请郑忠中为电脑专家。1992 年 7 月 14 日,郑忠中才与环球公司正式签订了劳动合同。合同规定:郑忠中任总经理办公室副主任,公司可根据需要及其能力,安排和调整郑忠中的工作,郑忠中应服从公司的管理和安排,完成公司指派的工作任务。郑忠中到环球公司工作后,在 1987 年至 1989 年期间为环球公司基本完成了《多币种财务管理系统》和《租赁合同管理系统》两个计算机软件程序的编写和调试。直至 1992 年,郑忠中还曾多次修改过上述两套软件。在上述软件开发过程中,环球公司提供了所需的设备、资金和业务资料,为郑忠中提供了电脑业务方面的学习、考察、交流和培训的机会,并指派了有关业务人员配合和参与开发工作。1992 年初,环球公司总经理格诺特·柯鲁斯要求郑忠中交出该两软件的源程序,被拒绝。后在郑忠中不在场的情况下,格诺特·柯鲁斯拿走了郑忠中编程序使用的公司所有的笔记本电脑。双方发生争议。1993年1月,郑忠中调离环球公司,但上述两套软件仍由环球公司使用和维护。自两软件投入使用至诉讼时止,在环球公司运转6年左右的时间。

问:如何认定涉案软件的著作权归属?

第十四章 著作权的集体管理

第一节 著作权集体管理概述

一、著作权集体管理制度的发展

著作权进行集体管理首先产生于音乐作品领域。1777年,由法国著名剧作家博马舍倡议成立了法国戏剧作者与作曲者协会(SACD)。该协会以保护戏剧作者及作曲者的精神权利和经济权利为宗旨,其职责是:负责收取和分配使用本会员作品的

> ❗ 世界上第一家著作权集体管理组织是1777年由法国著名剧作家博马舍倡议成立的法国戏剧作者与作曲者协会

报酬,就会员作品的使用进行合同谈判,对有困难的会员给予帮助。这是世界上第一家著作权集体管理组织。随后,法国在1851年又成立了维护音乐作者权利的著作权集体管理组织——作者作曲者音乐出版者协会(SACEM),集中管理音乐作品的表演权。在法国之后,以集体管理来实现著作权人权利的形式为越来越多的国家所接受。国际上著作权保护比较发达的国家,如美、英、德、日等都相继设立了相关的著作权集体管理组织,而且从原来的音乐作品领域扩大至文字作品、美术作品、电影作品以及邻接权等领域。

二、各国著作权集体管理制度

国际上对于著作权集体管理的立法大致分为两种:在英美法系国家,著作权集体管理组织一般依据公司法或者竞争法而建立。这是由于英美法系国家一般将著作权视作动产,并未把具有无形财产性质的著作权特殊对待,著作权集体管理活动在法律上

视作一般商业活动。因此,著作权集体管理活动由商业法规来调整并且受反垄断法的制约;在大陆法系国家,著作权集体管理组织一般由专门法律来规定,具体又可以分为两种模式:一是单独立法,例如,德国的《著作权集体管理组织法》;一是在《著作权法》中直接规定著作权的集体管理制度。

英美法系国家,著作权集体管理组织一般由公司法等商业法规来调整;大陆法系国家一般由专门法律来规定

另外,随着作品在世界范围的流通,著作权集体管理国际化的趋势越来越明显。由于各国集体管理组织通常都只能在本国境内活动,无法顾及作品在国外的使用,因而作者的权利就难以得到充分有效的保护。这迫切需要成立一个关于著作权集体管理的国际组织,基于此,1926年,18个国家的音乐作品著作权集体管理机构联合组成了国际作者作曲者协会联合会(CISAC)。截至2004年,CISAC的会员协会包括109个国家的208家集体管理组织,代表着超过200万名各类音乐作者。①

三、我国著作权集体管理制度

我国的著作权集体管理制度已经初步建立。

2001年修改后的《著作权法》第8条规定:"著作权人和与著作权有关的权利人可以授权著作权集体管理组织行使著作权或者与著作权有关的权利。著作权集体管理组织被授权后,可以以自己的名义为著作权人和与著作权有关的权利人主张权利,并可以作为当事人进行涉及著作权或者与著作权有关的权利的诉讼、仲裁活动。著作权集体管理组织是非营利性组织,其设立方式、权利义务、著作权

我国目前最重要的著作权集体管理组织是1992年成立的中国音乐著作权协会

---

① 齐爱民主编:《现代知识产权法学》,苏州大学出版社2005年版,第212页。

许可使用费的收取和分配,以及对其监督和管理等由国务院另行规定。"这一条明确规定了著作权人和与著作权有关的权利可以通过集体管理方式行使自己的权利,指明了著作权集体管理组织的法律地位,并且赋予其以自己的名义代为行使权利并具有诉讼的职能。2004年12月22日,国务院通过了《著作权集体管理条例》。该《条例》从2005年3月1日起正式实施,它丰富和完善了我国的著作权法律体系,在保护权利人利益和促进艺术作品传播方面发挥着积极的作用。

我国的各种著作权集体管理组织相继成立。我国于1992年成立了"中国音乐著作权协会"(MCSC),目前是我国最为重要的著作权集体管理组织。"中国音乐著作权协会"目前拥有会员二千五百余名,管理的音乐作品已逾1400万首。"中国音乐著作权协会"还已经与四十多个国家和地区的姊妹协会签订了相互代表协议,并于1995年加入了国际作词者和作曲者协会联合会(CISAC)。此外,经国家版权局批准,2000年成立了"中国文字作品著作权协会筹备委员会",2005年成立了"中国音像集体管理协会筹备委员会"。中国摄影家协会已向国家版权局提出了申请成立集体管理组织的报告。

第二节 著作权集体管理组织

一、著作权集体管理组织的性质

著作权集体管理组织是一种代为集中管理著作权以及与著作权有关的权利的组织。著作权集体管理组织大体上可以分为两种:一种是民间性的私人团体,另一种是官方或半官方的机构。此外,在一些英美法系国家,由于著作权集体管理组织通常依据公司法建立,因此其著作权集体管理组织本身就是非营利性的有限责任公司。我国《著

著作权集体管理组织是一种代为集中管理著作权以及与著作权有关的权利的组织

作权集体管理条例》第 3 条规定:"本条例所称著作权集体管理组织,是指为权利人的利益依法设立,根据权利人授权、对权利人的著作权或者与著作权有关的权利进行集体管理的社会团体。著作权集体管理组织应当依照有关社会团体登记管理的行政法规和本条例的规定进行登记并开展活动。"由此可见,我国的著作权集体管理组织具有以下特征:第一,其是非营利性的公益性组织;第二,其根据著作权人的授权而对其作品使用进行集体管理;第三,其设立、管理都要受著作权行政管理的监督。

另外,在分析著作权集体管理组织的性质时不可避免地需要提及一个问题,即著作权人与著作权集体管理组织在法律上的关系。国内学者对此有两种观点:

第一,代理关系说。代理关系说认为著作权人与著作权集体管理组织之间是民事代理关系:集体管理组织只是著作权人的代理人,其不享有著作权,由著作权代理产生的法律后果要由著作权人承担。反对代理关系说的学者认为,实践中集体管理组织在进行著作权集体管理时,其是以自己的名义开展业务和进行诉讼的,同时是也由自己来承担法律后果的,而且,代理人的权限有限,不能较好地保护著作权人的利益。因此,两者之间的关系不能定位为代理。

第二,信托关系说。信托关系说认为著作权人与著作权集体管理组织之间是信托关系:著作权人将其对作品享有的权利交由集体管理组织行使,集体管理组织以自己的名义收取和分配作品使用的报酬。信托关系说在一定程度上解决了代理关系理论与著作权集体管理实践之间不一致的问题,因此,目前国内各种著作教材基本上采此说。① 而且在实践中,著作权集体管理组织的法务人员在相关诉讼中一般也认为是信托关系,并且大多得到了法院的支持。

我国《著作权法》以及《著作权集体管理条例》并未对著作

---

① 参见吴汉东主编:《知识产权法》,法律出版社 2004 年版,第 103 页;刘春田主编:《知识产权法》,中国人民大学出版社 2003 年版,第 134 页。

人与集体管理组织之间关系的性质作出明确规定。我国学界普遍认为两者之间构成信托关系的主要缘由在于我国最高人民法院的一个司法解释。1993年9月14日,最高人民法院民事审判庭关于中国音乐著作权协会与音乐著作权人之间几个法律问题的复函中称二者之间的关系是带有信托性质的民事法律关系。[①]笔者认为,著作权人与著作权集体管理组织之间不能简单地认定为代理关系或者信托关系。代理关系说固然有其自身的局限性,但是信托关系说在著作权集体管理中同样存在以下弊端:第一,信托关系不利于保护著作权人,信托财产具有独立性,一旦信托成立,信托财产就要与委托人相分离。因此,如果著作权人和集体管理组织之间是信托关系,著作权人只享有被动的受益权,他不再对其享有的著作权有其他主动的支配权。第二,信托关系扩大了著作权集体管理组织的权限,容易造成集体管理组织滥用权利,与第三人恶意串通坑害著作权人的权利。司法实践中已经出现不少此类案例。第三,我国的《信托法》自2001年才颁布施行,而著作权集体管理组织在此之前就早已存在,信托说无法解释《信托法》颁布之前著作权人与集体管理组织之间的关系。综上所述,著作权人与集体管理组织之间是一种委托管理的法律关系,著作权人将权利委托给集体管理组织,集体管理组织根据著作权人的要求管理事务,本质上是一种委托合同关系。至于在委托管理中,采用代理还是信托应该由著作权人和集体管理组织在具体合同中来约定。

二、著作权集体管理组织的分类

综合而言,目前各国著作权集体管理组织主要有以下几种

[①] 在1993年9月14日最高人民法院民事审判庭关于中国音乐著作权协会与音乐著作权人之间几个法律问题的复函中,最高人民法院指出:"音乐著作权协会与音乐著作权人(会员)根据法律规定可就音乐作品的某些权利的管理通过合同方式建立平等主体之间的带有信托性质的民事法律关系,双方的权利与义务由合同约定,音乐著作权协会可以将双方的权利与义务等事项规定在协会章程之中。"

类型①：

（1）管理音乐作者表演权和广播权的著作权集体管理组织，这是最常见，也是最主要的著作权集体管理组织。

著作权集体管理组织可以按照作品的种类分别设立，也可以按照权利的类别来设立

（2）管理音乐作者机械复制权的著作权集体管理组织，在我国和德国等国家和地区，机械复制权不单独成立组织，而是和第一类著作权集体管理组织合在一起管理。

（3）管理戏剧作者著作权的著作权集体管理组织，这类著作权集体管理组织主要是由于特定历史原因形成的，如法国的戏剧作者作曲者协会（SACD）。

（4）管理作者追续权②的著作权集体管理组织。这类组织主要涉及美术作者以及摄影作者的利益。

（5）管理作者影印权的著作权集体管理组织。因为影印权主要涉及文字作者的利益，所以某些国家由文字作品著作权集体管理组织统一管理影印权。

（6）管理文字作者小权利的著作权集体管理组织，这类组织的设立前提是该国法中要有类似于教科书版税、私人复制权③等个人无法实现的获酬权。

（7）管理表演者和录音制作者权利的著作权集体管理组织，这类组织能否设立和存在，取决于该国法律是否赋予表演者和录音制作者这种权利。

（8）管理电影制片人邻接权的著作权集体管理组织，这类组织能否设立和存在，也取决于该国法律是否赋予电影制片人独立的邻接权。

---

① 齐爱民主编：《现代知识产权法学》，苏州大学出版社 2005 年版，第 215 页。
② 追续权是指艺术作品，尤其是美术作品的著作权人对其作品原件每一次售出以后的财产增值部分都有提成一定比例的权利。
③ 指作者从录音、录像设备和材料以及复印设备和材料的售价中获得一定比例收入的权利。

三、著作权集体管理组织的职能

一般而言,著作权集体管理组织的职能主要有三项:获取授权、发放许可、收取和分配报酬。

> ! 获取授权、发放许可、收取和分配报酬

(一) 获取授权

著作权集体管理组织是基于著作权人的授权而行使权利的,因此其首先需要获取著作权人的授权。通常著作权人是否授权于集体组织而接受管理取决于著作权人自身的意志。但是在一些特殊情形下,法律也可以对某些特定作品与特定权利作出强制性规定,即要求著作权人必须授权给集体管理组织,否则不享有该权利。我国现行《著作权法》尚没有关于强制集体管理的规定。

(二) 发放许可

著作权集体管理组织在获取授权之后,就可以与作品的使用者签订协议,许可他人使用著作权人的作品。这种授权大都通过发放许可证的形式进行。著作权集体管理组织的许可既可以与单个使用者签订许可使用合同,也可以与集体使用者签订许可使用合同。

(三) 收取和分配报酬

收取报酬,是著作权集体管理组织的一个重要职能。收取报酬的方式大致有三种。第一种是固定付酬制,是使用者在一定的时期内(通常为一年)交纳一个固定的报酬而取得使用许可的付酬方式。第二种是比例付酬制,是使用者以自己使用作品所得的收入的一定比例给付报酬。从国际上看,以音乐作品的公开演奏为例,独奏(独唱)音乐会为10%至12%;一般音乐会为6%至12%;戏剧作品,音乐戏剧作品和舞蹈作品的舞台演出为10%至15%。第三种为混合制,即在比例制的基础上,附加一个最低报酬标准。收取的报酬扣除必要的费用之后将分配给相应的著作权人。

第十四章　著作权的集体管理★

【参考书目】

[1] 吴汉东:《知识产权法学》,北京大学出版社 2003 年版。
[2] 李明德、许超:《著作权法》,法律出版社 2003 年版。
[3] 齐爱民主编:《现代知识产权法学》,苏州大学出版社 2005 年版。
[4] 张革新:《现代著作权法》,中国法制出版社 2006 年版。

【思考题】

一、名词解释

　　1. 著作权的集体管理
　　2. 著作权集体管理组织

二、简答题

　　1. 我国的著作权集体管理组织有哪些?
　　2. 著作权集体管理组织的性质是什么,其主要职能有哪些?

三、论述题

　　1. 简述我国著作权人与著作权集体管理组织的关系。
　　2. 简述我国现行的著作权法律法规关于著作权集体管理的规定。

四、案例分析

　　2003 年初,中国音乐著作权协会(以下简称音著协)发现北京东安集团长安商场(以下简称长安商场)大量播放自己管理的音乐作品。2003 年 4 月,音著协向长安商场指出其未经著作权人允许,长期以播放背景音乐的形式使用音乐作品,严重侵犯了著作权人的作品使用权。音著协要求协商解决,但是遭到了长安商场的拒绝。于是中国音乐著作权协会以商场背景音乐侵犯著作权为由,起诉北京东安集团长安商场,要求长安商场停止播放背景音乐并赔偿经济损失。2003 年 11 月 10 日,北京市第一中级人民法院正式立案受理了这起全国首例因背景音乐使用而侵犯音乐作品著作权的案件。

　　问:中国音乐著作权协会为何能够以自己的名义起诉北京东安集团长安商场,其法律根据何在?

第十五章　侵犯著作权的行为及其法律责任

第一节　著作权侵权行为

一、著作权侵权行为的构成要件

著作权侵权行为,是指未经著作权人的许可而不法侵害著作权人的权益,依法应当承担责任的行为。依照传统的民法理论,侵权行为的构成应该同时具备侵权行为(违法性)、损害事实、因果关系和主观过错四个要

著作权侵权行为的构成要件:无法律上的根据,未经他人许可而使用受著作权法保护的作品

件,但是著作权侵权行为有其特殊性。从法律用语来讲,著作权侵权与一般侵权所使用的英语单词是不同的。著作权侵权为"infringement",而一般侵权为"tort"。这都被我们翻译成侵权的两个单词却表示着完全不同的含义:前者指的是一切民事侵权行为,认定"infringement"不需要"主观过错"、"损害事实"等要件,只要有侵权事实即可;后者指的是需要负损害赔偿责任的侵害行为,即传统意义上的侵权行为。著作权的客体具有无形性,如果在著作权侵权中适用传统侵权行为的构成要件,可能会造成不可弥补的损失而不利于对著作权人的保护。因此,各国著作权法一般都规定只要有侵权行为或者侵权之虞即构成著作权侵权。综上所述,著作权侵权行为的构成要件为:(1)未经他人许可而使用受著作权法保护的作品;(2)其擅自使用他人作品无法律上的根

据,即不属于合理使用、法定许可等。①

二、我国《著作权法》规定的著作权侵权行为

我国《著作权法》第 46 条与第 47 条以列举的方式详细规定了侵犯著作权的行为。其中,《著作权法》第 46 条所规定的侵权行为,由于损害的只是著作权人的权益,因此通常只承担民事责任。《著作权法》第 47 条规定的侵权行为,由于其行为不仅侵害了

我国《著作权法》第 46 条规定了承担民事责任的侵权行为,第 47 条规定了承担民事责任、行政责任与刑事责任的侵权行为

著作权人利益,同时还扰乱了著作权的管理秩序,损害了社会公共利益。因此除了承担民事责任之外,侵权人还要承担相应的行政责任和刑事责任。

(一)承担民事责任的侵权行为

我国《著作权法》第 46 条规定下列行为应当根据情况,承担停止侵害、消除影响、赔礼道歉、赔偿损失等民事责任:

(1)未经著作权人许可,发表其作品的;

(2)未经合作作者许可,将与他人合作创作的作品当作自己单独创作的作品发表的;

(3)没有参加创作,为谋取个人名利,在他人作品上署名的;

(4)歪曲、篡改他人作品的;

(5)剽窃他人作品的;

(6)未经著作权人许可,以展览、摄制电影和以类似摄制电影的方法使用作品,或者以改编、翻译、注释等方式使用作品的,著作权法另有规定的除外;

(7)使用他人作品,应当支付报酬而未支付的;

(8)未经电影作品和以类似摄制电影的方法创作的作品、计算机软件、录音录像制品的著作权人或者邻接权人许可,出租其

---

① 参见齐爱民:《现代知识产权法学》,苏州大学出版社 2005 年版,第 65—67 页;孟祥娟:《版权侵权认定》,法律出版社 2001 年版,第 92—94 页。

作品或者录音录像制品的,著作权法另有规定的除外;

(9) 未经出版者许可,使用其出版的图书、期刊的版式设计的;

(10) 未经表演者许可,从现场直播或者公开传送其现场表演,或者录制其表演的;

(11) 其他侵犯著作权以及邻接权的行为。

(二) 承担民事责任的同时又可能承担行政责任、刑事责任的侵权行为

我国《著作权法》第47条规定下列行为应当根据情况,承担停止侵害、消除影响、赔礼道歉、赔偿损失等民事责任;同时损害公共利益的,可以由著作权行政管理部门责令停止侵权行为,没收违法所得,没收、销毁侵权复制品,并可处以罚款;情节严重的,著作权行政管理部门还可以没收主要用于制作侵权复制品的材料、工具、设备等;构成犯罪的,依法追究刑事责任:

(1) 未经著作权人许可,复制、发行、表演、放映、汇编、通过信息网络向公众传播其作品的,著作权法另有规定的除外;

(2) 出版他人享有专有出版权的图书的;

(3) 未经表演者许可,复制、发行录有其表演的录音录像制品,或者通过信息网络向公众传播其表演的,著作权法另有规定的除外;

(4) 未经录音录像制作者许可,复制、发行、通过信息网络向公众传播其制作的录音录像制品的,著作权法另有规定的除外;

(5) 未经许可,播放或者复制广播、电视的,著作权法另有规定的除外;

(6) 未经著作权人或者邻接权人许可,故意避开或者破坏权利人为其作品、录音录像制品等采取的保护著作权或者邻接权的技术措施的,法律、行政法规另有规定的除外;

(7) 未经著作权人或者邻接权人许可,故意删除或者改变作品、录音录像制品等的权利管理电子信息的,法律、行政法规另有规定的除外;

(8)制作、出售假冒他人署名的作品的。

第二节 侵犯著作权的法律责任

一、侵犯著作权的民事责任

著作权是一项民事权利,侵犯他人的著作权,首先应当承担的是民事责任。我国《著作权法》规定了停止侵害、消除影响、赔礼道歉与赔偿损失等四种主要的责任形式。

停止侵害、消除影响、赔礼道歉、赔偿损失等

（一）停止侵害

停止侵害是民事责任中最基本的责任形式,是指要求侵权人停止正在实施或仍在延续的著作权侵权行为。该种责任形式的目的在于防止侵害的延续发生,避免损失的进一步扩大。

（二）消除影响、赔礼道歉

消除影响是指要求侵权人消除由于其侵犯著作权而给权利人带来的不良影响。消除影响的方式包括为确认作者身份、更正和恢复作者名誉或声望采取的各种适当措施,例如,可以在报刊上刊登声明公开道歉,恢复作者的署名,销毁侵权复制品等。赔礼道歉是指要求侵权人以公开的方式在一定的范围内向权利人承认错误、表示歉意。消除影响与赔礼道歉通常都是基于侵权人对于著作权人精神权利的侵犯而承担的责任形式。例如,侵权人歪曲或篡改他人的作品而侵犯他人的保护作品完整权,在此情形中,著作权人所受到的通常是无法用经济赔偿来弥补的精神损害,权利人往往更注重侵权人承担责任的心理态度。消除影响与赔礼道歉这两种责任形式都是为了弥补著作权人在精神利益上所受到的损害,因此在实践中通常连在一起适用。

（三）赔偿损失

赔偿损失是指要求侵权人赔偿由于其侵犯著作权而给权利人造成的损失。我国《著作权法》第48条规定:"侵犯著作权或者与著作权有关的权利的,侵权人应当按照权利人的实际损失给予赔偿;实际损失难以计算的,可以按照侵权人的违法所得给予赔偿。赔偿数额还应当包括权利人为制止侵权行为所支付的合理开支。权利人的实际损失或者侵权人的违法所得不能确定的,由人民法院根据侵权行为的情节,判决给予50万元以下的赔偿。"由此看出,我国著作权侵权赔偿的计算依据可以分为三种:一是权利人的实际损失,其包括直接损失和间接损失两部分。直接损失主要包括:因侵权造成该作品现存具体的某种使用权市场价值的降低或丧失,如出版收益受到盗版的影响;因侵权直接造成某种权利使用费减少或丧失的损失;因调查、制止和消除不法侵权行为而支出的合理费用;因侵犯著作权人的人身权益而造成的财产损失等。间接损失,主要是指权利人在一定范围内的未来利益的损失,如著作权或邻接权处于许可使用、转让等增值状态过程中的预期可得利益减少或丧失的损失。① 二是侵权人的违法所得,其是指侵权人由于侵权行为而获得的利润总额。这种计算依据是在权利人的实际损失难以计算的情况下采用的。由于原告通常难以获得被告的销售资料,因此原告在举证上较为困难。三是法定损害赔偿额,即在前两者都难以计算的情况下,由法院在法定的赔偿范围内根据案件的实际情况决定合适的赔偿数额。

除了上述的责任形式之外,《著作权法》还规定,人民法院审理案件,对于侵犯著作权和邻接权的行为,可以施以没收违法所得、侵权复制品以及进行违法活动的财物等民事制裁措施。

二、侵犯著作权的行政处罚

侵犯他人的著作权,如果在损害著作权人利益的同时还损害了社会公共利益,应当承担行政责任。著作权行政管理部门可以给予侵权人责

停止侵权、没收违法所得、没收或销毁侵权复制品、罚款、没收侵权工具等

---

① 刘国光主编:《知识产权诉讼》,人民法院出版社1999年版,第248—249页。

令停止侵权行为、没收违法所得、没收或销毁侵权复制品、罚款以及没收侵权工具等行政处罚。

（一）责令停止侵权行为

责令停止侵权行为是指著作权行政管理部门责令侵权人停止正在实施或正在延续的侵犯著作权行为。其与民事责任中停止侵害不同的是责令停止侵权行为是一种行政行为，由著作权行政管理部门具体实施。

（二）没收违法所得

没受违法所得是指著作权行政管理部门把侵权人因侵犯著作权所获得的全部收益收缴国库。

（三）没收、销毁侵权复制品

著作权行政管理部门可以将侵权人的非法复制品予以没收、销毁。没收、销毁侵权复制品的目的在于杜绝侵权复制品在社会上的传播和扩散，防止著作权人的利益受到更大的损失。

（四）罚款

著作权行政管理部门可以对侵权人处以罚款。罚款和没收侵权人违法所得不同，其是惩罚性地责令侵权人交纳一定数额的金钱。我国《著作权法实施条例》第36条规定："有著作权法第47条规定的侵权行为，同时损害社会公共利益的，著作权行政管理部门可以处非法经营额3倍以下的罚款；非法经营额难以计算的，可以处10万元以下的罚款。"

（五）没收侵权工具

在侵权行为情节严重的情形下，著作权行政管理部门还可以没收主要用于制作侵权复制品的材料、工具、设备等。

著作权行政管理部门应当以书面形式作出上述行政处罚。我国《著作权法》第55条规定："当事人对行政处罚不服的，可以自收到行政处罚决定书之日起3个月内向人民法院提起行政诉讼，期满不起诉又不履行的，著作权行政管理部门可以申请人民法院执行。"

三、侵犯著作权的刑事措施

对于严重侵犯他人著作权的行为,世界上大部分国家都规定了刑事制裁措施,我国1997年修订后的《刑法》规定了侵犯著作权罪和销售侵权复制品罪。

我国《刑法》规定了侵犯著作权罪和销售侵权复制品罪

（一）侵犯著作权罪

侵犯著作权罪是指以营利为目的,侵犯他人著作权,违法所得数额较大或者有其他严重情节的行为。

我国《刑法》第217条规定:"以营利为目的,有下列侵犯著作权情形之一,违法所得数额较大或者有其他严重情节的,处3年以下有期徒刑或者拘役,并处或者单处罚金;违法所得数额巨大或者有其他特别严重情节的,处3年以上7年以下有期徒刑,并处罚金:(1)未经著作权人许可,复制发行其文字作品、音乐、电影、电视、录像作品、计算机软件及其他作品;(2)出版他人享有专有出版权的图书的;(3)未经录音录像制作者许可,复制发行其制作的录音录像的;(4)制作、出售假冒他人署名的美术作品的。"其中,通过信息网络向公众传播他人文字作品、音乐、电影、电视、录像作品、计算机软件及其他作品的行为,应当视为《刑法》第217条规定的"复制发行"。

侵犯著作权罪的特征有:首先,主体既可以是自然人,也可以是单位;其次,主观方面只能是故意,并且必须具有营利目的;再次,侵犯的客体既包括著作权人和邻接权人的合法权益,也包括国家对文化市场的管理秩序;最后,客观方面表现为以营利为目的,违反著作权法规,未经著作权人许可,侵犯他人著作权,违法所得数额较大或者有其他严重情节的行为。

关于本罪的定罪数额和严重情节,最高人民法院、最高人民检察院《关于办理侵犯知识产权刑事案件具体应用法律若干问题的解释》(以下简称《解释》)第5条作了详细的规定:

以营利为目的,实施《刑法》第217条所列侵犯著作权行为之一,违法所得数额在3万元以上的,属于"违法所得数额较大";具有下列情形之一的,属于"有其他严重情节",应当以侵犯著作权罪判处3年以下有期徒刑或者拘役,并处或者单处罚金:(1)非法经营数额在5万元以上的;(2)未经著作权人许可,复制发行其文字作品、音乐、电影、电视、录像作品、计算机软件及其他作品,复制品数量合计在1000张(份)以上的;(3)其他严重情节的情形。

以营利为目的,实施《刑法》第217条所列侵犯著作权行为之一,违法所得数额在15万元以上的,属于"违法所得数额巨大";具有下列情形之一的,属于"有其他特别严重情节",应当以侵犯著作权罪判处3年以上7年以下有期徒刑,并处罚金:(1)非法经营数额在25万元以上的;(2)未经著作权人许可,复制发行其文字作品、音乐、电影、电视、录像作品、计算机软件及其他作品,复制品数量合计在5000张(份)以上的;(3)其他特别严重情节的情形。

(二)销售侵权复制品罪

销售侵权复制品罪是指以营利为目的,明知是侵权复制品而故意销售,违法所得数额巨大的行为。

我国《刑法》第218条规定:以营利为目的,销售明知是本法217条规定的侵权复制品,违法所得数额巨大的,处3年以下有期徒刑或者拘役,并处或者单处罚金。

销售侵权复制品罪的特征有:首先,主体包括个人与单位,但必须是侵犯著作权罪主体以外的人。[①] 实施《刑法》第217条规定的侵犯著作权行为,又销售该侵权复制品,违法所得数额巨大的,只定侵犯著作权罪,不实行数罪并罚。但如果实施《刑法》第217条规定的侵犯著作权罪的犯罪行为,又明知是他人的侵权复制品而予以销售,构成犯罪的,则应当实行数罪并罚。其次,主观方面

---

① 苏惠渔主编:《刑法学》(修订本),中国政法大学出版社1999年版,第559页。

只能是故意,即明知是侵犯他人著作权而形成的复制品,仍故意销售,并且必须具有营利目的。再次,侵犯的客体包括著作权人和邻接权人的合法权益,以及国家对文化市场的管理秩序。最后,客观方面表现为违反著作权法规,明知是侵权复制品而故意销售,违法所得数额巨大的行为。根据"两高"最新《解释》,个人违法所得数额在10万元以上,属于"违法所得数额巨大",构成本罪。另外,单位犯本罪的,在定罪标准上是个人犯罪数额的3倍,即30万元。

【参考书目】

[1] 齐爱民主编:《现代知识产权法学》,苏州大学出版社2005年版。

[2] 孟祥娟:《版权侵权认定》,法律出版社2001年版。

[3] 刘国光主编:《知识产权诉讼》,人民法院出版社1999年版。

【思考题】

一、名词解释

1. 著作权侵权行为
2. 侵犯著作权罪
3. 销售侵权复制品罪

二、简答题

1. 著作权侵权行为的构成要件有哪些?
2. 侵犯著作权的民事责任有哪些?
3. 侵犯著作权的行政处罚有哪些?

三、论述题

1. 简述承担民事责任的著作权侵权行为。
2. 简述承担民事责任的同时又可能承担行政责任、刑事责任的著作权侵权行为。

四、案例分析

2005年5月11日,文化部市场司根据群众举报,要求江苏省文化厅对南京市珠江路地区非法经营盗版音像制品的违法活动进行查处。江苏省文化厅立即组织力量稽查,很快取得第一手资料,工作人员分析这起违法经营活动可能涉嫌犯罪,遂于5月18日将有关线索移交给有案件管辖权的南京市玄武区公安分局。2005年6月20日,南京市公安局玄武分局会同南京市文化局等部门进行检查时,将正在贩卖盗版光盘的被告人夏长生、何涛等人抓获,并当场搜缴各类光盘共计23175张。经江苏省版权局鉴定:《汉武大帝》、《同一首歌》等DVD、VCD、CD光盘及《现代企业战略管理》、《豪杰超级解霸9》等计算机软件共计20849张均系未经著作权人授权或专有出版人许可的侵权复制品;上述光盘经南京市物价局价格认证中心鉴定,共计价值人民币51806元。经南京市公安局鉴定:《豪情夜生活》、《男欢女爱》等共计2211张光盘均系淫秽物品;《裸体杂技团》等115张光盘为色情物品。后查明,2004年5月,被告人夏长生、何涛经合谋后,各出资人民币5万元,并租赁南京市花红园某号作为经营场所,贩卖从广东等地购进的盗版光盘。其间夏长生和何涛还雇用唐某某、娄某某作为帮工帮助其进行销售。

问:夏长生和何涛的行为是否构成著作权犯罪,为什么?

第三编 专利法

第十六章 专利法概述

本章主要从总体上阐述专利制度的一些基本问题。共分两节。第一节主要介绍专利、专利权与专利法的基本含义,第二节介绍国内外专利制度的演进过程。学习本章的内容,重点应掌握专利权的概念和专利权的法律特征,一般了解专利制度产生和发展的概况以及我国专利保护的现状。

第一节 专利、专利权与专利法

一、专利

"专利"一词在英语中称为 patent,其语词来源是 Letters Patent[①],原指盖有国玺印鉴,不必拆封即可打开阅读的一种文件,含有公开之意。随着专利制度的发展和语文的演变,英语中 Letters Patent 逐渐简称为 patent,既保留了公开的本义,又被赋予

"专利"一词在不同的语境中有多种含义,正确区分"专利"一词指代的对象,有助于正确进行专利法的理论和实践研究。

[①] 与之相对的是 Letters Close(密封证书),其蜡印将折叠后的封口覆盖,不启封是无法阅读其内容的。

了"独享"、"首创"等内容,并为世界各国所接受,成为国际上通用的一个法律术语。据学者考究①,我国汉语中也早有专利一词,但仅意味着利益独占。② 因而在中国建立专利制度之初,考虑到"专利"与"patent"在意义上的差别,世界知识产权组织总干事鲍格胥(D. A. Bogsch)建议在汉语中找到一个与 patent 一词相当的、既有"独占"含义又有"公开"含义的词语来代替"专利",以免使人们对专利制度产生误解。随着专利法的颁布实施以及广泛的讨论与宣传,越来越多的人逐步了解了"专利"一词超出其语源的含义。

  在我国专利法和习语中,"专利"一词至少包含专利发明创造、专利证书、专利文献和专利权四层意思:(1)专利发明创造(Patented Inventions, Utility Models and Industrial Designs)。它是指符合专利法的规定,经法定程序确认、受专利法保护的发明、实用新型、外观设计。(2)专利证书(Patent Certification)。它是国家专利主管部门③批准授予专利时,发给专利申请人的法律证明文件,或者说是国家专利主管部门发给专利权人的权利凭证。(3)专利文献(Patent Documentation)。它是指由专利主管部门公布或归档的有关专利的文件和资料。如某人说"查专利",就是指查找专利文献。按其功能,专利文献一般可分为三类:① 信息通报类。② 检索工具类。包括专利分类表及其索引、专利索引等。③ 原始文件等。(4)专利权(Patent Right),

  这是"专利"一词最常见,也是最为基本的含义。本书在涉及"专利"概念时一般也是指专利权。

---

① 郑成思:《知识产权法》,法律出版社1997年版,第230页。
② 《国语·周语》中讲:"荣公好专利而不知大难……今王学专利,其可乎?匹夫专利,尤谓之盗,王而行之,其归鲜矣。"
③ 《中华人民共和国专利法》第3条:国务院专利行政部门负责管理全国的专利工作;统一受理和审查专利申请,依法授予专利权。省、自治区、直辖市人民政府管理专利工作的部门负责本行政区域内的专利管理工作。

二、专利权

专利权是公民、法人或者其他组织对其发明创造在一定期限内依法享有的垄断权。其垄断性也就是专利的独占性,独占性是专利权作为知识产权所共有的特点,只是专利权的独占性与著作权和商标权的独占性相比表现出自己的特质,从而构成专利的垄断性。

专利权在专利法的学习中,是一个非常重要的概念。专利权是知识产权的一种,与著作权和商标权相比,专利权具有明显的垄断性

著作权虽然也具有独占性,但著作权的独占性并不妨碍他人就独创性的相同作品依法取得著作权;商标权虽然也具有独占性,但商标权的独占性并不能阻止他人在非类似商品或者服务上使用与注册商标相同或者近似的商标(驰名商标除外)。

专利权作为一种垄断权,为了平衡专利权人与国家、社会公众及其他发明创造人之间的利益,各国专利法对专利权的行使规定了不同程度的限制,如计划实施、强制许可、先用权限制、合理使用限制、临时过境限制、专利权穷竭等。①

专利权的主体是依法享有专利权的公民、法人或者其他组织;客体是取得专利权的发明创造;内容包括专有实施权、禁止权、许可权、转让权、放弃权、标示权、获酬权和请求保护权等。

三、专利法

专利法有狭义和广义之分,狭义的专利法就是指一个国家以专利法命名的法律,如《中华人民共和国专利法》。广义的专利法则是指调整因发明创造的开发、实施以及保护等发生的各种社会关系的法律规范。具

研究专利法,应考查专利法的定义、专利法调整的社会关系、专利法的主要渊源、专利法的内容、专利法的地位

---

① 参见《中华人民共和国专利法》第14条、第48条、第49条、第50条、第63条。

体说来,专利法调整的社会关系有以下几种:其一,因发明创造的归属而产生的社会关系;其二,因授予发明创造而发生的各种社会关系;其三,因发明创造专利的实施、转让或者许可实施而发生的各种社会关系;其四,因发明创造专利权的保护而发生的各种社会关系。①

在我国现行法律体系中,专利法的主要渊源是《中华人民共和国专利法》和《中华人民共和国专利法实施细则》。此外,国际条约、国务院专利行政部门制定的行政规章和最高人民法院发布的司法解释等规范性文件,也是专利法的重要渊源。

由于社会、经济、政治和文化等情况的差异,各国专利法的内容也不尽相同。但总的说来,一般包括以下内容:专利保护的对象和范围;专利权和专利申请权的归属;授予专利权的条件;专利的申请和审查批准程序;专利权人的权利和义务;专利权的期限、终止和无效;专利权的限制;专利实施的强制许可;专利权的保护;专利律师与专利代理等。

随着知识经济的进一步发展,专利法在一个国家法律体系中的地位日益突出。专利法是保护发明创造的法律规范,是民事法律中的特别法,在调整与发明创造的归属和利用等社会关系时应优先适用。就一国的专利法而言,它属于国内法,但也具有涉外性;它以实体法为主,但也包含一些程序法的规定。

第二节 专利制度的历史沿革

一、专利制度的概念、特征及其作用

(一) 专利制度的概念

关于"专利制度"的概念,各国专家和一些国际知识产权组织都有不同的解释。一般认为,专利制度是国际上通行的,利用法律和经济手段,保护发明创造活动,推动技术进步和经济发展的

---

① 齐爱民主编:《现代知识产权法》,苏州大学出版社2005年版,第233页。

一种法律制度。专利制度也是一种完整而系统的科学管理制度。具体而言,专利制度就是依据专利法,对申请专利发明创造经过审查和批准,授予专利权;同时把申请专利的发明创造的内容公之于世,以便进行有关信息交流和技术转移的一项制度。其核心是以法律的形式在公共利益和发明创造者之间建立一个利益平衡的杠杆。

专利制度是一项以发明创造为保护对象的知识产权制度,具有法律保护、科学审查、公开通报、国际交流四个特性。其作用虽有存废之争论和践行之实例,但专利制度的积极作用仍是主流之说

(二)专利制度的基本特征

现代专利法律制度具有以下四个显著的特征:

1. 法律保护

实行专利制度的国家必须制定自己的专利法。专利法的制定既要考虑各个国家自己的政治、经济情况以及其他相关制约因素,同时还必须符合本国参加的国际公约中所承诺的一些应共同遵守的惯例和规则,并承担在本国领域所申请的专利的保护义务。

2. 科学审查

申请专利的发明创造是否具有专利性,只有依法进行审查后才能确定。对专利申请进行科学审查,既能够保证专利的质量,还能避免对相同主题的发明创造重复授予专利,也能够避免让抄袭或者剽窃他人发明创造成果的人获得不应有的利益。

3. 公开通报

在法律保护的前提下,将申请专利的发明创造的内容在专利公报上予以充分公开,这是获得专利保护的前提条件,也是促进技术发展,防止技术垄断所必需的。

4. 国际交流

在技术商品化和知识经济时代,跨国界的技术交流是不可避免的,为保证技术交流的顺利进行,既要限制专利的地域性,同时

也要加强专利国际交流的法律保护力度和保护标准,有关专利保护的国际公约的缔结就是这一趋势的反映。

在以上四个特征中,法律保护与技术公开是专利制度的两大支柱。①

(三) 专利制度的作用

到目前为止,世界上已经有 170 个国家和地区建立了专利制度,但对其作用的认识,却仍然很不一致。② 曾经引发的专利制度存废论使荷兰、瑞士、英国和德国的专利立法一度受到不良影响,但事实上,专利制度在推动技术进步和促进经济发展方面有其不可替代的作用,所以,采用专利制度的国家数目一直在缓慢而稳步地增加。这说明,专利制度的积极效应还是主要的。概括起来,有以下几个方面:

1. 保护和鼓励发明创造

专利制度作用的基点就在于通过授予发明创造以专利权而达到保护发明创造的目的。据统计,从 1985 年 4 月 1 日至 2007 年 2 月底,我国发明、实用新型、外观设计专利申请量分别为 1126053、1315644、988026 件。③ 这一统计数据表明通过构建专利制度,我国已经步入"专利申请大国"之列。

2. 打破技术封锁,推动技术创新

专利制度能够促使新技术公开,使技术成果迅速转化为生产力,能够保证技术发展投资的回收,为进一步进行发明创造提供必要的物质条件;专利制度还能够解决重复科研的问题,促进资源的有效配置。

3. 有利于吸引外资、引进外国先进技术

从总体上讲,一个国家是否具备完善的专利制度,是外国人进行投资决策时常常考虑的因素之一。科学技术成果是人类智

---

① 冯晓青、杨利华主编:《知识产权法学》,中国大百科全书出版社 2005 年版,第 227 页。
② 张玉敏著:《知识产权法》,法律出版社 2005 年版,第 201 页。
③ 参见"国内外三种专利申请受理状况总累计表",来源于国家知识产权局网站:http://www.sipo.gov.cn/sipo/ghfzs/zltj/gnwszzlsqslzkztjb/200703/t20070314_144990.htm,2007 年 4 月 6 日访问。

慧的结晶,世界科技发展史就是各国互相学习、取长补短的历史。

4. 有利于技术情报交流

专利制度的建立,能够有效地克服技术传播中的障碍。据统计,当今世界的新技术约有 5%—10% 发表在各专业技术刊物上,90%—95% 的新技术则首先在专利文献中公布。

5. 有利于保护本国先进技术的出口

本国先进技术的输出,也有赖于专利制度的保障。如果不建立专利制度,不保护本国人的发明创造,也不给外国人以法律保护,本国的先进技术则无法得到别国的法律保护。这将使本国专利权人处于十分不利的境地,因为专利在国际贸易中是一种重要的工具。

然而,人类步入 21 世纪以来,随着信息技术、生命科学技术以及标准化、商业方法的迅猛发展,专利制度面临着越来越多的挑战,一些人再度对专利制度乃至整个知识产权制度的合理性产生了质疑,认为这些制度陷入了危机,进而对未来模式提出了构想。

二、专利制度的理论基础

在专利制度形成与发展的历程中,产生了众多的学说。大体上可将其分为两类:一类是反对专利制度的假说,另一类是支持专利制度的假说。后者主要有自然权利说、契约说、报酬说、发展经济说、知识产权说、制止不正当竞争说和产业政策说

专利制度经历了从封建特权到个人私权的历史转变,在这一转变过程中,生发了各种学说,这些学说为专利制度的合理性进行了深刻的阐释

等。下面着重介绍其中的几种重要学说。

(一)自然权利说

自然权利说是在自然法学派的理论基础上发表起来的。18世纪末,一些学者认为,发明人对其发明享有获得保护的"固有的"也就是"自然的"或"天赋的"权利,专利法正是为了保护这种

自然权利而制定的,并且只是从法律的角度对这种权利予以确认。自然权利说在专利制度发展的初级阶段曾为各国普遍接受。1791年的《法国专利法》就体现了这种理论;这种观念也曾反映在《巴黎公约》的最初文本中。然而,随着时间的推移,人们开始意识到自然权利说存在着一些难以自圆其说的弊端。因而在进入20世纪后,许多人逐渐放弃了这种学说。

(二)契约说

按照社会契约理论,专利实际上是发明人与社会间订立的一种特殊契约。发明人向社会公众公开其研发出的新产品或新技术,作为换取公众在一定时期内承认其对研究成果的专有权的一种约因(Consideration)。18世纪初英国的专利制度就体现了这种学说。它从一个方面反映了专利制度的基本特征,揭示出法律保护与技术公开之间的关系,因而至今仍为许多国家的学者所接受,影响较大。但也有人批评该学说仅从表面上反映了专利制度的特性。

(三)报酬说

该学说认为,发明人为了完成发明创造,必须付出创造性的劳动和时间、费用等等,而且还有可能承担失败的风险;法律授予其专利权是对其预先支付的人力和财力的一种回报、一种奖励。这种学说折射出朴素的"按劳取酬"和"按资分配"的思想。但实际上专利制度本身并不体现"按劳取酬"和"按资分配"的原则,专利权在本质上并不是智力劳动的报酬或者资本投入的回报。

(四)发展经济说

无论是威尼斯共和国还是早期的英国,对发明授予专利,利用法律手段予以保护,主要都是从发展国家经济的角度出发而采取的一些措施。这种学说在20世纪随着民法本位的改变,得到了进一步的发展。根据该学说,建立专利制度的根本目的就是为了发展国家经济;授予专利权可以鼓励人们从事发明创造活动,而技术创新在客观上又能够刺激经济的增长。发达国家和发展中国家目前都认同这种学说,但却从不同角度对其进行诠释。

三、专利制度的起源与演变

（一）专利制度的起源

在工业革命开始以前，人类赖以生存、社会赖以维持的基础技术主要是农业社会中的耕作技术。在当时这类技术在构成上多以经验为主，极少有人将其归纳、整理，使之系统化、

追溯专利制度的历史，应该从三个部分着手：起源、形成、现代化的发展趋势

理论化；生产工具作为这类技术的最主要的载体仅仅是一些结构非常简单的农具，如锄头、犁、耙等。在这样的社会中，人类社会中的竞争更多地表现为体力上的竞争，而不是智力竞争。由于智力成果的发展水平相对低下致使其在社会竞争中的作用相对较小，其地位和价值并不十分重要。在这样的社会条件下，很难产生利用法律保护发明创造的需求，也就不可能诞生专利制度。

随着生产力水平的提高，人类凭借技术进步创造的社会财富在总财富中所占的比例也逐渐提高。人们开始意识到技术的重要性。在13世纪，英王开始以特许令的方式奖励那些在技术上有创新并且为社会带来利益的人。其奖励方式即是以诏书的形式授予发明人或者将技术引进英国的人在一定期限内对其技术享有垄断权。

到15世纪，地中海沿岸的贸易交往已日趋发达。贸易交往的频繁必然开阔人们的眼界。有识之士非常敏锐地意识到，靠着先进的技术可以生产出上乘的商品，并可借此使国力日趋强盛。为了能够吸引更多的掌握先进技术的人才，许多国家开始着手建立保护新技术的法律制度。据考证，在1474年威尼斯城邦共和国元老院颁布了世界上第一部专利法。[①] 有人称这部法律为专利法的鼻祖。

---

① 〔美〕罗伯特·P.墨本斯等:《新技术时代的知识产权法》，齐筠等译，中国政法大学出版社2003年版，第101页。

（二）专利制度的形成与传播

具有现代意义的专利法是资本主义生产方式确立以后形成的。在16至17世纪，工业化革命席卷欧洲，尤其是英伦三岛。英国早期的钦赐特权制度在一定程度上为英国纺织工业的振兴起到了推波助澜的作用。工业化革命又造就了第三等级。这些人大多掌握着先进的工业技术，并借此控制着国家的经济。他们一方面追求平等，要求限止王权；同时又希望建立一套保护技术、从而鼓励技术进步的法律制度，以取代原有的英王依其个人喜好而授予特权的制度。1624年，英国颁布了《垄断法案》。这项法案是资产阶级革命的结果，被认为是世界上第一部具有现代意义的专利法。之后，各国纷纷建立了各自的专利制度。美国在其独立后不久，就在宪法中确立了保护专利技术的原则，并于1790年颁布了专利法；法国在资产阶级大革命胜利后于1791年颁布了专利法。俄国于1812年、西班牙于1826年、墨西哥在1840年、印度在1859年、德国于1877年、日本在1885年相继颁布了专利法。到1900年，已有45个国家制定了专利法。1925年增加到73个，1958年则达到99个。

专利制度从萌芽到为各国所接受仅仅经历了四百年的时间。这比起其他门类法律的历史可算是弹指瞬间。正因为其历史短暂，人们对其认识也就非常浅薄。从而导致在19世纪专利法的发展一度出现倒退现象。一些国家的议会数度否决了专利法的议案，荷兰甚至废止了已经实施了半个多世纪的专利法。这种现象的出现与当时欧洲还完全处于自由资本主义时期存在着联系。在自由资本主义时期，自由、平等的观念已深入人心。有人狭隘地理解"贸易自由"、"契约自由"的原则，从而提出了"凡是垄断的法律必是恶法"的命题。这种思潮在相当范围内得到一些人的响应。而依专利法所授予的权利恰恰是一种垄断性的权利，故专利法被斥之为恶法。不过，经过工业革命洗礼和战胜自由贸易理论的挑战后，在自由经济制度形成之初诞生的专利制度以前所未有的速度在普及。

进入20世纪后,特别是从第二次世界大战以来,随着科学技术的迅猛发展,科学技术与国民经济的关系变得更加密切。许多发达资本主义国家纷纷采取立法措施,不断完善自己的专利制度。专利制度的更新具体表现在两个方面:一是优化审查制度;二是扩大专利保护范围至物质领域;三是严格控制获得专利权的条件,明确职务发明(雇员发明)概念。与此相适应的是,一系列获得独立的亚洲、非洲、拉丁美洲的国家也纷纷建立了专利制度,这些国家的专利法成为国际专利保护制度的重要组成部分。

(三)专利制度的国际化协调发展趋势

依照最初各国所制定的专利法,专利权只在本国范围内有效,其他国家没有保护的义务,这种情况严重阻碍了国际贸易的发展。为了协调和统一各国专利法的一些原则,加强国家与国家之间的合作,保护发明创造人在国外的权益,19世纪50年代出现的专利制度国际合作的趋势,在20世纪70年代得到了空前的发展,产生了不少新的国际组织和国际条约。1883年,以法国为首的十多个欧洲国家为了解决工业产权的国际保护问题,经过长期协商终于达成一个协议,即《保护工业产权巴黎公约》(以下简称《巴黎公约》)。从专利法的发展史着眼,《巴黎公约》开创了专利法国际协调的先河。现在,巴黎公约已有一百多个成员国,已经成为国际上最重要的知识产权公约。《巴黎公约》生效后,缔约国根据该公约成立了保护工业产权联盟(以下简称"巴黎联盟")。1967年成立了世界知识产权组织,它的一个重要的宗旨就是促进专利的国际保护与国际合作,签订了《成立世界知识产权组织公约》(该公约1970年4月26日生效,我国于1980年3月3日参加了WIPO,成为该组织的第90个成员国)。该组织于1974年成为联合国的一个专门机构。

与专利保护有关的国际公约还有:《工业品外观设计国际保存海牙协定》(1925年签订),《工业品外观设计国际分类洛迦诺协定》(1968年签订),《专利合作条约》(1970年签订,简称PCT),《国际专利分类斯特拉斯堡协定》(1971年签订,简称

IPC)、《国际承认用于专利程序的微生物保存布达佩斯条约》(1977年签订)、《专利法条约》(2000年签订)。特别值得一提的是 1994 年签订的《与贸易(包括假冒商品贸易)有关的知识产权协定》(TRIPs)将专利权的国际保护提升到一个新的高度。此外,一些区域性的与专利保护有关的条约或协定也相继缔结,如 1973 在欧洲签订了《欧洲专利(授予)公约》,1977 年非洲签署了《建立非洲—马尔加什工业产权局协定》及建立《非洲知识产权组织的协定》(《班吉协定》)。在《北美自由贸易协定》及《卡塔赫那协定》(《安第斯协定》)等区域性协定中,也有一些关于专利跨国保护的内容。

近年来,随着经济全球化的推进,专利制度的国际化协调进展也明显加快,《专利实质条件条约》正在审查过程中。以美国、欧盟和日本为主的发达国家正在积极倡导建立一种全新的"全球专利制度"①,以代替现有的 TRIPs 协议。

四、中国的专利制度

(一)近代中国的专利制度

我国近代专利制度的出现,可以追溯到太平天国的洪仁玕建立专利制度的设想。他在《资政新篇》中称:"倘有人能造如外邦火轮车,一日夜能行七八千里者,准其自专其利,限满准他人仿造。"②并建议针对不同的专利在保护期上应有所区别。但由于太平天国革命失败,这些设想未能

中国的专利制度包括三个部分的内容:近代中国的专利制度、民国时期的专利制度、新中国的专利制度。通过对这三个阶段的了解,基本上能有一个关于中国专利制度的清晰脉络

---

① "全球专利制度"就是指由一个专利局根据一部世界性的专利法授予发明者全球的专利权,弥补现在所有国际条约和协定的"不足"和"遗憾"。全球专利制的具体内容尚未确定。不过,作为美日欧等发达国家倡导的一种与现行专利制度有着本质不同的全新的专利制度,全球专利制度可能包括以下几方面主要内容:主要表现为:统一的"专利法"、统一的专利局、一次申请、一次检索、一次授权产生一件全球专利。
② 洪仁玕:《资政新篇》,见《太平天国史料》,中华书局 1955 年版,第 29 页。

如愿以偿。到 1898 年,在一些启蒙思想家的影响下,光绪颁布《振兴工艺给奖章程》。光绪还依此章程在兵工、纺织、造船等行业中颁发了几项专利。由于戊戌变法的失败,此章程并未得到有效的实施。

(二) 民国时期的专利制度

辛亥革命胜利后,1912 年,中华民国工商部制订《奖励工艺品暂行章程》。1923 年、1928 年、1932 年、1939 年及 1941 年数次对该章程进行了修订,并更名为《奖励工业技术暂行条例》,增加了有关内容,扩大了保护范围。由于这些法规过于简单,加之社会动荡,人们对专利制度的认识缺乏,因而收效甚微。

1944 年,国民党政府公布了中国有史以来第一部专利法。该法分为发明、新型、新式样及附则四章,共 133 条。在内容上它继承了原章程或条例中的合理部分,比如先申请原则、异议程序等;同时还引入了一些当时国际上较为先进的做法和规定,比如同时在一部法律中保护多种专利、确立了专利"三性"、发明专利保护期 15 年、复审制度等。从立法技术的角度看,这一法律在当时的世界上算是比较先进的。但是由于种种原因,依据此法所批准的专利寥寥无几。

(三) 新中国的专利制度

新中国成立后,政务院于 1950 年颁布了《保障发明权与专利权暂行条例》。根据这一条例,申请人可以就一项发明创造自由地在发明权和专利权之间选择其一申请之。但是涉及国防或者公众福利需要普遍推广的发明创造、在国家单位完成的职务发明或者接受报酬所完成的委托发明,国家只授予其发明证书,而不授予专利。在条例实施的初期,国家曾经授予过四项专利权和六项发明权。但随后而来的一系列政治运动,尤其是在"反右"运动以及批"白专"道路的口号影响下,这一条例一直处于名存实亡的状态,直到 1963 年国务院明令废止。此后,国家颁布了《发明奖励条例》对那些具备新颖性,在生产实践中取得重大效益,技术水平在国内或国际上处于领先水平的发明创造发给发明证书。这使中国从过去的专利权与发明权并存的双轨制,转变成为单一的发明权制度。需要指出的是,由于当时国内政治形势的急剧变化,这些条例都未能很好地贯彻执行,我国在建立专利制度的道路上走了弯路。

早在 1978 年末,国家科委主持进行了一系列调查研究,提出了在我国建立专利制度的问题。1979 年 3 月,"中华人民共和国专利法起草小组"正式成立。同年,我国颁布的《中外合资企业法》第一次把"工业产权"作为一种无形财产权。我国与美国签订的《中美高能物理协定》及《中美贸易协定》,也明确承担了保护包括专利权在内的知识产权的义务。对外开放政策加速了我国专利法的立法进程。1979 年底,第一份专利法草案产生了。1980 年 1 月,国务院批准了国家科委《关于我国建立专利制度的请示报告》,成立了中国专利局。1984 年,历经 24 次易稿的《专利法》获得通过,1985 年,国务院颁布了该法的实施细则。1992 年 9 月,我国修订了《专利法》,扩大了保护范围,延长了保护期限,增加了进口权等。2000 年,为进一步使《专利法》与国际公约接轨,我国进行了第二次《专利法》修改。

现行《专利法》就是 2000 年所修订后的文本,满足了 TRIPs 协议对成员方所提出的要求。中国《专利法》经过两次的修订,在立法上已经达到国际通行的专利法保护水平。在十几年的时间里,中国的专利制度从无到有,进而达到如此水平,这在世界上是绝无仅有的。目前,我国正在加紧制定国家知识产权战略,《专利法》作为其中的一个重要部分,也在酝酿第三次修改。①

【参考书目】

[1] 郑成思著:《知识产权论》,法律出版社 2003 年版。
[2] 齐爱民:《从农业经济到工业经济、信息经济》,载《河北法学》2005 年第

---

① 2006 年 7 月国家知识产权局公布了《专利法第三次修改草案》。具体内容可见国家知识产权局网站:参见 http://www.sipo.gov.cn/sipo/tz/gz/200608/P020060808327106040484.pdf,2006 年 8 月 3 日访问。

3期。

[3] 世界知识产权组织编:《知识产权纵横谈》,世界知识出版社1992年版。

[4] 〔日〕吉藤幸朔著:《专利法概论》,宋永林、魏启学译,专利文献出版社1990年版。

[5] 〔美〕罗伯特·P.墨本斯等:《新技术时代的知识产权法》,齐筠等译,中国政法大学出版社2003年版。

【思考题】

一、名词解释

  1. 专利权

  2. 专利制度

二、简答题

  1. 专利制度的核心是什么?

  2. 专利制度有哪些基本特征?

  3. 比较分析1992年和2000年《专利法》修改的内容。

三、论述题

1. 试论述专利制度的作用。

2. 试论述中国古代的专利思想。

3. 试论述"全球专利制度"。

第十七章　专利权的主体

本章主要对专利权主体的概念进行辨析,并具体阐述几种专利权的主体,包括职务发明创造人的所在单位,非职务发明创造的发明人或设计人,合法继受人和外国人。学习本节内容,重点应了解专利权主体的概念以及哪些人可以成为专利权的主体,懂得区分职务发明创造与非职务发明创造、专利权主体与专利申请权主体。

第一节　发明人或者设计人

一、发明人或者设计人的概念

发明人或者设计人,是指对发明创造的实质性特点作出了创造性贡献的人。发明人或者设计人在发明创造活动中处于核心地位,是一切发明创造的源泉。当今各国专利法对发明人或者设计人并没有一个完全

发明人或者设计人的定义,特点;发明人或者设计人的判断标准;我国现行法的规定

一致的定义,但对其理解是基本相同或近似的。我国《专利法实施细则》第12条规定:"专利法所称发明人或者设计人,是指对发明创造的实质性特点作出创造性贡献的人。在完成发明创造过程中,只负责组织工作的人、为物质技术条件的利用提供方便的人或者从事其他辅助工作的人,不是发明人或者设计人。"由此可见,专利法上的发明人或者设计人是指那些提出发明或者设计思想并在技术上将该思想具体化的人以及在技术上实现了某种虽

已公知,但并未实现或者具体化的发明或者设计思想的人。①

发明创造是一种需要进行创造性思维的智力劳动,只有自然人才能完成这样的行为,因此,发明人或者设计人只能是自然人。另外,发明创造活动是一种客观事实行为,而不是一种法律行为,因此,未成年人虽无法律行为的能力,也可以成为发明人。②

二、发明人或设计人的权利

(一)署名权

无论是职务发明创造还是非职务发明创造,发明人或者设计人都有在专利文件中写明自己是发明人或者设计人的权利。发明人或者设计人的署名权是一种人身权利,依照民法原理,这一权利是发明人或者设计人固有的权利,是不能继承、赠与或转让的。

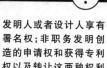

发明人或者设计人享有署名权;非职务发明创造的申请权和获得专利权以及转让这两种权利的权利;获得奖励和报酬权

(二)对于非职务发明创造申请并获得专利权的权利

各国专利法都普遍认为发明人或者设计人对其非职务发明创造享有申请并获得专利权的权利。我国《专利法》第 6 条第 2 款规定,非职务发明创造,申请专利的权利属于发明人或者设计人;申请被批准后,该发明人或者设计人为专利权人。而且,对发明人或者设计人的非职务发明创造专利申请,任何单位或者个人不得压制。

(三)在职务发明创造中获得奖励和报酬的权利

为鼓励在职人员从事发明创造,各国专利法都赋予了职务发明人就其职务发明创造获得相应奖励和报酬的权利。职务发明人获得报酬的种类主要有两种:一种是因单位取得职务发明创造

---

① 胡佐超:《专利基础知识》,知识产权出版社 2004 年版,第 45 页。
② 〔日〕吉田幸朔:《专利法概论》,宋永林、魏启学译,专利文献出版社 1990 年版,第 175 页。

第十七章 专利权的主体 ★

的权利而获得报酬,不论单位是否已经实施有关发明创造,只要该发明创造的权利归属于单位,单位就应向职务发明人支付费用。另一种是在专利实施后,根据推广应用的范围和取得的经济效益,职务发明人有权从单位因实施专利、转让专利权或许可他人实施专利所获得的收益中获取相应的报酬。①

(四)对于非职务发明创造转让专利申请权和专利权的权利

对于非职务发明创造,发明人和申请人本应是同一人,但是发明人可以转让其专利申请权,在其专利权申请成功后,发明人也可以转让其专利权,从而实现双方利益的最大化。

第二节 职务发明创造人的所在单位

一、职务发明创造的界定

对于职务发明创造的定义,各国专利法的规定不完全一致,但含义基本相同。《日本专利法》规定,职务发明是指"其性质属于单位业务范围,且完成发明的行为属该单位管辖下的工作人员现在或过去职务范围内的发明"。《英国专利法》规定,职务发明是指"该雇员正常工作过程中或

各国专利法对职务发明创造的规定并不完全一致;我国职务发明创造分为两类,这两类的权利归属不一样。但我国的规定是否合理,值得思考

虽在其正常工作之外,但是特别分配给他的工作中作出的发明"。我国《专利法》第6条第1款规定:"执行本单位的任务或者主要是利用本单位的物质技术条件所完成的发明创造为职务发明创造。"据此,我国职务发明创造分为两类:

(一)执行本单位的任务所完成的发明创造

包括:(1)在本职工作中作出的发明创造。这里的本职工作应该理解为是单位分配给工作人员个人的工作职责范围,而不是

---

① 赵群主编:《知识产权与律师实务》,人民法院出版社1998年版,第64页。

工作人员个人所学的专业,或者单位的全部业务范围。(2)履行本单位交付的本职工作之外的任务所作出的发明创造。如果工作人员的本职工作不是从事有关的研究、设计工作,但是经单位分配参加该项研究、设计工作,从而完成发明创造的,也应认为是职务发明创造。(3)退职、退休或者调动工作后1年内作出的,与其在原单位承担的本职工作或者原单位分配的任务有关的发明创造。这种发明创造应该是与原来担任的职务关系密切,可能是在在职期间已经开始研究、设计,甚至可能是在在职期间已经接近完成,所以应当认为是职务发明创造。①

（二）主要利用本单位的物质技术条件所完成的发明创造

本单位的物质技术条件是指本单位的资金、设备、零部件、原材料或者不对外公开的技术资料等。《德国雇员发明法》规定,"主要是以企业的经验或活动为基础的发明",也属于职务发明。可见,技术条件的范围广泛,可包括本单位的知识、技术秘密、技术装备、技术档案、设计图纸等等。② 至于利用单位的物质技术条件达到什么程度,才算是对发明创造的完成起了"主要"的作用,我国《专利法实施细则》未进一步作出具体规定。学界对此的理解一般是要求在发明创造过程中,全部或大部分利用了本单位的资金、设备、零部件、原材料或者不对外公开的技术资料,这些物质技术条件对该发明创造的完成起到了关键的或不可缺少的作用。但是,在实践中对此的认定仍然存在一定的难度。对于少量利用本单位的物质技术条件,不构成职务发明创造的,有关单位应当享有什么权利,我国现行法律规定存在欠缺,相关单位的权益缺乏保障。③

---

① 汤宗舜著:《专利法教程》(第三版),法律出版社2003年版,第60—61页。
② 在《专利法第三次修改草案》中,对物质技术条件作了修改,缩小了范围,主要专指技术秘密。具体内容请参见国家知识产权局网站:参见 http://www.sipo.gov.cn/sipo/tz/gz/200608/P020060808327106040484.pdf,2006年8月3日访问。
③ 针对《专利法》对于职务发明创造的规定之不足,《专利法第三次修改草案》已作了重要修改。

二、发明创造的专利申请权和专利权归属

对于职务发明创造的专利申请权和专利权归属,各国专利法所采取的做法各不相同。我国《专利法》第6条第1款规定:"职务发明创造申请专利的权利属于该单位;申请被批准后,该单位为专利权人。"美国法采取

发明创造的专利申请权和专利权归属是两个不同的问题,应该正确区分

只能先由发明人申请专利,再根据雇佣合同转让给雇主的做法;英国、法国专利法则规定职务发明归雇主所有;日本法规定单位对职务发明享有法定许可使用权,并可依合同受让职务发明权;德国则采用职务发明申报制度,雇员在雇佣关系存续期间完成的与单位业务范围相关的发明创造,应向雇主申报,由雇主在一定期限内判断是否属于职务发明。这种申报制度通过经济手段较好地平衡了发明人或者设计人与单位之间的利益关系,值得借鉴。

为了调动科研人员从事发明创造的积极性,我国《专利法》还规定,利用本单位的物质技术条件所完成的发明创造,单位与发明人或者设计人订有合同,对申请专利的权利和专利权的归属作出约定的,从其约定。也就是说,利用本单位的物质技术条件所完成的发明创造,如果发明人或者设计人按照事先约定向单位返还资金或交纳使用费的,其申请专利的权利和专利权可以约定。

第三节 《专利法》规定的其他专利权主体

一、合法受让人

专利权同物权一样,是可以转让或被继承的。一些非发明人、设计人,亦非发明人、设计人所属单位的其他个人或者单位,同样可以通过专利权的转让或继承,而取得专利权,成为继受专

利权人。所以合法受让人是指通过合同或者继承等方式而依法取得专利权的单位或个人。值得注意的是,合法受让人在取得了专利权的主体地位后,并不因此而成为发明人、设计人;该发明创造的发明人、设计人也不因发明创造的专利权移转而丧失其特定的人身权利,即署名权仍然由发明人或者设计人来行使。

基于法律的规定或者约定,一些非发明人或者设计人,以及非发明人或者设计人所属的单位等可以成为专利权的主体,这种转移方式促进了专利技术的推广,实现了社会财富的增益

二、外国人

在实行专利制度的初期,各国专利法一般只允许本国人申请专利,对外国人不提供专利保护。后来,随着国际间经济和科学技术的合作与交流日益密切,专利制度逐渐国际化,尤其是在《保护工业产权巴黎公约》联盟建立之后,逐步形成了一些通行

在我国境内有经常居所或者营业所的外国人,在专利法上同我国公民或法人享有同等的权利和义务,即享受国民待遇

做法。目前,世界上没有一个国家在其专利法中明文规定不允许外国人申请专利。只是在具体做法上,各国不尽相同,归纳起来大致有两种不同方式:一种是在专利法中对外国人申请专利不加任何限制,无条件允许外国人享受国民待遇,例如,美国、德国、英国等;另一种是根据互惠原则,给予外国人以国民待遇,例如,日本、法国等。对于采用互惠原则的国家,如果它是一个有关专利的国际条约的缔约国,则它还须履行该国际条约所规定的义务。

依照我国《专利法》,在我国境内有经常居所或者营业所的外国人,在专利法上同我国公民或法人享有同等的权利和义务,即享受国民待遇。我国是《巴黎公约》的成员国,《巴黎公约》第3条也有同样的规定:非缔约国的国民在缔约国内设有住所或者真实和起作用的工商业营业所的,在该国应享有与该国国民同样的待

第十七章 专利权的主体 ★

遇。不过,在我国境内没有经常居所或者营业所的外国人在我国申请专利和办理其他专利事务的,应当委托国务院专利行政部门指定的专利代理机构办理。

【参考书目】

[1] 汤宗舜著:《专利法教程》(第三版),法律出版社 2003 年版。
[2] 〔日〕富田彻男:《市场竞争中的知识产权》,廖正衡等译,商务印书馆 2000 年版。
[3] 齐爱民主编:《现代知识产权法》,苏州大学出版社 2005 年版。
[4] 陶鑫良、袁真富:《知识产权法总论》,知识产权出版社 2005 年版。

【思考题】

一、名词解释

  1. 发明人
  2. 职务发明

二、简答题

  1. 职务发明创造的构成要件是什么?
  2. 在我国,专利权主体有哪些?

三、论述题

  试评析我国《专利法》关于职务发明创造的规定。

四、案例分析题

  原告郑广和是涉案申请发明专利的"内三环减速机"技术的发明人,自 2004 年 11 月 1 日加入被告北京百博通机械设备有限公司。成立于 2003 年 9 月 23 日的被告于 2004 年 6 月 1 日向中国国家知识产权局申请了一项名为"内三环减速机"的发明专利,专利申请号为 200410046112.7。该专利技术方案于 2005 年 4 月 27 日公开,发明人为原告。本发明曾于 2003 年 12 月 22 日由被告申请过实用新型专利,专利申请号为:200320129460.1。该实用新型专利至今未被授权。

  原告指称:本发明为典型的非职务发明,是原告利用业余时间自行构思设计完成的,2000 年 3 月以前完成了结构原理的构思,2002 年前完成了产品设计,2003 年前完成了产品样本技术资料,原告完成该项发明时被告尚未成立,故该项发明与被告毫无关系。本发明曾于 2003 年 12 月 22 日由被告申请过实用新型专利,但原告对此并不知情,原告当时在北京太富力传动机器有限责任公司上班,自2004年11月1日才加入被告。故该项发明的专利申请权应归属原告,请求人民法院判令将"内三环减速机"(申请号为200410046112.7)发明专利申请权变更为原告郑广和并判令被告赔偿原告经济损失5万元。

被告辩称:被告成立于2003年9月23日,当时的法定代表人是胡中贤,股东有原告和案外人北京青松岛信息咨询有限公司。2004年5月25日,大股东胡中贤将62%的股权转让给了北京沃克应用技术有限责任公司,法定代表人变更为郑克明。转让过程中原告及其他股东并无异议。被告曾于2003年12月22日就原告发明的"内三环减速机"申请过实用新型专利,原告作为发明人当时没有提出任何异议。2004年6月1日被告申请的发明专利的技术内容实际上与前述实用新型专利的内容完全一致,只是将申请形式由实用新型改成发明专利,故专利申请人理应也是被告。原告既是被告的股东之一,是否在被告处上班,与本案发明专利申请权的归属没有关系,故请求人民法院驳回原告的诉讼请求。①

问题:法院如何认定"内三环减速机"实用新型专利在申请阶段的申请权归属?

---

① 北京市第二中级人民法院民事判决书:(2006)二中民初字第428号,http://bjgy.chinacourt.org/public/detail.php? id=28179&k_w=郑广和,2007年5月18日访问。

第十八章 专利权的客体

本章主要阐述《专利法》给予保护的发明创造的范围。第一节从正面说明哪些发明创造能够申请专利,第二节从反面说明哪些智力成果《专利法》不给予保护。通过这两节的阐述明确我国《专利法》保护的发明创造的范围。学习本章内容,重点是理解并掌握专利权保护对象的种类和条件,掌握不授予专利权的对象的法律规定。

第一节 发　　明

一、发明的概念

关于发明的概念,在各国法律上或者学术界有不同的定义。《日本专利法》第 2 条规定,发明是指利用自然规律的具有高度创造性的技术构思。《美国专利法》第 101 条称发明为任何新颖而适用的制法、机器、制造品、物质的组合,或者任何新颖而适用的改进方案。德国学者坷拉则认为发明是以技术形式表现出来的人的精神创造,是征服自然、利用自然且能够产生一定效果者。世界知识产权组织主持起草的发展中国家发明示范法中称发明是"发明人在实践中用以解决技术领域某一个特定问题的一种技术方案"。

各国法律上或者学术界对发明有不同的定义。此处介绍了日本、美国、德国的定义,并重点分析了我国《专利法》对此的界定

我国《专利法》对发明的定义是,发明是指对产品、方法或者其改进所提出来的新技术方案。从该定义中我们可以看出,发明是一种技术解决方案,是为了实现特定的技术目的,达到预想的

技术效果或者解决某一个已经存在的技术难题,从而有益于生产经营和劳动的效率。

二、发明的属性

作为专利客体的发明必须具有两个属性:技术属性和法律属性。

作为专利客体的发明必须具有两个属性:技术属性和法律属性

（一）技术属性

1. 发明是一种具体的技术思想或技术方案

发明是一种为解决特定技术问题而作出的创造性构思,但单纯提出课题或构思而未提出具体的技术方案不能称作发明。发明是技术思想和技术方案的统一。技术思想是技术方案的基础,技术方案是技术思想成为现实的途径。专利法上的发明并不要求发明是技术本身,它只要求是技术方案即可。

2. 发明是利用自然规律在技术应用上的创造和革新,而不是单纯地揭示自然规律

首先,发明是利用自然规律的结果,违背自然规律或者不是利用自然规律的技术方案不是发明。其次,发明是一种技术应用上的创造和革新,不是认识自然规律的理论创新。

3. 发明是解决特定技术问题的技术方案,而不是单纯提出技术方案

确切地说,单纯提出方案,有关发明还停留在构思阶段,而没有表现为一种针对特定技术问题的技术方案,不构成专利法上的发明,当然,提出课题、发明构思往往是发明的先导。

4. 发明必须通过物品展现出来,或是作用于物品的方法中表现出来

这是因为技术方案本身都是观念性的东西,具体物品才是发明技术构思的载体。

（二）法律属性

专利法保护的发明具有一定的法律意义。因为并不是任何技术创新都能够获得专利法的保护，专利权的取得也并不像著作权自动取得，必须经过专利申请人的申请和审批程序，才能够获得符合法律规定条件的专利。

三、发明的分类

世界各国专利法对发明种类的规定不一。根据不同的标准，可以有不同的分类：

> 发明依据不同的标准有不同的分类，比如独立发明和共同发明；产品发明、方法发明和改进发明

（一）按完成发明的人数来划分，可将发明分为独立发明和共同发明

独立发明是指仅由一个发明人或者组织单独完成的发明。对于这类发明，发明人或者完成该发明的组织拥有完全的支配权。而共同发明是指由数人合作、分工、共同完成的发明，对这类发明，应由参与发明的发明人或者单位共有。独立发明在确认权利归属上关系较为简单，而共同发明在申请权的确认和发明权的归属上相对复杂，在就共同发明申请专利时，应当由全部共有人达成一致意见。

（二）按发明的类型可以分为产品发明、方法发明和改进发明

产品发明是指经过人工制造，以有形形式出现的一切发明。它是人们通过创造性劳动创制出来的各种制成品或者产品。未经人的加工而属于自然状态的东西不能称为产品发明。方法发明是人们为制造产品或者解决某个技术难题而研究开发的操作方法、制造方法以及工艺流程等技术方案。改进发明是指对已有的产品发明和方法发明提出实质性革新的技术方案。例如，美国通用电器公司用充惰性气体的方法改进了爱迪生发明的白炽灯，显著地改善了白炽灯的质量，这就是改进发明。

第二节 实用新型[①]

一、实用新型的概念与特点

（一）实用新型的概念

根据我国《专利法实施细则》的规定，实用新型是指对产品的形状、构造或者形状和构造的结合所提出的适于实用的新的技术方案。这个新技术方案能够在工业上制造出具有使用价值或实际用途的产品。人们通常称之为"小专利"或者"小发明"。

实用新型是不同于发明的一种实用的技术方案。对"小发明"进行保护，对技术水平较低的发展中国家和工业发达国家的中小企业非常重要

（二）实用新型的特点

1. 实用新型一般是产品

这种产品是经过工业方法制造的占据一定空间的实体，如仪器、设备、日用品或其他器具。这种产品也可以是物品或其中的一部分，只要这种物质能在工业上得到应用或使用。

2. 实用新型必须是具有一定立体形状和结构或者是两者相结合的产品

形状是指外部能观察到的产品固定的主体外形，它不是装饰性的外表，而应是具有一定技术效果的形状；结构是指组件或者部件的有机联结或者结合，它反映的是产品或产品部件之间在技术特征和性能上的相互关系。所以，无确定形状的产品，如气态、液态、颗粒状、粉末状物质或材料不能获得实用新型专利制度的保护。

[①] 1911年的《巴黎公约》将实用新型认为工业产权的一种，但只规定发明和外观设计必须给予保护，而是否保护实用新型，完全由成员国自己决定。世界贸易组织的《与贸易有关的知识产权协议》也未将实用新型列入成员国必须保护的范围。目前只有中国、澳大利亚、西班牙等三十多个国家采用实用新型保护制度，可见该制度在国际社会上远没有发明专利制度普及。

另外，以非立体的平面形态表现出来的产品和不可移动的产品，尽管有一定的形状、构造，也不受实用新型专利保护。①

3. 实用新型必须具有实用性

实用新型必须在产业上具有直接的实用价值。无论是仅涉及产品的形状或构造，还是涉及形状与构造的结合，都必须要产生一定的实用功能。例如，轮胎的花纹是为了防滑，铅笔的六角形为了防止铅笔在桌子上滚下来。

二、实用新型与发明的比较

实用新型与发明相比，最大的共同点就在于都是对技术方案的保护，但在具体的保护对象、模式等方面还是有很大的区别的。主要体现在以下几个方面：

实用新型与发明虽然都属于技术方案，但二者在保护对象、模式上差别很大

（一）专利的种类不同

实用新型专利一般只能够是产品专利，而发明专利既可以是产品专利，也可以是方法专利。

（二）产品的条件有差异

申请实用新型专利的产品必须具有确定的形状，以及固定的构造。发明的产品没有要求具备形状或构造特征。

（三）申请和审批程序不同

大多数国家对实用新型采取登记制，并不对实用新型申请进行实质性审查，而对发明专利则进行实质性审查。

（四）授权条件不同

两者最大的区别在于，创造性高度的要求不同。发明需要较高的创造性程度，而实用新型相对要求较低。

（五）保护期限不同

发明的保护期限一般为 20 年，而实用新型的保护期限较短，

---

① 《中华人民共和国专利审查指南》(2006 年修订版)第一部分第二章 5.2。

2000年《专利法》规定为10年。

前述差异的存在,要求我们必须对这两者区别对待,然而,由于多种原因,中国目前仍然采用的是三法合一的立法体例,在2006年国家知识产权局公布的《专利法第三次修改草案》①中,这种大统一的模式还是没有加以改变。

第三节 外 观 设 计

一、外观设计保护的滥觞和现状

外观设计的法律保护起源于14世纪的欧洲,最早开始对外观设计实行保护的是比利时的佛兰德斯和意大利的佛罗伦萨。英国在1624年已在成文法中涉及外观设计的保护。但是,一般认为法国是世界上对工业品外观设计最早单独立法给予保护

考察外观设计保护制度的起源和发展,我们会看到各国对外观设计保护给予了特别的关注,专利法只是保护外观设计的一种模式。

的国家,里昂政府于1711年10月25日颁布法令,对丝绸图案进行保护,1787年这种保护扩及全法国,1806年颁发了工业品外观设计法,开始对工业品外观设计实行工业产权保护。1787年英国颁布《亚麻布、棉织品、白细布及毛丝纶的图案印染技术的保护条例》,主要保护棉布产品,1842年扩展为对各种产品的外观设计实行保护。随后奥地利(1858年)、德国(1876年)、西班牙(1884年)也分别颁布法律保护外观设计。1888年12月18日,日本在建立专利和商标保护以后,公布了《外观设计条例》,1889年2月1日实施,开始对外观设计实行保护。② 随后瑞士、丹麦、澳大利

---

① 参见《中华人民共和国专利法第三次修订草案》(征求意见稿)第23条,国家知识产权局网: http://www.sipo.gov.cn/sipo/tz/gz/200608/P0200608083 27106040484.pdf, 2006年8月3日访问。

② 李明德:《工业品外观设计保护制度的发展》,载《专利法研究》,知识产权出版社1999年版,第273页。

亚、印度、英国、美国等国也颁布法律,保护外观设计。

《巴黎公约》1883 年文本将外观设计列为工业产权保护对象,1958 年修改后则把对工业品外观设计的保护作为一项最低要求,各成员国必须对其提供保护。TRIPs 也将对工业品外观设计的保护列为成员的最低义务①,目前世界上已经有一百三十多个国家和地区都对工业品外观设计进行保护。

由于历史、法律、文化等原因,各国对工业品外观设计的保护模式、保护标准、保护内容不尽相同,如加拿大、荷兰、韩国等单独立法将工业品外观设计作为工业产权进行保护;英国 1968 年颁布《外观设计版权法》,将工业品外观设计视为工业版权单独立法进行保护;美国从 1842 年就将外观设计纳入专利法中进行保护;法国等国家则利用版权法保护外观设计;我国实行综合保护模式,版权法、商标法、著作权法都可以保护外观设计。

二、外观设计保护制度存在的缘由

外观设计虽然不产生技术上的效果,但是,为使产品易于推销,产品不仅需在效用上满足公众的期望,而且需在外观上迎合潜在购买者的品味,产品外观的商业价值对于工业更加显而易见。② 德国早在 20 世纪初就振兴工业设计,使德国的经济如虎

保护外观设计在工业设计时代尤为必要,这也是为什么世界上相当一部分国家关注外观设计的重要原因

添翼;美国迅速跟进,掀起一场工业设计革命,成为世界首富;在英国,当年任首相的撒切尔夫人亲自披挂上阵为工业设计摇旗呐喊,大声疾呼"忘记设计的重要,英国工业将永不具备竞争力!"日本更是"设计立业","轻、薄、小、巧、美"的日本商品风格得到了世界各国消费者的认同,其产品风靡全球。在这个盛行"消费者

---

① TRIPs 协议第 25 条规定:"对独立创作的、具有新颖性或原创性的工业品外观设计,全体成员均应提供保护。"

② 刘桂荣:《外观设计专利审查指南》,专利文献出版社 2003 年版,前言。

主权"①的时代,外观设计的产业价值,使得创建法律制度来保护外观设计成为必然。此外,外观设计易于模仿、抄袭,为维护公平竞争秩序和刺激改进产品的外观设计,也有必要通过法律制度来调整与外观设计有关的行为和社会关系。

三、外观设计的定义与构成要素

外观设计也被称为工业品外观设计。它是指关于产品的形状、图案、色彩或者其结合所作出的富有美感并适于工业应用的新设计。WIPO主持编著的《知识产权法教程》指出:"工业品外观设计属于美学领域,但是同时是作为工业或手工业制造品

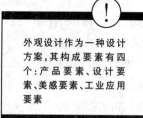

外观设计作为一种设计方案,其构成要素有四个:产品要素、设计要素、美感要素、工业应用要素

的式样的。一般说来,工业品外观设计是有用物品的装饰的或美学的外表。装饰的外表可以由物品的形状和/或图案和/或色彩组成。装饰的或美学的外表必须对视觉有吸引力。"根据定义,可以看到外观设计的保护对象是美学设计方案。这种设计方案含有以下几个要素:

（一）产品要素

外观设计必须以工业产品为依托,离开了具体的工业产品就无所谓外观设计了。对于没有产品依托的具有一定美感的设计,只能够将其视为美术作品,受著作权法的保护,而不是外观设计。同样的设计如果与不同类别的产品结合,可以成为不同的外观设计,这就是为什么在申请外观设计时必须指明使用外观设计的产品的原因。

（二）设计要素

外观设计的设计要素是产品的形状、图案或者其结合以及色彩与形状、图案的结合。一般而言,产品的单纯色彩不能独立构

---

① 李昌麒、许明月主编:《消费者保护法》(第二版),法律出版社2005年版,第60页。

成外观设计,但是,若产品色彩本身的变化已形成图案,则可作为图案与产品的结合,而成为外观设计。

(三) 美感要素

外观设计的目的是为了吸引"眼球",不考虑实用目的,它所解决的也不是技术问题,而是美学上的问题。①

(四) 工业应用要素

所谓工业应用是指外观设计要适于工业应用,即要求外观设计能应用于产业上并能形成批量生产。

四、外观设计与发明、实用新型的区别与联系

外观设计与发明、实用新型有着明显的区别。外观设计是从美学的角度对产品的外表所作的设计。这种设计有时是对产品的造型而作,有时是对产品的图案而作,有时是对其结合而作。而发明和实用新型则是从技术角度出发,其目的是为了解决

外观设计与发明、实用新型既有区别也有联系,掌握它们的共性和个性有助于对这三种客体的正确认识

某个特定的技术问题,它们保护的是技术方案。例如,汽车轮胎的花纹设计主要是为了美观,这就属于外观设计,但如果是为了解决防滑的问题,就属于实用新型。但是,在某些情况下,外观设计、发明与实用新型可能融为一体,不可分离。对这种情况如何申请专利,各国规定不尽相同。有的国家规定,可以同时申请几种专利;有的国家规定,只限于申请某种专利;有的国家规定,它们之间可以互相转换。②

---

① 美感是人对外在事物的心理感受,属于主观范畴,而且美的标准难以确定,特别是在当今多元化的世界里,审美观也极为多样化,不尽统一。但无论如何,必须是人的肉眼可见的产品外部的设计。
② 胡佐超:《专利基础知识》,知识产权出版社2004年版,第68—69页。

★ 第三编 专利法

【参考书目】

[1] 徐棣枫等编著:《知识产权法——制度、理论、案例、问题》,科学出版社2005年版。

[2] 胡佐超:《专利基础知识》,知识产权出版社2004年版。

[3] 刘桂荣:《外观设计专利审查指南》,专利文献出版社2003年版。

[4] 李昌麒、许明月主编:《消费者保护法》(第二版),法律出版社2005年版。

【思考题】

一、名词解释

1. 发明
2. 实用新型
3. 外观设计

二、简答题

1. 简述发明的种类。
2. 简述外观设计保护的理由。
3. 简述发明与外观设计、实用新型的区别与联系。

三、论述题

试论专利权保护的客体。

四、案例分析题

1. 一种"血型制药制化妆品法",能否申请发明专利?

2. 德国宝马汽车股份公司的"轿车"的外观设计与汕头市澄海区锦江玩具实业有限公司"玩具汽车(2)"的外观设计相同,这二者是否是同一外观设计?

第十九章 授予专利权的实质条件

本章主要阐述授予专利权的实质性条件。由两大部分组成：积极条件和消极条件，即发明创造的可专利性条件和不能获得专利权的对象。学习本章内容，应重点了解新颖性、创造性和实用性的判断标准和原则以及不能获得专利权的对象的列举性规定。

发明创造必须满足以下实质条件才有可能获得专利权，即新颖性、创造性、实用性和符合公共秩序并不属于《专利法》规定的除外领域。新颖性、创造性、实用性又被称为专利"三性"，一般将专利"三性"称为获得专利权的积极条件，而从反面规定不能授予专利权的情形，称为消极条件，包括不符合公共秩序和除外领域的规定。[①] 也有学者将消极条件称为保护障碍[②]，在欧洲有人将新颖性、创造性称为相对条件，而将消极条件称为绝对条件。[③]

第一节 可专利性（patentability）

一、新颖性

（一）发明和实用新型的新颖性

1. 发明和实用新型的概念

新颖性是发明或者实用新型获得专利权最基本的条件，不具有新颖性，其他条件就根本不用考虑了。[④] 各国专利法和学者对新颖性的界定并不相同。从一般意义上理解，新颖性的核心在于

---

① 刘春田主编：《知识产权法》，中国人民大学出版社2000年版，第171页。
② 金勇军：《知识产权法原理》，中国政法大学出版社2002年版，第45页。
③ 〔德〕汉斯·高得·克里斯·阿尔贝特著：《欧洲专利公约指南》，王志伟译，世界图书出版社2003年版，第250页。
④ 尹新天主编：《新专利法详解》，知识产权出版社2001年版，第129页。

一个"新"字。申请专利的技术不能与已有技术中的内容一模一样,这即是"新"的含义。

我国《专利法》第22条第2款规定:"新颖性,是指在申请日以前没有同样的发明或者实用新型在国内外出版物上公开发表过、在国内公开使用过或者以其他方式为公众所知,也没有同样的发明或者实用新型由他人向专利局提出过申请并且记载在申请日以后公布的专利申请文件中。"

新颖性是发明或者实用新型获得专利权最基本的条件,各国专利法和学者对此的界定有差别;新颖性的标准主要包括现有技术和抵触申请;在新颖性判断的过程中应遵循一定的原则

2. 发明和实用新型的新颖性判断标准

新颖性的判断是要解决以下问题:第一,在某个时间点以前,申请发明或实用新型的技术方案是否已在特定的范围存在并被公开,即是否存在"现有技术"? 第二,在某个时间点以前,申请发明或实用新型的技术方案虽然未在特定的范围存在并被公开,但是否由他人向专利局提出过申请并且记载在申请日后公布的专利申请文件中,即是否存在"抵触申请"? 若是,则无新颖性,反之,则有新颖性。所以,判断发明或实用新型是否具有新颖性不是以人的主观看法为转移的,而是完全依赖于现有技术和抵触申请这两个客观标准。

1) 现有技术

(1) 现有技术的定义

现有技术是一个用来衡量发明创造是否具有新颖性的客观参照物,又被称为"已有技术"、"先行技术"、"公知技术"、"在先技术"等。现在许多国家的专利法采用首先定义现有技术的概念,然后从反面规定新颖性。① 如《欧洲专利公约》第54条规定:如果一项发明不是现有技术的组成部分,该发明就被认为具有新

---

① 尹新天主编:《新专利法详解》,知识产权出版社2005年版,第130页。

颖性。专利法意义上的现有技术应当是在申请日以前公众能够得知的技术内容。①

我国现行《专利法》中没有规定现有技术的含义,《专利法实施细则》第30条对现有技术进行了界定,即是指申请日(有优先权的,指优先权日)前在国内外出版物上公开发表、在国内公开使用或者以其他方式为公众所知的技术。

(2) 现有技术的标准

对于现有技术的标准,各国的规定不尽相同。这跟各国的技术经济发展状况、历史文化背景、经济产业发展策略以及技术发展的政策相关。当然,随着各国的经济技术交流与合作的加强,随着国际间包括专利在内的知识产权保护合作力度的加强,各国专利法中现有技术标准的差异在变小而不是变大。②

① 现有技术判断的时间标准。各国专利法采用的时间标准有以下两种:第一种,"以完成日为标准",又被称为"先发明制",它以完成发明时间为确定发明创造新颖性的标准。该标准的合理性在于授予专利权要鼓励技术的第一个真正的发明人③,但在适用时会面临十分棘手的完成日的判断问题。目前只有菲律宾采用此标准。④ 第二种,"以申请日为标准"。⑤ 只要在申请日以前,技术方案未被公开,就具备新颖性;如果在申请日以前,申请专利的技术方案已成为现有技术,就丧失新颖性。这种标准的好处是简便易行,操作方便,又可起到促进尽早申请,加快新技术信息传播的作用,但是也会导致许多匆忙准备的过早的不充分的专利申请案只是为获得优先权。目前包括中国在内的绝大多数国家都采用此标准。

---

① 《审查指南》(2006年修订本)第二部分第三章第2.1节第(2)项。
② 张晓都著:《专利实质条件》,法律出版社2002年版,第66页。
③ 也有学者认为,以完成日为标准可促使发明人早日公开其发明创造,对于科学技术的研究和交流非常有利。参见刘春茂主编:《知识产权原理》,知识产权出版社2002年版,第480页。
④ 确切地说,美国专利法在2005年前实行先发明制,但2005年通过的专利法修改案已采用先申请制。
⑤ 日本略有不同,以"申请时"为标准。

② 现有技术判断的地域标准。地域标准指的是一项技术方案在什么地域范围内的公开会破坏新颖性？各国法律采取了不同的标准，可分为以下三种。

第一种，全球标准。又称为绝对标准，即现有技术判断的地域范围是全世界，只有在世界范围内未以任何方式公开，才具备新颖性。

第二种，本国标准。该标准只要求在本国范围内对现有技术进行审查，只要在本国范围内没有被公开，就具有新颖性，即使在国外的出版物上已经公开发表也不影响申请的新颖性。

第三种，混合标准。该标准取前两标准的中间地带，对不同的公开方式采用不同的地域标准，对以出版物方式的公开，采用全球标准；对以使用和其他方式的公开，采用本国标准。① 采用此标准的国家有中国、美国、日本、加拿大等。

③ 现有技术判断的公开标准。新颖性的基本要求是没有公开过。何谓"公开"，应从公开的内容、对象、方式等方面入手。

A. 公开的内容，专利法意义上的公开在内容上必须满足"充分公开"的要求，即公开了技术方案的实质性内容，披露的技术内容应当是清楚、完整和详细的，以达到本专业普通技术人员根据这一公开可以实施的程度为准。如果未达到这一程度，将认为公开是不充分的，不能导致申请案丧失新颖性。

B. 公开的对象。公开应是向不特定的人，即应是脱离了秘密状态，使任何人都可能得知和利用。如果仅向特定人或有保密义务的人公开了技术内容，不是专利法上所说的公开。

C. 公开的形式。第一种，出版物公开。指发明或实用新型的内容以文字或其他形式在出版物上公开发表。出版物包括书籍、报刊、录像带、磁带、光盘等，但应是向社会和公众公开的，任何人都可能涉及，至于是否有人实际接触到则不考虑。随着网络

---

① 在互联网时代，我们认为采用混合标准对于技术的创新并无实益。具体可见"公开方式"部分的阐述。在互联网时代，我们认为采用混合标准对于技术的创新并无实益。具体可见"公开方式"部分的阐述。

技术的迅猛发展,原则上都认为网上公开的信息可作为出版物公开的信息,但如何从技术上证明网上公开的信息以及如何确认公开的日期,则是有待解决的问题。第二种,使用公开。指公开制造、使用或销售发明或实用新型产品,公开使用发明方法以及公开演示和展出,使发明或者实用新型的技术内容向社会公开。在秘密状态下或者特定范围内的使用,不认为是公开使用。如在工厂内部使用。第三种,其他方式的公开。包括口头公开如通过报告、发言讲课、展出、陈列、电台、电视台广播等,也包括通过产品、模型演示使公众能够了解技术内容。①

2)抵触申请

抵触申请,是指在申请日前由他人向专利局提出申请并且记载在申请日后公布的专利申请文件中的同样的发明或者实用新型。《审查指南》规定,确定是否有抵触申请存在,不仅要查阅在先申请原始文本的权利要求,而且要查阅其说明书(包括附图),应当以其全文内容为准。② 抵触申请还包括满足以下条件的进入中国国家阶段的国际专利申请,即申请日以前由他人提出、并在申请日之后(含申请日)作出中文公布的且为同样的发明或者实用新型的国际专利申请。另外,抵触申请仅指由他人在申请日以前提出的,不包含由他人在申请日提出的和申请人本人提出的同样的发明或者实用新型专利申请。而且这个"他人"包括申请人部分相同的情形。

3. 新颖性的判断原则

新颖性的判断是进行一种比较,也就是将各项权利要求所要求保护的技术方案与各个现有技术进行对比,看看一项权利要求的内容是否已经为单独一份现有技术所公开。新颖性的判断应当根据以下原则:

第一,同样的发明或者实用新型。一项发明创造与现有技术

---

① 国家知识产权局专利复审委员会编著:《现有技术与新颖性》,知识产权出版社 2004 年版,第 186 页。
② 《审查指南》(2006 年修订本)第二部分第三章第 2.2 节第(2)项。

或者抵触申请的相关内容相比,如果其技术领域、所解决的技术问题、技术方案和预期效果实质上是相同,则认为两者是同样的发明或者实用新型。

第二,单独对比。在判断新颖性时,只能将权利要求的内容与单独一份现有技术中所公开的技术方案单独进行对比,不能将两份或者两份以上的现有技术公开的技术方案结合起来,与一项权利要求进行对比。所谓"单独一份现有技术",通常是指物理意义上独立存在的各个现有技术。以专利审查中应用最多的专利文献为例,是指每一份由其说明书、附图、权利要求等文件所构成的单独一份专利文件。对于科技文献来说,是指在期刊上或者学术研讨会上发表的单独的各份论文、文章。

(二) 外观设计的新颖性

外观设计要想获得专利权,也必须具备新颖性。我国《专利法》规定:授予专利权的外观设计,必须与申请日以前在国内外出版物上公开发表过或者公开使用过的外观设计不相同和不相近似……也就是说,授予专利权的外观设计的新颖性既要满足"不相同"还要"不相近似"。对于外观设计的新颖性而言,《专利审查指南》从判断的客体、判断主体、判断原则、判断方式以及判断基准等方面加以规定。

1. 判断的对象是产品的外观

产品的形状、图案、色彩这三个要素或其结合是外观设计相同或相近似判断的对象,这一点与发明和实用新型的新颖性判断是不同的,后者针对的是技术方案。与此同时,在外观设计新颖性判断的对象上还要注意只在同类和相似种类的产品进行。因为,外观设计必须要与产品相结合,只有当使用外观设计的产品是同类或相近似种类的[1],才有必要进行新颖性的判断。

---

[1] 同一种类的产品是指具有相同用途的产品。例如,机械表和电子表尽管内部结构不同,但是它们的用途是相同的,所以属于同一种类的产品。相近种类的产品是指用途相近的产品。例如,鸡蛋容器和灯泡容器用途不同,但它们的用途是相近的,两者属于相近种类的产品。

2. 外观设计相同和相近似判断的标准

第一,相同的外观设计。外观设计相同是指,当被比外观设计与在先设计是同一类的产品的外观设计时,两者的外观设计要素包括形状、图案以及色彩相同。第二,相近似的外观设计是指相同或者近似种类的产品其外观设计相近似;或相近种类的产品,其外观设计相同。

3. 判断的方式

新颖性判断是从一般消费者的角度进行的,而不能以专业设计人员或专家的眼光为标准。①

(三)不丧失新颖性的例外

多数国家在专利法中还规定了一些不丧失新颖性的特例。我国《专利法》中也有类似规定。依照我国《专利法》第15条,在申请日前6个月内发生的下列情形之一的,不丧失新颖性:(1)在中国政府主办或承认的国际展览会上首次展出的。(2)在规定的学术会议或技术会议上首次发表的。这里所谓规定的学术会议是指国务院有关主管部门或者全国性学术团体组织召开的学术会议或者技术会议。(3)他人未经申请人同意而泄露其内容的。②

二、创造性

(一)发明和实用新型创造性的概念

创造性,在一些国家里也被称作"非显而易见性"、"先进性"、"进步性"、"创造高度"等等。如果说新颖性的关键在于"前所未有",强调一个

创造性是关于技术方案的创造性高度问题,涉及创造性的标准和判断原则

---

① 这一点与新颖性与创造性的判断中所设定的虚拟主体标准不一样,后两者设定的是普通的技术人员。
② 对于这三种情况,虽然不丧失新颖性,但其效力却十分有限,它不像优先权那样有排除第三人申请的效力。如果有他人在这6个月内就同样发明创造提出申请,靠这种不丧失新颖性的规定是无法与之对抗的。如果申请人还想在外国申请专利就该发明创造申请专利,那就更加危险了,因为各国对于优惠期的规定不尽相同,并非所有国家都承认前述我国《专利法》上规定的所有优惠期。

"新"字,那么创造性的核心则在于"实质特点",侧重一个"难"字。我国《专利法》将创造性定义为:同申请日以前已有的技术相比,该发明有突出的实质性特点和显著的进步,该实用新型有实质性特点和进步。所谓发明创造的"实质性特点",是指发明创造与现有技术相比所具有的本质性的区别特征,且这种区别特征应当是技术性的。通常情况下,这种区别特征就是该发明创造的发明点之所在。而所谓"进步"则是指发明创造与现有技术的水平相比必须有所提高,而不能是一种倒退,如变劣发明或改恶发明是谈不上进步的。

(二)发明和实用新型创造性的判断标准

新颖性的判断是有相对比较客观的标准和相对简单的判断程序的,因为只要考虑申请的专利的权利要求中的技术方案是否已在单一的现有技术中公开过即可,而创造性的判断则要困难得多,因为其判断标准有极强的主观性,判断程序又较为复杂,针对同样的问题,不同的人很有可能给出完全相反的答案。

1. 时间标准

与新颖性判断的时间标准一样。具体见前述内容。

2. 地域标准

与新颖性判断的地域标准一样。具体见前述内容。

3. "已有技术"的范围

根据我国《专利法》的规定,创造性判断中涉及的"已有技术"的范围、构成条件与新颖性判断中的"现有技术"基本上是一样的,但与新颖性的判断不同,创造性判断的参考物并不涉及抵触申请。所以其判断使用的对比文件要比新颖性判断使用的对比文件少。

4. 对比文件的使用

与新颖性判断采用"单独对比"的方法不同,创造性的判断采用"联合对比",即将一份或者多份对比文件中的不同的技术内容组合在一起进行评定。[1]

---

[1] 《审查指南》(2006年修订本)第二部分第四章第3.1。

5. 虚拟的人——所属技术领域的技术人员

在实际操作中,通常要求以普通技术人员的眼光来判断创造性。这里所谓普通技术人员是各国专利法实施中虚拟的一个主体,也可以说是判断创造性的主体标准。这种普通技术人员具有极为宽广的知识面,现有技术无所不晓;但在创造性思维方面能力平平,最多只能将现有技术作一些简单地组合,或者完成一些浅显的逻辑推理。如果一项发明创造的完成对于普通技术人员而言存在难度,则该发明创造具备创造性。

三、实用性

(一)实用性的概念

实用性也称工业实用性,根据世界知识产权组织的解释,是指在实际中制作或者制造的可能性以及在实际中实施或使用的可能性。我国《专利法》规定,实用性是指一项发明创造能够在产业上进行制造或者使用,

实用性是关于发明创造能否有使用的可能性的判断,这种使用的可能性应符合一定的条件

并且能够产生积极的效果。实用性条件意味着获得专利的发明创造不能是一种纯理论的方案,它必须能够在实际中得到应用。

(二)实用性的判断

判断实用性,通常应当遵守如下原则:

第一,具备实用性的发明创造应当能够制造或使用,即具备可实施性。一项发明创造要付诸实施,必须具有翔实的具体方案。仅有一个构思,而没有具体实施方案的发明创造被称作未完成发明。未完成发明是不具备可实施性的,故而也就不具备实用性。可实施性的另一层含义则是要求一项发明创造可以重复实施。有些方案尽管翔实具体,但不可能在产业上重复实施,同样也不具备可实施性。比如,武汉长江大桥横跨于万里长江之上、龟蛇两山之间,这种利用了独一无二的自然地理条件的方案是难以重复实施的。

第二,具备实用性的发明创造必须能够带来积极的效果,即

具备有益性。这里的有益性是指一项发明创造对社会和经济的发展、对物质和精神文明建设所能够产生的积极效果。通常，这种积极效果可以表现为提高产品质量、改善工作和生产环境、节约能源、减少环境污染、降低生产成本等等。这里需要注意的是有益性与前述创造性中所述的技术进步分别有其不同的含义。有益性侧重的是发明创造为满足社会需要所带来的积极效果，而技术进步则仅仅指与现有技术相比在技术特点方面的进步。在判断有益性时需要特别注意，在申请专利时这种发明创造所带来的积极效果可能还没有产生，只要有产生积极效果的可能就行了。贝尔在1876年取得的第174456号美国专利就是现代电话的鼻祖，但在当时却被第一流的电气专家贬斥为"连玩具都不如的无用的专利"。同样，爱迪生发明第一只灯泡时，其寿命很短，似乎并无任何积极效果，但经过灯丝材料的改进并辅之以真空工艺，这一问题也就解决了。对于我国《专利法》中所规定的三种专利而言，在实用性审查上没有太大差异，就外观设计而言，美感也可以认为是一种广义的实用性。

第二节 不授予专利权的情形

基于国家和社会利益的考虑，专利法对专利保护的范围做了某些限制性规定。各国专利法对此类规定有所不同，一般来说，不发达国家的专利保护范围较窄一些，且随着科学技术的不断进步而不断扩大。我国《专利法》第5条规定，对违反国家法律、社会公德或者妨害公共利益的发明创造不授予专利权；同时，《专利法》第25条规定了不授予专利权的客体。TRIPs协议第27条也有类似规定。[①]

[①] 该条可获得专利的发明之二规定："为了保护公众利益或者社会公德，包括保护人类动物或者植物的生命及健康，或者为了避免对环境的严重污染，各成员均可以排除某些发明的专利性，禁止这类发明在该成员地域内的商业性实施，其条件是这样的排除并非仅仅因为该成员的国内法律禁止这类发明的实施。"

第十九章 授予专利权的实质条件 ★

一、违反国家法律、社会公德或者妨害公共利益的发明创造

专利权的授予应当是有利于促进我国科学技术乃至整个社会的进步,因此如果发明创造的公开、使用或制造违反了国家法律、社会公德或者妨害了公共利益的,就不应当被授予专利权,否则就会与专利法的宗旨相违背。

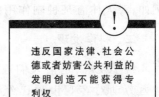

违反国家法律、社会公德或者妨害公共利益的发明创造不能获得专利权

违反国家法律,是指违反由全国人民代表大会或者全国人民代表大会常务委员会依照立法程序制定和颁布有的法律(它不包括行政法规和规章)。发明创造本身的目的与国家法律相违背的,不能被授予专利权。① 但如果发明创造本身的目的并没有违反国家法律,只是由于被滥用而违反国家法律的,则不属此列。② 另外,如果仅仅是发明创造的生产、销售或使用受到国家法律的限制或约束,则该产品本身及其制造方法并不属于违反国家法律的发明创造。③

违反社会公德,是指违反公众普遍认为是正当的、并被接受的伦理道德观念和行为准则。社会公德的内涵因地域不同而各异。我国《专利法》中所称的社会公德限于我国境内。发明创造在客观上与社会公德相违背的,不能被授予专利权。④

妨害公共利益的发明创造,是指发明创造的实施或使用会给公众或社会造成危害、或者会使国家和社会的正常秩序受到

---

① 比如用于制造伪币、票据、公文、证件、印章、文物的工具,用于吸食毒品的工具、赌博的设备、机器或工具。
② 比如以医疗为目的的各种毒药、麻醉品、镇静剂、兴奋剂和以娱乐为目的的棋牌等。
③ 比如以国防为目的的各种武器的生产、销售及使用虽然受到国家法律的限制,但这些武器本身及其制造方法仍然属于可给予专利保护的客体。
④ 比如带有暴力凶杀或者淫秽的图片或者照片的外观设计,非医疗目的的人造性器官或者其替代物等发明创造违反道德风俗,不能被授予专利权。

影响。① 但是，如果因为对发明创造的滥用而可能造成妨害公共利益的，或者发明创造在产生积极效果的同时存在某种缺点的，例如，对人体有某种副作用的药品，则不在此列。

二、科学发现

科学发现，是指人们通过自己的智力劳动对客观世界已经存在但未被揭示出来的规律、性质和现象等的认识。科学理论是对自然界认识的总结，是更为广义的发现。因此，它不是对产品、方法及其改进所提出的一种新的技术方案，因而不能够被授予专利。

科学发现不属于专利权的客体，世界各国的规定差别不大。目前只有极少数国家授予科学发现以专利权

发明和发现虽有本质不同，但两者关系密切。通常，很多发明是建立在发现的基础之上的，进而，发明又促进了发现。发明与发现的这种密切关系在化学物质的"用途发明"上表现最为突出，当发现某种化学物质的特殊性质之后，利用这种性质的"用途发明"则应运而生。

三、智力活动规则和方法

所谓智力活动规则和方法，是指人们进行推理、分析、判断、运算、处理、记忆等思维活动的规则和方法。智力成果直接作用于人的思维，不属于技术方案，比如通常所说的竞赛规则、惯例规则、统计方法、分类方法、计算方法、解谜方法、专利分类方法、

一般来说，智力活动规则和方法是不能作为专利权的保护对象，但在互联网时代，针对计算机软件、电子商务方法的软件，这个问题有了新的诠释

---

① 比如发明创造以致人伤残或损害财物为手段的，如一种目的在于使盗窃者双目失明的防盗装置及方法，不能被授予专利权；发明创造的实施或使用会严重污染环境、破坏生态平衡的，不能被授予专利权；专利申请的文字或者图案涉及国家重大政治事件或宗教信仰、伤害人民感情或民族感情或者宣传封建迷信的，不能被授予专利权。

图书分类方法、情报检索方法等,它们在工业上不能直接应用,而且这种智力活动的规则和方法作用于人的思维时,对不同的人或者不同的情况下,其结果也不完全一样,不具有可重复性。

智力活动规则和方法不能被授予专利,但进行智力活动的设备、装置或者根据智力活动规则和方法而设计制造的仪器、用具等,可以获得专利保护。比如根据速记规则设计的速记笔就可以受到专利的保护。至于计算机程序和商业经营方法是否属于或在多大程度上属于智力活动的规则与方法,能否获得专利保护,在理论上及实务上的分歧比较大。在我国,目前凡是为了解决技术问题、利用技术手段,并可以获得技术效果的涉及计算机程序的发明专利申请属于可给予专利权保护的对象,而除此以外的计算机程序本身是不能获得专利保护的。

四、疾病的诊断和治疗方法

疾病的诊断和治疗方法是指以有生命的人或者动物为直接实施对象,进行识别、确定或者消除病因或者病灶的过程。疾病的诊断和治疗方法之所以不授予专利,主要是处于人道主义的考虑和社会伦理的原因,

> ! 出于人道主义的考虑和社会伦理的原因,疾病的诊断和治疗方法是不能授予专利权的

医生在诊断和治疗过程中应当有选择各种方法和条件的自由。另外,这类方法直接以有生命的人体或动物体为实施对象,不具有实用性。[①]

但需要注意的是,虽然疾病的诊断和治疗方法不授予专利,但协助疾病的诊断和治疗的各种仪器或者设备,是可以授予专利的。比如为疾病的诊断和治疗而使用的物质和材料、仪器设备和器具等,以及对脱离有生命的人体的物质进行检验的方法或者器具属于可授予专利的范畴。

---

① 关于"实用性",详情参见本章第三节"实用性"的相关内容。

五、动物和植物品种

《专利法》所称的动物,是指不能自己合成,而只能靠摄取自然的碳水化合物及蛋白质来维系其生命的生物。《专利法》所称的植物,是指可以借助光合作用,以水、二氧化碳和无机盐等无机物合成碳水化合物、蛋白质来维系生存,并通常不发生移动的生物。按我国现行《专利法》的规定,

> ! 关于动物和植物品种是否适用专利法的保护模式差异甚大。在基因技术飞速发展的今天,如何为动物和植物品种提供一种最优保护模式,值得深入关注

动物和植物新品种本身尚不能作为专利的保护对象①,但对培育或者生产动植物新品种的方法可以依法授予专利。② 另外,动物和植物新品种可以通过《专利法》以外的其他法律保护,例如,植物新品种可以通过《植物新品种保护条例》给予保护,这也符合《TRIPs协议》所提出的要求。

六、用原子核变换方法获得的物质

原子核变换方法,是指使一个或几个原子核经分裂或者聚合,形成一个或几个新原子核的过程。考虑到该种方法以及用此

---

① 对于动植物新品种是否授予专利,有两种截然相反的观点。一种认为,动植物新品种是大自然的创造,品种的再生是其自身繁殖机能的反映,而非人力所为;再说不同的动植物都有各自不同的生存环境,都是有其特有的生活环境要求,要生产出具有再现性的品种是非常困难的。另一种观点认为,虽然上述理由都是现实,但同时也有一个不可忽视的现象就是,随着基因工程的发展,许多通过基因技术培育出来的动植物新品种,往往已经摆脱了这些环境条件的制约,而且具有实用性的特点。在国际上,大部分实行专利制度的国家目前还没有授予动物和植物品种专利权。美国是率先提出对植物新品种给予专利保护的国家,德国、法国目前效仿美国,开始用专利法保护植物新品种。《TRIPs协议》并未要求一定要在专利法中给予动植物品种保护。此外,有些国家已经在品种分类级别上授予动物专利。如欧洲专利局在1992年4月3日作出决定,认为转基因鼠不属于动物品种,从而授予EPO169672号欧洲专利。在生物技术发展异常活跃的今天,对动植物品种予以保护是必然趋势,但是否一定要采取专利的保护方法,还值得进一步探讨。

② 《专利审查指南》规定,这里所说的生产方法是指非生物学的方法,不包括生产动物和植物主要是生物学的方法。

方法获得的物质关系到国家的经济、国防、科研和公共生活的重大利益,不宜为单位或私人垄断,因此不能被授予专利权。①

值得注意的是,放射性元素的自然衰变非人力所能控制,故不属专利法保护范围是理所当然。而人工核

考虑到原子核变换方法以及用此方法获得的物质关系到国家的经济、国防、科研和公共生活的重大利益,各国专利法一般将此排除在外

反应所获物质其中包含着人类的智力创造,但这种创造依法却不能被授予专利。其原因有二:其一,是考虑到国家和公众的安全而不对其授予专利。其二,则是为保护本国核工业而不对其授予专利。目前,世界上绝大多数国家均不对此授予专利,只有美国和日本对此采取了相对宽松的做法。尽管如此,《美国原子能法》中也专门规定对关于核武器的发明创造不得申请专利,并在核技术方面专门规定了强制许可制度;日本也在其专利法中规定有关原子核技术的出口必须遵守政府的限制性规定。

【参考书目】

[1] 国家知识产权局编:《审查指南》(2006年修订本),知识产权出版社2006年版。
[2] 张晓都著:《专利实质条件》,法律出版社2002年版。
[3] 金勇军:《知识产权法原理》,中国政法大学出版社2002年版。
[4] 〔德〕汉斯·高得、克里斯·阿尔贝特著:《欧洲专利公约指南》,王志伟译,世界图书出版公司2003年版。

【思考题】

一、名词解释

1. 新颖性
2. 创造性
3. 实用性

---

① 《专利审查指南》第二部分第一章3.4。

4. 现有技术

5. 抵触申请

二、简答题

1. 新颖性的标准是什么？

2. 我国《专利法》规定不丧失新颖性的例外的情形有哪些？

三、论述题

1. 试论述专利法意义上的"公开"。

2. 试论述获得专利权的实质条件。

四、案例分析题

1. 试分析：可以使窃车者昏迷的机动车防盗装置能否获得专利权？

2. 黄德立于1998年11月5日向国家知识产权局提出名称为"多功能组合益智板"的实用新型专利申请，并于1999年11月24日被公告授予专利权，专利号为98248612.X，专利权人是黄德立。授权的权利要求是：1. 一种多功能组合益智板，其特征在于：其包含一多边形组合板及一连杆元件所组合而成，在组合板各边侧，均具有一凹部，该凹部二相对端侧，则对称设置有凹、凸状扣合部；一连杆，是略小于上述组合板之凹部长度之杆状体，二端各设置有一对同样形状及大小的连接部，该连接部对应于上述组合板之凹、凸状扣合部形状，得藉由该连接部嵌入上述各组合板之凹部中，使其和扣合部互相嵌合定位，并能相互正、反方向折叠及翻转……

2002年12月2日，福建省石狮市发达玩具公司（以下简称发达玩具公司）以本案专利不符合《专利法》第22条的规定为由，向专利复审委员会提出无效宣告请求，并先后两次提交了证据，其中：附件1′是美国专利US5545070说明书，公开日为1996年8月13日，公开了一种带有插接头和可用铰链连接的平面组合玩具。附件2′为《TOYS》杂志1997年第1卷的封面、封底及第327页复印件，公开了一种插片状智力玩具，它具有一个多边形的组合板，在组合板的边侧具有可以相互扣合的凸起和凹部。通过该凸起和凹部的扣合，组合板组合拼插成不同的立体几何体。附件3′是发达玩具公司声称为附件2′实物组合的照片14张。附件4′是《TOYS》杂志1996年第1卷的封面、封底及第1383页复印件，公开了一种智力玩具组合片，它具有多边形的组合板，在组合板的各边侧具有锯齿状的凸起和凹口，通过其中的凸部和凹部，可以与其他组合板上的相应的凸起和凹口扣合来组合拼插成形状不同的几何体。在2004年3月9日举行的口头审理中，发达玩具公司当庭提交了附件5′：新菱玩具厂有限公司2003年

6月出具的证明,其证明的事项是附件3′照片中的实物是该公司于1995年开发成功的产品,于1996年投入市场销售。1997年刊载于香港《玩具大全》第一本第327页。

2004年3月31日,专利复审委员会作出第5975号无效宣告请求审查决定,维持本案专利权有效。发达玩具公司不服,向北京市第一中级人民法院提起行政诉讼,北京市第一中级人民法院审理后维持专利复审委员会做出的第5975号无效宣告请求审查决定。发达玩具公司不服北京市第一中级人民法院(2004)一中行初字第533号行政判决,向北京市高级人民法院提出上诉,请求撤销原审判决和第5975号无效宣告请求审查决定。

问题:北京市高级人民法院应该如何判决?

第二十章 专利权的取得

与著作权自动取得不同,专利权要经过国家授予。发明人或设计人完成发明创造或设计后就其有关发明或设计的客体向国家专利行政部门提出专利申请,国家专利行政部门对其申请内容进行严格的审查,符合法定条件,才能批准授予专利申请人在一定期限内垄断有关发明或设计的利益。

发明专利取得的法律程序一般包括:申请、受理、初审、公布、实审和授权六个阶段。实用新型和外观设计专利申请在审批中不进行早期公布和实质性审查,所以只有申请、受理、初审和授权四个阶段。

第一节 专利申请

一、专利申请的原则

专利申请的原则,是指专利申请人及专利管理机关在专利申请阶段应该共同遵守的准则。在近四百年的专利制度史中,已经形成了一些普遍为各国认同的基本原则。

普遍为各国认同的专利申请原则是:书面原则、先申请原则、单一性原则和优先权原则

(一)书面原则

书面原则是指专利申请人提出专利申请、办理任何手续都应当采用书面形式。这是实行专利制度国家普遍遵循的原则,我国《专利法实施细则》第3条规定:"专利法和本细则规定的各种手续,应当以书面形式办理。"此处的要求体现了专利申请的书面原则,专利申请排除了口头、电话、电报、实物(样品、模型)等形式。

采用书面申请便于专利行政管理部门受理、审查专利申请,

也便于相关文件的保存、查阅。但随着计算机和网络技术的广泛使用,过于强调书面原则可能会忽略现代技术手段在专利申请工作中的运用。

(二) 先申请原则

先申请原则是指两个或两个以上的申请人分别就同样的发明创造申请专利的,专利权将授予最先申请的人。[①] 与先申请原则相对应的是先发明原则,即对先发明的人授予专利权。由于先发明原则判定程序复杂,容易发生纠纷,只有少数国家采用,如美国、加拿大和菲律宾,主要目的是为了鼓励发明的原创性和技术的成熟化。目前世界上绝大多数国家采用先申请原则。我国采用先申请原则,我国《专利法》第9条规定:"两个以上的申请人分别就同样的发明创造申请专利的,专利权授予最先申请的人。"

(三) 单一性原则

单一性原则也叫"一发明创造一申请原则",是指一件专利申请只能限于一项发明创造。我国《专利法》第31条规定:一件发明或者实用新型专利申请应当限于一项发明或者实用新型……一件外观设计专利申请应当限于一种产品所使用的一项外观设计。专利申请的单一性原则不允许在一份专利申请中就两项或者两项以上的发明创造提出专利申请。

值得注意的是,单一性原则并不否认"属于一个总的构思"或者"有联系的"、"有关的"或者"相互依赖的"两项以上的发明或者实用新型,可以作为一件专利申请提出。也允许在一份申请中就"用于同一类别并且成套出售或者使用的产品的"两件以上的外观设计提出一件专利申请。我国《专利法》第31条,《专利法实施细则》第35条、第36条对此作了规定。

(四) 优先权原则

优先权原则来自优先权制度,所谓优先权制度就是专利申请人就其发明创造第一次提出专利申请后,在法定期限内又就相同

[①] 由于申请专利的技术须具有新颖性,因此,一般认为,发明人有了技术成果之后,应首先申请专利,再发表论文,以免因过早公开技术而丧失申请专利的机会。

主题的发明创造提出专利申请的,法律规定以第一次申请的日期作为其后申请日的一种制度。专利申请人依法享有的这种权利就是优先权。关于优先权制度的具体实施法律程序,将在专利申请日部分详述。

二、专利申请文件

按专利制度要求,专利申请人提出专利申请时必须以书面材料形式向专利行政部门提出申请,这种材料被称为专利申请文件。专利申请文件是取得发明创造专利保护的基础,是具有重要法律意义的文件。按照我国现行《专利法》的规定,各种专利申请文件及其内容、要求主要有:

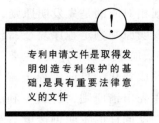

专利申请文件是取得发明创造专利保护的基础,是具有重要法律意义的文件

(一)申请发明或者实用新型专利应当提交的文件

我国《专利法》第 26 条规定,申请发明或者实用新型专利的,应当提交请求书、说明书及其摘要和权利要求书等文件。

1. 请求书

请求书是申请人向国家专利行政部门提交的请求授予其发明创造以专利权的书面文件,它是启动专利申请审批的法律程序。按《专利法》第 26 条和《专利法实施细则》第 17 条的规定,请求书的主要内容及要求是:

(1)发明或者实用新型的名称

应简明、准确地表达发明创造的主题,一般以 15 个字为宜,最长不超过 25 个字,不应当包含人名、地名、单位名称和产品型号、商标、代码等,也不允许使用含义不确定的词汇。

(2)发明人或者设计人的姓名,申请人姓名或者名称、地址

发明人或者设计人可以是一个人,也可以是多个人。在有多个人的情况下,如果排列次序有先后的,应当用阿拉伯数字注明顺序,否则将按先左后右、先上后下的次序排列。申请人可以是

个人也可以是单位。申请人如果是单位,单位应当是法人或者是可以独立承担民事责任的组织。申请人是个人,应当定明本人的真实姓名,不能用笔名或者化名。

(3) 其他事项

包括申请人的国籍;申请人是企业或者其他组织的,其总部所在地的国家;申请人委托专利代理机构的,应当注明的有关事项;申请人未委托专利代理机构的,其联系人的姓名、地址、邮政编码及联系电话;要求优先权的,应当注明的有关事项;申请人或者专利代理机构的签字或者盖章;申请文件清单;附加文件清单;其他需要注明的有关事项。

2. 说明书

说明书是对发明或实用新型的技术内容作具体说明的陈述性文件,它是专利申请的最基本的文件。说明书在专利制度中起着技术公开的重要作用,因此,《专利法》要求它必须对发明或者实用新型作出清楚、完整的说明,这些说明应当包括:

(1) 技术领域:写明要求保护的技术方案所属的技术领域;

(2) 背景技术:写明对发明或者实用新型的理解、检索、审查有用的背景技术,有可能的,可引证反映这些背景技术的文件;

(3) 发明内容:写明发明或者实用新型所要解决的技术问题以及解决其技术问题采用的技术方案,并对照现有技术写明发明或者实用新型的有益效果;

(4) 附图说明:说明书有附图的,对各幅附图作简略说明;

(5) 具体实施方式:详细写明申请人认为实现发明或者实用新型的优选方式;必要时,举例说明。

3. 说明书摘要

说明书摘要是发明或实用新型说明书内容的简要概括。编写和公布说明书摘要的主要目的是方便公众对专利文献进行检索,方便专业人员及时了解本行业的技术概况,它本身不具有法律效力。其内容要求是:

(1) 应当写明发明或实用新型的名称、所属技术领域、要解决的技术问题、主要技术特征和用途,文字部分不得超过300个字。

(2)可以包含有最能说明发明创造技术特征的数字式或化学式。

(3)发明创造有附图的,应当指定并提交一幅最能说明发明创造技术特征的图作为摘要附图。附图的大小和清晰度,应当保证在该图缩小到4×6厘米时,仍能清楚地分辨出图中的细节。

4. 权利要求书

权利要求书是指以简明的文字表述发明或实用新型的技术特征范围法律文书。这个技术范围将是发明或实用新型专利权的保护范围,所以,权利要求书是非常重要的专利申请文件。我国《专利法》第26条第4款明确规定:"权利要求书应当以说明书为依据,说明要求专利保护的范围。"即权利要求书中的技术特征,必须在说明书中找到依据,才能成为有效的权利要求;说明书中叙述过的技术特征,只有在权利要求书中体现出来,才能得到专利保护。

权利要求又分为独立权利要求和从属权利要求两种。独立权利要求应从整体上反映出发明或实用新型的主要技术内容,包括全部的必要技术特征,它本身可以独立存在。从属权利要求是引用独立权利要求或引用包括独立权利要求在内的几项权利要求的全部技术特征,又含有若干新的技术特征的权利要求,从属权利要求必须依从于独立权利要求或者在前的从属权利要求。

一项发明或者实用新型应当只有一个独立权利要求,并写在同一发明或者实用新型的从属权利要求之前。每一个独立权利要求可以有若干个从属权利要求。

(二)申请外观设计专利应提交的文件

由于外观设计是对产品的形状、图案、色彩或者其结合所作出的设计,很难用书面文字详细地将其说明书、权利要求书的内容叙述清楚,因此,申请外观设计专利时所交的文件与申请发明和实用新型专利也不一样。我国《专利法》第27条规定,申请外观设计专利的,应当提交请求书以及该外观设计的图片或者照片等文件。

1. 请求书

请求书是申请人向专利局表示请求授予外观设计专利愿望的文件,与发明专利和实用新型专利的请求书性质相同。只不过在请求书的内容方面,由于许多外观设计难以命名,所以,在外观设计专利请求书只需写明使用该外观设计的产品名称以及这些产品所属的类别,而不需要填写该外观设计的名称。

2. 图片或者照片

图片和照片是确定外观设计专利保护范围的依据,因此它应当能够清楚、完整地显示请求保护的对象。要提交每件外观设计不同角度、不同侧面或者不同状态的照片或图片,以清楚地显示请求保护的对象,一般情况下应有6面视图,即主视图、俯视图、仰视图、左视图、右视图、后视图。提交的外观设计的图片或者照片,不得小于3厘米×8厘米,并不得大于15厘米×22厘米。同时请求保护色彩的外观设计专利申请,应当提交彩色图片或者照片一式两份。

3. 简要说明

我国《专利法实施细则》第28条规定,申请外观设计专利的,必要时应当写明对外观设计的简要说明。外观设计的简要说明应当写明使用该外观设计的产品的设计要点、请求保护色彩、省略视图等情况。

4. 使用外观设计的产品样品或者模型

我国《专利法实施细则》第29条规定,国务院专利行政部门[①]认为必要时,可以要求外观设计专利申请人提交使用外观设计的产品样品或者模型。样品或者模型的体积不得超过30厘米×30厘米×30厘米,重量不得超过15公斤。易腐、易损或者危险品不

[①] 国务院专利行政部门是指国家知识产权局。本书在表述时视情况需要或使用"国务院专利行政部门",或使用"国家知识产权局"称谓,如援引法条时使用其原有提法即"国务院专利行政部门",在一般行文时用"国家知识产权局"。国家知识产权局下设专利局为直属事业单位,委托其承担对专利申请的受理、审查、复审以及对无效宣告请求的审查业务。

得作为样品或者模型提交。

申请文件递交以后,申请人可以对其进行修改。但是修改的内容和范围受到一定限制。按照我国《专利法》第 33 条规定,对发明和实用新型专利申请文件的修改不得超出原说明书和权利要求书记载的范围,对外观设计专利申请文件的修改不得超出原图片或者照片表示的范围。上述限制性规定的目的在于维护先申请原则,不允许将以后的发明引进原申请使之享有先申请的效力。

第二节 专利申请的受理

一、专利申请的受理机关

国家知识产权局是国务院主管专利工作和统筹协调涉外知识产权事宜的直属机构。国家知识产权局专利局(以下简称专利局)是唯一依法有权接收专利申请的受理机关。

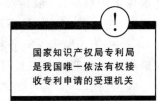

国家知识产权局专利局是我国唯一依法有权接收专利申请的受理机关

申请人申请专利时,应当将申请文件直接提交给知识产权局①。申请人误将申请文件提交给其他机关、单位或个人的,其专利审批程序不产生法律效力。

二、申请文件的提交

向专利局申请专利或办理其他手续的,可以将申请文件或其他文件直接递交给专利局的申请受理窗口或任何一个代办处,也可以邮寄给专利局受理处或代办处。在提交文件时应注意下列事项:

1. 向专利局提交申请文件或办理各种手续的文件,应当使

---

① 专利局设立专利受理处和专利申请受理窗口,同时考虑到我国幅员辽阔,为了方便申请人,根据专利申请业务的需要,在沈阳、济南、长沙、成都、南京、上海、广州、西安以及武汉设立九个专利局代办处接收和受理专利申请和其他文件。中国专利局受理处和上述代办处的地址和业务工作范围,由中国专利局以公告形式向公众发布。需要注意,除了判断申请是否符合《专利法》及《专利法实施细则》规定的受理条件之外,九个代办处不进行专利申请的其他审查工作。

专利局统一制定的表格,每种文件均应一式两份。

2. 一张表格只能用于一件专利申请。例如,一张发明专利请求书只能填写一件发明,一张意见陈述书只能就一件专利申请陈述意见。不得将几件申请的陈述意见或几件发明填写在一张意见陈述书或一张发明专利请求书上。

向专利局申请专利或办理其他手续的,可以将申请文件或其他文件直接递交给专利局的申请受理窗口或任何一个代办处,也可以邮寄给专利局受理处或代办处

3. 向专利局提交的各种文件申请人都应当留存底稿,以保证申请审批过程中文件填写的一致性,并可以此作为答复审查意见时的参照。

4. 申请文件是邮寄的,应当用挂号信函。以非挂号信函方式邮寄申请文件的,专利局将不予查询。挂号信函上除写明专利局或者代办处的详细地址外,还应当标有"申请文件"及"专利局受理处收"或"专利局××代办处收"的字样。一封挂号信内应当只装同一件申请的申请文件或其他文件。

5. 专利局在受理专利申请时不接收样品、样本或模型。在审查程序中,申请人应审查员要求提交样品或模型时,如在专利局窗口当面提交的应当出示审查意见通知书;邮寄的应当在邮件上写明"应审查员×××(姓名)要求提交模型"的字样。

6. 在我国境内没有长期居所、营业所的外国人或外国单位,以及在国外长期居住或工作的中国人申请专利时,应当委托国务院授权专利局指定的涉外专利代理机构办理。上述申请人不得直接向专利局邮寄或递交申请文件。

港、澳、台地区的单位或个人申请专利,也应按规定分别委托涉外专利代理机构或国内专利代理机构办理,不得直接向专利局邮寄或递交。

三、专利申请的受理

专利申请提交到专利局受理处或各代办处以后,首先应进行

是否符合受理条件的审查。对符合受理条件的申请,专利局将确定申请日,给予申请号,并在核实文件清单后,向申请人发出受理通知书,确认收到申请文件。

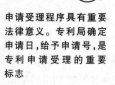

申请受理程序具有重要法律意义。专利局确定申请日,给予申请号,是专利申请受理的重要标志

(一)确定专利申请日

1. 专利申请日

专利申请日是专利局或者代办处收到完整专利申请文件的日期。如果专利申请文件是通过邮局邮寄的,以寄出的邮戳日为申请日,邮戳日不清晰的,除当事人能够提供证明的外,以专利局收到专利申请文件的日期为专利申请日。

申请日对申请人具有重要意义,它是确定先申请人的依据,是判断申请是否具有新颖性、创造性的时间界限,也是专利授权后计算专利保护期的起始日。因此,申请日也称关键日。

2. 优先权和优先权日

专利申请日中的特殊问题是优先权制度。这里涉及两个很重要的概念即优先权和优先权日。优先权是指专利申请人第一次提出专利申请后,在法定期限内,又就相同主题的发明创造提出专利申请的,该在后申请被视为是在第一次提出申请的日期提出,申请人依法享有的这一权利为优先权,首次提出专利申请的日期为优先权日。根据《巴黎公约》及一些国家专利法的规定,优先权有外国优先权和本国优先权之分。① 前者也被称为国际优先权或国外优先权,后者又被称为国内优先权。

外国优先权,是指申请人就其发明创造第一次在某国提出专利申请后,在法定期限内,就相同主题的发明创造向另一国提出

---

① 优先权原则最早由《巴黎公约》确立,按照该《公约》第4条的规定,已经在该联盟的一个国家正式提出申请专利、实用新型注册、外观设计注册或商标注册的任何人,或其权利继承人,在其他国家就相关内容再次提出申请时,可以自在先申请提出之日起12个月(对发明专利和实用新型申请)或6个月(对外观设计申请)内应享有优先权。从制度渊源上看,这里所称的"优先权"应称为外国优先权。其后,外国优先权又适用于本国,产生了本国优先权制度。

专利申请的,依照有关国家法律的规定而享有的优先权。我国《专利法》第 29 条规定,申请人自发明或者实用新型在外国第一次提出专利申请之日起 12 个月内,或者自外观设计第一次提出专利申请之日起 6 个月内,又在中国就相同主题提出专利申请的,依照该外国同中国签订的协议或者共同参加的国际条约,或者依照相互承认优先权的原则,可以享有优先权。外国优先权的作用主要是使申请人在第一次提出申请后,有充裕的时间考虑自己还有无必要在哪些国家再提出申请,并有时间选择在其他国家代办手续的代理人,不必担心在这段时间里有其他人以相同主题在其他国家抢先申请专利。

在一国享有优先权的发明与另一国首次申请的最终结果无关,只要该首次申请在有关国家中获得了确定的申请日,就可作为要求国际优先权的基础。

我国《专利法》第 30 条规定,申请人要求外国优先权的,应当在向中国专利行政部门提交专利申请的时候提出书面声明。此外,《专利法》还要求申请人在提出专利申请之日起的 3 个月内提交第一次专利申请文件的副本。该副本应由受理该申请的外国专利局制作并予以证明。

本国优先权是指专利申请人将自己的发明创造第一次在一国提出专利申请,在法定期限内,又以同一主题的发明创造向该国提出专利申请而依法所享有的优先权。我国《专利法》第 29 条第 2 款规定,申请人自发明或者实用新型在中国第一次提出专利申请之日起 12 个月内,又向国务院专利行政部门就相同主题提出专利申请的,可以享有优先权。

本国优先权制度有何意义呢?在实践中,由于文献资料检索手段、语言、经费、时间等方面的限制,申请人经常对自己的发明创造的新颖性、创造性没有很大的把握,不知道到底是否该申请专利,担心不能被授权反而造成自己技术的公开。而利用国内优先权制度,则可以先提交一份初步申请取得申请日,使别人的公开不会影响自己已经取得的成果的新颖性和创造性,然后改进技术进一步提高其新颖性和创造性。在具备条件时可以再提交一份申请,并要求在先申请的优先权;如果因为种种原因而在法定时间内不能提高其新颖性和创造性,达不到专利性的要求,则还可以撤回在先申请,避免其技术的公开。

此外,有专家认为,由于我国的实用新型专利申请具有"授权容易并且快、但是授权后不稳定"的特点,而发明专利申请则具有"授权难度大并且耗时长、但是授权后较稳定"的特点,当申请人对自己的技术的新颖性、创造性没有很大的把握时,可以先提交实用新型专利申请,然后在改进技术方案以后再提交发明专利申请,并要求在先实用新型专利申请的优先权,从而使实用新型专利转换为发明专利,延长保护期;如果申请人认为自己的技术方案满足发明专利的授权条件而先提交了一份发明专利申请,但是考虑到产品的市场寿命比较短等因素,又希望尽快授权,则可以再提交一份实用新型专利申请,并要求在先发明专利申请的优先权,从而使发明专利转换为实用新型专利,缩短保护期。

可见,国内优先权制度既充分保护了申请人的利益,又促进了发明人提高其技术方案的积极性,从而推动了整个社会的技术进步。

申请人要求优先权后,可以撤回优先权要求。申请要求多项优先权的,可以撤回全部优先权要求,也可以撤回其中的一项或者几项优先权要求。

我国《专利法》第 30 条规定,申请人要求优先权的,应当在申请的时候提出书面声明且在 3 个月内提交第一次提出的专利申请文件的副本;未提出书面声明或者逾期未提交专利申请文件副本的,视为未要求优先权。

(二) 申请号的给予

申请号是专利局给予每一件被受理的专利申请的代码,它与专利申请是一一对应。所以,申请号是申请人向专利局办理各种手续时,指明该申请的最有效手段。

我国的专利申请号由 9 位数字(包括字符)及一个小数点组

成,分为四段,例如:99102112.4,第一段为前两位,表示提出专利申请的年份,如"99"表示1999年提出的申请;第二段由第三位数字组成,表示专利申请的种类,"1"表示发明(如果是"2"表示实用新型,"3"表示外观设计);第三段由第四到第八位组成,表示当年该类申请的序号数,如02112表示当年2112件申请;第四段由小数点及第九位的一个数字或符号组成,是计算机校验位,数字可以是0—9的任一数字,或者是字符X,如例中的"4"。

专利局应将确定的申请日,给予的申请号记录在受理通知书上,通知申请人。

(三)受理通知书和文件的法律效力

受理是一项重要的法律程序。专利申请被受理以后,从受理之日起就成为在专利局正式立案的一件正规申请,至少要产生以下的法律效力:

1. 在该申请存在(即未被撤回、视为撤回或者驳回)或者被公开后,将阻止任何在其申请日以后就同样的内容申请专利的申请人获得专利权。

2. 无论该申请受理以后的命运如何,除法律另有规定的以外,在法定时间内,该被受理的申请可以作为该申请人另一件后期提出的申请要求外国或者本国优先权的基础。

3. 该申请的申请文件从被受理之日起,可以作为申请人要求出具申请文件副本的依据。在该申请文件被按规定期限销毁以前,申请人可以按规定的手续,要求专利局出具申请文件副本。

4. 该申请文件是申请人在后续的审查程序中进行修改的基础。即申请人今后对专利申请的修改不得超出受理的说明书和权利要求书记载的范围,或者超出受理的外观设计图片或照片的范围。

(四)申请费的缴纳和减缓

1. 申请费的缴纳

我国《专利法实施细则》第92条规定,申请人应当在收到受理通知书后,最迟自申请之日起2个月内缴纳申请费、公布印刷费和必要的附加费;期满未缴纳或者未缴足的,其申请视为撤回。

申请人要求优先权的,应当在缴纳申请费的同时缴纳优先权要求费;期满未缴纳或者未缴足的,视为未要求优先权。

多缴、重缴、错缴专利费用的,当事人可以自缴费日起1年内,向国务院专利行政部门提出退款请求。

2. 申请费及其他费用的减缓

申请专利缴费确有困难的,可以请求专利局减缓申请费、审查费、维持费、复审费以及批准专利后前3年的年费,其他各种费用不能减缓。在提出申请的同时请求减缓的,申请被批准后可以一并减缓上述五种费用。在申请之后请求减缓的只能请求减缓除申请费以外的尚未开始交纳的其他四种费用。除申请费以外,减缓其他费用应当在该费用应当缴纳的期限届满前2个月提出。费用减缓请求由专利局审批,个人申请最多批准减缓80%,两个人以上或单位申请最多批准减缓60%。专利局同意提出减缓请求的,申请人或者专利权人发明创造取得经济效益或有其他收入后,应当补缴减缓的费用。

四、专利国际申请

按照《专利合作条约》(PCT)①规定的方式提出的申请称为国际申请。一般说来,国际申请是一个PCT缔约国的居民或者国民为得到几个缔约国的保护而提出的专利申请。随着经济一体化进程和技术传播速度的加快,申请国际专利保护的数量也将

一般来说,国际申请是一个《专利合作条约》缔约国的居民或者国民为得到几个缔约国的保护而提出的专利申请

迅猛发展,实施PCT以后,的确使发明者申请国际专利保护有了非常便利的条件,如申请人通过PCT程序可以使用本国文字向本国专利机关申请国际专利保护。我国新的《专利法实施细则》第

---

① 《专利合作条约》(PCT)是1970年在华盛顿签订、1978年生效的一个多边条约,它由世界知识产权组织(WIPO)国际局管理。

十章增加了关于国际申请的特别规定。

（一）专利国际申请的提出

按照 PCT 规定的方式提出的申请称为国际申请,即一个 PCT 缔约国的居民或者国民为得到几个缔约国的保护而提出的专利申请。我国已经于 1993 年 9 月 15 日加入 PCT,我国申请人自 1994 年 1 月 1 日起可以利用 PCT 途径申请外国专利。我国加入 PCT 之前,申请人只能按《巴黎公约》原则向外国提出专利申请。当申请人希望以一项发明创造得到多个国家(一般在 5 个国家以上)保护时,利用 PCT 途径是适宜的。因为通过 PCT 途径仅需向中国专利局提出一份国际申请,而免除了分别向每一个国家提出国家申请的麻烦。值得指出的是我国加入 PCT 之后,中国个人和单位仍然可以按照《巴黎公约》原则向外国提出申请。特别是在申请人仅需向一个国家或者少数几个国家申请专利时,利用《巴黎公约》途径是适宜的。

（二）国际申请的审批程序

1. 国际阶段

国际阶段是国际申请审批程序的第一阶段,它包括国际申请的受理、形式审查、国际检索和国际公布等必经程序以及可选择的国际初步审查程序。

中国个人或单位向中国专利局提出的国际申请,国际阶段中除国际公布由世界知识产权组织国际局统一进行外,其他程序都在中国专利局里进行。国际检索是指中国专利局按条约的规定对国际申请主题进行检索,找出与其相关的文献并指明其相关程度。PCT 规定的最低检索文献必须包括美国、德国、法国、英国、日本、俄罗斯(包括前苏联)、瑞士、欧洲专利局、非洲知识产权组织的专利文献,以及 169 种科技期刊。通常中国专利局在自国际申请日起 4 个月内作出国际检索报告。

国际初步审查是指中国专利局根据申请人请求对国际申请进行审查,并对请求保护的发明看来是否具有新颖性、创造性和工业实用性提出初步的、无约束力的意见。通常中国专利局在收到国际初步审查要求之日起 9 个月内作出国际初步审查报告。

2. 国家阶段

国家阶段是国际申请审批程序的第二阶段。当专利申请在国际阶段的工作结束后,在规定的时间内,PCT 专利申请人将按照申请时指定的国家或者在请求初步审查时选定的国家进入各个国家的国内审查阶段。PCT 专利申请是否能获得该指定国或选定国的专利,将由各指定国或选定国审查决定。

国家阶段在申请人希望获得专利权的国家的专利局(称为指定局或选定局)进行。它包括办理进入国家阶段的手续和在各指定局或选定局里进行的审批程序。在国际阶段中未在自优先权日起 19 个月内要求国际初步审查的国际申请,其进入国家阶段(指定局)的期限是自优先权日起 20 个月,在自优先权日起 19 个月内提出国际初步审查要求的国际申请,其进入国家阶段(选定局)的期限是自优先权日起 30 个月。国际申请进入国家阶段的主要手续是按各国规定递交国际申请文件的译本和缴纳规定的国家费用。国际申请进入国家阶段之后,由各国专利局按其专利法规规定对其进行审查,并决定是否授予专利权。我国《专利法法实施细则》第十章第 99 条至第 116 条对国际申请的有关程序和方式作了具体的规定。

第三节 专利申请的审批

一、初步审查

初步审查指对专利申请是否符合法律规定的形式要求以及明显的实质性问题进行的审查。我国《专利法实施细则》第 44 条对初步审查的内容作了具体规定,主要内容包括:

初步审查指对专利申请是否符合法律规定的形式要求以及明显的实质性问题进行的审查

(1) 发明专利申请是否具备《专利法》第 26 条所规定的专利申请文件;这些文件是否符合规定的

格式。

（2）申请专利的发明是否明显属于《专利法》第 5 条规定的违反国家法律、社会公德或妨害公共利益的发明创造。

（3）申请专利的发明是否明显属于《专利法》第 25 条规定的不授予专利权的范围。

（4）在中国没有经常居所或营业所的外国人、外国企业或其他组织是否有资格在中国申请专利；是否按规定委托了专利代理机构。

（5）发明专利申请是否采取一项发明一个专利申请。

（6）申请人对专利申请文件的修改是否符合《专利法》第 33 条的规定，是否明显超出原说明书和权利要求书记载的范围。

专利局在初步审查后，应将审查意见通知申请人，要求其在指定的期限内陈述意见或补正；申请人期满未答复的，其申请被视为撤回。申请人陈述意见或补正后，专利局仍认为不符合《专利法》规定的形式要求的，应当予以驳回。实用新型和外观设计专利申请，经初步审查没有发现驳回理由的，专利行政部门即作出授予实用新型专利权或外观设计专利权的决定，发给相应的专利证书，同时予以登记和公告。实用新型专利权和外观设计专利权自公告之日起生效。

二、公布申请

公布申请在理论上也叫早期公开，就是经过初步审查对符合形式条件的发明专利申请，在尚未经过实质性审查前进行公开。我国《专利法》规定，发明专利申请，经初步审查认

公布申请有利于公众对专利申请审批进行监督和协助

为符合法律规定的，自申请日起满 18 个月即行公布。但申请人可以基于一些合理的利益因素请求提前公布其申请，专利行政部门可以根据申请人的请求提前公布其申请。

公布申请的方式是在专利公报上登载专利申请书中记载的

事项和发明摘要以及出版发明说明书、权利要求书的全文单行本。

公布申请的主要目的是使公众可以及早自由阅读和索取有关文献,有利于公众对专利申请审批进行监督和协助。问题是发明专利申请公布以后,公众可以得知申请的内容,任何第三人都有可能实施该发明。为了维护申请人的合法权益,《专利法》对公布后的发明专利申请给予一定的保护,这在学理上叫临时保护。我国《专利法》第13条和《专利法实施细则》第77条规定,发明专利申请公布后,申请人可以要求实施其发明的单位或个人支付适当的费用。如果实施方拒绝申请人的请求,不予支付适当的费用,申请人可在专利权授予后,作为专利权人请求专利管理机关处理,或者直接向人民法院起诉,追索适当费用的支付。专利审查制度的特点决定了临时保护阶段为发明专利所独有。

三、实质审查

实质审查是发明专利申请公布以后,如果申请人已经办妥了实质性审查请求手续,受理专利申请部门针对发明专利申请是否符合新颖性、创造性和实用性条件所进行的审查。通常情况下,发明专利的实质审查依据申请人的请求而进行。我国《专利法》第35条规定,发明专利申请自申

实质审查是受理专利申请部门针对发明专利申请是否符合新颖性、创造性和实用性条件所进行的审查,它是发明专利获得授权的关键程序

请日起3年内,申请人可以随时提出实质审查的请求;申请人无正当理由逾期不请求实质审查的,该申请即被视为撤回。审查机关认为有必要时,可以自行就发明专利申请进行实质审查。根据我国《专利法实施细则》第53条及其相关条文的规定,实质审查的主要内容有:

1. 是否符合《专利法》第5条的规定,即申请专利的主题是否有违反国家法律、社会公德或者妨害公共利益的情况。这是一

个总原则,国家法律、社会公德和公共利益的褒义较为广泛,常因时期、地区不同而有所变化,有时由于原有的法律作了修改,某些限制因而被解除,因此根据《专利法》第5条进行审查时,应特别注意这一点。

2. 是否符合《专利法》第25条的规定,即申请专利的主题是否属于不能授予专利权的范围。

3. 是否符合《专利法》第33条的规定,即专利申请是否符合单一性的要求。

4. 是否符合《专利法》第31条的规定,即申请人对申请进行修改或提出分案申请时,是否超出了原说明书(包括附图)和权利要求书记载的范围。

5. 是否符合《专利法》及《专利法实施细则》中规定的发明定义,即对产品、方法或者其改进所提出的新的技术方案。

6. 是否符合《专利法实施细则》第18条的规定,即专利申请发明书的撰写是否符合规定的要求并对所要保护的发明作了清楚、完整的说明,使所属技术领域的技术人员能够实现。

7. 是否符合《专利法实施细则》第20条的规定,即权利要求书是否清楚和简要地表述了请求保护的范围,权利要求是否以说明书为依据,独立权利要求是否包含了为解决发明所要解决的技术问题的全部必要技术特征。

8. 是否符合在申请要求优先权的情况下,如果发现在优先权日与申请日之间其他人就同一主题提出了另外的专利申请,或者经过检索发现存在在此期间公开的相关对比文件时,则审查优先权要求是否成立;同时根据检索出的对比文件判断该发明专利申请的专利性。

专利局对发明专利申请进行实质审查后认为不符合法律规定的,应以书面形式通知申请人,要求其在指定的期限内陈述意见,或者对其申请进行修改;申请人无正当理由逾期不答复的,该申请即被视为撤回。发明专利申请经申请人陈述意见或进行修改后,仍然不符合规定的,应当予以驳回。实质性审查较为复杂,周期略长，一般需要一年或更长的时间，我国《专利法实施细则》第94条规定发明专利申请人自申请日起满2年尚未被授予专利权的，自第三年度起应当缴纳申请维持费。逾期不缴纳或缴纳费用不足的，申请将被视为撤回。

四、专利申请的授权

我国《专利法》第39条规定，发明专利申请经实质审查没有发现驳回理由的，由国务院专利行政部门作出授予发明专利权的决定，发给发明专利证书，同时予以登记和公告。发明专利权自公告之日起生效。

获得授权是申请人成为专利权人的标志，但需要申请人在法定时间内办理登记手续才会产生的法律后果

我国《专利法》第40条规定，实用新型和外观设计专利申请经初步审查没有发现驳回理由的，由国务院专利行政部门作出授予实用新型专利权或者外观设计专利权的决定，发给相应的专利证书，同时予以登记和公告。实用新型专利权和外观设计专利权自公告之日起生效。

应当注意的是，专利申请授权公告，不是专利局"依职权"的主动行为，而是需要申请人办理登记手续才会产生的法律后果。我国《专利法实施细则》第54条规定，国务院专利行政部门发出授予专利权的通知后，申请人应当自收到通知之日起2个月内办理登记手续。申请人按期办理登记手续的，国务院专利行政部门应当授予专利权，颁发专利证书，并予以公告。期满未办理登记手续的，视为放弃取得专利权的权利。

第四节　专利的复审和无效宣告

专利复审和无效宣告程序是专利法中两个重要的制度，它们独立于审批程序的各个阶段，是一种审查监督程序，其意义在于弥补专利审查中的失误，维护专利授权程序的公正合理。专利申请是经过严格的法律程序之后才被授权的,按理说,专利局授予的所有权应该是很准确的,不应该有失误。但无形财产的确权过程较为复杂,尤其是专利技术财产,其结构隐形,涉及面广,专利局受理申请案后,只能依据《专利法》规定,在既存条件下对专利申请案进行审查,以审查结果来决定是否授予专利权。由于受一些主客观因素的影响,难免会使少数不符合专利条件的专利申请被授予专利权,使一些人甚至是社会公众的利益受到损害,这是与专利制度的宗旨是违背的。为了避免这种错误授权的发生,各国的专利制度都安排了专利的复审和无效宣告程序,以弥补专利行政部门的工作失误。

一、专利复审

复审是指专利申请人对专利局驳回其专利申请不服的,请求专利复审委员会对其专利申请进行再次审查。专利复审委员会是根据我国《专利法》第 41 条规定而设立的受理复审申请的专门机构,隶属于国家知识产权局。

复审是指专利申请人对专利局驳回其专利申请不服的,请求专利复审委员会对其专利申请进行再次审查

根据我国《专利法》规定,复审请求人必须是被驳回专利申请的申请人,其他任何人都无权就该申请请求复审。复审请求应当在收到驳回专利申请决定的通知之日起 3 个月内提出。

专利申请人对专利复审委员会作出的决定仍然不服的,可以自收到通知之日起 3 个月内以专利复审委员会为被告,向北京市第一中级人民法院提起行政诉讼。

二、专利的无效宣告

专利的无效宣告,是指已经授予的专利权,因不符合《专利法》规定,由专利复审委员会宣告该专利权无效的法律行为。

(一) 无效宣告请求的理由

请求宣告专利权无效,必须提出和说明宣告专利权宣告的理

由。概括起来说,无效宣告请求的理由可以是授予专利权的发明创造违反了《专利法》规定的任何一项实质性要件或程序规则。各国专利法对这一点都有具体的规定,根据我国《专利法实施细则》第64条的规定,这些理由分为以下几类:

任何单位或个人认为专利权的授予不符合《专利法》有关规定的,可以向专利复审委员会提出宣告该专利权无效的请求

1. 授予专利权的发明创造不符合专利授权的实质性要件,即发明、实用新型不符合"三性"要求;外观设计不符合新颖性要求或者与他人取得的合法权利相冲突;授予专利权的发明创造违反国家法律、社会公德或者妨碍公共利益;发明创造属于不可专利的领域。

2. 专利申请文件不符合法律要求。包括说明书未对发明或者实用新型作出清楚、完整的说明或者权利要求书没有以说明书为依据;申请文件的修改超出了一定的范围等。

3. 违反了专利申请应遵循的先申请原则或者单一性原则。

(二) 审查决定

专利复审委员会对无效宣告的请求经审查后,作出的决定有三种:

1. 宣告专利权无效。
2. 宣告专利权部分无效。
3. 维持专利权继续有效。

请求人或专利权人对复审决定不服的,可以自收到通知之日起3个月内以专利复审委员会为被告,向北京市第一中级人民法院提起行政诉讼,寻求司法救济。

(三) 宣告无效的法律效力

依我国《专利法》第47条规定,专利复审委员会宣告专利权无效的决定产生以下两个法律效力:

1. 被宣告无效的专利权视为自始即不存在。这个法律效力不仅对双方当事人(请求人和专利权人)立即生效,而且对整个社

会公众都会发生效力,任何人在合法的范围内都可以利用已公开的发明创造,不存在侵权的问题。这体现了无效宣告决定有一定的追溯力及普遍约束力。①

2. 宣告专利权无效的决定,对在宣告专利权无效前人民法院作出并已执行的专利侵权的判决、裁定,已经履行或者强制执行的专利侵权纠纷处理决定,以及已经履行的专利实施许可合同和专利权转让合同,不具有追溯力。但是因专利权人的恶意给他人造成的损失,应当给予赔偿。

【参考书目】

[1] 吴汉东:《知识产权法》(第三版),中国政法大学出版社2004年版。
[2] 齐爱民主编:《现代知识产权法学》,苏州大学出版社2005年版。

【思考题】

一、名词解释

1. 专利复审
2. 无效宣告程序
3. 专利申请原则
4. 专利申请文件
5. 专利申请日
6. 专利国际申请

二、简答题

1. 在我国,如果你要对他人专利请求无效宣告,可以基于哪些理由?
2. 专利权无效的法律后果是什么?
3. 如何理解专利申请的单一性原则?
4. 按我国《专利法》规定,专利申请文件主要包括哪些?
5. 专利权利要求书与说明书有何关系?
6. 确定专利申请日的法律意义是什么?
7. 中国单位或个人如何向国外申请专利?
8. 在我国,享有优先权的条件是什么?

---

① 吴汉东:《知识产权法》(第三版),中国政法大学出版社2004年版,第183页。

9. 专利的初步审查与实质审查的区别是什么?
10. 专利申请公布的法律后果是什么?

三、论述题
1. 试论我国专利申请原则。
2. 论优先权制度的意义。

第二十一章　专利权的内容、期限和终止

第一节　专利权的内容

专利权的内容,是指由《专利法》直接规定的专利权人享有的权利和应履行的义务。

一、专利权人的权利

公民就其发明创造向国家专利管理机关提出专利申请,经过国家专利管理机关审核批准后,便可取得专利权。所谓专利权,是指民事主体依法对自己的发明创造在法律规定的时间内享有的专有权。

专利是否具有人身权内容,争议较大。专利财产权包括独占实施权、转让权、实施许可权、专利标记权、诉请保护权和放弃权

（一）专利人身权

按民法一般原理,民事权利分为人身权利和财产权利。作为民事权利,知识产权是否都有人身权和财产权的双重属性,目前仍有争论。一般认为,著作权具有人身权和财产权的内容,商标权、地理标志权、商业秘密权一般只有财产权的内容。对于专利权是否具有人身权内容,争议较大。

一种观点认为,专利权中包含人身权。诸如我国《专利法》就规定了发明人或设计人有权在专利申请文件中署名。①

另一种观点认为,专利权中并不包含人身权。其理由是专利权和专利文件中的署名权是相互独立的。署名权在专利权获得

---

① 吴汉东:《知识产权法》（第四版）,中国政法大学出版社2004年版,第184—185页。

前就已存在,并不受专利权变更的影响。此外,专利权人未必就是发明人或者设计人,专利申请权和专利权转让可以导致专利权人的变更。①

我们赞成第一种观点,即认为专利权包含人身权和财产权内容。给专利权赋予人身权,更能体现智力劳动成果的人身属性,更有利于营造良好的创造氛围。至于署名权在专利权获得之前就已存在,专利申请权和专利权转让可以导致专利权人的变更等现象并不影响专利人身权存在的事实,因为从主体上看,专利权的流转永远不会改变发明人或者设计人的身份或资格。即专利权主体的变更并不必然导致专利人身权主体的变更,一般说来,受让人只有享受专利带来的物质方面的权利,人身权并没有当然转让,此时,发明人或者设计人乃是专利人身权主体。

基于上述认识,我们认为,所谓专利人身权是指发明人或者设计人享有的专利权中与其人身方面不可分离的非物质权利。如专利发明人、设计人有权在专利文件中写明自己是该专利的发明人或设计人(即署名权),有权修改专利文件等。发明人或设计人署名权不因专利财产权的转让而消失。

我国《专利法》第17条规定,发明人或者设计人有在专利文件中写明自己是发明人或者设计人的权利。

有关世界公约和一些国家的专利法对发明人或者设计人人身权利的保护也主要体现在专利人享有署名权上。如《巴黎公约》第4条之三规定:"发明人有权要求在专利证书上记载自己是发明人的权利。"现在越来越多的国家愈发重视发明人、设计人的署名权,不仅要求在专利证书上注明发明人、设计人的姓名,而且在专利申请案上也要写明真正的发明人、设计人。②

(二)财产权利

专利财产权是指专利权人因依法享有的具有经济内容的权

---

① 刘春田:《知识产权法》(第二版),高等教育出版社、北京大学出版社2003年版,第218页。
② 刘春茂:《中国民法学·知识产权》,中国人民公安大学出版社1997年版,第450页。

利。作为工业产权范畴的权利,专利权的价值集中体现在其财产内容上,权利人通过对其专利进行实施或许可实施,实现发明人或者设计人脑力劳动成果的经济价值和社会价值。

我国《专利法》第10条、第11条、第12条和第15条对专利财产权作了相应的规定,据此,我国专利权人的专利财产权包括以下几个方面:

1. 独占实施权

专利权是权利人在一定期限内对发明创造享有的独占权,这种独占性权利具有强烈的排他性,即专利权人有禁止他人不经许可实施其专利的权利。正是凭借这种禁止权专利权人才能获取独占利益。按照我国《专利法》第11条规定,发明或实用新型专利权被授予后任何单位或个人未经专利权人许可,都不得实施其专利,即不得为生产经营目的制造、使用、许诺销售、销售、进口其专利产品,或者使用专利方法以及使用、许诺销售、销售、进口依照该专利方法直接获得的产品。外观设计专利权被授予后,任何单位和个人未经专利权人许可,都不得实施其专利,即不得为生产经营目的制造、销售、进口其外观设计专利产品。

因此,在我国,发明或实用新型专利权人独占实施权包括了制造权、使用权、许诺销售权、销售权、进口权,外观设计专利权人独占实施权包括了制造权、销售权、进口权。这些是构成专利权人最基本的权利。

2. 转让权

转让是指专利权人将其专利权转移给他人所有。专利权转让的方式有出卖、赠与、投资入股等。我国《专利法》第10条规定,专利申请权和专利权可以转让。转让专利权的,当事人应当订立书面合同,并向国务院专利行政部门登记,由国务院专利行政部门予以公告。专利权的转让自登记之日起生效。

3. 实施许可权

实施许可是指专利权人许可他人实施专利技术并收取专利使用费的行为。我国《专利法》第12条规定,许可他人实施专利的,应当订立书面合同。有关专利实施许可合同的订立、双方当事人的权利和义务、合同的履行以及违反合同的法律责任等问题,由《合同法》予以调整规范。

4. 标明专利标记和专利号的权利

我国《专利法》第15条规定,专利权人有权在其专利产品或者该产品的包装上标明专利标记和专利号。我国《专利法》将标明专利行为当作一种权利,而在有些国家,如美国的专利法将注明专利标记作为专利权人的一种义务来规定,要求专利权人在其产品或包装上标明专利标记,其目的就是防止他人在不知情的情况下实施专利。

5. 诉请保护权

即当专利权被他人侵害时,专利权人享有依法请求司法机关给以保护的权利。当他人未经专利权人许可,实施其专利,即为生产经营目的制造、使用、许诺销售、销售、进口其专利产品时,专利权人享有请求行政机关进行处理的权利,也享有起诉至法院,要求侵权人停止侵害、赔偿损失的权利。通过赔偿经济损失,专利权人的物质方面的权利在诉讼中就充分体现出来了,正因为如此,西方国家在专利制度之初就把专利权(及其他知识产权)称为"在诉讼中体现出的财产权"。我国《专利法》第11条、第57条和第61条的有关规定,体现了专利权人的诉请保护权。

6. 放弃权

即当专利权人认为自己不需要再继续维持其专利权时,可以用书面形式声明放弃专利权,也可以以不缴纳专利维持费的方式自动终止专利权。我国《专利法》第44条和《专利法实施细则》第96条对此作了规定。

二、专利权人的义务

根据各国专利法,专利权人的义务主要包括缴纳年费、充分公开其发明创造和不滥用其专利权。

(一)缴纳年费

所谓专利年费是专利法规定的,为维持专利权的效力,由专利权人逐年向国家有关部门缴纳的费用。这是实行专利制度国家要求专利权人履行的普遍义务。专利权人一般自被授予专利权的当年开始缴纳年费。

年费应在规定的期限内缴纳,是各国专利法的通例,如果专利权人未

根据各国专利法,专利权人的义务主要包括缴纳年费、充分公开其发明创造和不滥用其专利权

能在法定期限内缴纳是否会导致专利权的丧失呢?对此,世界上有两种做法:一是专利权失效或被撤销。采此种做法的国家不多,只有阿根廷、委内瑞拉和危地马拉等国。二是规定一个宽限期,在宽限期内补交,但要支付一定的滞纳金。这种做法为大多数国家所采纳。①

我国《专利法》第43条规定,专利权人应当自被授予专利权的当年开始缴纳年费。我国《专利法实施细则》第96条规定,专利权人未按时缴纳授予专利权当年以后的年费或者缴纳的数额不足的,国务院专利行政部门应当通知专利权人自应当缴纳年费期满之日起6个月内补缴,同时缴纳滞纳金;滞纳金的金额按照每超过规定的缴费时间1个月,加收当年全额年费的5%计算;期满未缴纳的,专利权自应当缴纳年费期满之日起终止。《巴黎公约》第5条(之二)规定,缴纳规定的工业产权维持费,得允许至少6个月的宽限期。

关于年费的法律性质,理论界存在不少学说。从功能上看,一般认为征收年费的主要作用是:

(1)弥补专利管理部门费用支出。专利行政部门在受理、审查、公布、授权和管理工作中,要投入大量的人力物力,为了减少财政上的压力,国家往往要求专利权人缴纳一定的年费。

(2)促使专利权人尽早放弃专利权,从而使专利技术早日进入公有领域,进一步促进社会发展。同时,由于专利年费是按阶

---

① 刘春茂:《中国民法学·知识产权》,中国人民公安大学出版社1997年版,第459页。

段逐步增高的(专利年费的数额一般每3年递增一个幅度)。随着时间的推移,专利权人的经济压力会逐步加大,这样可以使专利权人放弃一些没有经济价值或经济价值较低的专利。

我国专利年费标准　　　(费用单位:人民币元)

发明专利	每年费用	实用新型	每年费用	外观设计专利	每年费用
1—3 年	900	1—3 年	600	1—3 年	600
4—6 年	1200	4—5 年	900	4—5 年	900
7—9 年	2000	6—8 年	1200	6—8 年	1200
10—12 年	4000	9—10 年	2000	9—10 年	2000
13—15 年	6000				
16—20 年	8000				

资料来源:《国家计委、财政部关于调整专利收费标准的通知》(计价格[2000]2441号)。

(二)充分公开发明创造

所谓充分公开发明是指专利权人应当在专利申请文件中将发明、实用新型或者外观设计的内容,详细、清楚、准确、完整地加以阐述,同时专利行政管理部门以让公众知晓该专利申请的技术内容为目的,依法以一定的方式公布该申请的行为。公开的方式一般有出版物公开、使用公开和其他方式公开。其他方式公开主要指口头公开,例如,口头交谈、报告、讨论会发言、广播或电视等使公众得知技术内容。如果专利权人没有充分公开其发明创造,任何人都可以请求宣告其专利权无效。我国《专利法》第34条作了相关规定。专利申请公开后,难免有人会模仿申请人的发明创造,为了维护申请人的合法权益,《专利法》对公布后的发明专利申请给予临时保护。

(三)专利权不得滥用

专利权不得滥用是指专利权人应当在法律所允许的范围内选择其利用专利权的方式并适度行使自己的权利,不得损害他人的知识产权和其他合法权益。如以前述的标记权为例,专利权人必须真实地标记专利的种类、专利权的状态等基本内容。如果专利权已经终止或者无效时,原专利权人不应再作任何专利标记,必要时还应当声明取消已经做出的标记,否则就构成对公众的欺骗,就要承担冒充专利的法律责任。再如,如果专利权人向受让人提出限制竞争和技术发展的交易条件、非法垄断技术、泄露国家秘密的专利等,也属滥用权利行为,必须予以禁止。

第二节 专利权的期限和终止

一、专利权的期限

为了公共利益需要,同时也为了反对保守,鼓励创新,激励人们不断开发新技术,各国都在专利法上安排了专利权保护期,超过专利权期限,专利进入公有领域,为全人类所有,任何人都可以无偿使用。专利期限的长短要适当,太长不利于技术进步

专利权都有期限。超过专利权期限,专利进入公有领域,为全人类所有,任何人都可以无偿使用

和公众需求,太短不利于发明设计人经济收益和创新激励。各国专利法对专利的保护期,一般规定在 10—20 年间,大部分国家对发明专利都规定了较长的保护期限,一般为 15 年左右。如美国、加拿大等国专利法规定的发明专利权保护期为 17 年,自授权之日起算。北欧诸国如芬兰、瑞典、挪威等国的专利法规定的保护期也是 17 年,但是自申请日起计算。英国、法国、德国等国专利法规定的发明专利权保护期是 20 年,自申请之日起算,而在日本则是自公告之日起 15 年,但不得超过申请日起 20 年。TRIPs 协议要求发明专利的保护期为 20 年,自申请日起算。[①] 近年来,由于药品注册审批的特殊要求和由此造成的实际专利保护期限的缩短,美国、日本、欧盟、韩国、澳大利亚、以色列和新加坡等国家

---

① 刘春田:《知识产权法》(第二版),北京大学出版社、高等教育出版社 2003 年版,第 221 页。

或地区均补充设立了药品专利保护期的延长制度,然而这一举动却导致发展中国家,特别是最不发达国家的不安。因为专利保护也是一把双刃剑,它一方面可以促进药品的创新和开发,为社会提供更多更好的新药,但同时也会在一定期限内造成专利权人的垄断,抑制市场自由竞争,造成药品价格的居高不下,从而加重了患者治疗和公众保健的负担。正是由于上述情况导致了知识产权制度与公共健康关系的热烈争议。

根据我国《专利法》第 42 条之规定,发明专利权的期限为 20 年,实用新型专利权、外观设计专利权的期限为 10 年,均自申请日起计算。此处的申请日,是指向专利局提出专利申请之日,但不包括优先权日。对于享有优先权的专利申请,其专利权的保护期限不是自优先权日起计算,而是自专利申请人向专利局提交专利申请之日起计算。

需要注意的是,由于法律的修订,造成了专利权期限的复杂性。自我国 1992 年依照 TRIPs 协议的要求将发明专利的保护期延长为 20 年,将实用新型和外观设计专利的保护期延长为 10 年之后,为了履行 TRIPs 协议第 70 条的要求,2001 年我国再一次就一部分发明专利的期限延长事宜作了规定。因此,一段时期内我国将存在四种不同的专利保护期。这就是:

(1) 1993 年 1 月 1 日(1992 年修订后的专利法实施之日)后提出的发明专利申请所获得的发明专利——20 年;

(2) 1993 年 1 月 1 日前提出的申请所获得的发明专利——15 年;

(3) 1993 年 1 月 1 日后提出的申请所获得的实用新型专利和外观设计专利——10 年;

(4) 1992 年 12 月 31 日前(含当日)提出申请、到 2001 年 12 月 11 日仍然有效的发明专利,其专利权期限延长为自申请日起 20 年。

在专利转让、许可贸易中、专利评估中和在专利执法中,必须考虑保护期是否已届满的问题。①

二、专利权的终止

专利权的终止,是指专利权因某种法律事实的发生而导致其效力灭失的情形。导致专利权终止的法律事实有:

> 专利权终止的原因主要有:保护期届满;专利权人不按照规定缴纳年费;专利权人放弃其专利权

(一)保护期届满

从理论上说,这是专利权终止的最一般原因,但实践中因此而终了的情况并不多,更多的情况是如下述的第(二)种情况。

(二)在保护期届满前,因专利权人没有按照规定缴纳年费

(三)保护期届满前,专利权人以书面形式声明放弃其专利权

值得注意的是,放弃专利权时,如果专利权是由两个以上单位或个人共有的,必须经全体专利权人同意才能放弃;如果专利权人在已经与他人签订了专利实施许可合同许可他人实施其专利的情况下,放弃专利权时应当事先得到被许可人的同意,并且还要根据合同的约定,赔偿被许可人由此造成的损失,否则专利权人不得随意放弃专利权。

【参考书目】

[1] 郑成思:《知识产权法》,法律出版社1997年版。
[2] 刘春茂:《中国民法学·知识产权》,中国人民公安大学出版社1997年版。

【思考题】

一、名词解释

专利年费

---

① 郑成思:《知识产权法》,法律出版社1997年版,第254页。

二、简答题
1. 专利权的基本内容是什么？
2. 专利申请人充分公开其发明创造的法律意义及后果是什么？
3. 为何一段时期内我国存在多种不同的专利保护期？
4. 专利权的终止的原因是什么？

第二十二章 专利权的行使与限制

第一节 专利权的行使

一、专利权行使的法律特征

申请人以一定的时间和经济代价为其发明创造申请专利,其目的就是运用其可能获得的专利获取更大的经济回报。获得的专利后,申请人的经济利益能否实现,取决于专利权的行使。所以,专利权的行使就是专利权人依法对其专利进行利用以实现其经济收益的行为。该行为具有一些基本法律特征。[①]

专利权行使的法律特征有:专利权行使的主体是专利权人、客体是有效专利、内容是对专利进行利用和处分、方式灵活多样

(一)专利权行使的主体是专利权人

只有专利权人才能依法对被授予专利权的发明创造行使独占制造、使用、许诺销售、销售、进口的权利。专利实施许可合同的被许可人实施专利发明创造,是专利权人行使专利权的方式,被许可人依合同所行使的权利不属于专利权的行使。强制实施和指定实施是由国务院专利行政部门批准或国务院批准的,由此而实施专利的,也不是专利权人对其专利权的行使。

(二)专利权的行使的客体必须是有效专利

一方面,专利未决申请不能成为专利权行使的客体。只有取得了专利权,专利申请人的地位才转变为专利权人。虽然专利权被授予后,专利权的保护期限自申请日开始计算,但这并不意味着专利申请人自申请日起就享有专利权。只有在专利权被授予

---

① 张玉敏:《知识产权法学》,中国检察出版社 2002 年版,第 197 页。

后,专利权人依法对专利所行使的权利,才是专利权的行使。另一方面,由于不符合法律上的规定,有的发明创造不能成为专利权行使的客体,如专利权被宣告无效或已经终止的,假冒他人专利或冒充专利的。

(三)专利权行使的内容是依法对专利权进行利用和处分

对专利权的利用,主要是指对专利权的实施,包括专利权人自己实施和许可他人实施;对专利权的处分,是指专利权人依法将专利权转让给他人,转让完成后,受让人成为新的专利权人,原专利权人丧失专利权主体资格。

(四)专利权行使的方式灵活多样

专利权人既可以自己实施专利,也可以许可他人实施其专利,既可以实现专利也可以转让专利,还可以把专利当作一项无形资产进行投资。

二、专利权行使的主要方式

作为一项民事权利,法律应该允许专利权的各项权能得以充分实现。专利权人在不违反法律规定的前提下,有权依照自己的意愿对专利作出任何方式的处分。以专利实施主体标准来分,专利权的行使可分为自行行使和授权行使两大方式。按我国有关法律规定,专利权人对专利的利用一般有以下几种具体方式:

以专利实施主体标准来分,专利权行使的主要方式有:专利权人自行行使专利权、专利权人授权他人行使专利权

(一)专利权人自行行使专利权

即发明和实用新型专利权被授予后,专利权人按照《专利法》第11条规定制造、使用、许诺销售、销售、进口其专利产品,或者使用其专利方法以及使用、许诺销售、销售、进口依照该专利方法直接获得的产品。外观设计专利权被授予后,专利权人可为生产经营目的制造、销售、进口其外观设计专利产品,或以其他任何一

种方式合法实施专利。

(二)专利权人授权他人行使专利权

对于专利权的授权行使,各国法律一般都要求授权方与收权方通过签订合同来实现,故下文将重点通过几种常见的、重要的合同来介绍授权行使方式。

1. 专利权转让

专利权转让是专利权人将其依法享有的专利权转让给另一方当事人并收取一定报酬的法律行为。现代市场经济社会,专利权人不可能都由自己实施,往往用转让专利权的方式收回技术研究开发成本,并从中获取利润。专利权转让实现后,原专利权人即丧失专利权主体资格,受让人成为新的专利权人。转让方的基本义务是将其所有的专利权移交受让方所有,受让方的基本义务是向转让方支付约定的价款。对于专利权的转让,各国法律一般都要求转让方与受让方通过签订合同来实现。专利权作为无形财产,其转让既适用专利法的有关规定,也适用合同法的有关规定,属于技术转让合同的一种。根据我国《专利法》的规定,专利权转让合同的转让方既可以是法人,也可以是公民。专利权转让合同的标的是对专利技术的所有权,即合同生效以后,受让方成了专利技术的新的所有者,而转让方不再对其享有所有权。专利买卖合同具有一般财产买卖合同的法律特征。依照这种形式实现专利权的转让,其最大的特征是有偿性,即基于转让方与受让方的意思表示一致,而实现专利权的有偿转让。

专利权人还可以用赠与的方式让出其专利,即专利权人无偿地将专利权转移给他人。通过这种形式,原专利权人在赠与实现后丧失专利权人身份,受赠人接受赠与而成为新的专利权人。

无论采用上述哪一种形式来实现专利权的转让,当事人都必须订立书面合同,并向专利局登记,由专利局予以公告。专利权的转让自登记之日起生效。中国单位或个人向外国人转让专利权的,必须经国务院有关主管部门批准。

我国《专利法》第10条规定,专利申请权和专利权可以转让。

这里要注意的是,专利权转让与专利申请权转让有实质性区别,主要是:

第一,从主体上看,专利权转让主体是专利权人,而专利申请权转让主体是发明人、设计人或其所在单位。专利申请权转让后,发明人、设计人或其所在单位丧失就该发明创造申请专利的权利,但不丧失在专利申请文件中表明自己是发明人、设计人的权利。专利申请权转让以后,转让方在法律上没有保证受让方未来一定能够取得专利权的义务,但应保证所转让的技术符合合同所约定的条件,保证自己对该项技术有处分权。

第二,从客体上看,专利权转让的是已经获得专利的发明、实用新型或外观设计,而专利申请权转让的是属于秘密状态的非专利技术。

第三,从内容上看,专利权转让的是一种财产权,而专利申请权转让的是一种资格。专利权转让是专利权人将已经取得之专利权让渡与他人,专利权转让后,原专利权人丧失其专利权主体的身份,受让人成为专利权人。专利申请权转让,是发明创造完成后,发明人、设计人或其所在单位将就该项发明创造申请专利的资格依法转让给他人,不是技术转让的一种形式。

在实践中,专利权人在行使其专利权时,尤其是进行专利权转让或许可他人实施专利时,往往伴随着非专利技术的转让。一般认为,非专利技术转让中所转让的技术的使用权,如商业秘密的转让,往往仅转让使用权而不是所有权,商业秘密人仍然可以自己使用。非专利技术转让中一般必须通过非专利技术转让合同这种形式予以实现,我国《合同法》第18章第3节对此有相关规定。当专利技术与非专利技术一并转让时,技术所有人最好与受让人就非专利技术转让单独订立合同。当然非专利技术转让合同,有时是与专利权转让合同或专利实施许可合同合二为一的。无论采用什么形式实现的非专利技术转让,就其转让标的而言,都具有非专利性,即国家法律无法就这类技术给予专利保护。因而,在非专利技术转让合同中,保密义务和责任往往成为转让方和受让方关心的焦点和重心。

2. 专利的实施许可

专利的实施许可,指专利人通过专利实施许可合同授权其他单位或个人实施其取得专利权的发明创造的法律行为。专利权人被称为许可方,对方被称为被许可方。这里也涉及专利实施许可合同问题。专利实施许可合同,亦即专利许可证贸易合同,是许可方和被许可方就实施专利的方式、期限、地域范围等有关事项达成的协议。

(1) 专利实施许可合同的主要内容

即专利实施许可合同的主要条款,一般包括以下几方面:

第一,专利技术的内容和专利的实施方式;

第二,实施许可合同的种类;

第三,实施许可合同的有效期限和地域范围;

第四,技术指导和技术服务条款;

第五,专利权瑕疵担保和保证条款;

第六,专利许可使用费用及其支付方式;

第七,违约责任以及违约金或者赔偿损失额的计算方法。

除了上述内容外,还可以就当事人双方认为必要的其他事项进行约定。例如,不可抗力条款、专利技术改进成果的归属、争议的解决办法、关键名词和术语的解释等。

(2) 专利实施许可合同的种类

第一,普通实施许可合同,也叫一般实施许可合同或非独占许可合同。是指合同的被许可方根据许可方的授权在合同约定的时间和地域范围内,按合同约定的使用方式实施该专利,同时专利权人保留了自己在同一地域和时间实施该专利以及许可第三人实施该专利的权利的协议。

第二,独家实施许可合同,也叫排他实施许可合同或部分独占许可合同。是指被许可方在约定的时间和地域范围内以合同约定的使用方式享有对专利的排他性实施权,在合同约定的时间和地域范围内,专利权人不得再许可任何第三人以与此相同的方式实施该项专利,但专利权人仍然保留自己实施专利的权利的协议。

第三,独占实施许可合同,也叫完全独占性许可合同。是指专利权人许可被许可方在合同约定的时间和地域范围内,以合同约定的使用方式对专利进行独占性实施,从而排斥包括专利权人在内的一切人实施该项专利的协议。在独占实施许可合同约定的时间和地域范围内,被许可方是该专利唯一的使用者。

第四,相互交换实施许可合同,也叫交叉实施许可合同或相互许可合同。是指许可方与被许可方就相互允许使用彼此专利的协议。相互交换实施许可合同存在两项有效专利为前提,许可方与被许可方双方各自实施对方的专利技术,双方既是对方专利实施的被许可方,又是对方专利实施的许可方。

第五,分实施许可合同,也叫分售许可合或分许可合同。在专利实施许可合同中,许可方允许被许可方就同一专利再与第三人订立许可合同,由第三人在合同约定的期限和地域范围内实施该项专利,则被许可人与第三人签订的后一种实施许可合同就是分实施许可合同。分实施许可合同只能从属于基本的实施许可合同,不得有任何超越行为。分实施许可合同的存在关键是基本的实施许可合同的规定,如果合同允许专利实施许可的被许可方除了取得在规定的时间、地域范围内自己使用许可方的专利外,还可以许可第三方部分或全部实施专利,那么就会产生分实施许可合同。

3. 质押

专利权质押是指债务人或者第三人将其专利权移交债权人占有作为债权的担保,当债务人不履行债务时,债权人有权依法以该专利权折价或者以拍卖、变卖该专利权的价款优先受偿。其中,债务人或者第三人为出质人,债权人为质权人,用以质押的专利权为质物。我国《担保法》第 75 条规定:依法可以转让的商标专用权,专利权、著作权中的财产权可以质押。根据《担保法》第 79 条,以依法可以转让的专利权中的财产权出质的,出质人与质权人应当订立书面合同,并向其管理部门办理出质登记,质押合同自登记之日起生效。这里要明确几点:(1)专利权质押合同为要式合同,以管理部门准予登记为生效条件,而不是像动产质押以质物移交于质权人占有为条件,也不同于其他条款的权利质押的生效条件。(2)质押合同可以是单独订立的书面合同,也可以是主合同中的担保条款。(3)权利出质后,出质人不得转让或者许可他人使用,但经出质人与质权人协商同意的可以转让或者许可他人使用。出质人所得的转让费、许可费应当向质权人提前清偿所担保的债权或者向与质权人约定的第三人提存。在我国,管理部门是指国家专利局,具体受理、审核、登记、收费等工作由国家专利局专利工作管理部专利市场处负责。

此外,我国《专利权质押合同登记管理暂行办法》对出质人的主体资格和条件、专利权质押合同的内容、质押合同登记条件、登记程序、内容审查、专利著录项目变更、质押合同的生效、变更及消灭的条件等作了具体规定。

4. 出资

所谓专利权出资就是专利权人拥有的专利权客体通过依法评估作价后,作为资本投入市场运作的行使专利权行为。在近年的风险投资实务操作过程中,知识产权资本化是一个热点问题,知识产权出资,特别是专利技术出资的在项目投资中得到越来越广泛的使用。我国2005年新修订的《公司法》第27条对于知识产权出资问题作了规定,但总的来说,目前我国对技术出资进行规范的法律还很不完善。专利权出资,应该注意以下一些主要问题:

(1)专利权的评估作价。专利权人以专利权投资前,必须委托工商行政登记的评估机构对专利权进行评估作价,而且需要到国家知识产权局办理专利权的转移手续。

(2)国有专利的备案。以专利权出资,其中涉及国有资产的,评估结果报国有资产主管部门备案。

(3)专利权出资比例。旧《公司法》中规定以工业产权、非专利技术作价出资的金额不得超过有限责任公司注册资本的20%，高新技术成果入股最高可以占到35%。但是新《公司法》仅仅规定全体股东的货币出资金额不得低于有限责任公司注册资本的30%。这意味着无形资产可占注册资本的70%，大大放宽了知识产权出资额，有利于鼓励高科技公司的健康成长。出资比例应当在公司章程中作出规定。

此外，在以专利权出资入股的实际操作过程中，应当协议约定该项专利权入股使用的范围，专利权人对该项技术保留的权利范围，以及违约责任等。同时，专利权人应对该项专利合法享有出资入股的处分权利，保证公司对该专利权可以对抗任何第三人。

第二节 专利权限制

为了平衡专利权人与相对人的利益，专利制度在允许专利权人的技术垄断的同时，也对专利权作了适当的限制。《保护工业产权巴黎公约》第5条A部分之（2）规定："本联盟各国都有权采取立法措施规定授予强制许可，以防止由于行使专利所赋予的专利权而可能产生的滥用，例如：不实施。"TRIPs协议第31条也规定了未经权利持有人许可的其他使用专利权的限制。

专利权的限制是指在法律规定的情况下，他人可以不经专利权人许可而实施其专利，且该实施行为不视为对专利权的侵犯。

从广义上理解说，对专利权限制可以包括地域限制、时间限制和权能限制。专利权地域限制是指依据一国专利法而获得的专利权仅在该国地域内有效，受该国法律保护。专利权时间限制，是指专利权仅在法定的有效期内存在，受到法律保护。专利权权能限制是指他人依法不经专利权人许可而实施其专利的行为。专利权的地域限制和时间限制方式本书已有论述，在此不再赘述。按我国《专利法》规定，对专利权权能所作的限制有两类：一是专利实施的强制许可，二是不视为侵犯专利权的行为。

第二十二章 专利权的行使与限制 ★

一、专利实施的强制许可

强制许可也称非自愿许可,是指国家专利主管机关,根据法定事实,不经专利权人许可,允许他人实施发明或者实用新型专利的法律规定性。

强制许可也称非自愿许可,是指国家专利主管机关,根据法定事实,不经专利权人许可,允许他人实施发明或者实用新型专利的法律规定性

(一)强制许可的情形

我国《专利法》规定了三种情况下的强制许可:

1. 未能合理地得到专利权人许可的强制许可

未能合理地得到专利权人许可的强制许可是指在专利权人滥用权利的情况下,国家专利机关不经专利人同意,通过行政强制的方式直接向申请实施者签发的实施许可。我国《专利法》第48条规定,具备实施条件的单位以合理的条件请求发明或者实用新型专利权人许可实施其专利,而未能在合理长的时间内获得这种许可时,国务院专利行政部门根据该单位的申请,可以给予实施该发明专利或者实用新型专利的强制许可。我国《专利法实施细则》第72条规定了适用不实施时的强制许可必须具备的条件:

(1)申请实施专利的单位具备实施条件;

(2)自专利权被授予之日起满3年后,任何单位均可以依照《专利法》第48条的规定,请求国务院专利行政部门给予强制许可;

(3)应有强制许可请求,申请强制许可的,应当向国务院专利行政部门提交强制许可请求书,说明理由并附具有关证明文件。

2. 为公共利益目的的强制许可

为公共利益目的的强制许可是指基于社会公共利益,在法律规定的紧急情况出现时,国家专利机关不经专利人同意,对专利权人的专利给予强制许可使用。我国《专利法》第49条规定,在

国家出现紧急状态或者非常情况时,或者为了公共利益的目的,国务院专利行政部门可以给予实施发明专利或者实用新型专利的强制许可。为公共利益目的的强制许可适用的基本条件是:

(1)国家出现非常情况,如发生战争、社会动乱、重大自然灾害等影响社会稳定甚至是国家安全的情况;

(2)为公共利益需要而非商业利益需要;

(3)不受时间限制。

3. 从属专利的强制许可

从属专利的强制许可是指根据专利之间的相互关系由国家专利机关依据申请给予的强制许可。我国《专利法》第50条规定,一项取得专利权的发明或者实用新型比以前已经取得专利权的发明或者实用新型具有显著经济意义的重大技术进步,其实施又有赖于前一发明或者实用新型的实施的,国务院专利行政部门根据后一专利权人的申请,可以给予实施前一发明或者实用新型的强制许可。从属专利的强制许可的适用条件是:

(1)两项专利存在依存关系,若不侵犯前一专利则后一专利无法开发,即后一专利的实施有赖于前一专利;

(2)后一专利比前一专利具有显著经济意义的重大技术进步。TRIPs协议第31条(L)款之(1)项对此作了描述:"第二专利之权利要求书所覆盖的发明,比起第一专利之权利要求书所覆盖的发明,应具有相当经济效益的重大技术进步。"

(3)要有后一专利权人的申请,方给予实施前一专利的强制许可。

(二)申请强制许可的法律程序

根据我国《专利法》第六章和我国《专利法实施细则》第72条、第73条的有关规定,申请强制许可应该遵循以下法律程序:

1. 申请实施强制许可的单位或者个人,应当向国务院专利行政部门提交强制许可请求书,说明理由并附具应当提出未能以合理条件与专利权人签订实施许可合同的证明文件各一式两份。

2. 国务院专利行政部门应当将强制许可请求书的副本送交

专利权人,专利权人应当在国务院专利行政部门指定的期限内陈述意见;期满未答复的,不影响国务院专利行政部门作出关于强制许可的决定。

3. 国务院专利行政部门作出的给予实施强制许可的决定,应当及时通知专利权人,并予以登记和公告。给予实施强制许可的决定,应当根据强制许可的理由规定实施的范围和时间。强制许可的理由消除并不再发生时,国务院专利行政部门应当根据专利权人的请求,经审查后作出终止实施强制许可的决定。

4. 专利权人对国务院专利行政部门关于实施强制许可的决定不服的,专利权人和取得实施强制许可的单位或者个人对国务院专利行政部门关于实施强制许可的使用费的裁决不服的,可以自收到通知之日起3个月内向人民法院起诉。

(三) 对强制许可适用的限制

虽然强制许可是为了限制专利权的垄断,防止权利滥用,但却不是随意使用的,专利制度在安排强制许可的同时,也作出了限制适用的规定。对此,《保护工业产权巴黎公约》和TRIPs协议都作了严格的规定。根据我国《专利法》和《专利法实施细则》的规定,我国适用强制许可的限制主要有:

1. 权能的限制方式

取得实施强制许可的单位或者个人不享有独占的实施权,并且无权允许他人实施。

2. 支付使用费的限制方式

取得实施强制许可的单位或者个人应当付给专利权人合理的使用费,其数额由双方协商;双方不能达成协议的,由国务院专利行政部门裁决。请求国务院专利行政部门裁决使用费数额的,当事人应当提出裁决请求书,并附具双方不能达成协议的证明文件。国务院专利行政部门应当自收到请求书之日起3个月内作出裁决,并通知当事人。

3. 实施范围的限制方式

国务院专利行政部门作出的给予实施强制许可的决定,应当限定强制许可实施主要是为供应国内市场的需要;强制许可涉及的发明创造是半导体技术的,强制许可实施仅限于公共的非商业性使用,或者经司法程序或者行政程序确定为反竞争行为而给予救济的使用。我国这一规定是根据 TRIPs 协议第 31 条(c)项而制定的。这就是说,对于涉及半导体技术发明创造的强制许可,要更加严格限制。

4. 时间的限制方式

给予实施强制许可的决定,应当根据强制许可的理由规定实施的范围和时间。强制许可的理由消除并不再发生时,国务院专利行政部门应当根据专利权人的请求,经审查后作出终止实施强制许可的决定。

二、不视为侵犯专利权的行为

根据我国《专利法》第 63 条的规定,有下列情形的,不视为侵犯专利权。

我国不视为侵犯专利权行为的是:专利权用尽、先用权人的实施、临时过境、为科学研究而使用

(一)专利权用尽

所谓专利权用尽是指专利权人制造或者经专利权人许可制造的专利产品售出后,使用或者再销售该产品的行为,不视为侵犯专利权。我国《专利法》第 63 条第(1)项规定,专利权人制造、进口或者经专利权人许可而制造、进口的专利产品或者依照专利方法直接获得的产品售出后,使用、许诺销售或者销售该产品的,不构成侵犯专利权。从理论上看,专利权用尽是知识产权用尽的理论分支。但对于版权用尽和商标权用尽,争论较大,各国法律规定不一;而对于专利权用权,大多数国家的专利法都承认。

(二)先用权人的实施

在先申请制的国家中,一般都规定有"先用权"。我国《专利法》第 63 条第(2)项规定,在专利申请日以前已经制造相同产品、

使用相同方法或者已经做好制造、使用的必要准备的,可以在原有范围内继续制造相同产品、使用相同方法。实施者的这种权利称为先用权。

(三) 临时过境

临时过境是指外国运输工具临时通过本国领陆、领水或领空,为运输工具其自身需要在装置和设备中使用有关专利的现象。我国《专利法》第63条第(2)项规定,临时通过中国领陆、领水、领空的外国运输工具,依照其所属国同中国签订的协议或者共同参加的国际条约,或者依照互惠原则,为运输工具自身需要而在其装置和设备中使用有关专利的,不构成侵犯专利权。由于过境使用并不太影响专利权人在本国的市场利益,并且也属于基本公益目的,因此理当不受专利权人的禁止。

(四) 为科学研究而使用

也称为专利权的"合理使用"。我国《专利法》第63条第(4)项规定,专为科学研究和实验而使用有关专利的,不视为侵犯专利权。即他人仅仅为科学研究或者实验目的而使用专利产品或者专利方法的,不视为专利侵权。

在讨论不视为侵犯专利权行为问题时,需要特别注意的是"善意侵权"。我国原《专利法》第62条第2项规定:"使用或者销售不知道是未经专利权人许可而制造并售出的专利产品的"不视为侵犯专利权,即在善意第三人并不知情的情况下制造并售出的侵权产品,不视为侵犯专利权。这一规定与世界各国专利法所普遍采用的规定不一致,为制造专利产品的侵权行为寻求其非法产品的销售、使用渠道提供了便利,对专利权的保护不利。为此,2000年修改《专利法》时,原来相关规定修改为:"为生产经营目的使用或者销售不知道是未经专利权人许可而制造并售出的专利产品或者依照专利方法直接获得的产品,能证明其产品合法来源的,不承担赔偿责任。"修改后的规定明确了在"不知道"的情况下使用、销售未经专利权人许可而制造并售出的侵权产品行为仍然是侵权行为,应当承担侵权责任。但在一定的条件下可以免除其部分责任,即能证明其产品合法来源的情况下才能免除其赔偿责任。修改以后的规定既保留了原规定中的合理成分,又克服了其不足之处,同时还有利于追查非法产品的来源。修改后相关的规定是科学合理的,但在体例安排上似乎欠妥。尽管把善意侵权行为的条文单列一款,但其仍然属于第63条的内容,即从结构上看,"善意侵权行为"仍然属于不视为侵权的行为。为此,本书建议把"善意侵权行为"的规定放到专利权保护部分的第57条,并单列一款。

【参考书目】

[1] 张玉敏:《知识产权法学》,中国检察出版社2002年版,第197页。

【思考题】

一、名词解释

1. 专利权限制
2. 强制许可
3. 专利权用尽
4. 专利权转让
5. 专利的实施许可

二、简答题

1. 在我国,不视为专利侵权行为有哪些?
2. 在我国,专利强制许可的适用条件是什么?
3. 专利权行使的特点是什么?
4. 专利实施许可的基本类型及其特点是什么?

三、论述题

1. 评述我国《专利法》第63条最后一款。
2. 简述专利权质押。
3. 简述专利权出资。

第二十三章 专利权保护

第一节 专利权的保护范围

一、发明和实用新型专利的保护范围确定的原则

专利权的保护范围,是指专利权的法律效力所涉及的专利技术范围。作为专利权的保护对象的发明创造是一种无形财产,它的保护范围不能依其本身来确定,这就需要法律就其保护范围确定一定的原则。对此,各国立法和理论研究的基本共识是,以

专利权的保护范围以权利要求书所记载的内容为准。世界上对于权利要求书的解释一般有三种原则

权利要求书所记载的内容为准。但是对于权利要求书的解释,各国有不同的解释原则。一般而言,主要有三种解释原则:中心限定原则、周边限定原则、主题内容限定原则。[①]

(一) 中心限定原则

按照这种解释方式,专利制度所保护的是某一发明创造或技术创意,权利要求书仅仅是该发明创造的一个体现或一个事例。因此,法庭在解释权利要求书时,不应拘泥于权利要求的文字,可以把中心周围的一些技术要素纳入受保护的范围。只要被控侵权的产品或方法具有同样的技术创意,法庭就应该扩大权利要求的范围,将之视为该技术创意的另一种表现。这种解释方式虽然有利于保护专利权人,但对权利要求书通告公众的作用有所忽略。因为,公众很难清楚地知道权利要求的范围到底在什么地

[①] 李明德:《美国专利法中的等同理论——希尔顿化学公司案述评》,中国法学网(www.iolaw.org.cn)"学者专栏",2005年3月28日访问。

方。德国曾经是中心限定原则的典范。

（二）周边限定原则(peripheral claiming principle)

按照这种解释方式，专利申请人已经在权利要求书中划定了受保护的发明创造的周边范围，法庭的作用就是将其中模糊不清的地方解释清楚。显然，这种解释方式有利于公众较为清楚地了解权利要求的范围，但对专利权人的保护要比中心限定原则逊色得多。现今的美国是周边限定原则的典范。

（三）主题内容限定原则

这种原则最典型地表述于《欧洲专利公约》的第69条中："由欧洲专利或欧洲专利申请所赋予的保护程度，应由权利要求的措词来确定。但是，说明书和附图可用于解释权利要求。"在此之前，德国是中心限定原则的典范，强调对于专利权人的保护；英国是周边限定原则的典范，注重权利要求对于公众的通告作用。《欧洲专利公约》第69条的规定则表明，权利要求的解释只能在两个极端之间进行，《欧洲专利公约》的这一规定是折衷前两种解释方式的产物，所以有人也把它叫做折衷原则。根据我国《专利法》的规定，我国采用的是折衷原则。

二、我国专利权保护范围

（一）发明或者实用新型专利权的保护范围

我国《专利法》第56条第1款对专利权的保护范围作了明确规定："发明或者实用新型专利权的保护范围以其权利要求的内容为准，说明书及附图可以用于解释权利要求。"权利要求书是一法律文件，应对发明或者实用新型的技术特征加以清楚和简要的表述，说明请求专利保护的范围。因此专利权的保护范围对发明或者实用新型来说，就是保护其技术特征的总和。确定了技术特

我国发明或者实用新型专利权的保护范围以其权利要求的内容为准，说明书及附图可以用于解释权利要求；外观设计专利权的保护范围以表示在图片或者照片中的该外观设计专利产品为准

征也就确定了专利的保护范围。说明书和附图对正确理解权利要求有着重要意义,因此在确定保护范围时,应当参考说明书和附图。

(二)外观设计专利的保护范围

对于外观设计专利的保护范围,我国《专利法》第56条第2款规定:"外观设计专利权的保护范围以表示在图片或者照片中的该外观设计专利产品为准。"在我国,外观设计专利的保护范围要受到产品类别的限制,即确定外观设计是否相同或者近似,应当以同类产品为基础,排除不同类别产品的外观设计。

第二节 专利侵权行为

一、专利侵权行为的概念和侵权责任构成要件

(一)专利侵权行为的概念

专利侵权行为,也称侵犯专利权的行为,是指在专利权的有效期限内,任何他人在未经专利权人许可,也没有其他法定事由的情况下,擅自

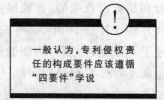

一般认为,专利侵权责任的构成要件应该遵循"四要件"学说

以生产经营为目的实施专利的行为。简要地说,专利侵权行为是指未经专利权人许可,实施其专利的行为。我国《专利法》第57条规定:未经专利权人许可,实施其专利,即侵犯其专利权。何为实施呢?理论界有不同的看法。广义上的实施,包括名义上的实施和实际上的实施。所谓的名义实施就是诸如在报纸等载体上登载广告,表示愿意与合理条件签订许可合同的要约,或向特定的企业直接寄送这样的要约的行为。狭义的实施仅指实际实施。所谓实际实施就是制造、使用、销售、进口专利产品,或者使用其专利方法以及使用、销售、进口依照该专利方法直接获得的产品的行为。大部分国家取实际实施的含义。在我国,实施专利的行为就是我国《专利法》第11条规定的行为,即对于发明和实用新型专利来说,实施专利的行为是指为生产经营目进行的制造、使用、许诺销售、销售、进口其专利产品的活动,或者使用其专利方

法以及使用、许诺销售、销售、进口依照该专利方法直接获得的产品活动。对外观设计专利来说,实施专利的行为是指为生产经营目进行的制造、销售、进口其外观设计专利产品活动。

(二) 专利侵权责任构成要件

一般的民事侵权责任的构成要件通常包含四个方面:违法行为、行为人主观有过错、损害结果、违法行为和损害结果之间有因果关系。一般认为,根据我国《专利法》有关规定,对于专利侵权责任,其构成要件主要有以下四个方面:

1. 侵犯的对象应是在我国享有专利权的有效专利

首先,专利权侵权行为侵犯的是在中国的专利,而不是在其他国家的专利。因为专利是有地域性的,依据某国或某地区的法律获得的专利权,只能在该国或该地区有效,并受到保护。其次,专利是有有效期的,在我国发明专利的有效期是20年,实用新型和外观设计是10年,只有在保护期内专利权人才有独占权,如果过了有效期,则该发明创造就进入了共有领域,任何人都可实施,也就不存在专利侵权问题了。另外,如果专利因为其他原因被撤销或被宣告无效,则该专利被视为自始不存在,因此即使有他人实施也不构成专利侵权。

2. 有违法行为存在

违法行为包括为生产经营目的制造、使用、许诺销售、销售、进口发明和实用新型专利产品,或者使用其专利方法以及使用、许诺销售、销售、进口依照该专利方法直接获得的产品。外观设计专利权被授予后,任何单位或者个人未经专利权人许可,都不得实施其专利,即不得为生产经营目的制造、销售、进口其外观设计专利产品。

3. 行为人主观上有过错

侵权人主观上的过错包括故意和过失。所谓故意是指行为人明知自己的行为是侵犯他人专利权的行为而实施该行为。如侵害人明知某产品为专利产品,却擅自以生产经营为目的制造该产品;所谓过失是指行为人因疏忽或过于自信而实施了侵犯他人专利权的行为。如发明创造人不知自己独立完成的发明创造与已经被授予专利权的发明创造相同,而使用或转让该发明创造的行为。在专利侵权纠纷处理中,承担侵权责任以行为人主观上是否有过错为原则,但也有例外。例如,我们前述的《专利法》第63条第2款的规定,即使行为人主观无过错,也构成专利侵权,只是不承担赔偿责任罢了。

4. 一般应以生产经营为目的

我国《专利法》第11条规定,发明和实用新型专利权被授予后,除本法另有规定的以外,任何单位或者个人未经专利权人许可,都不得实施其专利,即不得为生产经营目的制造、使用、许诺销售、销售、进口其专利产品,或者使用其专利方法以及使用、许诺销售、销售、进口依照该专利方法直接获得的产品。

外观设计专利权被授予后,任何单位或者个人未经专利权人许可,都不得实施其专利,即不得为生产经营目的制造、销售、进口其外观设计专利产品。因此,以生产经营为目的也应是判断专利侵权的构成要件之一。

二、专利侵权行为及其认定

(一)直接侵犯专利权行为

在法理上,专利侵权行为可以分为直接侵权行为和间接侵权行为两种。直接侵犯专利权行为,是指未经专利权人许可,为生产经营目的实施他人专利的行为,以及违反法律规定,妨碍专利权人行使专利权的行为。根据我国《专利法》第11条、第58条、第59条和第63条的规定,直接的侵犯专利权行为主要有以下几种表现形式:

专利侵权行为可以分为直接侵权行为和间接侵权行为。对于间接侵权行为,颇有争议。我国一般认为间接侵权行为属于共同侵权

1. 制造专利产品

专利产品是指专利权人在发明或实用新型权利要求书中描

述的产品或者在外观设计专利申请文件中写明的使用该外观设计的产品。无论制造者是否知道是专利产品,也不论是用什么方法制造的,只要未经专利权人许可,为生产经营目的而制造,均构成专利侵权行为。专利制造权中,如果未经专利权人同意,生产的产品落入他人专利保护范围之内,即构成侵权,不论其主观是否有过错。

2. 使用专利产品、使用专利方法以及使用依照该专利方法直接获得的产品

修订后的《专利法》对使用行为作了重要修改,一方面明确规定,只要出于生产经营目的而使用,未经专利权人许可,均构成侵犯专利权。亦即使用人不知道是侵权产品而使用的,同样构成侵权行为。另一方面规定,使用人能证明其产品合法来源的,可免除其损失赔偿责任。使用人在已知或有充分理由应知是侵权产品时仍继续使用的,则不能免除赔偿责任。

3. 许诺销售和销售专利产品以及许诺销售和销售依该专利方法直接获得的产品

所谓许诺销售,是指以做广告、在商店橱窗中陈列或者在展销会上展出等方式作出的销售商品的许诺。许诺销售是实际销售侵权产品的必经阶段,专利权人有权禁止许诺销售行为,就可以及时地制止侵权行为,减少因侵权行为蒙受的损失。

未经专利权人许可,为生产经营目的许诺销售和销售专利产品的,不论善意还是恶意,均构成侵权。但是行为人能证明其产品合法来源的,不承担赔偿责任。

4. 进口专利产品或进口依照专利方法直接获得的产品

进口商未经许可,将专利权人已在中国取得专利的产品或者依其在中国已取得专利的方法生产的产品输入境内,这种进口行为即构成侵犯专利权的侵权行为。

5. 假冒他人专利

此种行为是指非专利权人未经专利权人许可,在产品或者产品包装上标示专利权人的专利标志或者专利号,仿冒专利权人的

专利产品的行为。具体来说,假冒他人专利的行为,所侵犯的是专利权人依法享有的专利标记权。

(二)间接侵犯专利权行为

除直接侵犯专利权行为之外,司法实践中还存在间接侵犯专利权行为,它是指即行为人不具有实施他人专利的行为,但是却故意引诱、唆使他人非法实施专利,从而发生侵害专利权后果的行为。例如,行为人本身并没有实施《专利法》57条规定的专利侵权行为,但却向非法利用专利的人提供关键部件或其他条件。间接侵犯专利权的特征是,行为人有唆使或诱导他人侵权的主观故意,在客观上为侵权行为的发生提供了必要条件,并且从其行为获取一定数额的不法利益。

一般认为,间接侵权行为主要有:

1. 故意制造、销售只能用于专利产品的关键部件,以供他人实施专利;

2. 制造、出售专利产品的各拆分件,供他人组装使用;

3. 未经专利权人授权或者委托,擅自许可他人实施专利技术;

4. 专利实施许可合同的被许可方,违反合同中"不得转让"的约定,擅自许可第三方实施;

5. 专利权共有人未经其他人同意而许可他人实施专利的,该许可人间接侵犯了其他共有人享有的专利权。

当然,对于上述间接侵犯专利权行为,我国《专利法》并没有明确规定。但大多学者认为,从侵权法理论上说,间接侵权行为属于共同侵权问题。我国在司法实践中,将间接侵犯专利权作为共同侵权,是依照最高人民法院《关于贯彻执行〈中华人民共和国民法通则〉若干问题的意见(试行)》第148条"教唆、帮助他人实施侵权行为的人,为共同侵权人,应当承担连带民事责任"的规定加以处理的。世界上不少国家的立法与实践,对这个问题作了肯定回答。例如,日本将间接侵权行为"视为侵犯专利权",在美国,间接侵权行为则"应负侵权同谋人的责任"。当然,也有一些国家如英国则不认为这种行为是侵权行为。

第三节 专利侵权纠纷的处理和法律责任

一、专利侵权纠纷的处理

(一)专利侵权纠纷的处理模式

1. 当事人协商解决

专利侵权纠纷是民事纠纷,由当事人自行协商解决,有利于平息纷争,化解矛盾。修改后的《专利法》第57条首先提倡这种解决方式。但是协商解决不是请求处理或者起诉的前提条件。当事人不愿意协商的,可以直接通过行政或司法程序处理侵权纠纷。

> 专利侵权纠纷的处理模式一般有协商解决、行政处理、司法解决和诉前临时措施

2. 行政处理

由管理专利工作的部门处理专利侵权纠纷是实现专利权保护的重要途径。依《专利法》第57条规定,专利管理机关处理侵权纠纷时,有权认定侵权行为是否成立;认定侵权行为成立的,有权责令侵权人立即停止侵权。对专利管理机关的处理决定,当事人不服的,可以在收到处理通知之日起15天内向法院提起行政诉讼。侵权人期满不起诉又不停止侵权行为的,专利管理机关可以申请人民法院强制执行。

专利管理机关也可以对侵犯专利权的损害赔偿问题进行调解。但损害赔偿属于典型的民事救济方式,专利管理机关只能应当事人的请求进行调解,不作处理决定。调解不成的,当事人可向人民法院提起专利侵权的民事诉讼。

3. 司法解决

所谓专利权纠纷的司法解决是指为了有效地对侵犯专利权行为予以制裁,给权利人以适当的补救,维护市场秩序,司法机关给予专利权人以必要的司法救济。当专利权受到不法侵害时,专

利权人可以直接向人民法院起诉。依照最高人民法院的规定,专利侵权纠纷的第一审人民法院,是各省、自治区、直辖市人民政府所在地的中级人民法院、各经济特区的中级人民法院及各地高级人民法院指定、经最高人民法院同意的较大城市的中级人民法院。基层人民法院和其他中级人民法院不能作为第一审法院审理专利侵权纠纷案件。

4. 诉前临时措施

诉前临时措施,是指在诉讼开始之前,为制止正在实施或即将实施的侵权行为所采取的措施。修改后的我国《专利法》新增的第61条规定:"专利权人或者利害关系人有证据证明他人正在实施或者即将实施侵犯其专利权的行为,如不及时制止将会使其合法权益受到难以弥补的损害的,可以在诉前向人民法院申请采取责令停止有关行为和财产保全的措施。人民法院处理前款申请,适用《中华人民共和国民事诉讼法》第93条至第96条和第99条的规定。"诉前停止侵权行为的措施,在英美法和大陆法系中被称为"临时性禁令",TRIPs协议第50条称之为"临时措施"。诉前临时措施可以理解为专利权人在寻求法律保护中特殊的司法救济方法。一方面,权利人还没有实际的损害后果;另一方面,行为人的实施行为却受到了人民法院的禁止。这种保护方法援引了民法上对物权的保护防卫性理论①,法律允许专利权人在其权利实际受到侵害之前请求司法机关制止正在实施或者即将实施侵犯其专利权的行为,可以有效地防止即发侵权后果的产生,起到了权利的防卫作用。因为专利权具有无形性,它不能像有形财产那样为所有人通过占有的方式来保护,它较其他财产权更容易受侵害,因此,对专利权侵权行为的规制,仅局限于侵权行为开始之时,往往会使权利人陷入被动的局面,一旦受到侵害,可能会造成不可弥补的损失。而从事后救济转向事前防卫,则能更为有效

---

① 防卫性保护理论指物权的完满状态,受到不法侵害或可能受到不法侵害时,物权人基于物权请求权(如排除妨害、恢复原状或返还原物)能够得到的保护。参见唐昭红:《论人格权请求权和知识产权请求权的确立》,载《法商研究》2002年第2期。

地保护权利人的利益。

(二)专利侵权纠纷中的举证责任

一般情况下,在专利侵权纠纷中,专利权人或者利害关系人对自己提出的主张,有责任提供证据。但是,根据我国《专利法》第57条第2款的规定,当专利侵权纠纷涉及新产品制造方法的发明专利时,举证责任发生转移,由制造同样产品的被告提供其产品制造方法不同于专利方法的证明。如果被告能证明其产品是用专利方法以外的方法获得的,侵权行为不成立。反之则推定其侵犯了专利权。

对涉及实用新型专利的侵权纠纷,新的《专利法》也增加了专利权人提供证明的义务,以防止实用新型专利权人过于轻率地提出侵权诉讼,新《专利法》第57条第2款规定,专利侵权纠纷涉及实用新型专利的,人民法院或者管理专利工作的部门可以要求专利权人出具由国务院专利行政部门作出的检索报告。检索报告用以确定该实用新型专利是否具备新颖性、创造性、实用性等实质要件,是人民法院审理实用新型专利侵权案的重要参考依据。

二、侵犯专利权的法律责任

(一)民事责任

1. 停止侵权

即侵权人根据行政处理决定或人民法院生效判决,立即停止正在实施的制造、使用、销售等侵犯专利权的行为。为了有效地阻止专利侵权

侵犯专利权的法律责任方式有民事责任、行政责任和刑事责任

行为,人民法院可以根据专利权人的请求,采取扣押、查封、冻结等保全措施。

2. 赔偿损失

根据我国《专利法》第60条的规定,当侵权行为给专利权人造成实际损失时,侵权人应当向专利权人赔偿损失,赔偿数额可按以下方式计算:(1)按照专利权人因被侵权所受到的损失作为

赔偿额；（2）按照侵权人因侵权行为获得的利益作为赔偿额；（3）参照该专利许可使用费的倍数合理确定。以上三种计算方法，由人民法院根据案情或专利权人的意愿，选择用其中的一种。

（二）行政责任

对专利侵权行为，管理专利工作的部门有权责令侵权行为人停止侵权行为、责令改正、没收违法所得、罚款等，管理专利工作的部门应当事人的请求，还可以就侵犯专利权的赔偿数额进行调解。我国《专利法》第59条规定，以非专利产品冒充专利产品、以非专利方法冒充专利方法的，由管理专利工作的部门责令改正并予公告，可以处5万元以下的罚款。

（三）刑事责任

包括专利权在内的知识产权刑法保护问题越来越受到关注。侵犯专利权是一种侵犯财产行为，有的国家仅仅规定民事赔偿，也得不少国家对此都规定给予民事赔偿和刑事处罚。国外的情况是，侵犯专利权的纠纷多数由双方自行调解或仲裁解决，到法院起诉的为数不多，需要刑事处罚的则更少了。英国刑事法律保护体系关心的是单位犯罪及其附带责任，而未将侵犯专利行为规定为犯罪。实际上，不仅是在英国，包括美国在内的多数英美法系国家，对于专利侵权一般都不实行刑事制裁。一些大陆法系国家的专利法中，对于专利侵权的行为规定有刑事处罚的条款，如瑞典《专利法》第57条，联邦德国《专利法》第49条，日本《特许法》第196条，瑞士《专利法》第81条等。[①]

我国专利权的刑法保护始于1984年的首部《专利法》，该法第63条规定：假冒他人专利，情节严重的，对直接责任人员比照《刑法》第127条的规定追究刑事责任。按照1979年《刑法》，对此适用假冒商标犯罪的规定。一般认为，这一规定是以附属刑法的形式明确了假冒专利的刑事责任，填补了我国《刑法》在调整专利犯罪方面的空白，是我国《刑法》的重大补充。1985年最高人

---

① 赵秉志、田宏杰：《侵犯知识产权犯罪比较研究》，法律出版社2003年版，第145页。

民法院《关于开展专利审判工作的几个问题的通知》又进一步对这一附属刑法给予了明确解释。1992年《专利法》第一次修订维持了这一规定。1997年《刑法》修改后,确立了罪刑法定原则,《刑法》第216条关于假冒专利罪的规定是我国刑法唯一涉及专利的罪名,假冒专利罪是1997年《刑法》修订后增设的罪名。

特别需要注意的是,最高人民法院、最高人民检察院于2004年12月21日颁布并于次日起施行《关于办理侵犯知识产权刑事案件具体应用法律若干问题的解释》(以下简称《解释》)。该《解释》可以用降低定罪"门槛",加大打击力度来概括,其中第4条、第10条、第12条、第15条和第16条涉及侵犯专利犯罪的规定。最高人民法院、最高人民检察院于2007年4月5日颁布并于同日起施行《关于办理侵犯知识产权刑事案件具体应用法律若干问题的解释(二)》(以下简称《解释》(二)),进一步降低侵犯知识产权犯定罪"门槛",加大打击侵犯知识产权犯罪力度,其中第3条至第6条涉及侵犯专利犯罪定罪量刑问题。

根据我国《专利法》、《刑法》、《解释》和《解释》(二)的有关规定,专利违法行为和专利侵权行为严重,构成犯罪的,应承担刑事责任的情形有以下几种:

1. 假冒他人专利

我国《专利法》第58条规定,假冒他人专利,构成犯罪的,依法追究刑事责任。我国《刑法》第216条规定,假冒他人专利,情节严重的,处3年以下有期徒刑或者拘役,并处或者单处罚金。

《解释》第10条认定,实施下列行为之一的,属于《刑法》第216条规定的"假冒他人专利"的行为:一是未经许可,在其制造或者销售的产品、产品的包装上标注他人专利号的;二是未经许可,在广告或者其他宣传材料中使用他人的专利号,使人将所涉及的技术误认为是他人专利技术的;三是未经许可,在合同中使用他人的专利号,使人将合同涉及的技术误认为是他人专利技术的;四是伪造或者变造他人的专利证书、专利文件或者专利申请文件的。

《解释》第10条规定,假冒他人专利,具有下列情形之一的,属于《刑法》第216条规定的"情节严重":一是非法经营数额在20万元以上或者违法所得数额在10万元以上的;二是给专利权人造成直接经济损失50万元以上的;三是假冒两项以上他人专利,非法经营数额在10万元以上或者违法所得数额在5万元以上的;四是其他情节严重的情形。

《解释》(二)第3条规定,侵犯知识产权犯罪,符合《刑法》规定的缓刑条件的,依法适用缓刑。有下列情形之一的,一般不适用缓刑:(1)因侵犯知识产权被刑事处罚或者行政处罚后,再次侵犯知识产权构成犯罪的;(2)不具有悔罪表现的;(3)拒不交出违法所得的;(4)其他不宜适用缓刑的情形。

《解释》(二)第4条规定,对于侵犯知识产权犯罪的,人民法院应当综合考虑犯罪的违法所得、非法经营数额、给权利人造成的损失、社会危害性等情节,依法判处罚金。罚金数额一般在违法所得的1倍以上5倍以下,或者按照非法经营数额的50%以上1倍以下确定。

2. 泄露国家机密

我国《专利法》第64条规定,违反本法第20条规定向外国申请专利,泄露国家秘密,构成犯罪的,依法追究刑事责任。我国《刑法》第398条规定,国家机关工作人员违反保守国家秘密法的规定,故意或者过失泄露国家秘密,情节严重的,处3年以下有期徒刑或者拘役;情节特别严重的,处3年以上7年以下有期徒刑。

3. 玩忽职守、滥用职权、徇私舞弊

我国《专利法》第67条规定,从事专利管理工作的国家机关工作人员以及其他有关国家机关工作人员玩忽职守、滥用职权、徇私舞弊,构成犯罪的,依法追究刑事责任。

【参考书目】

[1] 唐昭红:《论人格权请求权和知识产权请求权的确立》,载《法商研究》2002年第2期。

[2] 赵秉志、田宏杰:《侵犯知识产权犯罪比较研究》,法律出版社2003年版。

【思考题】

一、名词解释
    1. 专利保护范围
    2. 周边限定原则
    3. 间接侵犯专利权行为
    4. 诉前临时措施

二、简答题
    1. 确定专利保护范围的中心限定原则与周边限定原则的区别是什么？
    2. 在我国，专利权保护的范围是什么？
    3. 申请人民法院采取临时措施应符合哪些条件？
    4. 论专利侵权纠纷中的举证责任。

三、论述题
    1. 评述专利侵权责任构成要件中的"行为人主观上有过错"。
    2. 直接侵犯专利权与间接侵犯专利权的区别是什么？

四、案例分析
    原告张某诉称，被告李某生产、销售 X 牌铐链锁的行为侵犯其经中国专利局授予了专利权，专利号为 98226798.1，核准名称为"一种防盗车锁"的专利新产品，要求责令被告停止侵权，封存销毁侵权产品、零部件，赔偿损失 100 万元，消除影响等。被告李某辩称专利技术是合法受让取得。经法院查明，被告李某与另一专利的专利权人王某订立了名称为"铐链锁"，专利号为 98221555.8 的专利转让合同，开始生产销售上述涉嫌侵权产品，且在产品上标记了专利号 98221555.8 的专利标记，但经比较该产品的结构特点，其技术方案落入原告的专利（即专利号为 98226798.1 的防盗车锁的专利新产品）保护范围内，而非其受让来的"铐链锁"专利保护范围内。
    问：法院应如何审理此案？

第四编 商标法

第二十四章 商标及商标法概述

本章是商标法的第一章,内容主要包括商标和商标法的基础知识,本章关于商标的概念和商标法的立法目的是学好整个商标法的基础。通过本章的学习必须深入理解商标的概念,把握商标法的立法目的。

第一节 商标概述

一、商标的起源

正如恩斯特·卡西尔所指出的那样:人是符号的动物。① 符号现象是与人类相伴而产生的。商标这种符号是人类所创造的符号之一,作为商品的标记,商标这种符号显然是随

商标随商品经济的发展而产生

着商品交易的发展而出现的,商标是商品经济的产物。尽管人类第一个商标产生于何时已无可稽考,但人类经济尤其是商品经济较为发达的各历史时期均留下了商标的印记。如商品经济已经初步发达的汉唐时期就出现了商标成形前期的雏形。而至商品

---

① 〔德〕恩斯特·卡西尔:《人论》,甘阳译,上海译文出版社1985年版,第34页。

经济得到进一步发展的宋代则出现了著名的"白兔"商标。①

二、商标的概念

简单地说,商标就是商品的标志。《英国商标法》规定:"在本法中,'商标'是指任何能够用图像来表示的记号,这种记号能够把某一企业、

商标即商品的标志

事业的货物或服务和其他的货物或服务区别开来。""一个商标可以包括词语、图案(包括个人姓名)、字母、数字或货物的形状或它们的包装形式。"《德国商标法》规定:"一切标识,尤其是包括人的姓名在内的文字、图片、字母、数字、听觉标识、包括商品或其包装的形式的三维设计以及包括颜色或颜色组合在内的其他装潢,只要适宜于把一个企业的商品或服务同另一个企业的商品或服务相区别,均可以作为商标受到保护。"《日本商标法》规定:"本法所称'商标',是指文字、图形、符号或立体的形状及其组合、以及其与色彩的组合(以下称为'标志')。包括下列事项。一、作为业务,从事商品的生产、证明、以及转让者就其商品所使用的。二、作为业务提供服务、以及证明者就其服务所使用的。"②《与贸易有关的知识产权协议》规定:"商标是任何能够将一个企业的商品或服务区别于另一个企业的商品或服务的符号或者符号组合。"这些定义的共同点在于:在主体上,为工商企业所用;在识别对象上,是商品或服务;所使用的标志,均是可感知。本书认为,这些商标定义基本上符合商标法原理,但是又不是很精确,尤其是随着商标功能的发展,商标在发挥功能时与其使用者的管理越来越疏离而紧密地与商品结合在了一起。因此,商标已经不再用于或不再主要用于区分生产者,而是主要用于区分商品或服务,包括同一企业生产的同种类但不同风格或质量的商品,如宝洁公

---

① 张序九:《商标法教程》,法律出版社1997年版,第28—30页。
② 卞耀武主编,李萍等译:《当代外国商标法》,人民法院出版社2003年版,第71、189、298页。

司在同类商品上(如洗发水上)就有使用多个商标。因此,我们认为,所谓商标是指商品的生产者、经营者或服务的提供者在某商品或服务上使用的使该商品或服务与其他同种商品或服务相区别的可感知性标志,即由任何可感知要素及其组合所构成的标志。我国《商标法》没有明确界定商标概念。

由于商标概念中使用者地位的弱化,因此准确地理解,商标应有两个基本要素:一个是商标所使用的标志;另一个是商标中所蕴涵的有关商品的信息,缺乏这两个方面中的任何一个方面都不构成商标。美国著名商标法专家迈卡锡法官指出:商誉和它的商标记号之间之不可分离就像暹罗双胎一样至死不可分离。①

就商标标志方面而言,我国 2001 年修订前的《商标法》规定的可感性标志是"文字、图形或者其组合",2001 年《商标法》修改为"可视性标志,包括文字、图形、字母、数字、三维标志和颜色组合,以及上述要素的组合"。可见,我国排除了声音、气味等商标注册的可能性。

三、商标的特征

(一)商标是表彰商品或者服务的标志

商标是经营者用来表彰其特定商品或服务的标志,不同于表彰企业的商号、表彰奥林匹克运动的奥运标志等标志。

商标的特征是表彰和识别商品或者服务而不能脱离商品或服务标志

(二)商标是识别商品或服务的标志

消费者正是根据商标的识别性而认识该商标所表彰的商品或服务的。学界对商标这一特征的理解往往强调商标区别商品来源②,但本书认为,商标识别的是商品或服务本身而不是作为商

---

① J. Thomas McCarthy, *McCarthy on Trademarks and Unfair Competition*, 18∶2 (4th ed. 2002).
② 刘春田:《知识产权法》,高等教育出版社、北京大学出版社 2003 年版,第 238 页。

品或服务来源的生产者或经营者。

（三）商标应当与商品或服务紧密相连，它不能脱离商品或服务而存在

单独的商标标志充其量只能作为一件艺术作品而存在而不是商标。就商标标志本身来说，如果与其意义和指示物相隔离，那么商标标志就不配称享有"商标权"的"商标"。① 不过这里"不能脱离"并非是商标标志实际上与商品或服务相联系，或贴在商品上。只要商标标志被用来传达有关商品或服务的信息就属于商标，就符合这里的"不能脱离"标准。如用商标做广告等等。

四、商标的分类

从不同的角度，根据不同的标准，可以对商标进行不同的种类划分。

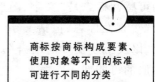

商标按商标构成要素、使用对象等不同的标准可进行不同的分类

（一）按照商标构成要素可以将商标分为文字商标、图形商标以及组合商标

这是我国最经典的一种商标分类方法，是以 2001 年修订之前的《商标法》只承认文字、图形及其组合为商标构成要素为前提的。

1. 文字商标

文字商标是指构成商标的标志是由文字构成的。构成商标的文字可以是汉字或者外文，也可以是拼音或字母，凡是人类所使用的文字均可以作为文字商标使用。文字商标的优点在于便于口头称谓，易于记忆、传诵，但是不够形象，视觉冲击力不太强。

2. 图形商标

图形商标是指单纯由图形，即点、线、面所构成的商标。图形商标的优点是，商标标志本身就是一件艺术品，不受语言的约束，

---

① Barton Beebe, The Semiotic Analysis of Trademark Law, 51 *UCLA L. Rev.* 650.

生动、鲜明、形象,利于跨国界传播。但它也有缺点。与文字商标相比较而言,图形商标不便于口头称呼,不便于相互交流。

3. 组合商标

组合商标是由文字和图形组合而成的商标。组合商标兼具文字商标与图形商标的优点,在实际经济生活中被大量采用。组合商标中的文字与图形相互协调、密切联系,形成一个和谐整体,使得商标既便于称呼,又非常形象,便于跨国界传播。

(二)按照商标使用对象的不同,可以将商标分为商品商标与服务商标

1. 商品商标

商品商标是指使用于商品之上的商标。根据使用者的不同,又可以分为商品的生产者在其生产或制造的商品上所使用的制造商标和销售者在其销售的商品上所使用的销售商标两类。商品商标一般可以通过直接贴附于商品、贴附于商品外包装、用于广告宣传等方式使用。

2. 服务商标

服务商标是指服务的提供者在服务项目上所使用的商标。我国1982年《商标法》并没有对服务商标作出规定,1993年修订的《商标法》增加了有关服务商标的规定,自此服务商标与商品商标一样都受到《商标法》的有力保护。服务商标和商品商标不同,由于服务是无形的,是一个行为过程。因此,服务商标不能像商品商标那样,直接贴附于商品或商品外包装上使用,而是通过广告和服务过程中的其他环节来使用和体现的。

其他的根据商标标志是由二维标志还是三维标志构成的可以分为平面商标和立体商标;将商标是否形象分为形象商标与非形象商标;按商标功能、用途划分为等级商标、从属商标、备用商标等;按注册与否分为注册商标与未注册商标等等。

(三)几类特殊的商标

实践中有几类比较特殊的商标:

1. 集体商标

根据我国《商标法》的规定,所谓集体商标是指以团体、协会或者其他组织名义注册,供该组织成员在商事活动中使用,以表明使用者在该组织中的成员资格的标志。和一般商标相比,使用同一集体商标的经营者或服务提供者属于同一组织;集体商标所有权属于一个集体,成员享有使用权;集体商标不得转让,等等。注册集体商标是我国地理标志保护的重要形式。

2. 证明商标

根据我国《商标法》的规定,所谓证明商标是指由对某种商品或者服务具有监督能力的组织所控制,而由该组织以外的单位或者个人使用于其商品或者服务,用以证明该商品或者服务的原产地、原料、制造方法、质量或者其他特定品质的标志。与一般商标相比,证明商标并不识别具体商品,而仅仅证明使用该证明商标的商品或服务达到了某种标准;证明商标不具有专有性;证明商标的注册人自己不能使用该标志,但负有对使用该证明商标的产品或服务质量进行鉴定、评定及监督控制。注册证明商标也是我国地理标志保护的重要形式。

3. 联合商标

联合商标是指商标所有人注册的用于相同或者类似商品的一系列与主商标相近似的商标。如"娃哈哈"与"娃娃哈"、"哈娃娃"、"哈哈娃"等。注册联合商标的目的在于保护主商标,防止他人使用或注册与主商标近似的商标,保护自己的利益,防止市场混淆甚至初始商标显著性的淡化直至丧失。在联合商标中,除主商标外,其他商标不要求使用。同时,在发生转让时,联合商标应作为一个整体对待。

4. 防御商标

防御商标是指商标的所有人在与注册商标所核定使用的商品或服务类别不同的其他商品或者服务上所注册的与其注册商标相同的商标。注册防御商标的目的是防止他人将其注册商标用于不同的商品或服务上。被防御的商标一般应是驰名商标。

五、商标与其他商业标志之间的关系

（一）商标与商号

商号，又称为厂商名称，即商事组织的名称（字号）。根据我国《企业名称登记管理条例》，企业在登记注册时需提供符合要求的名称。企业

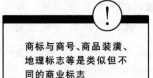

商标与商号、商品装潢、地理标志等是类似但不同的商业标志

的名称通常由四部分组成：企业所在行政区划的名称；字号；行业或者经营特点；组织形式。商号和商标同属于识别性工商业标志，为工业产权保护的对象，也有很多企业的商标和商号相同。但是商标与商号是不同的：

（1）识别对象不同。商标识别的对象是商品或服务，同时还辅助起到区别不同提供者的作用；商号识别的对象则是经营者的营业，是经营者信誉的载体。

（2）产生的法律依据和权利不同。商标根据《商标法》产生商标权，商号则依《企业名称登记管理条例》和《民法通则》产生商号权。二者在内容和效力上均不相同，商标权在全国有效，商号则仅在注册的区域内受保护；商号没有时间限制，商标则有时间限制等等。

（3）标志的构成要素不同。商号的标志构成要素只能是文字，而商标的构成要素则不限于此，可以是图形、色彩和立体形状，在有些国家甚至还可以是气味、声音。

（二）商标与商品装潢

商标常与商品装潢一起使用，常常均具有识别和美化功能。但商标与商品装潢有着本质的区别：

（1）功能和目的不同。商标的主要功能和目的是识别商品，表明其出处，而商品装潢的主要功能和目的是通过艺术化的文字或图形对商品进行装饰、美化和宣传，吸引消费者注意。

（2）构成要素不同。构成商标标志的要素应具有显著特征，不具有显著特征的文字或图形均不能用作商标。而组成商品装

潢的文字或图形则没有显著性的要求,只要能美化商品即可。

(3) 稳定性不同。商标通常较为稳定,而商品装潢则常常会随时间、季节而变化。

(三) 商标与地理标志

根据 TRIPs 协议的规定,"地理标志"是指识别一商品来源于一成员领土或者该领土内一地区或地方的标记,该商品的特定质量、声誉或其他特征主要归因于其地理来源。如"茅台"、"水井坊"等。商标与地理标志的共同点在于:两者都属识别性工商业标志,功能类似。但是,商标与地理标志是不同的:

(1) 识别对象不同。商标识别特定的商品或服务,也能表明其具体的生产者或经营者;而地理标志识别的则是来自某一地域的具有某种特征的商品的总体,不能表明具体的生产者或经营者。

(2) 构成要素上不同。商标可由文字、图形或其组合构成,甚至还可以包括立体形状、气味、声音;而原产地名称通常只能由文字构成。

六、商标的功能

商标的功能处于不断发展演变过程中,其发展的总趋势是功能不断扩展,内容日益丰富。在商标法上,关于商标的功能中外学者认识大同小异,有的认为商标具有识别功能(区别或认知功能)、品质保证功能

商标的功能:表明商品或服务的来源,区别商品或服务,保证品质,广告宣传以及竞争

(质量保证或担保功能)、广告及竞争功能①,有的认为商标具有表示商品来源或出处、表彰营业信誉、追踪商品来源、品质保证以及广告功能②,有的认为商标具有认为包括表示商品出处、保证商

---

① 刘春田:《知识产权法》,北京大学出版社、高等教育出版社 2003 年版,第 239—240 页。
② 曾陈明汝:《商标法原理》,中国人民大学出版社 2003 年版,第 10 页。

品质量和广告功能①,还有的认为商标具有来源识别、保证功能和广告功能②,等等。概括而言,商标有以下功能:

(一) 表明商品或服务的来源功能

表明商品或服务的来源功能是商标最原始的功能。经营者最初使用商标的主要目的也是表明它是产品的经营者,将对商品的质量负责。来源混淆成为世界各国判定商标侵权的主要标准。不过在今天,随着市场规模的扩大,经营者尤其是生产者和消费者之间的距离越来越远,商标已逐步不再表明商品或服务来源,而是直接代表商品或服务的质量,因此商标表明商品或服务来源的功能的重要性已经大大降低。

(二) 区别商品或服务的功能

今天,区别功能(识别功能、认知功能)已经成为商标的首要功能。通过商标不仅可以将不同的经营者经营的商品或服务区分开来,也可以将同一经营者经营的商品或服务区分开来。正是商标的这种区别功能使得消费者可以根据商标来识别商品或服务,从而选择接受某种特定品牌的商品或服务。

(三) 品质保证功能

商标的品质保证功能是指使用同一商标的商品或服务将会具有同样的品质。不过需指出的是,商标的品质保证功能不同于买卖合同中的瑕疵担保作用,也不同于保证合同中的保证,它仅仅给消费者一种预期,即消费者下次购买到的商品或享受到的服务将会与上次购买的商品或享受到的服务相同。经营者在通过努力经营而维持着消费者的这种预期。

(四) 广告宣传及竞争功能

正由于商标具有品质保证功能,商标在推广企业产品上就起着举足轻重的作用,有助于经营者将其产品推销给消费者,有助

---

① [日]江口俊夫:《日本商标法解说》,魏启学译,专利文献出版社1982年版,第39—44页。
② Julius R. Lunsford, *Consumers and Trademarks: the Function of Trademarks in the Market Place*, 64 TMR 77—78.

于建立对竞争对手的竞争优势。

第二节 商标法概述

一、商标法及其调整对象

商标法是调整因商标的注册、使用、管理和保护商标专用权而发生的各种社会关系的法律规范的总称（和）。形式意义上的商标法就是我国于1982年颁布、1993年和2001年修订过的《中华人民共和国商标法》，实质意义上的商标法则还包括有关的实施条例、行政规章、司法解释等等。

> ！
> 商标法是调整因商标的注册、使用、管理和保护商标专用权而发生的各种社会关系的法律规范的总称

商标法的调整对象就是因商标注册、使用、管理和保护商标专用权而发生的各种社会关系。这种社会关系既包括商标注册、管理、保护等纵向社会关系，也包括商标使用、商标权处分、保护等平等主体之间的横向社会关系。

二、商标法的立法目的

和其他知识产权法一样，商标法在保护私人权益的同时也在追求着社会公共目标。沈达明先生在进行商标法比较法分析时指出："商标保护商标所有权人的营业，对付不公平竞争，保护公众的利益，对付模仿。当法律或法官往往可能把重点放在其中之一上。商标法应考虑以下各种利益：制造商或商人使用商标是为了防止竞争者转移他的顾客；制造商或商人的竞争者打算防止前者不当地垄断使用提供关于货物的信息的记号、符号或用词；消费者的利益是对他打算购买的货物不受骗或出现混

> ！
> 商标法在立法目的上具有私益与公益的双重性

淆;社会的利益是确保货物生产者能回收其劳动或投资的利益。"①台湾地区学者曾陈明汝在谈到商标制度的基本理念时则说,商标的"直接目的固在于商标专用权之取得与保护,而终极之目标则在于消费者利益之保护,以免其对商品来源发生混淆、误认,进而促进工商企业之正常发展。""故商标制度实具有保障公益与私益之双重目的。"②

根据我国《商标法》第1条的规定,我国《商标法》的立法目的是"为了加强商标管理,保护商标专用权,促使生产、经营者保证商品和服务质量,维护商标信誉,以保障消费者和生产、经营者的利益,促进社会主义市场经济的发展。"根据该规定,我国《商标法》的直接目的是加强商标管理,保护商标专用权,促使生产、经营者保证商品和服务质量,维护商标信誉,保护生产、经营者的利益,其最终目的是保障消费者和促进社会主义市场经济的发展。

三、商标法的产生与发展

(一)商标保护的产生和商标国际保护制度的发展

和商标产生于商品经济的发展类似,商标的保护则产生于商品经济的发达。因此,如果说专利和著作权

商标的保护是工业革命后商品经济得到了一定发展才开始的

制度对欧洲资产阶级工业革命具有推动作用的话,那么,商标的保护则是工业革命后商品经济得到了一定发展才开始的。所以在世界上产生了第一个专利法之后近两百年后,1803年,法国才将假冒商标的行为列为私自伪造文件罪在《关于工厂、制造场和作坊的法律》中加以规定。1804年,《法国民法典》首次肯定了商标权应当与其他财产权一样受到法律保护,开创近代商标制度之先河。1857年,法国制定的《关于以使用原则和不审查原则为内容的制造标记和商标的法律》首次确立了全面注册的商标保护制

---

① 沈达明:《知识产权法》,对外经济贸易大学出版社1998年版,第243页。
② 曾陈明汝:《商标法原理》,中国人民大学出版社2003年版,第10页。

度。继法国之后，美国、德国、日本等国纷纷制定了商标法，现在世界大多数国家都制定有商标法。

随着国际贸易的兴起，商标的保护成为国家之间贸易合作的重要问题。1883年11个国家在巴黎签署了《保护工业产权巴黎公约》，这标志着商标被纳入多边工业产权国际保护的范围，开始了商标的国际保护。

（二）我国的商标立法历程

和我国大量移植西方法律的大背景相适应，我国商标立法也是此时开始的。1904年，清王朝颁布了我国历史上第一部商标法规——《商标注册试办章程》及其细则。该章程共28条，细则共23条。章程已包含了现代商标立法中的一些基础内容，如实行注册原则与申请在先原则等。清王朝灭亡后，北洋政府于1923年颁布《商标法》和《商标法实施细则》。1927年成立的国民政府先是沿用北洋政府的商标法，到1930年颁布了自己的《商标法》，于1931年1月1日起实施，在中国大陆的效力直到1949年才终止。

新中国成立后，1950年7月，政务院颁布了《商标注册暂行条例》，同年9月，政务院财政经济委员会颁布了《商标注册暂行条例实施细则》。该条例明确提出了保护商标专用权，并对商标的取得制度、使用及期限等基本问题作出了规定。随着"文化大革命"的开始，我国商标立法也遭到了极大的破坏。

直到十一届三中全会之后，我国商标管理工作才开始得到恢复和发展。1982年8月23日，第五届全国人大常务委员会第二十四次会议通过了《中华人民共和国商标法》，该法于次年3月1日起施行。1983年3月10日，国务院发布了《商标法实施细则》。《商标法》的颁布与实施，对我国社会主义的建设起到了积极的促进作用。1993年2月22日，第七届全国人大常委会第三十次会议通过了《关于修改〈中华人民共和国商标法〉的决定》，同时通过《关于惩治假冒注册商标犯罪的补充规定》，对《商标法》作了重大修改，使其更加适应社会主义经济建设的需要。2001年，为适应社会主义市场经济建设及入世的需要，我国对《商标法》进行了新的修正,不仅适应了加入世界贸易组织的要求,也适应了我国社会经济发展的新需要。

【参考书目】

[1] 刘春田:《商标与商标权辨析》,载《知识产权》1998年第1期。
[2] 王太平:《商标概念的符号学分析——兼论商标权和商标侵权的实质》,载《湘潭大学学报》(社会科学版)2007年第3期。
[3] 彭学龙:《商标基本范畴的符号学分析》,载《法学研究》2007年第1期。

【思考题】

一、名词解释题
　　1. 商标
　　2. 防御商标
　　3. 联合商标

二、简答题
　　1. 商标的特征有哪些?
　　2. 商标和地理标志有什么不同?

三、论述题
　　1. 商标的功能应该有哪些?这些功能的相互关系是怎样的?
　　2. 试述商标法的立法目的。

第二十五章 商 标 权

本章讲述的是商标权的有关内容,是商标法的核心,商标法就是在商标概念的基础上规定商标权的具体内容而建立起来的,后面的商标的注册与管理是商标权取得的程序,而商标权的保护则是在确定商标权的内容的基础上进行的。对本章内容的把握应结合上章商标的概念和特征,重点把握商标权客体的条件、商标权的概念、特征及其具体内容。

第一节 商标权的概念与特征

一、商标权的概念

商标权是商标所有人依法对其使用的商标进行控制、利用和处分所享有的权利。因我国采取注册取得商标权原则,因此严格地说只有注册商标才能享有商标权,对未注册商标而言,只有成为了驰名商标或者其商

> ! 商标权是商标所有人依法对其使用的商标进行控制、利用和处分所享有的权利

品成为了知名商品才能受到反不正当竞争等法律的保护。然而,未注册商标尽管未注册,其实际上是有一定的价值的,即未注册商标经过一定时间的使用也会产生一定的价值,对未注册商标不予保护是不公平的。故2001年修订的《商标法》第31条规定,申请商标注册不得损害他人现有的在先权利,也不得以不正当手段抢先注册他人已经使用并有一定影响的商标。这实际上给予了未注册商标以一定的权利。这比修订前的《商标法》显得更加公平。

需特别指出的是,商标权并不等同于商标专用权,商标专用

权仅仅是商标权的内容之一,商标权除了商标专用权外,还包括其他如禁止权等内容。

二、商标权的特征

商标权作为一种知识产权与其他知识产权相比具有自己的特点:

其一,尽管商标权和其他知识产权一样具有时间性,然而由于续展制度的存在,理论上商标权人可以通过

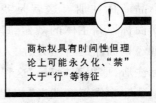

商标权具有时间性但理论上可能永久化、"禁"大于"行"等特征

不断续展而使其商标权永久化。这一点与其他知识产权是不同的,其他知识产权大多均没有续展一说。

其二,由于商标的主要功能是识别,而识别必然通过识别者来进行,因识别者心理因素的影响,商标权"禁"的一面大于"行"的一面。所谓商标权的"行"的一面是指商标权人自己可以对其注册商标进行的积极行为,如自行使用、许可他人使用等。根据我国《商标法》第 51 条的规定,商标权的"行"一面仅限于"核准注册的商标"和"核定使用的商品"。所谓商标权的"禁"的一面是指商标权人可以禁止他人对其注册商标进行的行为如禁止他人使用其注册商标。根据我国《商标法》第 52 条的规定,商标权的"禁"的一面可以扩展到"近似商标"和"类似商品"。如著名商标"娃哈哈"的文字而言,其商标所有人的商标权的"行"的一面仅限于"娃哈哈"三个字,而其"禁"的一面则可以扩展到"哈哈娃"、"娃娃哈"等近似文字。商标权的这一特点是不同于其他知识产权的,其他知识产权在"行"与"禁"两方面完全相同。

第二节 商标权的主体和客体

一、商标权的主体

商标权的主体是指依法享有商标权的人。严格地说,在我国只有经过法定程序取得商标注册的人才能成为商标权的原始主

体。《商标法》第4条规定,自然人、法人或者其他组织对其生产、制造、加工、拣选或者经销的商品,需要取得商标专用权的,应当向商标局申请商品商标注册。这就是我国关于注

册商标原始主体的规定,即只要是从事生产、制造、加工、拣选或者经销商品的自然人、法人或者其他组织均可以向商标局申请商标注册,取得商标权。这和修订前的《商标法》规定的"企业、事业单位和个体工商业者"相比,商标权的原始主体范围有所放宽,其规定也更加规范。此外,注册商标依合同或继承程序转移后,受让人或继承人也可以成为商标权的主体。

商标权是一种绝对权,因此商标权的权利主体是特定的人,而商标权的义务主体则是不特定的任意人。

二、商标权的客体

(一)商标权客体的概念

所谓商标权客体就是商标权法律关系中商标权人的权利和商标权法律关系中义务主体的义务所共同指向的对象,即注册商标。注册商标

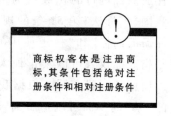

作为商标权客体是商标权法律关系的要素之一,是商标权法律关系的基础,没有商标就没有商标权。

(二)商标的绝对注册条件

所谓商标的绝对注册条件是指注册时商标本身所应具备的条件。商标只有具备这些条件才有可能获得注册,而不具备这些条件便绝对不能获得注册。因此叫做绝对注册条件。商标绝对注册条件既包括积极条件,也包括消极条件。

1. 商标的积极条件

其积极条件主要包括两个:

(1)商标必须具有法定的构成要素。《商标法》第8条规定,

任何能够将自然人、法人或者其他组织的商品与他人的商品区别开的可视性标志,包括文字、图形、字母、数字、三维标志和颜色组合,以及上述要素的组合,均可以作为商标申请注册。因此只要是文字、图形、字母、数字、三维标志和颜色组合以及这些要素的组合的可视性标志便可以作为商标申请注册。修订前的《商标法》规定的商标标志的构成要素仅仅包括文字、图形或者其组合。因此在2001年《商标法》修订之前,字母、数字、三维标志和颜色组合是不能作为商标申请注册的。

我国2001年修订《商标法》显然是因我国加入WTO应TRIPs协议的要求而进行的。TRIPs协议规定,任何能够将一企业的商品或服务与其他企业的商品或服务区分开的标记或标记组合,均应能够构成商标。这类标记,尤其是文字(包括人名)、字母、数字、图形要素、色彩的组合,以及上述内容的任何组合,均应能够作为商标获得注册。同时还规定,成员可要求把"标记应系视觉可感知"作为注册条件。其言外之意,成员也可以不把"标记应系视觉可感知"作为注册条件,也就是说声音、气味等商标也并不在排除之列。

(2)商标必须具有显著性并且不属于《商标法》所规定的不得作为商标使用的标志。显著性是商标法一个极其重要的概念,它"是商标法运转的枢纽"[①]。我国《商标法》第9条规定,申请注册的商标,应当有显著特征,便于识别。之所以要求商标具有显著性显然是由商标的识别功能所决定的。倘若商标不具有显著性则无以承担其识别功能。

我国学者分别将商标的显著性界定为商标的"个性"[②]、"商标构成本身之特别性与甄别力"[③]、"能够起到区别作用的特性"[④]等等。由于"商标就是商标标志与其所代表的商品信息的混合物

[①] Barton Beebe, The Semiotic Analysis of Trademark Law, February, 2004, 51 *UCLA L. Rev.* 625.
[②] 刘春田:《知识产权法》,高等教育出版社、北京大学出版社2003年版,第262页。
[③] 曾陈明汝:《商标法原理》,中国人民大学出版社2003年版,第114页。
[④] 黄晖:《驰名商标与著名商标的法律保护》,法律出版社2001年版,第11页。

或统一体"①,商标的显著性显然就是指在商标标志与其所代表的有关商品(服务)信息上与其他商标所表现出来的不同特征,商标标志或者商标标志所代表的信息单独某一方面具有共同特征并不影响商标的显著性。

2. 商标的消极条件

由于商标的显著性"在商标法上系属抽象而不确定之法律概念,各国之认定标准不一,其宽严亦有差距。且显著性之有无,并非一成不变,它将随着时间而冲淡或消逝,亦可因时间而取得或增长,且尚有程度上之差异"②。因此各国纷纷从反面用列举方式列示不具有显著性的商标情形,如《巴黎公约》第6条之五(二)2之规定、日本《商标法》第3条之规定等等。我国2001年《商标法》第11条规定的不得作为商标注册的标志即属之。

值得注意的是,我国2001年修订之前的《商标法》并没有区分不得作为商标注册的标志与不得作为商标使用的标志,而2001年《商标法》则做了这一区分。2001年《商标法》第10条规定,下列标志不得作为商标使用:

(1)同中华人民共和国的国家名称、国旗、国徽、军旗、勋章相同或者近似的,以及同中央国家机关所在地特定地点的名称或者标志性建筑物的名称、图形相同的;

(2)同外国的国家名称、国旗、国徽、军旗相同或者近似的,但该国政府同意的除外;

(3)同政府间国际组织的名称、旗帜、徽记相同或者近似的,但经该组织同意或者不易误导公众的除外;

(4)与表明实施控制、予以保证的官方标志、检验印记相同或者近似的,但经授权的除外;

(5)同"红十字"、"红新月"的名称、标志相同或者近似的;

(6)带有民族歧视性的;

---

① 王太平:《商标概念的符号学分析——兼论商标权和商标侵权的实质》,载《湘潭大学学报》(社会科学版)2007年第4期。
② 曾陈明汝:《商标法原理》,中国人民大学出版社2003年版,第26页。

(7) 夸大宣传并带有欺骗性的;

(8) 有害于社会主义道德风尚或者有其他不良影响的。

县级以上行政区划的地名或者公众知晓的外国地名,不得作为商标。但是,地名具有其他含义或者作为集体商标、证明商标组成部分的除外;已经注册的使用地名的商标继续有效。

《商标法》第 11 条规定,下列标志不得作为商标注册:

(1) 仅有本商品的通用名称、图形、型号的;

(2) 仅仅直接表示商品的质量、主要原料、功能、用途、重量、数量及其他特点的;

(3) 缺乏显著特征的。

前款所列标志经过使用取得显著特征,并便于识别的,可以作为商标注册。

2001 年《商标法》之所以做如此区分是因为这两种情况性质上完全不同。第 10 条规定的不得作为商标使用的标志的使用可能会损害社会公共利益和公共秩序,还可能导致国际纠纷,而并不是其没有显著性,第 11 条规定的不得作为商标注册的标志则仅仅是因为缺乏显著性因而不能注册。对于前者无论是注册还是不注册均不得作为商标使用,而对于后者尽管不能作为商标注册,但是如果其不去注册而仅仅使用则没有禁止的必要。而且对于前者不存在因使用而获得显著性的问题,因为根本就禁止使用,而对于后者则存在经使用而获得显著性从而最终获得注册的可能。可见,2001 年《商标法》对此两种情况进行区分是比较科学的。因为商标通过使用也可以获得显著性。如 TRIPs 协议规定,即使有的标记本来不能区分有关商品或服务,成员亦可依据其经过使用而获得的识别性,确认其可否注册。我国《商标法》第 11 条第 2 款也规定,不具有显著性的标志经过使用取得显著特征,并便于识别的,可以作为商标注册。

(三) 商标的相对注册条件

商标的相对注册条件主要是指申请注册商标必须满足不与其他人的在先权利相冲突的条件。这种条件和商标的绝对注册条件不同,它不能被注册不是因为商标自身不符合注册条件,而是商标与他人的在先权利有冲突从而由商标局不予注册或经由相关在先权利人在商标注册异议期内提出异议而不能获得注册或者获得注册后但被在先权利人申请撤销。

其内容主要包括《商标法》第13、15、16、28和31条的规定,具体内容如下:

1. 违反《商标法》第28条规定的与他人在同一种商品或者类似商品上已经注册或初步审定的商标相同或者近似的商标

关于商标的相同与近似,我国《商标法》及《商标法实施条例》均没有作出明确规定,最高人民法院《关于审理商标民事纠纷案件适用法律若干问题的解释》(2002年)对商标相同或商标近似作了解释。第9条规定,商标相同,是指被控侵权的商标与原告的注册商标相比较,二者在视觉上基本无差别。商标近似,是指被控侵权的商标与原告的注册商标相比较,其文字的字形、读音、含义或者图形的构图及颜色,或者其各要素组合后的整体结构相似,或者其立体形状、颜色组合近似,易使相关公众对商品的来源产生误认或者认为其来源与原告注册商标的商品有特定的联系。尽管该解释主要适用于《商标法》第52条侵犯商标专用权时相同与近似的判断,然而它无疑也具有广泛的适用意义。尤其值得重视的是该解释第10条规定的认定商标相同或者近似的原则,这些原则包括:(1)以相关公众的一般注意力为标准;(2)既要进行对商标的整体比对,又要进行对商标主要部分的比对,比对应当在比对对象隔离的状态下分别进行;(3)判断商标是否近似,应当考虑请求保护注册商标的显著性和知名度。最高人民法院的该司法解释还对商品类似作了解释,第11条规定,类似商品,是指在功能、用途、生产部门、销售渠道、消费对象等方面相同,或者相关公众一般认为其存在特定联系、容易造成混淆的商品。类似服务,是指在服务的目的、内容、方式、对象等方面相同,或者相关公众一般认为存在特定联系、容易造成混淆的服务。商品与服务类似,是指商品和服务之间存在特定联系,容易使相关公众混淆。第 12 条规定,认定商品或者服务是否类似,应当以相关公众对商品或者服务的一般认识综合判断;《商标注册用商品和服务国际分类表》、《类似商品和服务区分表》可以作为判断类似商品或者服务的参考。最高人民法院的该司法解释对商标相同或近似以及商品或服务的类似的解释为判断商标相同或近似以及商品或服务的类似提供了一般判断的标准和基本规则。不过该解释割裂商标近似与商品或服务相同或类似的关系是不足取的。因为商标的近似不仅应考虑两个相关的标志,更应观察其所使用的商品或服务。正如我国台湾地区学者曾陈明汝所指出的那样:商标近似之判断,乃商标管理上一复杂而又重要的课题。故审酌商标是否近似,除就两标章之构成本身加以观察之外,也应就商品及相关情形加以考虑调查。系争之商品间,依一般交易观念,如有相当关联,足使一般购买人误认两商品系出于同源之虞者,亦不能予以漠视,并应就社会进步、经济繁荣之实情,善加解释与运用,以维护工商界之公平竞争与交易之安全。①

2. 侵犯他人在先权利的申请注册的商标

这种情况主要包括《商标法》第 13 条规定的"就相同或者类似商品申请注册的商标是复制、摹仿或者翻译他人未在中国注册的驰名商标,容易导致混淆的"或者"就不相同或者不相类似商品申请注册的商标是复制、摹仿或者翻译他人已经在中国注册的驰名商标,误导公众,致使该驰名商标注册人的利益可能受到损害的"情形、第 15 条规定的"未经授权,代理人或者代表人以自己的名义将被代理人或者被代表人的商标进行注册,被代理人或者被代表人提出异议的"情形、第 16 条规定的"商标中有商品的地理标志,而该商品并非来源于该标志所标示的地区,误导公众的"情形以及第 31 条规定的申请商标注册"损害他人现有的在先权利"或者"以不正当手段抢先注册他人已经使用并有一定影响的商标"的情形。

---

① 曾陈明汝:《商标法原理》,中国人民大学出版社 2003 年版,第 308 页。

第三节 商标权的内容和范围

关于商标权的内容,人们的认识比较一致。一般认为,商标权的内容包括商标专用权、禁止权、处分权、标记权和续展权等。但对其中的商标专用权和禁止权的具体内容和界限尚存分歧。

一、商标专用权

所谓商标专用权是指商标权人对其注册商标专有使用的权利。它是商标权的核心。《商标法》第51条规定:"注册商标的专用权,以核准注册的商标和核定使用的商品为限。"因此,专用权中的使用范围是商标权人可在核定的商品或服务上独占性地使用核准注册的商标。

商标专用权是商标权人对其注册商标专有使用的权利,是商标权的核心。

需指出的是,《商标法》第51条的规定仅仅明确了商标专用权"横"的范围,即仅仅明确了注册商标的专用权的范围是"核准注册的商标和核定使用的商品或服务"。而对于"纵"的方面却没有予以明确。从商标实际发挥作用领域来看,这里的"纵"的方面应该就是"商标的使用"的范围。关于"商标的使用",我国《商标法》并没有作出明确界定。《商标法实施条例》第3条将"商标的使用"明确为"包括将商标用于商品、商品包装或者容器以及商品交易文书上,或者将商标用于广告宣传、展览以及其他商业活动中"。但是仅此规定还是不明确的。商品通常是从生产者经过交易流向消费者的,然而这种"流向"有时是一次完成的,即生产者将其商品直接出售给消费者,而更多的情况下,生产者的商品并不是直接出售给消费者的,而往往是经过各级经销商而最终到达消费者的。那么这里商标专用权的"纵"的范围到底是从生产者到最终的消费者,还是到第一级经销商呢?在这里人们是发生了分歧的,关于"反向假冒"的争论实质就是由于人们对商标专用权在"纵"的方面的认识的不同所致,否认"反向假冒"为商标侵权的观点显然将商标专用权的"纵"的方面限定在从生产者到第一级经销商或直接到消费者,即第一次销售,而肯定"反向假冒"为商标侵权的观点则显然认为商标专用权的范围为从生产者直到最终的消费者的全部流通领域。关于商标专用权的"纵"的界限,世界各国通常有商标权用尽原则。① 如德国《商标法》第24条第1款就对商标权用尽原则作了明确的规定:"权利人或经其同意的其他人,将使用其商标或商业标志的商品投入德国、欧洲联盟其他成员或其他欧洲经济区协定缔约国的市场之后,该商标或商业标志的权利人,应无权禁止该标志在上述商品上的使用。"商标权用尽原则基本上解决了商品第一次销售之后商品的购买人是否有权继续使用商品上原来使用的标记的问题,然而并没有解决商品购买人是否有权不再使用商品上原来使用的标记的问题,这一问题实际上在世界各国是通过对反向假冒行为的规定而进行的。具体内容可参见本书后面"商标权的保护"一章中的反向假冒问题。这里只需指出的是,尽管《商标法》对反向假冒已经有了明确的态度,然而学术论争并没有终止,此问题仍可进一步探讨。

二、禁止权

所谓商标权中的禁止权是指商标权人可以禁止他人未经许可使用其注册商标的权利。根据《商标法》第52条的规定:"未经商标注册人的许可,在同一种商品或者类似商品上

商标禁止权是商标权人可以禁止他人未经许可使用其注册商标的权利

使用与其注册商标相同或者近似的商标的"属于侵犯注册商标专用权的行为。这一权利通常被人们称为禁止权。如前所述,商标权中禁止权的范围要比前述的专用权的范围要大,即往往扩展到相似商标和类似商品或服务上。

---

① 我国《商标法》没有明确规定。

三、处分权

处分权是指商标权人可以根据自己的意志对商标权进行处置,包括许可他人使用、转让商标权、以商标权出质、放弃商标权等。具体内容见下文商标权的利用部分。

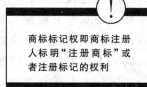

商标处分权是指商标权人根据自己的意志对商标权进行处置的权利

四、标记权

《商标法》第9条第2款规定,商标注册人有权标明"注册商标"或者注册标记。这就是商标权中的标记权。值得注意的是,修订前的《商标法》曾将此规定为商标权人的义务,即

商标标记权即商标注册人标明"注册商标"或者注册标记的权利

修订前的《商标法》第8条规定,使用注册商标的,并应当标明"注册商标"或者注册标记。2001年《商标法》的规定显然更为合理。

五、商标续展权

注册商标的有效期为10年,自该商标注册之日起计算。有效期届满需要继续使用的,应当在期满前6个月内申请续展;这6个月为续展期。届满后6个月内商标所有人还可以申请续展注册,这6个月为宽展期。

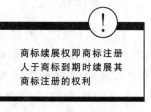

商标续展权即商标注册人于商标到期时续展其商标注册的权利

第四节 商标权的取得、利用和消灭

一、商标权的取得

商标权的取得可以分为原始取得和继受取得两类。商标权的原始取得就是不以他人的商标权为前提而取得商标权,即通过

商标的注册或者使用而取得商标权,在我国采取注册取得商标权原则的情况下,商标权的原始取得主要是注册。商标权的继受取得又称传来取得,指商标权来源于其他权利人的商

商标权的取得方式包括原始取得和继受取得

标权取得方式,包括法定方式和法律行为方式两种。法定方式主要是通过商标权的继承、企业的合并、分立等方式,法律行为方式主要是通过商标权的转让、赠与等法律行为方式移转商标权。关于商标权的转让请参见下文"商标权的利用"。

二、商标权的利用

商标权的利用是商标权人为了获取一定的经济利益而通过许可使用、转让和质押等方式利用其注册商标的行为。

商标权的利用:商标权的许可、转让、质押

(一) 注册商标的许可使用

商标的使用许可在早期曾被某些国家如美国的法律所禁止,后来尽管开始允许商标的使用许可,然而却加诸商标权人对被许可人的商品质量加以监督控制的义务。① 我国《商标法》第40条允许商标注册人通过签订商标使用许可合同,许可他人使用其注册商标。同时和美国相似,加诸注册商标许可人对被许可人使用其注册商标的商品质量的监督义务和被许可人保证使用该注册商标的商品质量的义务。而且被许可人必须在使用该注册商标的商品上标明其名称和商品产地,商标使用许可合同也应当报商标局备案。这些规定均体现了《商标法》对商标使用许可合同的较多的控制。然而商标使用许可合同毕竟是一种合同,因此它除了适用《商标法》的特殊合同规则外,在《商标法》没有规定的情况下显然应适用《合同法》总则的规定。

---

① 曾陈明汝:《商标法原理》,中国人民大学出版社2003年版,第311—314页。

根据最高人民法院《关于审理商标民事纠纷案件适用法律若干问题的解释》，商标适用许可可分为三种类型，即：独占使用许可，是指商标注册人在约定的期间、地域和以约定的方式，将该注册商标仅许可一个被许可人使用，商标注册人依约定不得使用该注册商标；排他使用许可，是指商标注册人在约定的期间、地域和以约定的方式，将该注册商标仅许可一个被许可人使用，商标注册人依约定可以使用该注册商标但不得另行许可他人使用该注册商标；普通使用许可，是指商标注册人在约定的期间、地域和以约定的方式，许可他人使用其注册商标，并可自行使用该注册商标和许可他人使用其注册商标。

商标使用许可合同一般包括许可使用的性质、许可使用的范围与期限、许可费的数额与支付方式、许可人对商标权效力的担保、被许可人对商标的正确使用义务、对侵权第三人的诉讼等条款。

（二）注册商标的转让

注册商标的转让是商标权人通过合同将商标权移转给他人的行为。在早期很多国家的商标法认为商标附属于使用它的企业的商誉，其价值归因于企业的商誉，因此不能脱离企业的商誉而转移，否则购买货物将受骗。现代很多国家商标法允许商标与企业分离而转让，其条件是受让人的使用不欺骗公众。在多数国家转让商标必须注册，即通知公众。[①]《与贸易有关的知识产权协议》第21条规定："注册商标所有权人有权连同或不连同商标所属的经营一道，转让其商标。"这体现了现代商标立法对商标转让的一般态度。我国《商标法》允许商标权的独立转让，但受让人应当保证使用该商标的商品质量，且须经商标局核准并公告。同时，为了避免商标转让对社会公众利益的不良影响，《商标法》还对注册商标的转让设置了一些限制：即转让注册商标的，商标注册人对其在同一种或者类似商品上注册的相同或者近似的商标，

---

① 沈达明：《知识产权法》，对外经济贸易大学出版社1998年版，第247页。

应当一并转让;未一并转让的,由商标局通知其限期改正;期满不改正的,视为放弃转让该注册商标的申请,商标局书面通知申请人;对可能产生误认、混淆或者其他不良影响的转让注册商标申请,商标局不予核准,书面通知申请人并说明理由。

注册商标转让合同和商标使用许可合同一样是《商标法》规定的一种特殊合同,它应该优先适用《商标法》的规定,当《商标法》没有规定时应适用《合同法》总则的规定。

（三）商标权质押

商标权质押属于权利质押的一种。我国《商标法》并没有对商标权质押作出规定,商标权质押的法律依据应该是《物权法》第223和227条。根据《物权法》的规定,以依法可以转让的商标专用权中的财产权出质的,出质人与质权人应当订立书面合同,质权自有关主管部门办理出质登记时设立。

为了规范商标专用权质押登记,国家工商行政管理总局专门公布了《商标专用权质押登记程序》,对商标专用权质押的登记机关、登记申请人、登记提交文件、质押合同内容等作了详细规定。

三、商标权的消灭

商标权的消灭有多种原因,既包括基于商标权人意志的消灭,也包括非因商标权人意志的消灭两类。具体可以包括以下几种：

商标权消灭的原因包括自然原因、依法被撤销等

（一）商标权的自然消灭

商标权的自然消灭原因主要包括商标到期而未依法续展、商标专用权人死亡而没有继承人、法人被宣告破产注册商标未被分配给任何债权人等情形。

（二）商标权被依法撤销

商标权被依法撤销是指因商标权产生之后发生的事由使商标权丧失了继续受保护的基础,而由商标管理机关或人民法院作出取消商标权的裁决的商标权消灭原因。我国《商标法》规定的商标权被依法撤销的事由主要包括《商标法》第 44 条和第 45 条的规定。这些事由主要包括：使用注册商标，自行改变注册商标的；自行改变注册商标的注册人名义、地址或者其他注册事项的；自行转让注册商标的；连续三年停止使用的以及其商品粗制滥造，以次充好，欺骗消费者的。在这些事由发生后可能会被商标局撤销其注册商标。

（三）商标因注册不当而被撤销或者因注册商标争议裁定而被撤销

具体内容请参见本书下一章第四节"注册商标争议的裁定"。

【参考书目】

[1] 刘春田：《商标与商标权辨析》，载《知识产权》1998 年第 1 期。

[2] 王太平：《商标概念的符号学分析——兼论商标权和商标侵权的实质》，载《湘潭大学学报》(社会科学版)2007 年第 3 期。

【思考题】

一、名词解释题

1. 商标权
2. 商标的显著性

二、简答题

1. 商标权的特征有哪些？
2. 商标权客体须具备哪些条件才能注册？

三、论述题

1. 试从商标的概念出发来论述我国《商标法》第 51 条所规定的"商标专用权以核准注册的商标和核定使用的商品为限"。
2. 谈谈商标权利用中的合同和《合同法》中规定的合同的关系。

第二十六章　商标的注册和管理

本章内容包括商标的注册和商标管理。商标注册是商标权取得的基本程序，是前一章商标权人权利取得的基本途径，也是下一章商标权受到保护的前提条件。商标管理是我国特有的一项制度，是实现商标权和保护商标权的重要手段。本章学习应重点从宏观上把握商标权取得过程中的各种程序，理解各种程序的性质。

第一节　商标注册的原则

商标注册的原则也称为商标权取得的原则，是进行商标注册所需要遵循的基本规则，是商标注册制度的精神与灵魂，是商标注册制度设计的直接出发点。我国商标注册采取注册取得商标权原则、自愿注册原则、申请在先原则和优先权原则。

一、注册取得商标权原则

世界各国关于商标权的取得分别有注册原则、使用原则以及折中这两种原则的混合原则。其中注册原则是指商标所有人需要通过注册取得商标权，而且注册是原始取得商标权的唯一途径。在这种商标权取得的原则下，尽管法律一般同时规定商标权人的使用义务，但是仅仅通过使用并不能取得商标权。使用原则是只有通过使用才能原始取得商标权。在这种商标权取得原则下，使用是原始取得商标权的唯一途径，单单注册并不能取得商标权。注册原则与使用原则是截然对立的两种商

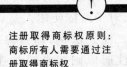

注册取得商标权原则：商标所有人需要通过注册取得商标权

标权原始取得原则,两种原则各有优劣。注册原则具有权利明确,避免证明使用的困难的优点,但缺点在于无法保护真正的先使用人,可能出现商标抢注的不良后果。而使用原则的优缺点则正好与此相反。正由于注册原则和使用原则二者的缺陷,于是便产生了混合原则。混合原则是折中上述注册原则与使用原则的原则。

目前世界各国基本上以注册原则为主,采取使用原则的国家是极少数,即便是采用混合原则的国家,也基本上是以注册原则为主,兼吸收使用原则的一些优点。

我国《商标法》第3条第1款规定,经商标局核准注册的商标为注册商标,包括商品商标、服务商标和集体商标、证明商标;商标注册人享有商标专用权,受法律保护。第4条规定,自然人、法人或者其他组织对其生产、制造、加工、拣选或者经销的商品,需要取得商标专用权的,应当向商标局申请商品商标注册。自然人、法人或者其他组织对其提供的服务项目,需要取得商标专用权的,应当向商标局申请服务商标注册。我国《商标法》没有规定通过使用而取得商标权的方式。可见,我国采取的是注册取得商标权的原则。

二、自愿注册原则

在采取注册取得商标权原则之下,对于商标使用人是否注册可以分为三种立法例,即自愿注册原则、强制注册原则和自愿与强制注册结合原则。其中自愿注册原则又称任意

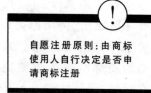

自愿注册原则:由商标使用人自行决定是否申请商标注册

注册原则,是指由商标使用人自行决定是否申请商标注册的原则。尽管注册是取得商标权的前提条件,但是法律并不禁止人们使用未注册商标,只不过仅使用而不注册不享有商标权。与自愿注册原则相对的是强制注册原则,又称为全面注册原则,该原则要求商标使用人均必须经过注册取得商标权才能够使用,未经注

册的商标不得使用。世界各国大多数采用任意注册原则,只有原来计划体制国家中的某些国家采用强制注册原则。采用自愿注册原则是基于商业自由原则的当然要求①,而采取强制注册原则则与保护消费者及社会公共利益观念有紧密联系。世界各国之所以对商标注册有如此不同的观念是由商标法的功能与宗旨所决定的。商标法不像其他知识产权法,尽管也保护商标权人的合法权益,但对消费者权益和社会公共利益的考虑更多一些。正由于商标法立法价值目标的多元化,有些国家采用自愿注册为主,强制注册为辅的原则。

目前世界各国大多采取自愿注册原则或者以自愿注册为主的原则,全面注册原则因计划经济体制的式微而逐步被废弃。我国 1950 年颁布的《商标注册暂行条例》曾采取了自愿注册原则,后来由于计划经济的全面推行而于 1957 年改为全面注册原则,直至 1983 年《商标法》才确定下自愿原则为主,强制注册为辅的注册原则,2001 年《商标法》延续了这种注册原则。2001 年《商标法》第 6 条规定,国家规定必须使用注册商标的商品,必须申请商标注册,未经核准注册的,不得在市场销售。言外之意即非国家规定必须使用注册商标的商品,就不必申请注册,且未经核准注册,也可以使用,且能够在市场上销售。

三、申请在先原则

在同时有两个或两个以上的申请人同时在同一种或类似商品上申请注册相同或近似商标时应该准予谁注册时有两种不同的原则,即申请在先原则和使用在先原则。前者指准予最先申请的人注册,而驳回其他人的申请,由先申请人取得商标权;后者指准予最先使用的人注册,而驳回其他人的申请,由

---

① 曾陈明汝:《商标法原理》,中国人民大学出版社 2003 年版,第 31 页。

先使用人取得商标权。前者在程序上举证简单,容易确定商标权的归属,比较便利,而后者则比较公平,侧重于保护真正的最早的商标使用人。申请在先原则在立法理念上与前述的注册取得商标权的原则更为接近,而使用在先原则则与前述的使用取得商标权的原则更为融洽。因此,世界上采用注册取得商标权原则的国家基本上均同时采用申请在先原则,而采用使用取得商标权原则的国家基本上同时采用使用在先原则。由于世界各国商标权取得注册原则占有优势地位,且由于先申请原则程序上的便利,先申请原则被更多的国家所采用。

我国《商标法》第29条规定,两个或者两个以上的商标注册申请人,在同一种商品或者类似商品上,以相同或者近似的商标申请注册的,初步审定并公告申请在先的商标;同一天申请的,初步审定并公告使用在先的商标,驳回其他人的申请,不予公告。可见,我国《商标法》采用的是申请在先原则。为了解决两人或多人同时申请的问题,《商标法实施条例》第19条规定,两个或两个以上的申请人,在同一种商品或者类似的商品上,分别以相同或者近似的商标在同一天申请注册的,各申请人应当自收到商标局通知之日起30日内提交其申请注册前在先使用该商标的证据。同日使用或者均未使用的,各申请人可以自收到商标局通知之日起30日内自行协商,并将书面协议报送商标局;不愿协商或者协商不成的,商标局通知各申请人以抽签的方式确定一个申请人,驳回其他人的注册申请。商标局已经通知但申请人未参加抽签的,视为放弃申请,商标局应当书面通知未参加抽签的申请人。因此,我国《商标法》及《商标法实施条例》的上述规定被学者称为是"以使用在先为补充的申请在先原则"[①]。

四、优先权原则

优先权原则最初是《巴黎公约》确立的对工业产权国际保护

---

① 刘春田:《知识产权法》,高等教育出版社、北京大学出版社2003年版,第280页。

的重要原则之一,主要体现在工业产权保护的跨国申请上。《巴黎公约》第 4 条规定,凡已在《巴黎公约》一个成员国内正式提出申请专利、实用新型、工业品外观设计或商标注册的

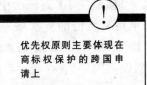

优先权原则主要体现在商标权保护的跨国申请上

人,或其权利合法继承人,在专利和实用新型提出第一次申请之日起的 12 个月内、工业品外观设计和商标提出第一次申请之日起的 6 个月内享有在《巴黎公约》其他成员国内提出申请的优先权,即以在一国第一次申请的申请日作为在另一国再次申请的申请日。一般认为,这种制度可以使发明人和商标所有人在第一次提出申请后有充裕的时间考虑还需在哪些其他成员国提出申请以及选择代理人办理手续。①

我国 2001 年前的《商标法》均没有规定优先权,仅在《商标法实施细则》中规定商标局受理申请商标注册要求优先权的事宜,依照国家工商行政管理局规定的具体程序办理。在 2001 年《商标法》不仅规定了《巴黎公约》所确认的外国优先权,还规定了本国优先权,分别是《商标法》第 24、25 条的规定。《商标法》第 24 条第 1 款规定,商标注册申请人自其商标在外国第一次提出商标注册申请之日起 6 个月内,又在中国就相同商品以同一商标提出商标注册申请的,依照该外国同中国签订的协议或者共同参加的国际条约,或者按照相互承认优先权的原则,可以享有优先权。这是外国优先权。从这些规定可以看出,其条件仅仅是第一次是在外国提出注册申请,第二次是在中国提出申请,至于申请人则既可以是中国人,也可以是外国人。优先权的期限是 6 个月。

《商标法》第 25 条第 1 款规定,商标在中国政府主办的或者承认的国际展览会展出的商品上首次使用的,自该商品展出之日起 6 个月内,该商标的注册申请人可以享有优先权。这一规定被认为是将类同于专利法中关于专利申请丧失新颖性例外的情形

---

① 刘春田:《知识产权法》,高等教育出版社、北京大学出版社 2003 年版,第 281 页。

之一"移植"到了商标法中,且这种制度将享有优先权的基础建立在申请日之前的首次展览日上,而不是建立在在先的申请日上,已经超出了《巴黎公约》关于优先权的规定,是一种新的"创设。"①

第二节 商标注册的申请

向商标主管机关提出商标注册的申请则是商标注册程序的第一步,主要程序包括向商标局提交《商标注册申请书》、送交商标图样、附送有关证明文件、交纳规费等。具体需要注意以下内容:

一、商标注册申请人

不管在商标权取得上采取注册主义原则还是使用主义原则,世界各国各地区均对商标注册申请人的资格有一定要求。采取使用主义的美国固然要求申请人必须使用(新修订的《商标法》要求"意图使用"),采用注册主义的我国台湾地区同样要求申请人须具备主观与客观要件。②

> 在我国,商标注册的申请人是自然人、法人或者其他组织

我国《商标法》第4条规定,自然人、法人或者其他组织对其生产、制造、加工、拣选或者经销的商品,需要取得商标专用权的,应当向商标局申请商品商标注册。自然人、法人或者其他组织对其提供的服务项目,需要取得商标专用权的,应当向商标局申请服务商标注册。这就表明,在我国商标注册的申请人是自然人、法人或者其他组织。而2001年《商标法》修订之前的各《商标法》并没有赋予自然人以登记资格,而是将申请主体范围限制在"企业、事业单位和个体工商业者"。

---

① 刘春田:《知识产权法》(第二版),高等教育出版社、北京大学出版社2003年版,第281页。
② 曾陈明汝:《商标法原理》,中国人民大学出版社2003年版,第33页。

需指出的是,《商标法》第 27 条对申请商标注册的自然人中的外国人、法人或者其他组织中的外国法人或者其他组织进行了限定,即规定外国人或者外国企业在中国申请商标注册的,应当按其所属国和中华人民共和国签订的协议或者共同参加的国际条约办理,或者按对等原则办理。同时,根据《商标法》第 18 条的规定,外国人或外国企业在中国申请商标注册和办理其他商标事宜的,应当委托国家认可的具有商标代理资格的组织代理,而不得自己直接申请。

二、商标注册申请的要求

根据《商标法》的规定,商标注册申请应符合以下要求:

商标注册申请应符合有关要求

首先,申请商标注册应当按规定的商品分类表填报使用商标的商品类别和商品名称。这是《商标法》第 19 条的规定,是现代商标法按类保护原则的必然要求。如我国《商标法》第 51 条规定,注册商标的专用权,以核准注册的商标和核定使用的商品为限。这里核定使用的商品实际上就是商品的类别。由于商标权的保护是以商标使用的商品类别为基础的,因此商标注册申请时也应该按规定的商品分类表填报使用商标的商品类别和商品名称。因此,世界各国商标主管机关均公布商标注册用的商品分类表,有的自己制定,有的采用《尼斯协定》所建立的《商品与服务分类表》中的商品分类表。我国曾先后公布过 6 个自己编制的商品分类表,自 1988 年 11 月 1 日以后采用《尼斯协定》所建立的商品分类表。

其次,商标注册申请人在不同类别的商品上申请注册同一商标的,应当按商品分类表提出注册申请。这是 2001 年《商标法》的规定。1983 年《商标法》曾规定,同一申请人在不同类别的商品上使用同一商标的,应当按商品分类表分别提出注册申请。这是商标法按类保护原则的极端体现,将同样的标志使用在不同种类的商品上所形成的是两个以上的商标而不是一个商标。1993年《商标法》修订时删除了其中的"分别"二字,允许一个商标标志在一份申请中使用在两类或两类以上的商品上。这不仅符合《马德里商标国际注册实施办法》的规定,也减轻了当事人的负担,因为每增加一类商品原来就相当于增加了一件商标,显然当事人的相关费用会增加。2001年《商标法》在修订时保留了1993年《商标法》的相应规定,但《商标法实施条例》第 13 条却规定,申请商标注册,应当按照公布的商品和服务分类表按类申请。这即是说,仍需按类提出申请,又退回到了 1983 年《商标法》规定的办法。

再次,注册商标需要在同一类的其他商品上使用的,应当另行提出注册申请。注册商标需要改变其标志的,应当重新提出注册申请。这一般被称作另行申请与重新申请。这是由于商标就是商品的标记,其要素有二,即商品与标记,一旦其中任何一个变化均需要申请并经核准注册,因为它极可能与他人已经注册的商标相冲突。

三、商标注册申请的文件

《商标法实施条例》第 13 条规定,申请商标注册,应当按照公布的商品和服务分类表按类申请。每一件商标注册申请应当向商标局提交《商标注册申请书》1 份、商标图样 5 份、黑白稿 1 份。国家工商行政管理总局商标局专门制定了《商标注册申请书》的标准格式。对于商标图样,《商标法实施条例》规定,商标图样必须清晰、便于粘贴,用光洁耐用的纸张印刷或者用照片代替;长或者宽应当不大于 10 厘米,不小于 5 厘米。以三维标志申请注册商标的,应当在申请书中予以声明,并提交能够确定三维形状的图样。以颜色组合申请注册商标的,应当在申请书中予以声明,并提交文字说明。申请注册集体商标、证明商标

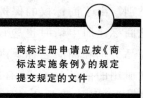

商标注册申请应按《商标法实施条例》的规定提交规定的文件

的,应当在申请书中予以声明,并提交主体资格证明文件和使用管理规则。商标为外文或者包含外文,应当说明含义。

商标注册申请除了需提交有关商标的文件外,申请人还应当提交能够证明其身份的有效证件的复印件,而且商标注册申请人的名义应当与所提交的证件相一致。如果商标使用于必须注册的商品上,还必须提交相关部门的批准文件。如用于人用药品、医用营养品、医用营养饮料和婴儿食品等商品的商标注册申请时,应附送省级卫生部门发给的《药品生产企业许可证》或《药品经营企业许可证》;用于烟草制品的商标注册申请时应当提交国家烟草主管机关批准生产的证明文件;国内的报刊、杂志申请商标注册的,应当提交新闻出版主管部门发给的全国统一刊号的报刊登记证,等等。如要求享有优先权的,应提供优先权证明。

另外,商标注册申请人如果委托代理人进行商标注册申请的,当然还应当提交委托书。

四、商标注册申请日的确定

《商标法实施条例》规定,商标注册的申请日期,以商标局收到申请文件的日期为准。申请手续齐备并按照规定填写申请文件的,商标局予以受理并书面通知申请人;申请手续不齐备或者未按照规定填写申请文件的,商标局不予受理,书面通知申请人并说明理由。可见我国《商标法》是以日为标准确定商标注册申请的时间的,并不考虑申请的具体时刻。

> ❗ 商标注册申请日的确定可能考虑申请日、使用日、优先权等因素

当两个或两个以上的申请人,在同一种商品或者类似的商品上,分别以相同或者近似的商标在同一天申请注册的,各申请人须自收到商标局通知之日起 30 日内提交其申请注册前在先使用该商标的证据。使用有先后的,商标局受理使用在先的人的注册申请,驳回其他人的注册申请。同日使用或者均未使用的,各申请人可以自收到商标局通知之日起 30 日内自行协商,并将书面

协议报送商标局；不愿协商或者协商不成的，商标局通知各申请人以抽签的方式确定一个申请人，驳回其他人的注册申请。商标局已经通知但申请人未参加抽签的，视为放弃申请，商标局应当书面通知未参加抽签的申请人。

商标注册申请日的确定，除了上述正常情况外，还可能有优先权的问题。如前所述，我国《商标法》不仅规定了外国优先权，而且还规定了国内优先权。对于依法享有优先权的人，其申请日期按照其享有优先权的日期即优先权日为申请日，并不按其实际申请日为申请日。

第三节　商标注册的审查与核准

一、注册商标申请的审查

世界各国关于商标注册审查大体有两种做法：一是仅进行形式审查；一是既进行形式审查，也进行实质审查。大多数国家采用第二种审查方式，我国既要进行形式审查，也进行实质审查。

注册商标申请的审查分为形式审查和实质审查

（一）形式审查

所谓商标注册的形式审查是指对商标申请的手续、程序等形式方面的合法性进行的审查。在我国，形式审查的内容主要包括：申请人的资格是否符合法律的规定；申请人名义、印章及相关情况是否与营业执照一致；申请书填写是否规范；申请人申请注册的商品或服务填写是否具体、规范，分类是否准确，与其经营范围是否相符；商标及其图样的质量、规格、数量是否符合要求；如委托商标代理组织，代理委托书是否规范；应附的证件、说明是否完备；注册申请规费是否交纳。

形式审查合格的，商标局予以受理并书面通知申请人；形式审查不合格的，商标局不予受理，书面通知申请人并说明理由。形式审查基本合格，但是需要补正的，商标局通知申请人予以补正,限其自收到通知之日起30日内,按照指定内容补正并交回商标局。在规定期限内补正并交回商标局的,保留申请日期;期满未补正的,视为放弃申请,商标局应当书面通知申请人。

(二) 实质审查

商标注册申请经形式审查合格后即进入实质审查阶段。所谓实质审查即是对商标是否符合《商标法》所规定的条件的审查。具体内容请参见本书商标权客体部分的阐述。

根据《商标法》和《商标法实施条例》的规定,商标局对受理的商标注册申请进行审查(包括形式审查与实质审查)后,对符合规定的或者在部分指定商品上使用商标的注册申请符合规定的,予以初步审定,并予以公告;对不符合规定或者在部分指定商品上使用商标的注册申请不符合规定的,予以驳回或者驳回在部分指定商品上使用商标的注册申请,书面通知申请人并说明理由。

二、注册商标的异议

《商标法》第30条规定,对初步审定的商标,自公告之日起3个月内,任何人均可以提出异议。公告期满无异议的,予以核准注册,发给商标注册证,并予公告。这就是注册商标异议制度或程序。

注册商标异议程序应关注主体资格、理由和期限的问题

注册商标异议程序是商标注册主管机关经初审认定并公告后,为有关公众提供的反对该商标注册的程序。世界大多数国家商标法均设有注册商标异议程序,只有少数国家如意大利商标法没有设置。① 在设置有异议程序的国家商标法中,根据异议程序与注册核准程序在时间上不同,异议分为前置异议和后置异议。前者指异议程序在注册核准程序之前异议,即商标注册机关经过形式审查和实质审查后只是初步审定商标,只有在法定期限内无人提出异议或异议不成立后才能核准注册。

---

① 胡开忠:《知识产权法比较研究》,中国人民公安大学出版社2004年版,第440—452页。

后者指异议程序在核准注册之后的异议,即注册机关对注册商标进行形式审查和实质审查之后认为符合注册条件的,直接核准注册,有关公众在商标注册后一定期限内可以提出异议,异议成立的撤销商标权。目前几乎所有国家均采用前置异议。其原因在于异议程序的优点:可以弥补商标审查的不足,提高商标审查和核准注册的质量,增强商标权的稳定性。当然,异议程序也有缺陷,即延长了商标注册的时间,降低了效率。注册商标异议程序应关注的主要问题包括:

(一) 异议人的资格

各国商标法对享有异议权的相关公众的范围有不同限定。有的规定一切社会公众均有权提出异议。如英国1938年《商标法》第18条的规定。另一种则对异议人的资格有一定的限制。如前联邦德国1968年《商标法》将异议人的资格限制在在先商标所有人和利害关系人的范围。

我国《商标法》第30条规定:对初步审定的商标,自公告之日起3个月内,任何人均可以提出异议。对异议人资格没有任何限制。

(二) 异议理由

凡在主体资格方面规定一切社会公众均可提出异议的国家,任何与商标注册条件不符的事由均可成为异议的理由。英国的商标法即采取这种规定。凡在异议主体资格方面仅限于利害关系人的,异议理由只能是有关的在先权益。如前联邦德国法的规定。

我国《商标法》对异议人的异议理由没有任何限制,可以认为,所有不符合本书前述的商标注册条件的事由均可以提出。

(三) 异议期限

由于异议程序延长了注册程序,降低了效率。为了促使利害关系人及时行使异议权,加快注册程序,各国均规定了异议期。从世界各国商标法来看,该期限多规定为2—3个月。我国的商标注册异议期为初步审定公告之日起3个月。

三、核准注册

异议期届满无人提出异议或异议不成立的,予以核准注册,发给《商标注册证》,并予公告。在注册取得商标权的我国,注册意味着商标注册申请人取得商标权。已经核准注册的商标登记于《商标注册簿》,载明注册号、注册商标、核定商品、商品类别、有效期、续展有效期、注册人名称等内容。同时商标局向商标注册人颁发《商标注册证》,《商标注册证》是商标权的法律凭证。

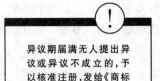
异议期届满无人提出异议或异议不成立的,予以核准注册,发给《商标注册证》,并予公告

商标注册的效力在不同国家有所不同。在使用取得商标权的国家,商标注册仅具有公告及表见证据的效力,而在注册取得商标权的国家,商标注册不仅成为商标权取得的根据,而且也具有社会公众已经知晓的推定。

第四节　注册商标争议的裁定

《商标法》第五章规定了注册商标争议的裁定,其主要内容包括两个方面:一是违反了《商标法》商标核准注册条件或者是以欺骗等不正当手段或者损害他人合法在先权利本不应注册而被注册的商标依法定程序被撤销而进行的裁定,这一般被称为撤销注册不当商标裁定;二是商标评审委员会应申请而对两个均依法产生的注册商标之间的争议进行的裁定,一般被称为注册商标争议裁定。

一、撤销注册不当商标

注册不当商标是指《商标法》第41条规定的,违反《商标法》第10条、第11条、第12条规定的商标注册的禁止条件或者是以欺骗手段或者其他不正当手段取得注册或者是损害他人合法在先权利的商标。

《商标法》对不同类型的注册不当商标提供了不同的撤销的程序。其中违反第 10 条、第 11 条、第 12 条规定的商标注册的禁止条件或者以欺骗等不正当手段取得注册的注册不当商标既可以由商标局主动依职权撤销,也可以由其他单位或个人请求商标评审委员会裁定撤销;对于违反《商标法》第 13 条、第 15 条、第 16 条、第 31 条而损害他人合法在先权利取得注册的注册不当商标则自商标注册之日起 5 年内,商标所有人或者利害关系人可以请求商标评审委员会裁定撤销该注册商标。对恶意注册的,驰名商标所有人不受 5 年的时间限制。

注册不当商标是指违反商标注册的禁止条件或者是以欺骗手段或者其他不正当手段取得注册或者是损害他人合法在先权利的商标

值得注意的是,只有上述的第一类注册不当商标才能够被商标局依职权撤销,而其中第二种注册不当商标的撤销只有存在商标所有人或利害关系人的申请,商标评审委员会才能依法进行裁定,商标局则不得主动依职权进行撤销。《商标法》之所以对上述不同类型的注册不当商标提供了不同的撤销程序,其根本原因在于不同类型的注册不当商标产生的原因不同,其造成的后果也不同。对于第一类注册不当商标来说,因为它违反的是《商标法》的强行性规定,而且会产生极不公平的竞争后果,因此是永远不应当注册的。同时它之所以产生完全是因为商标注册程序所固有的缺陷造成的,即商标审查尽管有商标局的形式与实质审查以及有社会公众参与的商标注册异议程序,不应被注册而被注册的商标仍然难免挂一漏万。因此这类注册不当商标既可以由商标局主动依职权撤销,也可以由其他单位或个人请求商标评审委员会裁定撤销。而第二类注册不当商标产生原因及其后果则不同,其产生的原因是侵犯了某个民事主体的合法权益,对社会公共利益影响不大。其之所以会产生或者是由于在先权利人的疏忽而在商标异议阶段没有发现,或者是因为他尽管发现了却认为对自己损害不大而予以默许,因此仅仅给他以申请撤销裁决的权利即已足够。由商标局依职权撤销有时反而有违当事人的真实意思(如在商标注册异议程序中当事人已经发现其在先权利被侵害却予以默许),同时也损害了这类注册不当商标注册人的利益。同时,对于这类注册不当商标,因为其侵犯的是他人的在先权利,那么根据民法性质,并不禁止当事人通过合同如肖像权使用许可合同等而加以变通,而且尽管注册不当,这类商标经使用一定时间后它还是会产生一定的价值的,当事人私人解决不仅能够保障在先权利人的利益,而且还能够使这类注册不当商标合法化从而保全其中因使用而产生的价值。另外,这里《商标法》还规定了5年的期限,其目的在于防止在先权利人的权利滥用,而且也与民法的保护积极行使权利的人,而不保护消极行使权利的人的理念相符。也许正因如此,《商标法》对恶意注册的,驰名商标所有人不受5年的时间限制。

为了与注册商标异议程序相协调,《商标法》还规定,对核准注册前已经提出异议并经裁定的商标,不得再以相同的事实和理由申请裁定。

二、注册商标争议裁定

注册商标争议裁定实际上是《商标法实施条例》解释的结果,《商标法》第41条第3款的规定并不明确。《商标法实施条例》第29条规定,《商标法》第41条第3款所称对已经注

注册商标争议裁定的具体条件规定在《商标法实施条例》上

册的商标有争议,是指在先申请注册的商标注册人认为他人在后申请注册的商标与其在同一种或者类似商品上的注册商标相同或者近似。如此才将注册商标争议裁定限制在这样的范围之内。其产生的原因类似于前述的撤销注册不当商标中的第二类注册不当商标的撤销,因此其制度设计也类似。

根据《商标法实施条例》的上述规定,注册商标争议裁定的条

件是:第一,申请人必须是商标注册人,而且其商标注册在时间上必须先于被争议商标;第二,必须在被争议商标核准注册之日起5年内提出;第三,发生争议的两个注册商标在商标标记即文字、图形、字母、数字、三维标志和颜色组合以及这些要素的组合方面是相同的或者近似的;第四,发生争议的两个注册商标所使用的商品或服务必须相同或类似;第五,在商标注册异议程序中未曾以相同的事实和理由提出过异议但是被裁定异议不成立。

注册商标争议裁定属于商标评审的一种程序,其程序参见下一节"商标评审"。

三、注册商标被撤销的效力

根据《商标法实施条例》第36条规定,依照《商标法》第41条的规定撤销的注册商标,其商标专用权视为自始即不存在。有关撤销注册商标的决定或者裁定,对在撤销前人民法

注册商标被撤销,其商标专用权视为自始即不存在

院作出并已执行的商标侵权案件的判决、裁定,工商行政管理部门作出并已执行的商标侵权案件的处理决定,以及已经履行的商标转让或者使用许可合同,不具有追溯力;但是,因商标注册人恶意给他人造成的损失,应当给予赔偿。

第五节 商标评审

商标评审[①]程序不是商标注册的必经程序,评审的事项也不仅仅属于商标注册过程,但是,商标评审程序与商标注册程序有着紧密的联系,其中许多评审事项是对商标注册程序中的某些事项进行评审。因此,本书将该制度安排在这里。

---

① 我国商标评审实际上包括两类(见下文商标评审的性质),一种为对商标局已经作出的决定的复审,另一种是应相关人员的请求而进行的裁定,《商标法实施条例》第28条则统称为评审。本书即采之。

商标评审制度不是所有国家都采用的,然而一般认为该制度的设置具有相当的合理性。该制度和异议制度的目的类似,"均在于弥补主管机关审查之疏失。一为救济于商标注册正式核准之前,一为救济于商标正式注册核准之后,以示慎重"。只不过"评定系使已经注册之商标,自始无效,故其申请人之适格,程序、事由及期限,均有较异议为严格之规定"①。确立该制度的国家和地区也为数不少,例如,我国、日本、美国等。

一、商标评审的性质

关于商标评审的性质,几为研究空白。商标评审的范围既有商标注册过程中商标局的商标确权行为不服而申请评审的,也有由当事人直接

商标评审的法律性质是行政司法

提起的评审,前者如异议人对商标局作出的异议不成立的裁定的评审申请,后者如先后注册的两商标的商标权人向商标评审委员会提起的评审申请。前者非常类似于行政复议,后者则更类似于行政裁决,这里之所以说是类似是因为商标评审委员会和有些被评审对象的作出机关商标局是平行的两个单位,而不是上下级关系。不过本书认为,商标评审大体上是行政司法化倾向的一种表现,在性质上属于行政司法。

尽管评审在性质上属于行政司法,但它毕竟只是一种行政程序,裁决主体往往与商标注册机构(行政机构)合一,在裁决者的中立性、客观性、程序的严格性、裁决的公开性方面都不及诉讼程序,因此,绝大多数确立评审制度的国家都允许当事人对评审裁决不服时可以向法院提起诉讼,但评审是前置程序。如丹麦《商标法》第 46 条之规定。我国修改之前的《商标法》规定,商标评审委员会的裁决为终局裁决,2001 年《商标法》为满足加入 WTO 的要求,将此修改为商标评审委员会的裁决不再是终局裁决。

---

① 曾陈明汝:《商标法原理》,中国人民大学出版社 2003 年版,第 87 页。

二、商标评审组织

《商标法》第 2 条规定,国务院工商行政管理部门商标局主管全国商标注册和管理的工作。国务院工商行政管理部门设立商标评审委员会,负责处理商标争议事宜。可见,我国

商标评审组织是商标评审委员会

商标评审机构就是商标评审委员会,商标评审委员会是国务院工商行政管理部门设立的独立于商标局的机构。

三、商标评审事由(适用范围)

商标评审事由是指当事人就何种事由可以请求商标评审委员会进行评审。根据《商标法实施条例》的第 28 条的规定,商标评审委员会受理依据《商标法》第 32 条、第 33 条、第 41 条、第 49 条的规定提出的商标评

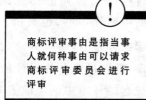

商标评审事由是指当事人就何种事由可以请求商标评审委员会进行评审

审申请。《商标法》的这些条文规定的事项分别是第 32 条的对驳回申请、不予公告的商标,商标注册申请人不服的、第 33 条的对初步审定、予以公告的商标提出异议的,当事人对商标局经审查后作出的裁定不服的、第 41 条的已经注册的商标,违反《商标法》规定取得注册的,其他单位或者个人请求商标评审委员会裁定撤销该注册商标的以及其他对已经注册的商标有争议的、第 49 条的对商标局撤销注册商标的决定,当事人不服的。

四、商标评审程序

(一)申请与受理

根据《商标法实施条例》的规定,申请商标评审,应当向商标评审委员会提交申请书,并按照对方当事人的

商标评审的程序包括申请与受理、审理及裁决

数量提交相应份数的副本;基于商标局的决定书或者裁定书申请复审的,还应当同时附送商标局的决定书或者裁定书副本。

商标评审委员会收到申请书后,经审查,符合受理条件的,予以受理;不符合受理条件的,不予受理,书面通知申请人并说明理由;需要补正的,通知申请人自收到通知之日起30日内补正。经补正仍不符合规定的,商标评审委员会不予受理,书面通知申请人并说明理由;期满未补正的,视为撤回申请,商标评审委员会应当书面通知申请人。商标评审委员会受理商标评审申请后,发现不符合受理条件的,予以驳回,书面通知申请人并说明理由。这里的受理条件主要包括:申请人须有合法的主体资格;在法定期限内提出;属于商标评审委员会的评审范围;依法提交符合规定的申请书及有关证据材料;有明确的评审请求、事实根据和理由;依法缴纳评审费用。

商标评审委员会受理商标评审申请后,应当及时将申请书副本送交对方当事人,限其自收到申请书副本之日起30日内答辩;期满未答辩的,不影响商标评审委员会的评审。当事人需要在提出评审申请或者答辩后补充有关证据材料的,应当在申请书或者答辩书中声明,并自提交申请书或者答辩书之日起3个月内提交;期满未提交的,视为放弃补充有关证据材料。

(二)审理

根据《商标法实施条例》和《商标评审规则》的规定,商标评审委员会审理商标评审案件一般应采用合议制,特定情形也可采用独任制。对商标评审委员会工作人员实行回避制度。商标评审委员会还可以根据当事人的请求或者实际需要,决定对评审申请进行公开评审。申请人在商标评审委员会作出决定、裁定前,也可以经书面向商标评审委员会说明理由要求撤回申请。撤回申请的,评审程序终止。申请人撤回商标评审申请的,不得以相同的事实和理由再次提出评审申请;商标评审委员会对商标评审申请已经作出裁定或者决定的,任何人不得以相同的事实和理由再次提出评审申请。

（三）裁决及其效力

除公开评审外，商标评审委员会审理商标争议案件实行书面审理。合议组审理案件，实行少数服从多数的原则。经审理终结的案件，商标评审委员会依法作出决定、裁定。

对商标评审委员会作出的决定、裁定，当事人不服向人民法院起诉，人民法院判决发回重审的案件，商标评审委员会应当另行组成合议组重新进行评审。当事人在法定期限内对商标评审委员会作出的决定、裁定不向人民法院起诉的，该决定、裁定发生法律效力。

第六节 商 标 管 理

商标管理是商标行政管理部门为了维护社会经济秩序，保护商标权人的合法权益和消费者的利益而依法对商标的使用、印刷等进行的管理活动的总称。商标管理是我国《商标法》独有的一项制度，世界各国商标法中少有关于商标管理的规定。我国《商标法》第六章专门规定了"商标使用的管理"，从其标题上看，对商标的管理侧重于对商标的使用行为的规范，从规范的内容上来看，既包括对注册商标使用的管理，也包括对未注册商标使用的管理，还包括商标印刷管理。本书也从这三个方面来进行阐述。

一、商标管理机构

《商标法》第2条规定，国务院工商行政管理部门商标局主管全国商标注册和管理的工作。可见，我国商标管理机构是商标局。商标管理机构和商标注册机构是不同的，因为

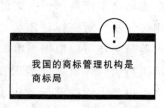

我国的商标管理机构是商标局

商标商标注册的效力必然覆盖整个中华人民共和国，因此审核工作只能由国务院工商行政管理总局商标局来进行，而商标管理工作涉及的则是当事人具体的行为，可以由各级工商行政管理部门

负责。

二、注册商标的管理

《商标法》第44条规定,使用注册商标,有下列行为之一的,由商标局责令限期改正或者撤销其注册商标:自行改变注册商标的;自行改变注册商标的注册人名义、地址或者其

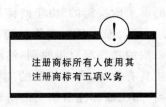

注册商标所有人使用其注册商标有五项义务

他注册事项的;自行转让注册商标的;连续三年停止使用的。加上《商标法》第40条、第45条的规定,我国《商标法》对注册商标所有人使用其注册商标提出了五项义务。

(一) 不得自行改变注册商标

这又包括两个方面:一是商标标志的改变,一是商标所使用的商品类别的改变。因为商标是由这两个方面来构成的,任何方面的改变事实上都是商标的改变,尤其在以前我国商标注册申请中严格采取一类商品一件商标一份申请原则的情况下,商标的这两个方面的任何变化均可能导致产生一个新的商标。而现代商标法通常对注册商标采取审查原则,如果允许商标所有人不经向商标注册部门申请审查而自行改变,其结果只能是商标注册制度的崩溃。

(二) 不得自行改变注册商标的注册人名义、地址或者其他注册事项

之所以需要规定这一点应该说与商标的基本功能有关,一般认为商标具有识别功能,它能够使消费者找到商标使用人。因此注册商标的注册人名义、地址或者其他事项的改变无论对于商标主管部门还是消费者均具有一定意义。由于商标的识别功能,当消费者因商品质量问题受到损害时就可以据以找到商品的责任人。对于商标主管部门来说,将可能阻碍商标管理的进行。

(三) 不得自行转让注册商标

其原因类似于自行改变注册商标的注册人名义、地址或其他

注册事项。

（四）注册人的使用义务

《商标法》之所以需要规定商标注册人的使用义务是由商标的本质所决定的，由于商标是商标标记与其上所"蕴涵"的信息的统一体，因此商标必须是商品的标记，尽管我国在商标权取得上采取的是注册取得原则，然而事实上只有实际使用才能使商标逐步具有价值，产生相关的商标利益关系，因此只有使用才能产生商标权，商标注册机关的所谓"授权"实际上并不是授权，因为它根本无权可授。① 而如前所述，在使用取得商标权的国家，使用是取得商标权的唯一途径，注册仅具有公告及证据效力。因此不使用而拥有商标可能导致商标滥用，而无助于市场交易秩序的维护。

（五）确保使用注册商标的商品质量的义务

《商标法》第 45 条规定，使用注册商标，其商品粗制滥造，以次充好，欺骗消费者的，由各级工商行政管理部门分别不同情况，责令限期改正，并可以予以通报或者处以罚款，或者由商标局撤销其注册商标。《商标法》第 40 条还规定，商标使用许可时，许可人应当监督被许可人使用其注册商标的商品质量。被许可人应当保证使用该注册商标的商品质量。因此在我国商标注册人有确保使用注册商标的商品质量的义务。

三、未注册商标的管理

对未注册商标的管理主要是《商标法》第 48 条的规定，即使用未注册商标，有下列行为之一的，由地方工商行政管理部门予以制止，限期改正，并可以予以通报或者处以罚款：

对未注册商标的管理由《商标法》第 48 条来规定

冒充注册商标的；违反本法第 10 条规定的；粗制滥造，以次充好，

---

① 参见刘春田：《商标与商标权辨析》，载《知识产权》1998 年第 1 期。

欺骗消费者的。可见未注册商标也是可以使用的,只要不违背《商标法》的该规定。当然,由于我国采取注册取得商标权的原则,未注册的商标尽管通过使用能获得一定的知名度,具有一定的价值,但是一般却很难受到保护。根据《商标法》的相关规定,只有在商标达到驰名商标或商品成为知名商品时才能得到保护。

四、商标的印制管理

为了对商标的印制进行管理,国家工商行政管理总局专门制定了《商标印制管理办法》。其中就商标印制的概念、商标印制单位的设立、商标印制单位的管理制度及商标印制违法行为的处罚等进行了规定。

商标的印制管理的依据是《商标印制管理办法》

【参考书目】

[1] 〔日〕江口俊夫著:《日本商标法解说》,魏启学译,专利文献出版社1982年版。

[2] 曾陈明汝:《商标法原理》,中国人民大学出版社2003年版。

[3] 〔美〕达娜·希琳著:《商标与不公平竞争精要》,燕清译,朱美琴校,中国人民大学出版社2004年版。

【思考题】

一、名词解释题

1. 优先权
2. 商标管理

二、简答题

1. 商标注册要经过哪些基本程序?
2. 商标注册人都有哪些义务?

三、论述题

1. 试述我国商标注册的原则。
2. 试述商标评审的性质及其制度设计。

第二十七章 商标权的保护

第一节 商标权保护概述

一、保护商标权的意义

如前所述,商标权是商标所有人依法对其注册商标所享有的权利。这种权利是国家商标管理机关按照法定程序,通过核准注册赋予注册商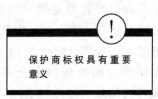

保护商标权具有重要意义

标所有人一种排他性的权利,受到国家强制力的保护。

我国《商标法》将"商标专用权"视同"商标权"。[①]《商标法》英译本中,将"商标专用权"译为"the right to exclusive use of trademarks"。无论作为完整权利的商标权,还是作为对世权同义语的排他权,都接近于完整的财产权或我国民法学者常用的"物权",亦即所有权、用益权、质押权等的总和,这表明了商标权的无形财产权的性质,体现了商标权的精髓。可以说,保护商标权的意义重大,主要体现在:

第一,通过对商标权的保护,使得注重商品与服务质量的生产者或服务提供者获得与其付出一致的认可度,其品牌价值在商标权中得以体现,进而激励商标权进一步其商品质量与经营信誉。可以说,只有对商标权的保护,才能使商标的识别功能与质量保证等功能得以实现。

第二,通过商标权的保护,防止其他市场竞争者的非法使用,避免公众被混淆,有序的商品生产与服务市场秩序被妨碍,也就

---

① 《商标法》第1条、第51—62条,都是有关"商标专用权"保护的规定,将商标专用权等同于商标权的合理性值得商榷。

会失去建立商标制度的本意。也就是说,不合理保护商标权,商标法旨在建立的有序市场无法建立。

二、商标专用权的保护范围

这是指商标注册人对注册商标享有专有使用的权利,其他任何单位或个人未经商标注册人的许可,不得使用该注册商标。《商标法》第3条规定:经商标局核准注册的商标为注册商标,包括商品商标、服务商标、集体商标和证明商标;商标注册人享有专用权,受法律保护。商标权的专有性主要体现在:

商标专用权的保护范围包括"禁"和"行"两个方面

第一,商标注册人自己有完全的使用权,他人无权加以干涉。这也就是通常所说的商标权的积极效力。不过应注意两点:一是将注册商标所有人的商标使用权和未注册商标所有人的使用权区别开来。依《商标法》之规定,未注册商标不能取得专有权,这种使用权是不稳定的。二是商标注册人使用自己的注册商标也应当符合法律规定,不得滥用或乱用。

第二,注册人享有"禁止权",即商标注册人有权排除第三者擅自使用其注册商标。具体地说,商标注册人有权禁止他人未经许可在同一种商品或类似商品上使用与其注册商标相同或近似的商标,有权禁止他人擅自制造或销售其注册商标标识;还有权禁止将与注册商标相同文字、图形作商品名称或商品装潢使用。这也可说是商标权的消极效力。

值得注意的是,商标使用权和禁止权的效力在范围上有所不同。商标使用权范围以核准注册的商标和核定使用的商品为限。但商标禁止权的范围却扩展到"类似商品"和"近似商标"上。禁止权之所以可以超出注册事项发生效力,是因为商标权作为一种无形财产权,其价值是通过注册商标的识别作用体现的。这种识别作用的发挥,又以消费者能否辨认为转移。鉴于类似商品和近似商标的使用会造成对注册商标的仿冒和影射,导致消费者的误认和混淆,有必要把商标权保护范围拓展至商标权人使用权范围之外。

三、商标专用权的保护方式

依照传统民法理论,对侵权行为的救济方式主要有两种:一种是针对物权受侵害时,权利人可请求侵权人停止侵权、恢复原状及排除妨碍,在民法上表现为物权请求权;二是权利人所遭受损失时所产生的侵权损害

商标专用权保护的方式包括物权性的救济方法和债权性的救济方法两类

赔偿之债,也就是债权请求权,如损害赔偿之债、违约之债、无因管理之债及不当得利之债。要说明的是,在具体侵权行为中,物权性救济与债权性救济可能是并存不可分的。如物权特别是所有权受侵害时,所有人即有停止侵权的物权请求权,如有损害则会享有损害赔偿之债。①

物权性救济方法主要表现为停止侵害、排除妨碍与消除影响三种方式。责令停止侵权是指对实际存在的侵权行为发出禁止令。这种禁令既可在诉讼中进行,也可在诉前进行。诉前禁令在美国表现为临时保护措施,我国则为司法保护措施。这里所强调的物权性救济方式主要是作为民事责任的诉讼中的禁令。如我国台湾地区"商标法"第61条规定,商标专用权人对于有侵害其商标权之者,得请求防止之,以预防侵害之发生,并加强商标之保护。同属对商标侵害行为之禁止请求权。② 应强调,要求停止侵权人停止侵权行为的适用范围很广泛,只要侵权行为实际存在,不论其是否造成商标权人的实际经济损失,不论侵权行为持续时间的长短,商标权人都可请求法院发出侵权行为人停止侵权的禁令。

---

① 应该说,物权性救济与债权性救济具有不同的功效,对权利人的保护程度与水平是不同的。一般而言,物权性救济对权利人比较有利。
② 曾陈汝明:《商标法原理》,中国人民大学出版社2003年版,第91页。

我国《商标法》有关规定,工商行政管理机关有权采取下列措施制止侵权:(1)没收、销毁侵权商品和专门用于制造侵权商品、仿造注册商标标识的工具;(2)收缴并销毁侵权商标标识;(3)消除现在商品上的侵权商标;(4)收缴直接专门用于商标侵权的模具、印版和其他作案工具;(5)采取前四项措施不足以制止侵权行为的,或者侵权商标与商品难以分离的,责令并监督销毁侵权商品。这表明,我国存在停止侵权这种禁令救济方式。

依据《民法通则》第118条和第134条及《商标法》第56条、条57条和第58条的规定,侵犯商标专用权的行为承担民事责任的方式为:停止侵害、排除妨碍、消除危险、消除危险、赔偿损失、消除影响。人民法院还可以作出罚款,收缴侵权商品、伪造的商标标识和专门用于生产侵权商品的材料、工具、设备等财物的民事制裁决定。

根据我国《民法通则》第118条的规定,公民、法人的商标专用权遭受侵犯侵害的,有权要求停止侵害、消除影响、赔偿损失。根据《商标法》第53条、第56条规定,商标侵权行为的民事责任承担方式为:停止侵害、消除影响、赔偿损失等形式。如前所述,停止侵权与排除妨碍是物权性救济方式,而赔偿损失则是债权性救济方式的主要表现。

就赔偿损失而言,它指侵权人以自己相应价值的财产弥补被侵权人的损失,是商标侵权人承担民事责任的一种主要方式。《商标法》规定,赔偿被侵权人损失的赔偿额为侵权人在侵权期间因侵权所获得的利润或者被侵权人在侵权期间因被侵权所受到的损失。

《商标法》对赔偿数额的确定作了完备的规定,其第56条规定,侵犯商标专用权的赔偿数额,为侵权人在侵权期间因侵权所获得的利益,或者被侵权人在侵权期间因被侵权所受到的损失,包括被侵权人为制止侵权行为所支付的合理开支。侵权人侵权所得利益或被侵权人所受损失难以确定的,由人民法院根据侵权行为的情节判决,给予50万元以下的赔偿,与原《商标法》相比,增加了法定赔偿制度,从而建立了科学合理、有序的"获利赔偿—损失赔偿—法定赔偿"的责任制度。

值得注意的是,《商标法》在赔偿制度中规定了赔偿豁免制度。第56条第2款规定,销售不知道是侵犯商标专用权的商品,能证明该商品是自己合法取得并说明提供者的,不承担赔偿责任。这在理论上称之为"善意侵权"。善意侵权的确立,有利于充分实现和保护商标权人利益,同时也实现了商标权人与被动(善意)侵权人之间的平衡。

第二节 商标侵权行为的界定

一、商标侵权行为的概念与构成要件

(一)商标侵权行为的概念

通常认为,商标侵权行为是侵犯注册商标专用权的行为,即未经商标注册人的许可或违反法律规定从事的使商标注册人的商标专用权受到损害的违法行为。①

商标侵权行为是侵犯注册商标专用权的行为,其构成要件有四项

如前所述,商标权指的是商标专用权,是商标注册人对其注册商标所享有的排他性权利。从广义上而言,商标权包括商标专用权和商标禁用权,前者是商标注册人在注册范围内使用所注册的商标的权利;而后者是商标注册人在相同或相似范围内禁止他人使用与其注册商标相同或相似商标的权利。我国《商标法》上的商标侵权行为是从广义上界定商标侵权行为。

(二)商标侵权行为的构成要件

商标侵权行为是侵权行为的一种。一般地说,商标侵权行为的构成要件与一般侵权行为的构成要件相同。但商标侵权与一般侵权相比也有其特殊性,具体地说,商标侵权行为的构成要

---

① 冯晓青:《知识产权法学》,中国大百科全书出版社2005年版,第368页。

件是：

1. 有注册商标专用权受到损害的事实发生

这种损害既可以是物质损害，也可以是无形损害；既可以是直接损害，也可以是间接损害。这里的直接损害即因侵权引起受害人现有财产的直接减少（物质损害）和精神损害（无形损害的一种），间接损害即因侵权使商标权人可得利益的损失。无论哪种形式的损害，都构成对商标专用权的损害。

2. 损害行为具有违法性

这是指行为人实施了侵害他人商标专用权保护范围和保护期限内的注册商标专用权的行为，这种行为必然是违反《商标法》的行为，具有违法性。

3. 违法行为与损害事实之间具有因果关系

也就是说，损害事实是由违法行为所造成的。

4. 行为人主观上有过错

不过，商标侵权应实行过错推定的归责原则。侵害人只要违反了《商标法》第 52 条和其他有关法规的规定，实施了侵害商标权的行为，即使不是出于主观上的故意，也应推定其主观上有过失。因为商标获准注册后要公告，任何人都可以公开查阅，行为人应当预见到其行为有可能损害他人注册商标专用权，不能以不知情为由推卸责任。实行过错推定制度对保护商标专用权具有重要意义，也是公平和合理的。

有学者认为，商标侵权行为不以是否存在损害事实为前提，也不以存在主观上的过错为要件，只要行为人客观上实施了法律规定的侵犯商标专用权的行为，就构成商标侵权行为。[①] 其实质是违法性与因果关系两要件说。我们认为，商标侵权行为应以损害为前提，而不论这种损害是物质的，还是无形的，是直接损害还是间接损害。从本质上讲，造成损害是构成侵权行为或遭否定评价的根本性因素。至于行为人的过错，也有学者认为不是商标侵

[①] 林刚主编，《知识产权法学》，中国法制出版社 1999 年出版，第 381 页。

权的构成要件。即不论行为人是否故意或存在过失,只要有损害结果,实施了《商标法》规定的行为,就是侵犯商标专用权的行为。这种观点认为《商标法》第56条规定的"善意侵权"亦印证这一点。第52条第2款规定:"销售侵犯商标专用权的商品"即构成侵犯商标专用权的行为,不再以"明知"为要件。

二、商标违法行为与商标侵权行为的区别与联系

商标违法行为是指商标注册人所进行的违反《商标法》规定使用商标的行为。如商品生产者或服务提供者擅自改变商标标识或使用商品的类别,误导公众的。而商标侵权行为则是指未经商标专用权人的许可,擅自在相同或类似商品上使用与他人商标相同或近似的商标。①

> 商标违法行为是指商标注册人所进行的违反《商标法》规定使用商标的行为。商标侵权行为是指未经商标专用权人的许可,擅自在相同或类似商品上使用与他人商标相同或近似的商标

商标违法行为与商标侵权行为都是违反了《商标法》的规定,均是一种不为《商标法》所认可的非法行为。但两者有明显区别,主要如下:第一,行为表现不同。商标违法行为表现为违反《商标法》规定的义务的行为,而商标侵权行为表现为未经商标专用权人的许可而使用的行为。第二,行为指向对象不同。商标违法行为没有明确的指向对象或受害对象(公众或消费者成为潜在的受害者),而商标侵权行为则指向确定的商标专用权人。第三,行为的后果不同。商标违法行为可能导致行政处罚或商标被撤销的后果,而商标侵权行为则可能直接产生停止侵权、赔偿损失等民事责任。

三、商标侵权行为的表现形式

根据《商标法》第52条和《商标法实施条例》第50条的规定,

---

① 就广义的商标违法行为而言,商标侵权行为也是一种商标违法行为,这里指的是狭义的商标违法行为。

第二十七章　商标权的保护★

商标侵权行为主要有以下几种表现形式：

《商标法》第52条和《商标法实施条例》第50条规定了商标侵权行为的表现形式

（一）未经注册商标所有人的许可，在同一种商品或者类似商品上使用与其注册商标相同或者近似的商标的行为

这是在实践中出现最多的一种商标侵权行为。

具体地说，上述侵权行为分为四种情况：未经注册商标所有人许可，在同一种商品上使用与其注册商标相同的商标；在同一种商品上使用与其注册商标近似的商标；在类似商品上使用与其注册商标相同的商标；在类似商品上使用与其注册商标近似的商标。

以上情况有两个共同特点：一是商标相同或近似；二是商标标识的商品相同或相似。

（二）销售侵犯商标专用权的商品

侵犯注册商标的商品只有进入市场后才会对商标权人的利益产生现实危害。侵犯者往往要借助他人的销售活动才能实现其非法牟利的目的。将上述行为列为商标侵权，就可以在流通环节设置一道法律屏障，使侵犯者的非法目的不能得逞。

（三）伪造、擅自制造他人注册商标标识，或者销售伪造、擅自制造的注册商标标识的行为

伪造他人注册商标标识指仿照他人注册商标的图样及其物质实体制作假注册商标的行为。擅自制造他人注册商标标识指未经注册商标所有人委托授权制造或者超出授权范围在数量上多加制造他人注册商标标识的行为。销售伪造、擅自制造的注册商标标识是指以这种商标标识为标的进行买卖。实践中这几类行为人往往互相勾结，因而都应依法惩处。

（四）未经商标注册人同意，更换其注册商标并将该更换商标的商品又投入市场的行为

反向侵犯与侵犯是相对而言。未经商标权人的许可，以商

标权人的商品来标示自己的商品或者服务,这是商标侵犯行为。反过来,未经许可将他人的商标去除,换上自己的商标,使消费者对产品或者服务的来源产生误认,这就是商标的反向侵犯行为。现行《商标法》第52条规定"未经商标注册人同意,更换其注册商标并将该更换商标的商品又投入市场的"行为作为侵犯注册商标专用权的行为之一。

(五)故意为侵犯他人注册商标专用权行为提供仓储、运输、邮寄、隐匿等便利条件的行为

实施商标侵权行为往往需要一定的物质条件,但侵权人并非都能具备,需要由他人为其侵权提供仓储、运输、邮寄、隐匿等便利条件。但也应注意,这种侵权应以主观上的故意为前提,否则会妨碍仓储、运输、邮寄等业务的进行。

(六)在同一种或类似商品上,将他人注册商标相同或近似的标志作为商品名称或商品装潢使用,误导公众

四、商标侵权行为的例外

商标侵权行为的例外,是指在某些情况下,注册商标所有人享有的权利与公众利益产生冲突,为协调权利人与公众利益间关系,法律规定某些情况下公众对注册商标的使用行为

商标侵权行为的例外主要包括商标的合理使用及商标权用尽

不构成侵权。理论上是对商标权的限制;从法律上看,商标权限制远不如著作权权利限制和专利权权利限制那样具有普遍性。因此其限制效力较弱,例外范围相对来说也较小。因为商标作为一种识别性符号,它较少地涉及公众利益。

现代商标法理论与实战表明,商标的价值与功能已从传统的识别与防止混淆功能转向彰显主体信用与防止联想与淡化功能;使用商标方式和环境也由一个地区或国家向全球化拓展。这使得商标日益凸显其价值,并引发了新的问题,商标侵权行为例外就是这些问题之一。商标侵权行为的例外主要有合理使用、商标

权用尽。

(一) 商标的合理使用

商标合理使用是指对某些商标以善意的方式进行商业性使用,不视为商标侵权行为。这多以叙述性商标为对象,作为侵权抗辩事由而出现。商标合理使用制度以美国和欧盟为典型。《欧共体商标条例》第6条规定,商标所有人无权制止第三方在商业中使用自己的名称或地址;有关品种、质量、数量、价值、原产地等特点的标志,只要上述使用符合工商业务中的诚实惯例。TRIPs第17条也规定了商标权的有限例外,成员可规定商标权的有限例外,诸如对说明性词汇的合理使用之类,只要这种例外顾及了商标所有人及第三方的合法利益。

我国《商标法》没有明文规定商标权限制,但在司法实践上存在。如国家工商管理总局在《关于商标执法中若干问题的意见》中明确以下使用与注册商标相同或近似的文字、图形的行为,不属于商标侵权行为:第一,善意地使用自己的名称或地址;第二,善意地说明商品或服务的特征或者属性,尤其是说明商品或者服务的质量、用途、地理来源、种类、价值等方面。这表明我国在商标行政执法领域确立了商标权侵权行为例外的制度。

(二) 商标权用尽

商标权用尽也称商标用尽或商标权穷竭,是指使用注册商标的商品被商标权人或其授权的人其他人合法投放到市场中,商标权人在这些商标权已实现,其权利也因用尽而告消灭,商标权人失去了对该商品再次销售的控制权。商标权人无权阻止任何人在这些商品上继续使用其商标。也就是,任何人将在市场上合法取得的附有注册商标的商品再行转让或投入商业使用均不构成商标权侵权。商标权用尽可作为商标权侵权行为的抗辩事由或例外,对于排除侵权行为的认定具有重要意义。

从理论上看,商标权用尽有三种原则:一国范围内的穷竭、一特定区域内的穷竭、世界范围内的穷竭。不同的穷竭原则由一国的贸易与竞争政策决定,而不同的穷竭原则的采用对后文将论及的平行进口的合法性问题有决定性影响。

由于商标权具有地域性,须依各国商标法和行政程序授权产生,所以商标权一国内用尽并不存在争议。但对商标权国内用尽是否会导致在其他国家当然用尽(也就是商标权的国际用尽),则分歧很大。支持国际用尽的观点认为,商标首次使用后,权利人不得再干涉合法投放市场商品的继续流通包括进出口。反对国际用尽的观点认为,商标权在一国内用尽并不导致在另一国当然用尽,因为商标权人对商品的跨国流通拥有控制权,未经其许可的进出口行为仍可构成商标侵权。正因如此,TRIPs对此问题未作明确规定,而是交给各成员国自行解决。

在立法上,商标权用尽同专利权用尽一样,为许多国家立法所接受。《欧共体商标条例》第13条就规定,欧共体商标权不能被用于禁止第三人对那些已经由商标权人或其被许可人投放到市场上的商品上的商标的使用。法国商标立法也有类似规定。

第三节 商标侵权行为的法律责任

根据我国《商标法》第53条、第54条、第59条的规定,注册商标专用权一旦受到商标侵权的侵害,被侵权人可通过以下四种途径获得保护:第一,当事人自行协商解决;第二,向人民法院提起民事诉讼,追究侵权人的民事责任;第三,请求工商行政管理部门处理,对商标侵权行为进行行政处罚,对处罚决定不服的,可以向人民法院提起行政诉讼;第四,对商标侵权行为情节严重,构成犯罪的,可以向人民检察院检举、控告、要求司法机关依法追究侵权人的刑事责任。由上看出,实施商标侵权行为可承担民事责任、行政责任乃至刑事责任。

一、商标侵权行为的民事责任

根据我国《民法通则》第118条的规定,公民、法人的商标专用权遭受假冒侵害的,有权要求停止侵害、消除影响、赔偿损失。

根据《商标法》第53条、第56条规定,商标侵权行为的民事责任承担方式为:停止侵害、消除影响、赔偿损失等形式。

商标侵权行为的民事责任包括停止侵害、消除影响、赔偿损失等

就赔偿损失而言,它指侵权人以相应价值的财产弥补被侵权人的损失,是商标侵权人承担民事责任的一种主要方式。由于商标权是一种无形的财产权,侵害商标权造成的无形损害很难计算。各国商标立法及诉讼实践对商标权赔偿责任的确定都深感棘手,对此规定也不一致。

《商标法》规定,赔偿被侵权人损失的赔偿额为侵权人在侵权期间因侵权所获得的利润或者被侵权人在侵权期间因被侵权所受到的损失。这种赔偿包括为制止侵权行为所支付的合理开支,如权利人或委托代理人对侵权行为进行调查、取证的合理费用。根据有关司法解释,人民法院依据《商标法》第56条第1款的规定确定侵权人的赔偿责任时,可以根据权利人选择的计算方法计算赔偿数额。

第一,以侵权人在侵权期间所获利润作为赔偿额。被侵权人因侵权损失数额的大小由于被侵权期间商品市场供求关系的变化、企业自身经营好坏、资金周转情况及其他因素的影响,很难举证予以证明。很多国家商标法即采用推定原则确定损失数额,即侵权人在侵权期间所获得的除成本以外的所有侵权利润被推定为损失赔偿额。在我国,也是采用法律推定的方法予以计算。最高人民法院在《审理商标民事纠纷案件法律适用若干问题的解释》中规定,侵权人侵权所获得的利益,可以根据侵权商品销售量与该商品单位利润乘积计算;该商品单位利润无法查明的,按照注册商标商品的单位利润计算。

采用这种方法计算起来相对来说容易些,但它并不能准确反映商标权人因被侵权所受到的损失。这种计算方法确实有些不足,例如,它没有考虑商标侵权人的主观过错程度和侵权行为严重性如何,隔离了商标侵权行为与被侵权人所受到的损失的直接

因果关系,再有,如果侵权人所获利润大大超过了被侵权人的损失,或者侵权人给被侵权造成了很大的损失但并未获得多少利润,以这种方法计算就是不公平的,特别是在后一种情况下,被侵权人因侵权所受到巨额损失将得不到有效补偿。

第二,以被侵权人在被侵权所受到的损失作损失赔偿额。从理论上讲,应该以这种方式计算。但要确定被侵权人在被侵权期间因被侵权所受损失是不容易的。因为被侵权所受损失的原因有多种,以上述方式计算,必须排除市场供求关系变化、企业经营状况变化资金周转和自然条件等的变化对商品销售所受损失的影响。这是不容易做到的。根据有关司法解释,因被侵权所受到的损失,可以根据权利人因侵权所造成商品销售减少量或者侵权商品销售量与该注册商标商品的单位利润乘积计算。

基于此,《商标法》对赔偿数额的确定作了较完整的规定,其第56条规定,侵犯商标专用权的赔偿数额,为侵权人在侵权期间因侵权所获得的利益,或者被侵权人在侵权期间因被侵权所受到的损失,包括被侵权人为制止侵权行为所支付的合理开支。侵权人侵权所得利益或被侵权人所受损失难以确定的,由人民法院根据侵权行为的情节判决,给予50万元以下的赔偿。人民法院在确定赔偿数额时,应当考虑侵权行为的性质、期间、后果,商标的声誉,商标使用许可费的数额,商标使用许可的种类、时间、范围及制止侵权行为的合理开支等因素综合确定。

二、商标侵权行为的行政责任

依照《商标法》第53条、第55条规定,对于侵犯商标专用权的行为,任何人可以请求工商行政管理部门处理。工商行政管理机关依照《商标法》、《商标法实施条例》及其他相关规定查处商标侵权行为。

工商行政管理机关依照《商标法》、《商标法实施条例》及其他相关规定查处商标侵权行为

第二十七章　商标权的保护

（一）工商行政管理部门的行政查处

县级以上工商行政管理部门根据已经取得的违法嫌疑证据或举报，对涉嫌侵犯他人注册商标专用权的行为进行查处时，可行使下列职权：

（1）询问有关当事人，调查与侵犯他人注册商标专用权有关的情况；

（2）查阅、复制当事人与侵权活动有关的合同、发票、账簿及其他资料；

（3）对当事人涉嫌从事侵犯他人注册商标专用权活动的场所实施现场检查；

（4）检查与侵权活动有关的物品，对有证据证明是侵权物品的，可以查封或者扣押。

（二）行政处罚

依照《商标法》第 54 条和《商标法实施条例》第 52 条，工商行政管理机关可采取如下措施制止商标侵权行为：(1) 责令停止侵权；(2) 没收、销毁侵权商品；(3) 没收、销毁专门用于制造商品、伪造注册商标标识的工具；(4) 罚款，罚款的数额为非法经营额 3 倍以下，非法经营额无法计算的，罚款数额为 10 万元以下。

此外，工商行政管理机关应被侵权人的请求，可以就商标侵权的赔偿数额进行调解。

对于工商行政管理机关的处理决定不服的，当事人可以在 3 个月内向人民法院提起行政诉讼。

三、商标侵权行为的刑事责任

我国《商标法》第 59 条和《刑法》对侵犯他人注册商标构成犯罪的行为作了规定。这些犯罪行为都侵犯了注册商标专用权，可以将其统称假冒（注册）商标犯罪。

商标侵权行为的刑事责任的构成及责任

如前所述，为了加大知识产权保护的力度，进一步完善保护知识产权的法律体系,最高人民法院和最高人民检察院联合颁布实施了《知识产权刑事案件具体应用法律若干问题的解释》,该司法解释对假冒商标犯罪中"情节"、"数额",以及相关概念的界定等问题作了明确的规定。

(一)假冒商标犯罪的犯罪构成

1. 犯罪客体

假冒注册商标犯罪客体是国家的商标管理制度和他人注册商标专用权。假冒注册商标犯罪侵犯了注册商标专用权,但它破坏的是商标专用权所反映的国家商标管理制度,因为对商标专用权的保护正是商标管理制度的核心。所以说该犯罪客体是国家商标管理制度和他人注册专用权。

2. 犯罪主体

《刑法》没有明确规定犯罪主体。这实际上是将假冒注册商标犯罪由特殊主体升至一般主体。而且,突破了犯罪主体仅限于自然人的框框,规定企事业单位犯这类罪的,对单位判处罚金。这说明假冒商标犯罪的主体除自然人外,还包括法人。概而言之,假冒商标犯罪的主体包括:企事业单位的直接负责的主管人员和其他直接责任人,有营业执照的个体工商户和无营业执照的个人,以及法人。

3. 犯罪主观方面

假冒商标犯罪是一种故意犯罪,过失只能构成一般商标侵权。这里的故意还应是直接故意,不是间接故意,即明知是他人已经注册的商标而实施假冒行为。特别是就"销售明知是假冒注册商标的商品"犯罪而言,根据《知识产权刑事案件具体应用法律若干问题的解释》,具有下列情形之一的,应当认定为"明知":

(1)知道自己销售的商品上的注册商标被涂改、调换或者覆盖的;

(2)因销售假冒注册商标的商品受到过行政处罚或者承担过民事责任,又销售同一种假冒注册商标的商品的;

(3)伪造、涂改商标注册人授权文件或者知道该文件被伪

造、涂改的;

(4) 其他知道或者应当知道是假冒注册商标的商品的情形。

4. 犯罪客观方面

假冒商标犯罪的客观方面,是违反商标管理法规,假冒他人注册商标,情节严重的行为。假冒商标犯罪是一种以作为的方式实施的犯罪。犯罪客观方面具有以下几个特点:一是违反的是商标管理法规;二是假冒商标必须是有效的注册商标;三是侵害行为必须达到一定严重程度,即违法所得数额较大或者有其他严重情节。

(二) 假冒商标犯罪的刑事责任

假冒商标已成为国际公害,很多国家和地区的商标法对此都给予严厉制裁。我国近些年来假冒商标活动愈演愈烈。为严厉制裁这类活动,《刑法》加重了对假冒注册商标犯罪的处罚,增加了法人假冒注册商标犯罪的国家工作人员的刑事责任。这无疑将有利于与假冒注册商标犯罪作斗争。

根据《刑法》第 213 条至第 215 条规定,未经注册商标所有人许可,在同一种商品上使用与其注册商标相同的商标,情节严重的,处 3 年以下有期徒刑或者拘役,并处或者单处罚金;情节特别严重的,处 3 年以上 7 年以下有期徒刑,并处罚金。销售明知是假冒注册商标的商品,销售金额较大时处 3 年以下有期徒刑或者拘役,并处或者单处罚金;销售金额巨大时处 3 年以上 7 年以下有期徒刑,并处罚金。伪造、擅自制造他人注册商标标识或者销售伪造、擅自制造的注册商标标识,情节严重的,处 3 年以下有期徒刑、拘役或者管制,并处或者单处罚金;情节特别严重的,处 3 年以上 7 年以下有期徒刑,并处罚金。构成犯罪的假冒商标侵权案件应由司法机关进行处理。

根据《知识产权刑事案件具体应用法律若干问题的解释》的规定,未经注册商标所有人许可,在同一种商品上使用与其注册商标相同的商标,具有下列情形之一的,属于《刑法》第 213 条规定的"情节严重",应当以假冒注册商标罪判处 3 年以下有期徒刑

或者拘役,并处或者单处罚金:

(1)非法经营数额在5万元以上或者违法所得数额在3万元以上的;

(2)假冒两种以上注册商标,非法经营数额在3万元以上或者违法所得数额在2万元以上的;

(3)其他情节严重的情形。

具有下列情形之一的,属于《刑法》第213条规定的"情节特别严重",应当以假冒注册商标罪判处3年以上7年以下有期徒刑,并处罚金:

(1)非法经营数额在25万元以上或者违法所得数额在15万元以上的;

(2)假冒两种以上注册商标,非法经营数额在15万元以上或者违法所得数额在10万元以上的;

(3)其他情节特别严重的情形。

上述"非法经营数额",根据《知识产权刑事案件具体应用法律若干问题的解释》的规定,是指行为人在实施侵犯商标权行为过程中,制造、储存、运输、销售侵权产品的价值。已销售的侵权产品的价值,按照实际销售的价格计算。制造、储存、运输和未销售的侵权产品的价值,按照标价或者已经查清的侵权产品的实际销售平均价格计算。侵权产品没有标价或者无法查清其实际销售价格的,按照被侵权产品的市场中间价格计算。

多次实施侵犯商标权行为,未经行政处理或者刑事处罚的,非法经营数额、违法所得数额或者销售金额累计计算。

销售明知是假冒注册商标的商品,销售金额在5万元以上的,属于《刑法》第214条规定的"数额较大",应当以销售假冒注册商标的商品罪判处3年以下有期徒刑或者拘役,并处或者单处罚金。销售金额在25万元以上的,属于《刑法》第214条规定的"数额巨大",应当以销售假冒注册商标的商品罪判处3年以上7年以下有期徒刑,并处罚金。

这里的"销售金额",是指销售假冒注册商标的商品后所得和应得的全部违法收入。

伪造、擅自制造他人注册商标标识或者销售伪造、擅自制造的注册商标标识,具有下列情形之一的,属于《刑法》第215条规定的"情节严重",应当以非法制造、销售非法制造的注册商标标识罪判处3年以下有期徒刑、拘役或者管制,并处或者单处罚金:

(1)伪造、擅自制造或者销售伪造、擅自制造的注册商标标识数量在两万件以上,或者非法经营数额在5万元以上,或者违法所得数额在3万元以上的;

(2)伪造、擅自制造或者销售伪造、擅自制造两种以上注册商标标识数量在1万件以上,或者非法经营数额在3万元以上,或者违法所得数额在2万元以上的;

(3)其他情节严重的情形。

具有下列情形之一的,属于《刑法》第215条规定的"情节特别严重",应当以非法制造、销售非法制造的注册商标标识罪判处3年以上7年以下有期徒刑,并处罚金:

(1)伪造、擅自制造或者销售伪造、擅自制造的注册商标标识数量在10万件以上,或者非法经营数额在25万元以上,或者违法所得数额在15万元以上的;

(2)伪造、擅自制造或者销售伪造、擅自制造两种以上注册商标标识数量在5万件以上,或者非法经营数额在15万元以上,或者违法所得数额在10万元以上的;

(3)其他情节特别严重的情形。

上述司法解释关于"情节严重"、"情节特别严重"、"数额较大"等问题的明确规定,为我国各级司法机关办理商标犯罪案件提供了明确的衡量与认定标准,有利于有效处理商标犯罪案件。

第四节 商标保护中的若干特殊问题

一、驰名商标的特殊保护

(一)驰名商标的概念

驰名商标是一个国际通用的法律概念,它的英文译为"Well-

Known Trade Mark"。对驰名商标的保护,早在《巴黎公约》中就作了规定。但对于驰名商标具体含义之界定,却没有一个国家的法律或国际公约予以明确规定。笔者认为,驰名商标就是指经过一定时间使用、声誉卓著,为广大公众所熟知的商标。

驰名商标就是指经过一定时间使用、声誉卓著,为广大公众所熟知的商标

具备什么条件才能成为驰名商标,在主要的知识产权国际公约如《巴黎公约》及 TRIPs 中都未作出明文规定。而在一些地区性的公约和协定中,则有较为详细的规定。如拉丁美洲安第斯组织的《卡拉赫那协定》。我国在遵守《巴黎公约》和 TRIPs 的立法精神和保护要求下,参考了其他国家和地区的相关立法,在新《商标法》中对驰名商标的认定作出了明确规定。

一般说来,认定驰名商标应当考虑下列因素:

1. 相关公众对该商标的知晓程度

享有较高的知名度是衡量驰名商标的重要标准。一个知名度越高的商标,其信誉就越高,对顾客的吸引力就越大,该商标就越驰名。要指出的是,这里说的"公众"并不是指一切公众,而是指有关领域的公众,或对于该商标有正常联系的公众。不能根据不接触、使用该商标标示的相关商品或与此无关的人对该商标的熟悉情况,来判断一个商标是否驰名。驰名商标因为被特定的消费阶层中的多数所熟知,具有普遍的社会影响性。

2. 该商标使用的持续时间

为防止企业短期行为,使驰名商标所标识的商品质量长期优质稳定,驰名商标使用必须达到法定的期限。商标所标识的商品使用的时间越长,就越能证明该商标及其所标识的商品的质量是久经考验的,是广大公众长期信任的,应认定为驰名商标。

3. 该商标的任何宣传工作的持续时间、程度和地理范围

宣传工作的质量直接影响该商标所标识的商品的知名度和销售额。宣传工作持续时间的长短、程度的深浅、范围的大小决

定了该商标所标识的商品在某一领域为公众熟悉的程度。如果某一商标所标识的商品在大范围内作长时间细致深入的宣传,可以断定其在这一范围内具有广泛的影响,可以认定为驰名商标。

4. 该商标作为驰名商标受保护的纪录

如果该商标曾以驰名商标被保护过,那么就更有可能认定为驰名商标。

5. 该商标驰名的其他因素

例如,该商标所含的经济价值等因素。

(二)国际条约对驰名商标的保护

《巴黎公约》对于驰名商标的保护,主要体现在其第6条之二中。

第一,本联盟各国承诺,当某一商标已经为本公约受益人所有,且已被有关注册或者使用国主管部门视为在该国驰名时,若另一商标构成对此商标之复制、模仿或者翻译,并足以造成误认,在其本国立法允许之情况下依职权,或者应有关当事人之请求,驳回或者撤销后一商标注册,并禁止其使用于相同或者相似之商品上。当商标之基本部分构成对任何此种驰名商标之复制或者模仿,并注意造成误认时,此等规定亦应适用。

第二,自商标注册之日期至少5年内,应允许提出撤销此种商标注册之请求。允许提出禁止使用之期限得由本联盟各成员国规定。

第三,当商标的注册或者使用有恶意时,此种撤销注册或禁止使用的请求不应有时间限制。

《巴黎公约》虽然引入对驰名商标的保护机制,但因其缺乏对驰名商标的明确界定,各成员国的解释出入很大。TRIPs在驰名商标保护问题上比《巴黎公约》的规定更进了一步,这表现在:

第一,TRIPs第16条第2款规定:"《巴黎公约》(1967年文本)第6条之2,原则上适用于服务。确定一项商标是否系驰名商标,应考虑相关行业公众对其知晓程度,包括在该成员国地域内宣传该商标而使公众知晓的程度。"也就是说,TRIPs要求各成员国在决定商标是否驰名时,应当考虑商标促销(而不一定是使用)在该国产生的知名度;而且,驰名商标也适用于服务商标。

第二,TRIPs第16条第3款规定:《巴黎公约》(1967年文本)第6条之2原则上适用于与注册商标的商品或服务不相类似的商品或服务,其前提条件是,在类似商品或服务上使用该商标将暗示这些商品或服务于注册商标所有人之间存在着某种联系,而且注册商标所有人的利益有可能因此种使用而受损。这表示,TRIPs引入了广义混淆和反淡化规则,认为即使是在与注册商标所标示的商品或服务不相类似的商品或服务上,也不能使用该驰名商标。

此外,对驰名商标的高水平保护还表现在,如国际商标协会《商标法指南范本》所规定的,如果一商标在某个国家和地区已有足够的名声而被认为驰名,则对该驰名商标的保护不以在当地注册和(或)以销售带有该商标的商品或服务的形式进行实际使用为前提。

(三)我国对驰名商标的保护

我国原《商标法》缺乏有关驰名商标保护的条款。但在实践中,由于中国1985年加入了《巴黎公约》,根据《民法通则》第142条的规定以及条约要求遵守的国际法原则,我国在实践中已开始保护驰名商标。1992年我国在《商标法实施细则》第25条增加了对驰名商标保护的规定。该条规定:为违反诚实信用原则,以复制、模仿、翻译等方式,将他人已为公众熟知的商标进行注册的,属于以欺骗手段或者其他不正当手段取得注册的行为。1996年8月国家工商行政管理局发布了《驰名商标认定和管理暂行规定》(下称《规定》),使驰名商标的认定和保护进一步完善。该《规定》第2条指出,本规定中的驰名商标是指在市场上享有较高声誉并为相关公众所熟知的注册商标。同时该《规定》还明确了认定驰名商标的具体标准。

随着我国市场经济的发展和改革开放的进一步深入,中国市场上的驰名商标逐渐增多,而驰名商标在消费者心目中的知名度

和信誉令侵犯者攫取暴利,直接损害了驰名商标权利人的合法权益。《商标法》将驰名商标正式列入其保护范围,具体规定如下:

1. 认定机关

商标局是我国商标主管机关,而对驰名商标的认定和管理是全国商标管理工作的重要组成部分,因此商标局也是我国认定驰名商标的机关,除商标局外任何组织和个人都不得认定和采取其他变相方式认定驰名商标。那些通过民间的评选活动所评选出来的"驰名商标"是没有法律效力的,也得不到法律的特别保护。

2. 认定方式

我国对驰名商标一般采取个案认定与被动认定方式。商标注册人请求保护其驰名商标权益的,应当向商标局提出认定驰名商标的申请,但商标局也可以根据商标注册和管理工作的需要主动认定驰名商标。

申请认定驰名商标时,申请人应当提交能够证明该商标具有驰名商标条件的相应证明文件(即前述七方面的证明文件)。商标局收到申请后,依照公开、公正的原则来进行认定,在认定时还须征询有关部门和专家的意见。认定完成后,商标局还应当将认定结果通知有关部门及申请人,并予以公告。

3. 保护范围

《商标法》第13条规定:就相同或者类似商品申请注册的商标,是复制、模仿、或者翻译他人未在中国注册的驰名商标,容易导致混淆的,不予注册并禁止使用。就不相同或者不相类似商品申请注册的商标,是复制、模仿、或者翻译他人已经在中国注册的驰名商标,误导公众,致使该驰名商标注册人的利益可能受到损害的,不予注册并禁止使用。

这条规定超越了《巴黎公约》的保护要求,《商标法》第13条第1款针对未注册驰名商标的保护和《巴黎公约》是基本一致的,第2款对已注册的驰名商标则将反淡化理论引入立法,保护范围扩大到对"不相同或者不相类似商品",大大超越了《巴黎公约》的保护要求。同时这一规定实现了对TRIPs的承诺。《商标法》

第13条第2款与TRIPs第16条之三的规定基本一致,暗含着一种立法导向:注册的驰名商标显然要比未注册的驰名商标保护范围要广——可延伸至不相同或不相类似的商品上,所以有鼓励驰名商标拥有者及时注册的作用。特别是对外国驰名商标,为了防止淡化,应尽早在中国注册。

4. 期限排他权

《商标法》第41条规定:自商标注册之日起5年内,商标所有人或者利害关系人可以请求商标评审委员会裁定撤销该注册商标。对恶意注册的,驰名商标所有人不受5年的限制。

特别需要注意的是,我国目前采取的法院司法认定驰名商标,而有关立法及司法解释并无合理而确定的标准,使得驰名商标认定被异化与扭曲。① 企业更多注意驰名商标垄断市场、排斥竞争对手之目的,而不是长期关注商标质量与信誉培育,没看到驰名商标本身是一个动态过程。我们认为,基于驰名商标司法认定的混乱与无序,建议取消司法个案被动认定驰名商标的制度。

二、商标的反向假冒

未经商标注册人同意,更换其注册商标并将该更换商标的商品又投入市场的行为。反向假冒与假冒是相对而言的。未经商标权人的许可,以商标权人的商品来标示自己的商

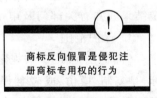

商标反向假冒是侵犯注册商标专用权的行为

品或者服务,这是商标假冒行为。反过来,未经许可将他人的商标去除,换上自己的商标,使消费者对产品或者服务的来源产生误认,这就是商标的反向假冒行为。② 商标的反向假冒行为在中国以前的商标法律、法规中都没有任何规定,以致在实践中当出

---

① 这种异化与扭曲明显体现在:现实中经常发生虚构的商标侵权案件,原告与被告串通虚构事实,要求被告作出侵权损害赔偿是假,实则通过个案诉讼达到法院认定驰名商标之目的。这一现象值得学界与有关机关关注并重视。
② 冯晓青:《知识产权法学》,中国大百科全书出版社2005年版,第382页。

现这类行为时法院感到无适所从。对于反向假冒是否合法,在中国过去理论上也存在一定的分歧。例如,有些人认为,商品合法到手之后,怎样改换成自己的商标再卖,与原来的经营者没有关系。

商标的反向假冒行为在我国最早的案例是"枫叶"诉"鳄鱼"一案。1994年北京百盛购物中心的新加坡鳄鱼公司经销商在市场上购入北京服装厂生产的"枫叶"牌西裤,撤去"枫叶"商标标识,换上"鳄鱼"商标标识后出售。北京服装厂以侵犯商标专用权为由对新加坡鳄鱼公司提起诉讼。① 很明显,"鳄鱼"经销商的行为违反了诚信的商业道德和公平交易的原则。该案发生后,对于该行为的具体界定以及是否构成对商标专用权的侵犯,都极具争议性,引发了长时期的讨论。这次讨论以《商标法》最后规定了反向假冒行为作为侵犯商标专用权的行为而告终。

实际上,从商标法原理出发,商标的专有权是一种包含了商标标示权在内的完整的权利。所谓商标标示权,是指商标权人有权在商品经营活动中自主决定在自己的某种商品或者服务上标示或者不标示自己的注册商标,任何人都不得基于赢利的目的撤换、去除、覆盖该商标标识。如果将他人的商标去掉然后换上自己的商标标识,将原商标权人的商品冒充为自己的商品销售,使消费者对商品的生产者、经销者发生误认,这就侵犯了商标权人享有的商标标示权。否认商标标示权实际上也就是否认商标与其标示的商品或者服务的全方位的内在与外在联系以及否认商标中的知识产权因素。反向假冒之所以被很多国家的商标立法视为商标侵权,是基于法律承认商标权人在其商标进入流通后直至推出流通前,即在整个流通领域都可以主张商标权。另外,将反向假冒列入商标侵权,与商标权穷竭理论也不发生冲突。因为在商标权穷竭中,被穷竭的只是商标权人禁止他人在已经出售的商品上使用商标权人的商标的权利,而绝不包括允许他人去除、

---

① 案情详情参见刘春田:《商标与商标权辨析》,载《中国专利与商标》1998年第1期。

撤换、覆盖商标权人的商标后再进行销售，因为这样会损害商标权人自己使用自己商标的权利——这一权利是不可能穷竭的。

无论是从商标理论还是从国际惯例的角度看，有必要将商标反向假冒行为列为商标侵权行为。因此，修改后的《商标法》第52条增加了"未经商标注册人同意，更换其注册商标并将该更换商标的商品又投入市场的"行为作为侵犯注册商标专用权的行为之一。

对于商标的反向假冒，需要注意的是，要认定反向假冒必须是未经商标所有人同意而擅自更换商标。如果是自愿为他人提供产品的情况，如在定牌生产、来料加工、来样加工等贸易活动中，经营者生产加工的产品在销售时并非使用自己的商标而是被许可方的商标，这种行为就不构成反向假冒。另外，反向假冒行为必须发生在流通领域，如果带有原商标的商品已经到达消费者手中，商标权人的权利就已实现，此时不构成商标的反向假冒。

三、平行进口问题

平行进口是指在国际贸易中当某一知识产权获得两个或两个以上的国家的保护，未经进口国知识产权人或其授权人的许可，第三人进口并销售专利产品或合法使用注册商标商品的行为。① 因此，平行进口问题存在于专利权与商标权领域。就商标权有关的平行进口而言，因这种进口行为所涉及的商品均为合法取得的真品，而不是侵犯注册商标的商品，所以又称之为真品进口。

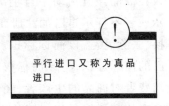

平行进口又称为真品进口

在进口国市场上销售的平行进口的商品又被称为灰色市场商品。出现灰色市场商品及平行进口问题的原因是进口国与出口国就同一种商品存在价格差，从而进口商在进口国可获得高于

---

① 刘春田：《知识产权法》（第二版），高等教育出版社、北京大学出版社2003年版，第332页。

出口商在出口国销售同一种商品的利润。正是由于有高额的利润可图,使进口商进口、销售未经授权的合法使用注册商标商品,平行进口问题才会产生。就我国而言,在加入 WTO 之前,我国税率相对较高,加之对外贸进出口进行管制,没有外贸进出口权的进口商还要支付委托代理费用,从而使进口商无利可图,平行进口也就没有产生的现实基础。随着我国加入世界贸易组织,关税逐步降低,阻碍平行进口产生的成本问题终将逐步消除,平行进口会日益增多,这将是我们不能回避的问题。

由于平行进口所带来的灰色产品在事实上会损害进口国商标权人的利益;同时平行进口又具有一般侵权商标所不具有的合法性。这使得平行进口是否构成侵权带来了较大的争议,不同国家主要三种不同做法。

一种观点和做法认为平行进口不构成商标权的侵害,因而允许平行进口,这种观点的理由主要是前述的权利用尽理论,缀有商标的商品一经合法销售商标权便消耗殆尽,并且商标权人在商标的合法流通中已获得了应得的报酬,就没必要再给商标权人从首次销售以后的商品流通中获得多重报酬的机会。因此,合法取得商品的所有权人就不应受商标权人的限制。

另一种做法是禁止平行进口,认为平行进口是对商标权的侵犯。这种做法的主要理论依据是商标权的地域性与属地主义原则。他们认为,商标权与产生权利的地域密不可分,不承认商标具有域外效力。商标仅仅在一国内有效。因此,商标权人当然可以禁止平行进口。

第三种做法是对平行进口问题不作定性,而根据具体情况进行判断是否构成侵权。事实上,一国是禁止还是肯定平行进口,不仅有法律上原因,同时也有经济上原因,更有每个国家具体国情与经济状况的考虑。如在日本商标法就有从禁止平行进口到允许平行进口的变化,这主要是因为日本在国际市场上经济竞争力的增强,长期保持高额贸易顺差等原因。①

就我国而言,自 1982 年以来的《商标法》,都未规定允许平行进口,也就是未将平行进口作为不视为侵犯商标权的行为,也未规定商标注册人禁止平行进口的进口权。而我国《专利法》在 1992 年修改时就规定专利权人有权阻止他人未经许可,为生产经营目的制造、使用、销售而进口其专利产品或依其专利方法获得的产品。也就是专利权人有进口权,有权禁止平行进口行为。而商标权人不享有禁止平行进口的权利。

【参考书目】

[1] 王太平:《狭义信息论与商标保护理论》,载《电子知识产权》2005 年第 1 期。

[2] 曾陈明汝:《商标法原理》,中国人民大学出版社 2003 年版。

[3] 彭学龙:《商标法的符号学分析》,法律出版社 2007 年版。

【思考题】

一、名词解释

  1. 驰名商标

  2. 商标反向假冒

  3. 平行进口

二、简答题

  1. 请思考并列举商标侵权行为的主要表现形式。

  2. 如何理解驰名商标认定应考虑的主要因素?

  3. 简述商标违法行为与商标侵权行为的联系与区别?

三、论述题

  1. 在分析商标功能的基础上,如何理解商标侵权行为的本质?

  2. 我国现实的司法个案被动认定驰名商标的做法是否存在问题,应如何完善?

  3. 如何理解商标反向假冒行为的本质?

---

① 刘春田:《知识产权法》(第二版),高等教育出版社、北京大学出版社 2003 年版,第 333 页。

第二十八章 其他识别性工商业标记

第一节 地理标志

一、地理标志的概念

地理标志（geographical indications）是能确定一种商品来源于一成员境内或境内某一区域或某一地区，而该商品特定的质量、声誉或其他特性有赖于其地理来源的标志。TRIPs协议第22条第1款进行了具体规定。

> 地理标志是能确定一种商品来源于一成员境内或境内某一区域或某一地区，而该商品特定的质量、声誉或其他特性有赖于其地理来源的标志

地理标志的保护始于《保护工业产权巴黎公约》，其后《保护原产地名称及其国际注册里斯本协定》也进行了规定，但两者使用的都是"原产地名称"这一界定。TRIPs协议中的地理标志来源于《里斯本协定》的原产地名称，但两者有所不同：TRIPs协议第22条第1款适用于"特定质量、信誉或其他特征主要归因于该地理来源"的商品，仅适用于"商品"；而《里斯本协定》第2条适用于"质量和特性主要或本质上取决于该地理环境，包括自然和人的因素"的产品，可适用于"产品"。欧盟各国也同时使用"原产地名称"和"地理标志"两个概念。在欧盟各国，原产地名称和地理标志概念有区别。两者虽然都强调商品特色和该地理来源相关联这一因素，但原产地名称要求商品的原料、生产、加工或者制作都必须在该地理来源内进行。地理标志则允许部分原料来自其他地区，但加工或者制作则必须在该地理来源内完成。

二、地理标志的法律保护

（一）地理标志的保护内容与保护条件

TRIPs 协议第二部分第 3 节第 22 条至第 24 条具体规定了 WTO 成员应对地理标志提供的最低保护标准。

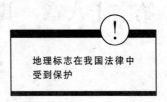

地理标志在我国法律中受到保护

对于地理标志，TRIPs 协议要求成员为有关利害关系人提供法律手段以制止下列行为：

第一，以任何方式在商品的名称或描述中使用地理标志，以致明示或暗示出商品来源于某个并非其真实来源地的地理区域，在该商品的地理来源方面对公众产生误导。

第二，构成《巴黎公约》第 10 条之二所规定的不正当竞争行为的任何使用。

将地理标志作为商标或在商标中包含有地理标志，而该标志又不是来源于该地理标志所指示的区域，如果在该成员将此种商标使用于商品上使公众对于真实产地产生误导，成员应于其法律允许的情况下以其职权或应有关利益方的请求，拒绝对该商标进行注册或使该注册无效。

虽然商品确系来源于地理标志在文字上所指示的领域、地区或地方，但错误地使公众以为该商品来源于另一个领域的，亦应在禁止之列。

TRIPs 协议第 22 条第 2 款与第 22 条第 3 款对不得以任何误导公众或不正当竞争手段使用地理标志进行了原则性的保护规定。TRIPs 协议第 23 条规定了对葡萄酒和烈性酒地理标志的额外保护。这表明 TRIPs 协议对地理标志的三种保护水平：对所有产品地理标志的最低水平保护；对葡萄酒、烈酒地理标志的特殊额外保护；对葡萄酒地理标志的保护。成员希望给予葡萄酒、烈酒地理标志比其他产品更高水平的保护，也希望给予葡萄酒地理标志更强有力的保护。TRIPs 协议第 24 条第 4 款至第 9 款中规定了例外情形,包括在先使用、商标在先注册、通用名称、来源国的不予保护等情形。地理标志在来源国不受或停止保护,或在产地国停止使用,则成员方无保护此地理标志的义务。地理标志的国外保护取决于国内的持续保护。

地理标记能否获得注册,主要取决于该商品是否具备地理标志所规定的条件,即该商品的特色源于该地理来源,是由该地理来源所决定的。其标准是要看公众是否认为使用该标记的商品只来源于标记所指的地区。如果一个标记只使用于符合地理标记标准的产品,并且消费者明白该标志只用来表示在该地区生产而并非其他地区生产的产品,那么该标记就具有地理标记的作用。

（二）地理标志的保护模式与保护方法

各国对地理标志主要有以下保护模式:（1）通过反不正当竞争措施进行保护,如越南、马来西亚等国。（2）专门的地理标志注册保护制度。欧盟国家主要采用专门的地理标志保护制度。越南、马来西亚、印度、泰国通过专门法保护地理标志。印度于1999年通过《商品地理标志法》,于2003年9月份生效。泰国《地理标志法》2003年10月生效。（3）集体商标和证明商标制度。美国、澳大利亚等国主要采用集体商标、证明商标保护的制度。我国也采用商标制度来保护地理标志,1994年国家工商行政管理局发布了《集体商标和证明商标注册和管理办法》,该办法于1998年12月3日修改。2001年修改的《商标法》第16条对地理标志作了规定,对含有地理标志的商标误导公众的,不予注册并禁止使用。《商标法实施细则》第6条对地理标志作为证明商标和集体商标注册作了规定。重新发布的《集体商标、证明商标管理办法》2003年6月1日开始实施,要求申请将地理标志作为集体商标、证明商标的,具有能控制和监督使用的能力;对葡萄酒、烈酒的保护有特殊的规定;外国人、企业申请集体商标和证明商标提交在原属国受保护的证明。

TRIPs协议没有确定保护地理标志的具体方法,各国法律和规章赋予地理标志的保护手段多种多样。如以反不正当竞争的法律为贸易者或生产者防止第三者未经授权而使用地理标志提供了保护措施，但仅在诉讼程序当事人间有效。法国在1919年就正式制定了《保护原产地名称法》，印度于1999年制定了《商品地理标志法（注册和保护）》，以专门法方式对注册地理标志予以保护，其问题是将商标和原产地名称注册登记分离，易造成审查工作的重复和资源浪费。美国、加拿大、澳大利亚和欧盟各国主要是运用商标法将地理标志作为集体商标或证明商标注册保护，中国亦是如此。

（三）我国对地理标志的保护

我国是《巴黎公约》成员国，货源标记或原产地名称权在我国法律中受到保护。1993年颁布的《反不正当竞争法》第5条第4款禁止经营者伪造产地；第9条禁止经营者利用广告或其他方法对产地作引人误解的虚假宣传。违者即构成不正当竞争行为，应承担相应法律责任。1994年12月30日，国家工商总局制定发布了《集体商标、证明商标注册和管理办法》，将证明商标规定为：用以证明该商标或服务的原产地、原料、制造方法、质量、精确度或者其他特定品质的商品或服务商标，地理名称可以作为证明商标的一种。据此，地理标记作为证明商标受保护。

一般而言，各国商标法禁止他人将货源标记或原产地名称注册为商标，是一种普遍的做法，我国《商标法》也不例外。其第10条第2款规定，县级以上行政区划的地名或公众知晓的外国地名，不得作为商标。但是，地名有其他含义或者作为集体商标或证明商标的组成部分的除外；已经注册的使用的地名继续有效。同时，其第16条规定，商品中有商品的地理标志，而该商品并非来源于该标志所标示的地区，误导公众的，不予注册并禁止使用；但是，已经善意取得注册的继续有效。

这表明，地理标志是标示某商品来源于某地区，且该商品的特定质量、信誉或者其他特征，主要由该地区的自然因素或者人文因素所决定的标志。地理标志所标示的产品具有某种与其他地方同类产品不同的特点,这些特点是由生产这些产品的地域所具有的独特的自然因素或者人文因素所决定的。我国以集体商标的形式保护地理标志,在立法上已有所完善。

就地理标志的保护实践来说,中国由两个行政部门审批地理标志,并未建立完善的地理标志保护制度。2001年3月,国家出入境检验检疫局(后与国家质量技术监督局合并为国家质检总局)发布了《原产地标记管理规定》和《原产地标记管理规定实施办法》。国家质检总局认定的原产地名称大多与国家工商总局商标局注册的商标相同,造成注册商标保护与原产地名称保护发生冲撞,所有人权利形成冲突。两个行政机关依据不同的法律行使和扩大行政权力,必然造成权力的冲突、管理体制上的冲突和秩序的混乱,不但造成了管理资源的浪费,也给司法审判造成困难。

三、地理标志国际保护的谈判及其影响

地理标志保护问题已被列为世界贸易组织新一轮多边贸易谈判的议题之一。在这个议题范围内将涉及两个问题:一是与TRIPs协议第23条第4款有关,即建立葡萄酒和烈酒

地理标志的国际保护逐渐形成

地理标志通告及注册的多边系统。二是将第23条的保护延伸到葡萄酒和烈酒以外产品,即对所有地理标志产品给予更严格的保护。

关于地理标志保护,其保护范围与通知与登记体系是各国探讨并争论较多的问题。对于保护范围,欧盟、瑞士、匈牙利等欧洲成员要求将地理标志扩大保护,TRIPs协议第23条规定的对葡萄酒、烈酒的保护水平扩大到所有农产品和食品;美国等国则反对扩大地理标志保护范围;亚洲的发展中国家在多边谈判中倾向于支持扩大保护。对于通知与登记体系,欧盟建议建立葡萄酒、烈酒地理标志多边通知和登记体制,并且要求多边通知和登记体制对所有成员都有约束力;美国、加拿大和日本等则认为通告与注

册多边体系只具有公告作用,不具有约束力。

第二节 域 名

一、域名的产生与组成

域名是连接到因特网上的计算机的地址,使用域名最初的目的是为了便于人们发现电子邮件或访问某个网站。它是国际互联网上数字地址的一种转换形式,通过独特的注册

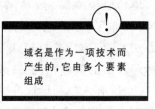

域名是作为一项技术而产生的,它由多个要素组成

制度既适用网络地址也适用于电子邮件地址。

通常所说的域名分为顶级、二级等多级域名组成。如中国国家知识产权局网络地址 http://www.sipo.gov.cn 中,sipo.gov.cn 为该机构的域名。其中,www 表示 world wide web(即万维网的缩写),.gov 为通用顶级域名,sipo 则为二级域名。常用的顶级域名有.com、.org、.net、.edu 等。这些由三个字母组成的顶级域名由美国 NSI(Network Solution Inc)负责注册。

二、域名的特点

作为一种应用于网络世界的标记,域名与商标有着密切的联系。其相似性主要表现在:第一,域名注册人基于标记享有域名权,与商标权人享有的权利类似,两者都为一种商业

域名最大的特点是唯一性

标记权;第二,域名与商标一样,均通过注册制度取得权利,并实行先申请原则确实权属;第三,二者均可能因为侵犯他人在先权利而被撤销。

域名最大的特点是其唯一性,即在国际互联网上,域名必须是独一无二的,这样才能识别不同的网络地址及电子邮件地址,保证网络的正常运行。而商标的排他或唯一主要体现在商品和

第二十八章　其他识别性工商业标记

服务分类表下某一商品或服务下的排他,以保证商标的识别功能。应注意,域名的唯一性是就其整体而言的,如果顶级域名不同,则其二级域名可以相同。如耐克公司的域名为 nike.com,而耐克咨询有限公司的域名为 nike.co.uk。这主要是由于目前各个域名注册机构间未实行交叉审查有关。① 而与之对应,商标的注册则在某一国内部是统一注册并登记公告,具有较强的一致性。在这个意义上,商标注册较之域名注册成熟得多。

三、域名与商标的冲突及其保护

域名在最初并没有什么价值,但由于互联网的发展,域名作为可识别的标志,广泛地被应用于商业领域。以至于许多众多商家擅自将其他知名企业的商标、商号作为自己的域名使用注册,以吸引尽可能的用户和消费者,扩大其知名度。

域名与商标的冲突包括恶意抢注和巧合雷同,其保护目前还不成熟

由于域名的唯一性,使得域名与商标经常存在冲突,如将他人的商标,尤其是驰名商标注册为自己的域名时,导致驰名商标权利人不能在网络空间使用其商标。这就引发了商标权与域名权的冲突。

域名与商标的冲突主要有两种形式:一是恶意抢注。这表现为一些企业将其他主体的商标尤其是驰名商标作为自己的域名注册,又由于域名的唯一性,以此为要挟使被抢注方买回该域名,抢注人从而这种注册行为中获利。另一形式是巧合雷同。在某些情形下,并非出于恶意,而是由于偶然原因(因为字母及其组合总是有限的),导致的域名相同是不可避免的。1997 年在石家庄发生的"PDA"域名争端案就体现为这种偶然冲突。②

对于商标权与域名的冲突,《商标法》并没有赋予商标专用权

---

① 刘春田:《知识产权法》,中国人民大学出版社 2002 年版,第 272 页。
② 冯晓青:《论知识产权重叠、权利冲突及其解决》,载《北大知识产权评论》(第 1 卷),法律出版社 2002 年版,第 126 页。

人的专用权自然延伸至域名领域。普通商标的权利仅仅是限于特定商品和服务范围,在先注册的商标权不能对抗在后注册的域名权。适用商标法解决域名纠纷的前提是被保护的商标是驰名商标时,才可对抗在后的域名注册。我国于 2001 年公布了《审理涉及计算机网络域名民事纠纷案件适用法律若干问题的解释》,该司法解释的主要内容如对于域名注册、使用等行为构成侵权的条件的规定,尤其是对将他人驰名商标恶意注册为域名的行为进行了规定,并对恶意的认定作了明确解释。这标志着在计算机网络领域我国已设置了对驰名商标的司法保护,对于网络商标侵权行的处理也已有法可依。

鉴于域名在网络空间的作用及其商业价值的增强,对域名提供保护已成为国际社会的共识,并逐步形成一套域名争端解决机制与途径。这包括在各国司法管辖范围内的司法系统及由域名注册机构确立的争端解决机制。我们认为,域名争端的解决应主要通过域名注册制度的完善得以解决,司法系统的确权及纠纷解决仅仅是一种事后的补充性救济途径。

第三节 商 号

一、商号的概念

商号又称企业名称或厂商名称,在我国有关法律中,用"企业名称"一词,是指企业进行工商活动时用来标示自己并区别于他人的一种标志。商号是生产经营者的营业标志,体现

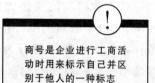

商号是企业进行工商活动时用来标示自己并区别于他人的一种标志

着特定的企业的商业信誉与服务质量。对于信誉好的企业,其商号或标志对消费者或用户有巨大的吸引力,是企业重要的无形财产。

事实上,商号与企业名称应当有区别,商号仅仅是企业名称中的一部分。依 1991 年颁布的《企业名称登记管理规定》,企业

名称由行政区划名称、字号、所属行业、组织形式四部分组成。商号实际上就是企业名称中的字号,是其核心部分。一个企业只允许使用一个名称。未要核准登记的企业名称不得使用。

由于商号的重要作用,自18世纪各国都先后以法律的形式对其予以保护。1807年《法国商法典》率先以法律的形式确认了商号权的保护。此后,德国、日本等国陆续在其商法典中规定了商号权的保护。各国保护商号权的立法体例主要有单行法规、商法典及民法典三种立法形式予以保护。

最早的保护商号权的国际公约是《保护工业产权的巴黎公约》,根据其规定,企业对其商号拥有商号权,这项权利归属工业产权范畴。第8条规定:"厂商名称应在本联盟一切成员国受到保护,无须申请或注册,也不论其是否为商标一部分。"同时其第9条也规定:"一非法商标或厂商名称的商品在输入该项商标或厂商名称有权受到法律保护的本联盟国家时,应予以扣押。"据此,依我国《企业名称登记管理规定》对外国企业名称的保护没有规定登记注册这一条件。

我国对商号的保护,在《民法通则》、《反不正当竞争法》、《公司法》、《消费者权益保护法》、《企业名称登记管理规定》等法律中规定了对商号权的保护。如《民法通则》第99条规定,法人、个体工商户、个人合伙享有名称权。企业法人、个体工商户、个人合伙有权使用、依法转让自己的名称。《企业登记管理规定》规定了企业名称的构成要件、企业名称权的取得、内容及法律保护。《反不正当竞争法》第5条规定,经营者擅自使用他人的企业名称或者姓名,使人误认为是他人的商品的行为,构成不正当竞争,应承担相应的法律责任。

二、商号权的性质及其取得

商号权是企业对自己使用的营业标志(即字号或商号)所依法享有的专用权。关于商号权的性质,主要

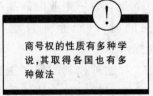
商号权的性质有多种学说,其取得各国也有多种做法

有姓名权说、身份权说、双重性质说。笔者支持双重性质说,商号权既具人身权的属性,又具有财产权的属性。作为人身权的商号权体现在如遭受侵害可以企业商誉受损,要求消除影响、赔礼道歉等人格权保护方式予以保护;作为财产权的商号权,其可作为财产的标的使用、收益、转让和处分。

商号权的取得主要有使用取得主义、登记取得主义两种做法。使用取得主义即企业名称中的商一经使用,使用者即可取得商号权,无需履行法定申请手续。而登记取得主义则有两种体例。一是登记对抗主义,一是登记生效主义。前者是商号的取得不需登记,但不登记则不足以对抗第三人;后者是商号只有经过登记才可使用,才能具有排他权。目前大多数国家采登记生效主义,达到确定商号权的归属,并通过登记向公众公示,利于交易安全的维护和交易秩序的保护。就我国而言,对商号采取登记生效主义,这从《民法通则》、《企业法人登记管理规定》与《公司法人登记管理条例》等法律、法规的规定可看出。

三、商号权的法律保护

商号权为商号人拥有的排他性专有使用权,主要体现为商号设定权、商号使用权、商号转让权与商号许可使用权。商号权与商标权有密切联系,都是一种商业标记权,均应基于法定申请注册并经核准才能取

商号权的法律保护包括民法保护、专门法保护和反不正当竞争法保护三种

得相应权利,均有一定的排他性。但其区别则是较为明显:商号用以辨别不同的企业,直接代表了企业的名声,而商标则旨在将一企业与另一企业的商品或服务区别开来,代表商品或服务的信誉;同时,一个企业只能有一个商号,但一个企业可以有多个商标。

对这种权利的保护主要有民法保护、专门法保护及反不正当竞争法保护三种立法体例。在我国,对商号权的保护规定散见于

《民法通则》《企业法人登记管理规定》《公司法人登记管理条例》《反不正当竞争法》《消费者权益保护法》等诸多法律之中,这些规定较为零散、笼统且不统一。这是商号权保护现状问题所在,因此,我国宜采商号权保护的专门立法予以保护,当然也可考虑将之与商标法等商业标记保护等知识产权制度进行合并立法。

对商号权的保护,经过登记核准注册的商号应具有如下效力:

第一,经登记注册后的商号(企业名称)具有对抗第三人的效力。因此,如果登记注册的商号相同而发生争议,依登记的先后顺序处理,保护在先申请并注册的商号;另外,盗用或假冒商号的,是对他人商号权的侵犯,应承担相应责任。

第二,经登记注册的商号在法定范围内享有独占使用权,可禁止他人在核准登记的行政区域范围内使用相同的商号。这里应注意,商号权的独占性使用仅仅以登记注册的范围为限,不具有商标权的全国地域范围的排他性。

四、商标权与商号权的冲突

商号权作为受法律保护的一种产权,属于知识产权的范畴,是商事主体为表明自己不同于他人的特征而在商事交易中为法律行为时,所使用的专用名称。我国《企业名称登记管理规定》第 10 条规定:商号应当由两个以上的字组成。因此,商号只能

国家工商行政管理局于 1994 年 4 月 5 日公布了《关于解决商标与企业名称中若干问题的意见》

由文字组成,进而商号又称字号。事实上,商号或字号是企业名称中的一个构成要素。商号具有财产权属性与人身权属性,也是具有独占性、地域性与无形性的知识产权。

商号权与商标权的冲突主要表现在不同企业将他人已申请的享有商标专用权的商标作为商号登记、使用;或者将他人在先使用的享有较大知名度的商号申请注册商标。这就带来二者的

冲突。1998年发生的"深外贸"商标抢注事件就是两者冲突的典型事例。① 深圳外贸公司将"兰生股份"、"广州浪奇"等几十家上市公司的简称相同的文字作为商标注册,从而发生了商标权与商号权的冲突。

《商标法实施条例》第53条对驰名商标与企业名称权冲突的情形作了规定:商标所有人认为他人将其驰名商标作为企业名称登记的,可能欺骗公众或对公众造成误解的,可以向企业名称登记主管机关申请撤销该企业名称登记。在此前,国家工商行政管理局于1994年4月5日公布了《关于解决商标与企业名称中若干问题的意见》,力图协调商标专用权与企业名称权的冲突。其第2条规定:商标专用权和企业名称权的取得,应遵循《民法通则》和《反不正当竞争法》中的诚实信用原则,不得利用他人商标或企业名称的信誉进行不正当竞争,并在意见中详细规定了构成冲突的条件、处理机关与程序。另外,《反不正当竞争法》第5条、第21条也有类似规定。

【参考书目】

[1] 王笑冰:《论地理标志的法律保护》,中国人民大学出版社2006年版。

[2] 吴汉东:《知识产权基本问题研究》,中国人民大学出版社2005年版。

【思考题】

一、名词解释

1. 地理标志
2. 域名权
3. 商号

二、简答题

1. 简述TRIPs协议对地理标志的保护内容与保护条件。
2. 简述地理标志保护模式与保护方法。

---

① 案件详情参见刘友华:《知识产权权利冲突及其协调》,载《知识产权前沿问题研究》,中国大百科全书出版社2004年版。

3. 简述域名的特点。
4. 简述商号权的性质及其取得方式。

三、论述题
1. 请分析我国地理标志保护实践存在的问题,应如何完善相关保护制度?
2. 试分析域名争端解决机制及程序应如何完善?
3. 商标权与商号权的冲突应如何协调?

第五编 商业秘密保护法

第二十九章 商业秘密

本章首先介绍商业秘密的定义、构成要件、性质、特征与类型,然后阐述对商业秘密以统一的商业秘密保护法形式加以保护的必要性,以此为基础介绍该法的主要内容等。

第一节 商业秘密的一般原理

一、商业秘密的定义与构成要件

(一) 商业秘密的定义

在当今的信息时代里,有关技术与经营的秘密性信息越来越成为市场竞争中的胜负手。市场竞争者为了获取这样的信息,通过科技开发与技术创新等正当途径者有之,凭借盗窃、利诱等违法或者不正当手段者也有之。如果放任后一行为存在,不仅会鼓励不劳而获从而败坏商业风气与恶化竞争环境,影响市场竞争体制向着健康与有序的方向发展,而且还会打击恪守商业道德的市场主体进行科学技术创新与经营经验总结的积极性,这势必阻碍社会生产力的提高。为此,

商业秘密是指不为公众知悉、能为权利人带来经济利益、具有实用性并经权利人采取保密措施的技术信息与经营信息。其性质包括秘密性、保密性与商业价值性

奉行市场竞争自由的国家(包括我国)应当设立相应的法律制度来维护生产与经营等领域秘密性信息合法持有人的利益,以此通过鼓励科技创新与优化生产经营来提高社会生产力,同时凭借制裁非法获取秘密信息者来维护市场竞争的公平,而这种信息就是通常所称的商业秘密。① 根据我国《反不正当竞争法》第1条,商业秘密是指不为公众知悉、能为权利人带来经济利益、具有实用性并经权利人采取保密措施的技术信息与经营信息。

(二) 商业秘密的构成要件

这是判断哪些信息得以作为商业秘密从而受到法律保护的标准。根据传统观点,商业秘密的构成要件包括:秘密性,即不为权利人以外的社会公众知悉或者难以通过公开渠道获取;保密性,即权利人采取一定措施使保持该项信息的秘密状态;价值性,即能够运用于生产经营活动当中并为权利人带来现实或者潜在的经济利益;实用性,即这一信息能够实际应用于生产经营当中。② 笔者认同商业秘密应当具备秘密性与保密性两项要件,但同时认为将价值性与实用性分列为两个要件有不妥之处。这是因为,"能够为权利人带来现实或者潜在竞争优势与经济利益"与"能够被实际运用于生产、经营等活动"是一个问题不可分割的两方面,试问如果一项信息不能在实际生产、经营等活动加以应用,如何带来"现实或者潜在竞争优势与经济利益"? 因此只有将二者统一起来才全面与准确地揭示商业秘密因能够为权利人带来竞争优势从而具有商业价值的本质属性。

由此,笔者认为商业秘密应当具备以下三个构成要件:

第一,秘密性,即不为权利人以外的社会公众知悉或者难以通过公开渠道获取。这里需要说明的是,"公众"与"公开渠道"的范围应当仅限于与权利人生产经营相关领域,否则就会因标准

---

① 本章节所指称的有关生产经营领域的秘密性信息在英语中被称为"Trade Secret",翻译成汉语即为"商业秘密",故而在本书中笔者统一使用这一称谓。当然,一些国家与地区对其有不同称谓,比如我国台湾地区称为"营业秘密"。

② 戴永盛:《商业秘密法比较研究》,华东师范大学出版社2005年版,第61页。

过高而使很多生产经营信息不能作为商业秘密受到法律保护。

第二,保密性,即权利人采取一定措施以保持该项信息的秘密状态。应当注意的是,该措施只要足以表明权利人将保密的意思表示(例如,在信封上贴封条并书明"机密,请勿开拆")即可而无须足以防止一切窃密行为。因为在商业间谍空前猖獗的今天,很难要求保密措施万无一失以绝对防止信息外泄。

第三,商业价值性,即该信息得以被实际应用于生产经营活动当中或者能够为权利人带来潜在或现实的经济利益。

二、商业秘密的性质与特征

(一)商业秘密的性质

商业秘密的性质决定着其特征以及其权利人行使权利的方式,从而是我们深入了解与研究商业秘密保护法律制度的基础。对于商业秘密如何定性历来是一个争议较大的理论问题,对此学术界形成了以下不同的观点:第一,竞争利益说,即认为商业秘密是市场主体参与市场竞争取得竞争优势从而获取经济效益的手段①;第二,信赖关系说,即认为商业秘密的保护体现着债权人与债务人之间的信赖关系②;第三,人格权客体说,即商业秘密属于作为商事主体的人格的一部分,而对商业秘密的侵犯实质上是对于商事主体人格权的侵犯③;第四,知识产权客体说,即认为商业秘密作为商业价值的信息应当被知识产权法保护。④

商业秘密是知识产权的客体,能够直接带来经济利益、处于秘密状态且可共享

相对而言,只有知识产权客体说才值得为我国立法所采纳:

---

① 刘金波、朴树勇:《日美商业秘密法律保护制度比较研究》,载《中国法学》1994年第3期。
② Roman A. Klitzke, Trade Secret, Important Quasi-property Rights, v.41, No.2 *The business lawyer'* 1986, p.561.
③ 杨立新:《人身权法论》,中国检察出版社1995年版,第708页。
④ 〔美〕丹尼斯:《商业秘密》,胡翔、叶方怡译,企业管理出版社1991年版,第72页。

其一,知识产权客体说准确地揭示了商业秘密的本质。知识产权的客体是一个不断发展的概念。按照传统观点,它仅包括智力成果,其中有著作、商标与专利。然而随着时代的进步,知识产权客体的范围也不断扩大,很多智力成果以外的利益被逐渐纳入其中得到保护,最典型的如包含着货源标记与原产地标记的地理标识。在这样的趋势下知识产权的客体发生了从智力成果到"具有商业价值的非以物质形式存在的信息"的转变。这样,知识产权的客体外延扩及于智力成果、商业标记以及其他有价信息。[①] 而就商业秘密的本质而言属于具有秘密性、保密性以及商业价值性的技术性或者经营性信息,这正符合知识产权客体的特征。其二,采用知识产权客体说有利于我国与外国先进立法例接轨以及维护我国法制的统一。将商业秘密定性为知识产权客体已经得到了1991年制定的 TRIPs 协议等多项国际条约的认可,而且美国、德国、法国、日本等大多数当今世界先进国家也在这一问题上采纳了知识产权客体说。如果我国在未来的商业秘密保护法当中以知识产权模式保护商业秘密,就必将有利于我国在制度上与国际接轨从而促进中外科技开发的合作与交流。另外,我国1997年修订的《刑法》已经将侵害商业秘密罪纳入侵犯知识产权罪一章,这足以说明我国立法者认可了知识产权客体说。因此,商业秘密保护法中将商业秘密作为知识产权客体予以保护有利于维护我国法律规范之间在精神与内容上的统一。

综上所述,商业秘密应当被定性为知识产权的客体,而与商业秘密保护有关的规范属于知识产权法的范畴。

(二) 商业秘密的特征

商业秘密具备知识产权客体共同的特征,包括无形性、可复制与传播性、永久存续性以及合法性等。此外,商业秘密较之于其他知识产权客体——作品、商标、专利等——还有其个性:

---

① 郑成思:《知识产权法》,法律出版社2005年版,第19页。

1. 能够直接带来经济利益

知识产权客体即包括人身利益也包括财产利益,前者如作者对作品发表、修改以及署名的利益,后者如专利权人许可他人使用专利并收取相应许可使用费的利益。而商业秘密显然属于财产利益。所谓财产,是指能直接带来经济利益财产是指具有价值与使用价值,能够为人力所控制并且适于交易的有体物与无体物的总称。财产具有以下特性:其一,价值性,即在其中凝结了无差别的人类劳动,同时能够在商品交换中以交换价值的形式体现出来;其二,效用性,即具有使用价值并能够满足人们生产生活需要;其三,可控制性,即能够为人力所控制;其四,可移转性,相对于不能够移转与处分的人身利益而言,财产能够在不同的主体之间以有偿(例如,买卖、互易)以及无偿(例如,赠与、继承)等方式流转。而商业秘密具备了以上特性从而属于财产的一种形式:首先,商业秘密开发者在研究开发过程中付出了智力劳动,而这一劳动可以通过交换价值得到体现;其次,提高被运用于生产经营活动,商业秘密可以帮助权利人提高劳动生产率从而提高经济效益;再次,权利人可以通过采取保密措施保持商业秘密的秘密状态来对其控制,比如本案被告将技术秘密存放在机密室;最后,现实当中商业秘密可以以许可使用或者转让等多种方式在不同的主体之间流转。

2. 处于秘密状态

与处于公开状态从而可以为公众通过正当渠道查知的其他知识产权客体如作品、商标、专利以及地理标志等不同的是,商业秘密为权利人以外的社会公众知悉或者难以通过公开渠道获取,否则因不具备秘密性要件而不构成商业秘密。由此决定了其权利人往往也处于秘密状态,这就使商业秘密的归属与权利行使等规则与其他知识产权客体有显著的区别,对这些问题留待后述。

3. 具有可共享性

当两个以上的主体以开发以及受让等合法途径取得内容完全相同的商业秘密后,他们即得以并行不悖地享有相关权利。这不同于专利权与商标专用权,因为在一般情况下相关机关将这些权利授予一人后其他任何人在一定期限与地域内即不能再取得与行使。由此要求商业秘密权利人不得滥用其权利侵害其他权利人的利益。

三、商业秘密的分类

按照不同的标准,可以对商业秘密作如下分类:

（一）技术性商业秘密与经营性商业秘密

> ❗ 对商业秘密分类取决于不同的标准

以所涉及的内容不同,可以分为技术性商业秘密与经营性商业秘密。前者是指有关产品制作方法与流程的商业秘密;后者是指与经营与销售等领域相关的商业秘密,比如广告理念与客户名单。二者共同点是就本质而言都是信息的一种,所谓"信息"是指能够为人们带来知识的符号或者符号的组合;同时,二者都具备了秘密性、保密性与商业价值性等要件从而可作为商业秘密从而受到法律保护。但是二者的差异是明显的:第一,二者所涉及的领域不同。技术性商业秘密主要涉及生产领域,而经营性商业秘密主要涉及分配、交换与消费领域。

第二,二者的标准不同。技术性商业秘密由于关乎产品制作方法与流程,往往需要通过实验以及生产实践等总结得出,更具有精确性与科学严谨性;而经营性商业秘密则无须通过以上步骤,只需通过市场调查、开交流会等即可获取,因此要求较低。

第三,二者的后果不同。技术性商业秘密经过后续开发,在具备了专利法所规定的新颖性、创造性与实用性以后,即可申请专利,而经营性商业秘密则在一般情况下不能申请专利（电子商务方法除外）。

2. 物化的商业秘密与非物化的商业秘密

以存在的形式与状态不同,可以分为物化商业秘密与非物化商业秘密。前者是指须以有形的工具与器材（例如,资料、照片、磁盘以及仪器)等为存在载体的商业秘密,譬如工艺流程等,技术性商业秘密一般属于此类;后者是指无须以上述载体为存在形式的商业秘密,例如,存在于管理与经营人员头脑当中的诀窍等,经营性商业秘密多属此类。对二者加以区别的意义在于,由于物化商业秘密须依赖一定载体存在,因此对其该开发、利用与转让一般也涉及到相应载体的生成与处分等应由物权法规制的问题,而非物化商业秘密的这一问题则不甚突出。

第二节 商业秘密法律保护的形式
——统一的商业秘密保护法

一、商业秘密法律保护的发展历程以及我国制定统一的商业秘密保护法的意义

最早有关商业秘密保护的法律渊源是1817年出现在英国的关于盗窃一副医疗痛风的药方者被判令向药方的原主承担赔偿责任的判例,这使英国成为世界上对商业秘密给予

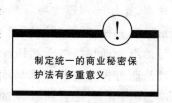

制定统一的商业秘密保护法有多重意义

法律保护最早的国家。到了1837年在美国也出现了类似的判例,而1939年该国由法律委员会编纂并经审议通过的《侵权法重述》成为世界上第一个关于商业秘密法律保护的成文法典。与之相继,加拿大、法国、德国、韩国以及我国台湾等国家与地区制定了相应法律规范对商业秘密进行保护。到了20世纪下半叶,对商业秘密的法律保护已经突破国界被国际组织的条约确认。20世纪70年代末世界知识产权组织在草拟各种知识产权示范法以及国际公约时,已将商业秘密作为它们的保护对象,而1991年制定的TRIPs协议更是建构了保护商业秘密的具体制度。

自改革开放以来,我国也先后颁布了一系列法律规范来保护商业秘密:根据1993年制定的《反不正当竞争法》,市场经营者以不正当竞争手段获取他人商业秘密者应当承担损害赔偿责任;根

据1994年制定的《劳动法》,违反与用人单位之间的保密协议并对用人单位造成损失的劳动者应当承担相应法律责任;根据1997年修订的《刑法》,实施侵犯商业秘密并对持有人造成重大损失者构成侵犯商业秘密罪并承担相应法律责任;根据1999年制定的《合同法》,合同的权利义务终止后,当事人应当遵循诚实信用原则,根据交易习惯履行保密义务。此外,一些与保护商业秘密有关的行政法规与部门规章先后出台,例如,国家科委《关于加强科技人员流动中技术秘密管理的若干意见》以及国家工商行政管理局《关于禁止侵犯商业秘密的若干规定》等。

世界各国对商业秘密保护的立法模式有二:一为分散立法模式,即将保护商业秘密的规范分散于不同的法律规范当中,采用这一模式的国家主要有德国与日本等;一为统一立法模式,即制定统一的商业秘密保护法。采用这一模式的国家与地区主要有美国与我国台湾。我国目前属于前一种模式。但是,分散立法模式不仅难以在法律规范当中集中体现商业秘密法律保护的根本宗旨与价值理念,而且容易导致法律空白的出现并且对于法律适用造成障碍,因此我国应当转向通过制定商业秘密保护法来实现对商业秘密的统一保护。

二、商业秘密保护法的一般原理

(一)商业秘密保护法的定义与主要内容

商业秘密保护法是调整与商业秘密开发、利用、转让与保护过程中产生的社会关系的法律规范。该法

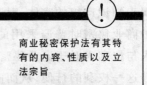

商业秘密保护法有其特有的内容、性质以及立法宗旨

应当包括以下主要内容:其一,一般规定,其中包括立法目的与宗旨等基本问题;其二,商业秘密,其中包括商业秘密的定义、构成、分类、归属、转让、许可使用、认定、管理以及与专利的转化(即在何种条件下权利人可以以商业秘密申请专利);其三,商业秘密的法律保护模式,其中包括商业秘密权、保密协议、竞业禁止约款以

及禁令制度等商业秘密权以外的其他保护商业秘密的措施;其四,侵犯商业秘密的法律责任,其中包括民事责任、刑事责任与行政责任。

(二)商业秘密保护法的性质

纵观商业秘密保护法的主要内容,该法虽然横跨民事关系、经济关系与行政关系同时又涉及到刑事责任,但大多数内容(如归属、转让、许可使用、与专利的转化、商业秘密的法律保护模式以及侵犯商业秘密的民事责任)都属于民事法律关系范畴,从而商业秘密保护法应当属于民法,由此也决定了商业秘密保护法以任意性规范为主而以强行性规范为辅。此外,对商业秘密的认定、归属、商业秘密权行使方式以及侵害后损害赔偿额计算等具有强烈技的术性,同时关于侵犯商业秘密的认定以及责任免除等问题具有显著的伦理性,故而商业秘密保护法兼具技术法与伦理法的特性。

(三)商业秘密保护法的立法宗旨

商业秘密保护法的立法宗旨,即立法者在制定商业秘密保护法时欲实现的基本目标以及应当遵循的基本价值尺度,它决定着商业秘密保护法的体系构建以及具体制度设计。商业秘密保护法的立法宗旨有二:

第一,保护商业秘密开发人与权利人的合法权益。商业秘密属于知识产权的客体,财产权理论已经成为世界各国在用立法保护商业秘密时普遍采用的理论。[1] 根据这一理论,商业秘密开发人与权利人对于商业秘密享有排他性的支配权,他人不得非法干涉这一权利的行使,从而商业秘密保护法应当以保护开发人与权利人的权益为首要立法宗旨。这就要求商业秘密保护法体系的应当以商业秘密开发人与权利人享有的商业秘密权为中心建构;另外,当权利人的权益与其他利益(例如,权利人的竞争者的利益、权利人的劳动者的利益等)发生冲突的时候,一般应当优先保护前者。

---

[1] 张玉瑞:《商业秘密法学》,中国法制出版社2000年版,第303页。

第二,维护与商业秘密有关的社会公共利益。商业秘密保护法所规制的社会领域主体的多样性以及所涉及利益的多维性决定了该法首先维护商业秘密开发人与权利人权益同时仍须兼顾与商业秘密有关的社会公共利益。这些利益主要包括劳动者合法权益、社会主义市场经济公平竞争秩序所涉及的利益以及促进科学技术进步从而提高社会生产力的利益。为此,商业秘密保护法的制定者应当做到平衡作为商业秘密权利人的用人单位以及劳动者的利益、协调商业秘密权利人以及其他市场竞争参与者的利益以及在维护商业秘密开发人与权利人的利益同时兼顾科学技术进步所带来的利益。

三、商业秘密保护法与传统知识产权法的关系

(一)商业秘密保护法对传统知识产权法的突破

> 商业秘密保护法在与传统知识产权法近似和相互补充同时又对后者有所突破

在传统观点看来,与商业秘密保护有关的法律不属于知识产权法范畴,这一点可以从上一世纪中叶制定的《世界知识产权组织公约》并未将商业秘密明确作为其保护对象看出。而随着人们对商业秘密与知识产权认识的深入,将商业秘密纳入知识产权法的保护范围已经为世界主要国家所认同。为此,20世纪末制定的TRIPs协议明确将商业秘密作为其保护对象,从而商业秘密保护法成为新兴的知识产权法。

该法较之于传统的知识产权法——著作权法、专利法、商标法等——由于在保护对象上的区别,决定它们在其他方面的差异:第一,相当部分的传统知识产权须通过申请、批准与登记等程序取得,而开发人与权利人对于商业秘密权无需这些程序自动取得;第二,专利权、商标权等一旦授予,权利人即可在一定时期与地域内对专利与商标独占而排除他人实施与使用。但商业秘密的权利人为复数时,他们在一般情况下彼此并行不悖地行使权利而不得相互干涉与限制;第三,为防止商业秘密遭到泄漏,权利人

得以在侵权行为实施前申请行为保全,但对于其他知识产权的保护一般不能采用这一手段。

以上差别对于知识产权法带来的挑战与变革的深刻的:传统观点认为,知识产权的客体仅为智力成果。但随着科学技术的不断发展,其范围日益扩大,越来越多的具有一定价值的信息逐渐被一些先进国家与地区以知识产权形式通过法律予以保护,其中即包括商业秘密。这一来使商业秘密开发人与权利人权益受到了充分保护,二来使知识产权法规制的社会领域大大拓宽。

(二)商业秘密保护法与传统知识产权法的联系

第一,在保护对象和价值取向上的一致性。商业秘密保护法和其他知识产权法的保护对象具有一致性。立法者通过对智力成果或者有商业价值的信息设定专有权以确保权利人的合法权益不受侵犯,而其他信息为处于公有领域的公众皆可自由使用的信息。这样既保护了权利人的私权又有效地促进了公共利益的实现,这正体现了知识产权法的根本价值取向。

第二,在功能上相互补充与协调。商业秘密保护法、著作权法、专利法等在保护对象上的相似性,在功能上相互补充和协调。由于它们各自有不同的调整对象和具备不同的功能,决定了它们往往可以从不同的角度对同一事物给予不同的保护(如计算机语言汇编技术所生成的序列与程序以及 KNOW-HOW)。为此需要将以上法律规范加以综合应用以使它们相互协调与补充,唯其如此方能充分有效地维护知识产权主体的利益并由此鼓励科技开发创新活动。

【参考书目】

[1] 郑成思:《知识产权法》,法律出版社 2005 年版。
[2] 戴永盛:《商业秘密法比较研究》,华东师范大学出版社 2005 年版。
[3] 张玉瑞:《商业秘密法学》,中国法制出版社 2000 年版。

第二十九章　商业秘密 ★

【思考题】

一、名词解释

    1. 商业秘密

    2. 技术性商业秘密

    3. 经营性商业秘密

    4. 商业秘密保护法

二、简答题

    1. 简述商业秘密的定义与构成要件。

    2. 简述商业秘密的性质与特征。

    3. 简述商业秘密保护法与传统知识产权法的关系。

三、论述题

    1. 论述商业秘密与传统知识产权客体的异同。

    2. 论述商业秘密法律保护对于我国知识产权战略实施的意义。

四、案例分析

    微软拼音输入法是微软公司开发并赠送客户使用的软件，有1.0、1.5、2.0、3.0、4.0共5个版本。某大学汉语言文学专业教授冯某在使用电脑过程中发现2.0版有部分汉字的注音不正确，遂根据《字符和信息编码国家标准汇编》、词源、辞海等进行比对，查找出该版本的百余处注音错误。随后冯某又对1.5版、3.0版等进行对比，也查找出了一些错误。2001年9月至10月，冯某分3次从他认为存在注音错误的汉字中选出35个字，与其他33个注音正确的字混合在一起，以传真方式发给微软中国公司，注明了资料的来源并声明："……愿与微软中国公司切磋交流，续表待联系后定夺。对于本人所发出的资料请贵方予以保密，谨防泄漏。"同年11月上旬，冯某与微软中国公司就该不该付酬以及以何种名义付酬进行协商，未达成任何意向。12月13日，冯某再次向微软中国公司发出传真，指出"色、渣、崀、篠、鏯、扞、煆、锬、犬、磦"10个字的注音错误，并以表格形式将错误处、正确注音、对比样本页码一一列举，同时备注"任何单位、个人均不得发表与本表格形式、字样相同的清理结果，本人保留公开本表全部内容的权利"等。2001年12月，微软中国公司根据某公司对拼音输入法2.0版126处错误注音校对表，以补订形式删除、更正了122个字的注音，其中有5个字的注音与冯某所指出的10个字注音错误中的5个吻合。此后，微软中国公司又根据国家语委的审核意见，以补订形式删除、更正了1103处注音，其中有4个字的注音与冯某所指出的10个注音错误的4个吻合，同时将以上内容向外界公布。2002年1月,微软中国公司正式回告冯某,以没有委托其进行校对为由,不同意支付酬金。冯某以"微软拼音输入法错误的发现和改正的方法属于商业秘密"为由,以微软中国公司为被告起诉至法院。

问:冯某的微软拼音输入法的纠正方案是否属于商业秘密?冯某的利益应当如何保护?

第三十章 商业秘密法的保护模式

本章主要介绍商业秘密的保护模式,即立法者通过制定法律规范保护商业秘密时所采用的具体方法。它既是商业秘密权利人合法权益受其他社会主体尊重的制度基础,也是其利益在受到侵害时提请法律救济的规范依据。商业秘密法律保护模式包括商业秘密权、保密协议、竞业禁止约款以及行为保全等,本章将分别阐述这些模式的法理。

第一节 商业秘密权制度

一、商业秘密权的定义与特征

(一)商业秘密权的定义

商业秘密权是指权利人对于其合法持有商业秘密享有的自由支配并排除他人不当干预的权利。前面提到,商业秘密属于知识产权的客体,由此赋予权利人对商业秘密排他性的支配权成为商业秘密立法保护之当然任务;另外,TRIPs 协议也确认了商业秘密持有人得以对商业秘密排他地支配,由此在我国商业秘密保护法当中设立商业秘密权制度也有利于使我国保护水平达到国际标准。①

商业秘密权是指权利人对于其合法持有商业秘密享有的自由支配并排除他人不当干预的权利

(二)商业秘密权的特征

商业秘密属知识产权客体的范畴,故商业秘密权应当被纳入知识产权的体系;同时商业秘密与其他知识产权客体存在一定差

---

① 《与贸易有关的知识产权协议》第39条。

异。由此商业秘密权既有知识产权的共性又有其独特之处：

第一，绝对性与排他性。知识产权具有绝对性与排他性，商业秘密权也不例外。根据这一特征，商业秘密权利主体的合法权益应当受到所有社会主体的尊重，任何人侵犯商业秘密权都应当承担相应的法律责任。

第二，权利期限的不确定性。由于商业秘密以秘密性为要件，商业秘密权的存续时间很大程度上取决于权利人保守商业秘密的主观愿望以及措施的严密程度，而不宜由法律预先设定。这使商业秘密权不同于其他有法定保护期限的知识产权，例如，著作权的财产权部分（作者终生加死后50年）、商标权（10年）、存在于发明之上的专利权（20年）。

第三，非专属性。商业秘密具有秘密性与可共享性，这决定了商业秘密的权利人处于隐秘状态同时在数量上往往不止一人。比如对一项不为人知的中药配方可能由两个以上的诊所掌握并且彼此并不知情。各权利主体只能并行不悖地行使商业秘密权而不能相互干预，这不同于在一定时间与地域范围内只能被授予一个主体行使的专利权与商标专用权。

二、商业秘密权的要素

商业秘密权的要素包括主体（分为权利主体与义务主体）、客体以及内容。

商业秘密权的要素包括主体、客体与内容

（一）商业秘密权的主体与客体

商业秘密权的主体包括权利主体与义务主体。

权利主体（或称权利人），是指基于合法事由得以对商业秘密进行支配并排除他人不法侵害的人。其中的合法事由包括：

第一，原始取得，即因通过对进行开发或者善意取得获取商业秘密。善意取得的要件为：其一，取得人系从侵权人（或称无权处分人）之处取得商业秘密；其二，取得人不知也不应当知道侵权人没有对商业秘密的处分权;其三,原则上第三人构成善意取得须支付对价。对于自然人执行法人或者其他组织的工作任务而开发的商业秘密,根据我国《合同法》第326条的规定,在没有关于归属的约定情形下其权利人为法人或者其他组织,但自然人有权向权利人主张相应报酬。

第二,继受取得,即通过继承、遗赠、赠与或有偿形式受让以及获准许可使用。按照对得以商业秘密行使权利的种类差异,商业秘密权利人可以分为所有人与使用人,所有人基于原始取得(如开发)与继受取得(如通过买卖、继承与受赠等受让)的方式获得永久支配商业秘密并排除他人侵害的权利;使用人基于所有人许可使用以及其他合法使用获取一定时间内在一定程度上利用商业秘密的权利。

义务主体(或称义务人),即依法承担尊重商业秘密权利人合法权益而不得非法干预与侵害义务的人。根据我国现行法,商业秘密权的义务主体仅包括与用人单位签订了保密协议的劳动者、《合同法》规定的合同当事人,市场竞争中的经营者以及公司的董事、监事、经理。其范围过于狭窄,这势必导致当以上主体以外的人侵犯商业秘密时权利人难以依法提请救济的后果。由此从应然的角度上讲义务主体的范围应当及于权利人以外的一切社会主体。

具体内容包括:

商业秘密权的客体即商业秘密,其原理在上一章已有论述,此处不赘。

(二)商业秘密权的内容

商业秘密权的内容即商业秘密权主体行使权利以及承担义务的方式。

商业秘密权利主体行使权利的方式包括积极方式与消极方式。积极方式有:其一,以适当的手段(例如,加密、建立保密制度)保持其秘密状态;其二,以合法的行为(例如,用于生产经营活动)对商业秘密进行使用并收取由此而产生的经济利益;其三,通过许可他人使用、转让给他人、设定债权的担保以及公开等途径处分商业秘密。消极行使方式主要是对侵权行为的对抗,即当行为实施者具有侵权责任能力且主观存在过错、所实施的行为具有违法性并导致了损害结果的发生时,就构成侵权行为而应承担侵权责任,包括停止使用、损害赔偿等。

商业秘密权义务主体履行义务方式主要有:第一,容忍与尊重权利人对商业秘密自由支配;第二,不得以盗窃、利诱、胁迫或者其他不正当手段获取商业秘密;第三,不得违反约定或者权利人关于保守商业秘密的要求,披露、使用或者允许他人使用其所掌握的商业秘密;第四,根据约定以积极的方式确保权利人得以行使商业秘密权。

三、对商业秘密权行使的限制

(一)对商业秘密权行使限制的理由

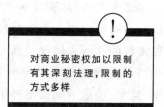

对商业秘密权加以限制有其深刻法理,限制的方式多样

立法者对商业秘密权利人得以充分行使商业秘密权从而实现其利益同时还应当对该权利的行使方式予以适当的限制,这是因为:

第一,权利的本身即有界限。根据现代民法的社会本位理念,任何权利均非毫无边际,其本身即包含义务,而权利人不得滥用其权利损害公共利益以及其他社会利益,否则其行为无效甚至应当承担相应的责任,商业秘密权及其权利人也不例外。

第二,商业秘密保护法所涉及的社会利益具有多样性。商业秘密保护领域除涉及权利人的利益外,还关系到其他相关利益,譬如社会公共利益、与商业秘密权利人之间存在竞业禁止约款的劳动者利益以及商业秘密权利人合同相对方的利益等,知识产权法立法宗旨往往要靠这些利益所形成的合力来实现。[①] 对权利人课加一定义务可以防止其滥用权利阻碍其他利益得到满足,这对

---

① 齐爱民:《现代知识产权法学》,苏州大学出版社2005年版,第23页。

于贯彻知识产权法立法宗旨也是必需的。

(二) 对商业秘密权行使加以限制的方式

为满足商业秘密法律保护所涉及的其他社会利益,商业秘密保护法的制定者应当通过以下方式对商业秘密权加以限制:

第一,基于维护公共利益的需要对权利人课以强制公开商业秘密的义务。一方面商业秘密开发人与权利人为维护其竞争优势欲保持商业秘密的秘密状态,另一方面出于维护正常与公平的市场竞争秩序需要某些商业秘密(例如,证券交易当中的重大信息)需要向公之于众。对于由此可能引发的冲突,商业秘密保护法应当遵循利益衡量原则,当公开商业秘密所能够实现的公共利益大于权利人保守商业秘密所系的利益时,令其公开商业秘密的内容,例如,上市公司对于影响证券交易的重大信息应当予以披露。当然,为维护权利人的利益,被强制公开的内容应当被限定在实现与维护公共利益必要的范围内。

第二,对用人单位的商业秘密权利人以及劳动者之间的竞业禁止约款的适用加以条件限制。前者为防止商业秘密被泄漏而与后者签订保密协议与竞业禁止约款,这与后者为满足生存与发展要求而追求的择业自由抵触。商业秘密保护法宜在承认竞业禁止约款以及保密协议合法性的同时对二者加以签订事由、义务主体范围、时间、地域以及补偿等方面的限制,以求实现用人单位的权利人以及劳动者的利益二者之间的平衡。

第三,其他方式。例如,当权利人与他人之间就商业秘密的利用等事宜订有合同时,应当根据约定履行保密以及不擅自使用的义务;又如,对于善意取得商业秘密者行使商业秘密的权利(包括进行后续开发的权利)的行为予以容忍。

第二节 其他商业秘密法律保护模式

一、保密协议制度

(一) 保密协议的定义与分类

保密协议为权利人与权利人之间以及权利人与知悉商业秘

密的其他人之间达成的有关保守商业秘密的意思表示一致。

根据不同的标准,可以对保密协议作如下分类:第一,按照订立的主体不同,可以分为用人单位与劳动者之间的保密协议(约款)以及在商业秘密的转让或者许可合同当事人之间的保密协议(约款);第二,按照存在的方式不同,可以分为单独的保密协议以及保密约款,前者是指当事人为保守商业秘密而单独达成的协议,后者是指当事人在劳动合同或者民事合同订立当中达成的关于保密的条款;第三,按照产生的方式不同,可以分为明示保密协议与默示保密协议,前者通过当事人明确的意思表示订立,后者基于诚实信用原则在当事人之间自动产生。例如,根据日本《商法》的254、266以及267条之规定,公司的交易相对人应当视为与公司之间存在保守商业秘密的协议。

保密协议类型多样,较之与其他合同,在生效要件以及效力范围等方面既类似也有所不同

(二)保密协议的生效要件

保密协议就本质而言属于合同,因此应当符合我国《合同法》所规定的一般生效要件,即:第一,合同业已成立;第二,合同当事人有相应的行为能力;第三,合同当事人意思表示一致;第四,合同当事人意思表示真实,不存在欺诈、胁迫、乘人之危以及显失公平等情形;第五,未违反我国强行法的规定以及非法侵害国家、集体以及他人利益的情形。

此外,保密协议还应当包括一下特殊的生效要件:第一,有商业秘密存在,否则该协议因存在基础丧失而没有缔结的必要;第二,根据《劳动法》第19条之规定附属于劳动合同当中的保密约款应当采用书面形式。

(三)保密协议的效力范围

保密协议的效力范围,即该协议对哪些人(即对人效力)以及在什么时间内(即时间效力)具有拘束力。就对人效力而言,根据合同相对性原理保密协议在有效期间对于当事人产生效力。就

时间效力而言则因该协议的存在方式不同而有所不同。单独保密协议的时间效力原则上应当根据当事人明示约定确定,在没有约定以及补充协议时应当遵从交易习惯;而附属于民事合同以及劳动合同当中的保密约款的时间效力范围应当与合同的存续时间一致。

二、竞业禁止义务制度

(一)竞业禁止义务的定义以及意义

竞业禁止义务是指劳动者以及公司的高级管理人员等主体对于用人单位与公司负有的在一定地域与

竞业禁止义务可以基于法定也可通过约定产生

期限范围内不得从事与其单位所在行业有竞争或利益冲突关系工作的义务。该义务的设定能够有效防止劳动者与公司高级管理人员因履行职务而掌握的商业秘密与单位或公司展开竞争侵犯后者利益,从而成为多数国家(包括我国)用立法形式保护商业秘密的一种有效手段。

(二)竞业禁止义务的种类

按照产生方式的不同,竞业禁止义务可以划分为法定竞业禁止义务与约定竞业禁止义务。法定竞业禁止义务是依照法律规定而直接产生的竞业禁止义务,在我国产生法定竞业禁止义务的规范主要是《公司法》第149条。

约定竞业禁止义务是指依照双方的约定——竞业禁止约款而产生的竞业禁止义务。竞业禁止约款是指用人单位为防止劳动者利用其商业秘密与自己竞争,而限制劳动者在一定时间与地域内从事与用人单位所参与的行业有竞争或冲突关系的工作的约款。该约款的生效要件包括:其一,权利人享有商业秘密权。其二,竞业禁止义务的承担者必须特定。为了不致过度影响劳动者等协议相对方的行为自由,应当将义务人限定在必要的范围内。一般而言,负有义务者应当限于在合同关系和劳动关系存续期间实际接触或者可能接触商业秘密的人。其三,约款是双方在意思表示自由与真实的情况下签订,不存在欺诈、胁迫、乘人之危等违反意思自治原则的情形。其四,应当有地域与时间限制。就地域而言,应当以权利人业务所及的地区为限,例如,其在全省范围内有较大市场占有额,则义务人不得在该省范围内开展或参与同类业务。因为在这一地区之外权利人没有需要保护的竞争优势,从而应当允许义务人开展或参与同类业务。就时间而言,应当限于用人单位在市场竞争中因持有商业秘密而取得的优势所持续的期间。因为一旦用人单位因持有商业秘密而取得的竞争优势丧失,则用人单位的以上利益相对义务人择业自由的利益显得次要,从而应当允许义务人开展与参与业务。其五,应当由用人单位向竞业禁止义务人作相应的补偿。根据公平原则,对于义务人因为竞业禁止而导致其择业自由受到限制而承受的损失应当由用人单位予以补偿。

法定竞业禁止义务与约定竞业禁止义务有一下区别:第一,从产生方式而言,前者由法律直接规定而后者由相关当事人约定;第二,就义务人而言,法定义务的承担者为公司的高级管理人员,而约定义务的承担者为实际接触或可能接触商业秘密的劳动者;第三,就存续的时间而言,法定义务在公司与高级管理人员的聘任关系与劳动关系存续期间都存在,而约定义务则应当限于用人单位在市场竞争中因持有商业秘密而取得的优势所持续的期间;第四,就地域范围而言,法定义务人禁止展业的地域为全国领域,而约定义务人禁止展业的地域为作为权利人的公司或用人单位业务所及的地区;第五,就后果而言,单位无须向法定义务人补偿而对于约定义务人则应当。这是因为在法定义务存续期间即聘任关系与劳动关系存续期间,竞业禁止并未影响到义务人的择业自由从而无须进行补偿。

三、行为保全制度

（一）行为保全制度的含义以及意义

行为保全制度,即权利人在有证据证明他人正在或将要实施侵害商业秘密的行为,而如不及时制止会使其权益受到难以弥补的损害时,可以向人民法院申请责令他人停止其行为的制度。我国现有保护商业秘密的措施着眼点在侵权行为业已发生,甚至损害已经产生的情况,对于行为人实施的将构成对权利人权利的侵犯(Imminent Infringement)即显得无能为力。而先进国家与地区(如美国与我国台湾等)都规定当商业秘密即将受到侵害时,权利人可以向相关机关申请向侵权人采取行为保全措施。从充分保护商业秘密权利人利益以及与世界先进立法例接轨的考虑,我国商业秘密保护法应当将这一制度纳入其中。

行为保全的适用条件、实施方式以及实现条件具有严格限制

(二)行为保全制度的适用条件

一般而言,商业秘密权利人申请法院采取行为保全措施应当满足以下条件:

第一,申请人为商业秘密权利人或者其授权的人。

第二,申请人有证据证明他人正在或将要实施侵害商业秘密的行为。权利人等为了申请人民法院发布行为保全令,需要证明商业秘密是否就要被披露、公开或者用于生产、进入商业销售渠道或者因出口而无法控制等等,因为这时任何放任或者延误都会导致商业秘密丧失秘密性。

第三,该他人实施以上行为没有合法事由。

第四,如果不予以禁止将会对权利人导致不可挽回的损失。由于行为保全是为对强化权利人权益保障而设计的规则,难免与程序正当原理相冲突,因此只有申请人能够证明损害不可挽回,人民法院在权衡利弊的时候才可能牺牲被申请人的程序保障权利人权益,否则行为保全制度就毫无公正性可言。对于"损失不可挽回",可以从以下几个方面判断:其一,商业秘密是否可能被公开;其二,权利价值贬损无法量化计算;其三,市场竞争优势是否丧失等等。

第五,申请提出后应当在法定期限内起诉。按照保全申请提起与保全措施作出的时间不同,可以分为诉讼前保全与诉讼中保全对于前者而言,与诉讼前的财产保全一样,住所地在我国境内的申请人申请并由法院作出裁定以后应当在15日之内提起诉讼,住所地在我国境外的应当在30日之内提起,否则保全措施自动解除。

（三）行为保全的方式以及持续时间

行为保全的实现方式主要是由法院向被保全人颁布不得实施侵害商业秘密权的禁令。为了防止申请人滥用权利而侵害被申请人的合法权益,应当比照财产保全的规定责令申请人提供担保,对被申请人造成损失的,应当予以赔偿。关于保全的持续时间问题,应当作不同于财产保全的规定。其理由是:前者的目的主要不是为了使判决易于执行,而是为了在判决前防止商业秘密的公开及申请人损害的扩大。如果规定行为保全与财产保全一样一直持续到执行阶段,就既会造成司法资源的不必要浪费又容易损害被保全人及相关人员的合法利益。因此,原则上行为保全的效力维持到实体判决生效之日即可。

【参考书目】

[1] 齐爱民:《现代知识产权法学》,苏州大学出版社2005年版。
[2] 郑成思:《知识产权法》,法律出版社2005年版。
[3] 张玉瑞:《商业秘密法学》,中国法制出版社2000年版。

【思考题】

一、名词解释

1. 商业秘密权
2. 保密协议
3. 竞业禁止义务
4. 行为保全

二、简答题

1. 简述商业秘密权的一般法理。
2. 简述竞业禁止义务的类型。

3. 简述行为保全的实施条件、方式以及期间。

三、论述题

1. 论述商业秘密法律保护诸模式的衔接。
2. 论述对商业秘密权利人利益限制的理由以及途径。

四、案例分析

张某分别与 2001 年 1 月、2002 年 12 月与 2004 年 8 月先后三次购进某集团股票 1500 股,计人民币 20000 元。从 2003 年起,该股票一路下跌,张某于 2005 年 1 月将该 1500 股股票陆续以低价卖出,由此共损失 9420 元。通过调查,张某得知该集团在 2003 年 3 月进行了一次经营策略上的重大变化,具体内容是该公司将其供货商由韩国一家知名跨国公司变为澳大利亚一家刚成立的小公司。而在当年的中期报告与年终报告当中,这一信息都未向国务院证券管理机构以及证券交易所提交并公告。证监会对此作出了行政处罚决定书。2005 年 7 月,张某以该集团为被告起诉至法院。

问:本案应当如何处理?

第三十一章　侵犯商业秘密的法律责任

本章介绍侵犯商业秘密的法律责任。西方有法谚云："无救济即无权利",侵犯商业秘密的行为对商业秘密权利人的合法权益以及相关社会利益的实现与保障构成了现实障碍。为消除这一障碍以充分贯彻商业秘密保护法的立法宗旨,立法者需要设置防止侵害商业秘密行为的机制,此即侵犯商业秘密的法律责任制度。侵犯商业秘密的法律责任包括民事责任、行政责任与刑事责任。

第一节　民事责任

一、侵犯商业秘密民事责任概说

（一）侵犯商业秘密民事责任的定义

侵犯商业秘密的民事责任,是指一定主体在违反商业秘密保护法规定或者其与权利人之间的约定侵犯了商业秘密之后,就应向权利人以一定方式承担不利后果。

侵犯商业秘密的民事责任因违反法定或者约定义务而引起,具有补偿性与财产性等特点

（二）侵犯商业秘密民事责任的特征

这一责任有以下方面的特征:

1. 由民事主体不履行其应当向权利人承担的义务而引起

按照一般民法法理,法律责任因义务的不履行而引起。就其实质而言,是民事主体因违反了其本应向他人承担的义务而被课加的不利后果。正是基于这个原因,有的学者将民事责任称为

"第二次义务"。① 为保障权利人充分行使商业秘密权,权利人外的其他人应依法承担以下义务:其一,容忍与尊重权利人对商业秘密自由支配;其二,不得以盗窃、利诱、胁迫或者其他不正当手段获取商业秘密;其三,不得违反约定或者权利人关于保守商业秘密的要求,披露、使用或者允许他人使用其所掌握的商业秘密;其四,根据约定的方式确保权利人得以行使商业秘密权。对以上义务的违反即引起相应民事责任的承担。

2. 兼具强制性与任意性

一方面,一旦权利人向司法机关主张由义务违反者承担民事责任时,就由国家强制力保障该责任的实现;另一方面,根据意思自治以及权利处分原则,权利人可以放弃向义务违反者主张民事责任,此时国家不便干预。

3. 补偿性

按照欲达到的目的与所起的作用不同,法律责任可以分为制裁性法律责任与补偿性法律责任两种。前者是指通过惩罚的方式使承担者感受到精神的压力,使其承受其行为带来消极后果的责任,刑事责任与大多数行政责任属于这一范畴;后者是指通过令承担者采取事前预防与事后补救措施的方式防止权益遭受侵害并弥补业已造成的损害,同时使被破坏的社会秩序恢复常态的责任,民事责任则属于这一范畴。而侵犯商业秘密的民事责任承担方式主要包括停止侵害、消除危险、排除妨害、销毁侵权工具与载体以及损害赔偿等,这些方式无不以预防与弥补损害为目的,旨在维护权利人的权益,因此属于补偿性法律责任。

4. 财产性

侵犯商业秘密民事法律责任主要是一种财产责任。按照内容不同,民事责任可分为财产责任与非财产责任。前者是指以给付一定财产利益为承担方式的责任,典型的如损害赔偿、支付违约金、返还财产,这一责任主要适用于补救财产利益损害的情形;

---

① 张广兴:《债法总论》,法律出版社1997年版,第286页。

后者是指以给付一定非财产利益为承担方式的责任,典型的如消除影响与赔礼道歉等,这一责任主要适用于补救非财产利益损害的情形。而商业秘密权属于财产权当中的知识产权,因此侵犯商业秘密的民事责任制度设置的主要目的在于补救作为受害人的权利人财产利益的损失,从而这一责任主要是一种财产责任。

二、侵犯商业秘密民事责任的类型

按照产生原因的差异,民事责任可以分为合同责任与侵权责任。前者是指合同当事人因违反法定义务(构成缔约过失责任)和约定的义务(构成违约责任)而应当向相对方承

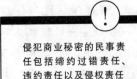

侵犯商业秘密的民事责任包括缔约过错责任、违约责任以及侵权责任

担的责任因;后者是指行为人侵犯他人人身与财产权利而应当向该他人承担的责任。侵犯商业秘密的民事责任也可以作以上的划分:当行为人在与权利人缔结合同当中因违反法定义务侵犯商业秘密并致使权利人遭受损失,后者得以向行为人主张缔约过失责任;当行为人违反了其与权利人之间已经生效的合同侵犯商业秘密时,权利人得以对行为人主张违约责任;而当行为人侵犯权利人的商业秘密权时,权利人得以对该人主张侵权责任。以上三种责任在构成要件以及承担方式等方面均有显著差异。

(一)侵犯商业秘密的缔约过错责任

侵犯商业秘密的缔约过失责任是指因行为人在与权利人缔结合同过程中基于过错侵害商业秘密并致使权利人遭受损害而应当承担的不利后果。根据合同法一般原理,该责任产生于合同的订立阶段,其构成要件以及后果均由法律直接规定。

构成要件为:第一,侵害商业秘密的行为发生于行为人与权利人合同缔结过程中,即合同生效之前;第二,行为人在主观上具有过错,包括故意与过失;第三,行为人违反了合同订立之前应当承担的保密、照顾、保护等方面的义务,根据合同法法理这一义务被称为"先合同义务";第四,因为行为人违反义务的行为造成了

相对人商业秘密等利益遭受侵害,或者在遭受侵害同时使合同不成立、无效或者被撤销。该责任的主要承担方式为赔偿权利人信赖利益损失以及因商业秘密受到侵害而遭受的损失。

(二)侵犯商业秘密的违约责任

侵犯商业秘密的违约责任,是指由于合同当事人违反了其基于约定或者法定产生的保密义务而应当向作为权利人的相对方承担的不利后果。该责任以生效合同存在为前提,既可能基于合同当事人之间的约定而产生,也可能基于法律的直接规定而产生。其构成要件为:第一,行为人基于其与权利人之间已经成立并生效的合同关系而承担保密义务;第二,行为人实施了违反保密义务的行为。需要注意的是,违约责任的承担不以行为人主观具有过错为要件。这是因为:一方面,在与权利人建立了合同关系的前提下行为人理应对权利人承担更高的注意义务,从而即使在其无过错的情况下(例如,窃密行为由他人实施),其也应当承担义务不履行的不利后果;另一方面,这符合国际社会的主流做法。例如,美国统一商业秘密法与日本反不正当竞争防止法均不以合同当事人过错为承担违约责任的条件,而TRIPs协议第39条(2)在界定违反约定侵犯商业秘密的行为时也并未规定行为人主观过错这一要件。侵犯商业秘密的违约责任主要承担方式为强制履行、交纳违约金、采取补救措施以及损害赔偿等。

(三)侵犯商业秘密的侵权责任

侵犯商业秘密的侵权责任,是指行为人由于实施了侵犯商业秘密权的行为而应当向权利人承担的不利民事法律后果。侵权责任制度是权利人对抗不特定人侵害商业秘密的必要手段。商业秘密保护法上的商业秘密权制度和侵权责任制度相互配合,可以为权利人提供充分的保障。根据侵权责任的一般原理,该责任主体不特定,产生与承担方式均由法律直接规定,承担方式主要包括排除妨害、消除危险、停止侵害、损害赔偿以及处置侵权工具与载体等。根据我国传统观点,侵权责任的产生需要同时具备主观过错、行为违法性、损害结果以及行为与结果之间的因果关系四要件,而我国《民法通则》第106条第2款也吸纳了这一观点。①但笔者认为以此作为商业秘密侵权责任的构成要件至少会引起以下两点弊端:

第一,对权利人保护不力。按照这一理论,权利人只能眼睁睁地看着有关侵权活动从准备到实施并产生实际损害才能依法提请法律救济,这无疑会延误其制止侵权行为从而维护自身权益的时机并有遭受难以挽回损失之虞。② 实际上,当侵权行为准备或者开始实施(即使尚未引起实际损害)时即有通过排除妨害、消除危险、停止侵害以及处置侵权工具与载体以预防与制止侵权行为的必要。

第二,不利于我国履行国际义务。根据我国业已缔结的TRIPs协议第44、46条之规定,权利人请求侵权人排除妨害、消除危险、停止侵害以及处置侵权工具与载体以预防与制止侵权行为不以后者有主观过错以及损害后果为必要,而我国如果作相反规定势必与该协议内容违背从而不利于我国履行国际公约与条约必守的义务。因此原则上只要侵权行为准备或者已经实施,权利人即得以请求行为人以排除妨害、消除危险、停止侵害以及处置侵权工具与载体以预防与制止侵权行为等方式承担责任;而损害赔偿责任的承担则应当同时具备主观过错、行为违法性、损害结果以及行为与结果之间的因果关系四要件。

三、侵犯商业秘密民事责任的免责事由

在某些特殊情况下,行为人基于特定事由可以免于承担侵犯商业秘密的民事责任,这些特殊情况即构成免除事由。一般而言,侵犯商业秘密民事责任的免责事由包括:

侵犯商业秘密民事责任的免责事由包括不可抗力、权利人事后同意、诉讼时效届至以及受害人主观过错等

---

① 王利明、杨立新:《侵权行为法》,法律出版社2005年版,第55页。
② 郑成思:《知识产权——应用法学与基本理论》,人民出版社2005年版,第207页。

(一)不可抗力

不可抗力是指当事人不能预见、不能避免与克服的客观情况。之所以将不可抗力作为免责事由,是因为此时行为人往往不能控制自己的行为或者避免其行为引起的商业秘密被侵害的后果,此时令其承担民事责任有违公平原则。按照产生的原因为标准,不可抗力可以被分为基于人为原因引起的不可抗力与基于人为以外原因引起的不可抗力。前者由当事人以外的其他个人或者组织的行为引起,例如,国家出于维护公益强制公开某一项商业秘密的内容;后者由人为以外的原因(主要是自然原因)引起,譬如自然水灾导致商业秘密内容载体向外泄漏。

(二)权利人事后同意

根据意思自治以及权利处分原则,当作为受害人的权利人对侵害商业秘密的行为事后予以谅解与容忍而不向行为人主张责任时,法律不便强行干涉,此时行为人的责任得以免除。唯须注意的是,权利人对侵害行为容忍的意思表示需在侵害行为实施后或者损害结果发生后,而事前其与行为人达成的容忍侵害行为发生的协议或者其单方作出的意思表示无效,因为这有违公序良俗。

(三)诉讼时效届至

当权利人明知或者应当知道侵害发生而不向行为人主张责任并且这一状况维持一定期限后,权利人即不再享有对行为人在侵犯商业秘密之诉当中的胜诉权,这一期限即为诉讼时效。根据《民法通则》第135条之规定,一般诉讼时效为2年。

(四)受害人具有主观过错。

当商业秘密被行为人侵害,而权利人对于损害后果存在过错时,行为人得以在权利人过错的范围内减轻或者免除责任。这样,在行为人与权利人都有过错时二者对于损害结果按照过错的程度分担,这符合公平正义理念。但需要说明的是,这一规则仅适用于侵权赔偿责任与缔约过失责任而不适用于违约责任,因为违约责任的承担不以行为人具有主观过错为要件。

第二节 刑事责任与行政责任

侵犯商业秘密的行为不仅侵害了商业秘密权利人的合同权益,而且还会严重扰乱正常的社会主义市场竞争秩序并阻碍科学技术的进步从而损害社会公共利益。而仅靠以维护权利人私人利益为目的的民事责任制度显然是不足以防止侵犯商业秘密的行为从而维护公益的,为此需要对行为人课以包括刑事责任与行政责任在内的公法责任。

一、侵犯商业秘密的刑事责任

(一) 定义

侵犯商业秘密的刑事责任,是指行为人因实施了侵犯商业秘密的犯罪行为而应当依照《刑法》规定承担的不利后果。我国于1997年修订的

严重侵犯商业秘密的行为构成侵犯商业秘密罪

《刑法》第219条专门设立了侵犯商业秘密罪,正式确立了追究实施侵犯商业秘密行为并构成犯罪的人刑事责任的制度。

(二) 构成要件

侵犯商业秘密刑事责任的承担以行为人构成侵犯商业秘密罪为要件,根据《刑法》第219条以及最高人民法院与最高人民检察院于2004年12月颁行的《关于办理侵犯知识产权刑事案件具体应用法律若干问题的解释》之规定,该罪的构成要件为:

其一,就犯罪的主体而言,任何自然人与单位实施了本条所列举的行为都构成此罪。其二,就犯罪的主观方面而言,在行为人主观有故意或过失时才构成此罪。其三,犯罪客体为商业秘密。其四,就犯罪的客观方面而言:根据该条规定,侵犯商业秘密的客观行为表现为以下几种:第一,以盗窃、利诱、胁迫或者其他不正当手段获取权利人的商业秘密;第二,披露、使用或者允许他人使用以前项手段获取的权利人的商业秘密;第三,违反约定或

者违反权利人有关保守秘密的要求,披露、使用或者允许他人使用其所掌握的商业秘密;第四,明知或者应知前款所列行为,获取、使用或者披露他人商业秘密的,以侵犯商业秘密论。其五,就犯罪的结果要件而言,侵犯商业秘密罪与非罪的一个重要界限在于是否对权利人造成重大损失,这里所指的"重大损失"既指经济损失,又指竞争优势的丧失或者弱化及其他严重不良后果,对商业秘密权利人造成损失数额达 50 万元以上的可以被认定为重大。

(三) 承担方式

侵犯商业秘密的刑事责任的承担方式视对权利人所造成损害结果的不同程度而定,具体而言,对给商业秘密权利人带来重大损失的,处 3 年以下有期徒刑或者拘役,单处或并处罚金;造成特别严重后果的,处 3 年以上 7 年以下有期徒刑,单处或并处罚金。需要说明的是,当行为人的财产不足以同时交纳刑事责任当中的罚金以及民事责任当中的损害赔偿金时,应当优先给付后者。

二、侵犯商业秘密的行政责任

(一) 定义

侵犯商业秘密的行政责任,是指按照行政法规定行为人就其所实施的侵犯商业秘密行为所应当承担的不利后果。关于其要件、追究程序以

依照行政法侵犯商业秘密者承担行政责任

及承担方式,国家工商行政管理局《关于禁止侵犯商业秘密行为的若干规定》(以下简称《规定》)有明确规定。

(二) 构成要件

根据《规定》第 2、3 条,侵犯商业秘密行政责任的构成要件如下:

(1) 就主体而言包括经营者、与权利人签订了保密协议的职工以及合同相对人等。

（2）就主观的心理状态而言包含故意或者过失，且主要是故意。

（3）实施了侵犯商业秘密的非法行为，其中包括：第一，以盗窃、利诱、胁迫或者其他不正当手段获取权利人的商业秘密；第二，披露、使用或者允许他人使用以前项手段获取的权利人的商业秘密；第三，与权利人有业务关系的单位和个人违反合同约定或者违反权利人保守商业秘密的要求，披露、使用或者允许他人使用其所掌握的权利人的商业秘密；第四，权利人的职工违反合同约定或者违反权利人保守商业秘密的要求，披露、使用或者允许他人使用其所掌握的权利人的商业秘密；第五，第三人明知或者应知前款所列违法行为，获取、使用或者披露他人的商业秘密。

（4）权利人能证明被行为人所使用的信息与自己的商业秘密具有一致性或者相同性。

（三）追究的程序

对侵犯商业秘密者追究行政责任的程序为：首先，由权利人向工商行政管理机关提请处理并提供相关证据；其次，工商行政管理局对于行为人是否构成侵害商业秘密进行认定；再次，应权利人要求由工商行政管理机关对于损害赔偿问题进行调解；最后，对于构成侵犯商业秘密的行为课以相应责任。

（四）承担方式

侵犯商业秘密行政责任的承担方式主要有：第一，警告；第二，责令停业整顿；第三，吊销营业执照；第四，责令停止侵权行为并出具保证书；第五，交纳罚款。

【参考书目】

[1] 郑成思：《知识产权——应用法学与基本理论》，人民出版社2005年版。

[2] 齐爱民主编：《现代知识产权法学》，苏州大学出版社2005年版。

[3] 王利明、杨立新：《侵权行为法》，法律出版社2005年版。

第三十一章　侵犯商业秘密的法律责任 ★

【思考题】

一、名词解释

1. 侵犯商业秘密的民事责任
2. 侵犯商业秘密的刑事责任
3. 侵犯商业秘密的行政责任

二、简答题

1. 简述侵犯商业秘密民事责任的定义、特征与类型。
2. 简述侵犯商业秘密民事责任的构成要件以及免责事由。
3. 简述侵犯商业秘密罪的构成要件以及后果。

三、论述题

试述"从侵犯商业秘密民事责任的构成要件、免责事由以及承担方式看立法者在商业秘密权利人与其他社会主体之间的利益博弈"。

四、案例分析

从1999年7月开始,刘某就职于某市惠普公司。2003年1月1日,双方签订《聘用合同书》,在合同当中双方约定刘某被聘用为教育商务网业务部经理(八级),合同有效期为一年,刘某的年收入由基本工资加业绩工资构成,各项合计为人民币10万元。《聘用合同书》第8条约定:刘某有义务保守惠普公司的商业秘密并不得利用商业秘密为本人或第三方谋取利益;刘某有下列情形之一的,构成对惠普公司商业秘密的泄露:(1)非因执行工作任务需要或经惠普公司的书面授权,将包括但不限于惠普公司所有的软件、商业报告、统计及其相关资料、经营状况、发展设计、经营管理模式等以明示或暗示方式告知惠普公司以外的自然人、法人或其他经济组织;(2)从惠普公司离职后到从事与惠普公司业务相同或类似的公司任职或兼职时,泄露其从惠普公司获悉的包括但不限于关于惠普公司内部资料情况的商业秘密;(3)违反与惠普公司签订的保密承诺书规定的情形。对此,刘某不得在任何期限以任何形式向公司索取补偿金。同日,惠普公司与刘某(承诺人)还签订了《保密协议书》。《保密协议书》系《聘用合同书》的附件,其第2条约定的保密范围为:"在聘用合同生效期间,承诺人因工作原因接触到、获知或负责完成的一切信息资料,包括但不限于公司的经营计划、商业经验、数据库、资源情报、管理方法、发展规划、工资以及其他任何和公司有关的书面文件、电子文件、磁盘、照片、CD ROM等信息资料";第3条约定"承诺人对保密范围内公司任何信息资料负有保密责任,非经公司允许或工作需要,不得向任何第三方泄露";第4条约定"承诺人同意并接受,自其从公司离职后3年内,将不从事与公司业务相近并有竞争情况存在的包括但不限于机关单位或企业、公司任职";第5条约定"承诺人对本协议约定任何条款的违反,含作为与不作为,均构成违约,应对公司因其违约行为而致的损失承担赔偿责任,并应对公司承担不低于1万元的违约金";第6条约定"经公司允许对外公开的公司信息资料或公司认为可以公开的资料信息,不在本协议约束的保密范围内,承诺人不负保密责任"。2003年5月17日,被告刘某以"身体状况不好,无法坚持正常工作"为由,向惠普公司提出辞职申请。刘某辞职后,即到一家与教育行业有关的杂志社工作,担任该杂志社的副主编。该杂志社分别于2003年5月20日、2003年6月5日出版了两期杂志,杂志当中的很多内容均与惠普公司所持有的客户名单、经营计划、商业经验、数据库、资源情报、管理方法、发展规划等内容重合。2005年1月,惠普公司以侵犯商业秘密为由,将刘某与杂志社起诉至该市某法院。

问:刘某与杂志社是否应当向惠普公司承担责任?

第六编　非物质文化遗产保护法

第三十二章　非物质文化遗产保护法概述

　　非物质文化遗产是一种重要的文化资源,同时也蕴涵着丰富的经济价值,是一种重要的经济资源。首先,非物质文化遗产的开发有助于特色经济的形成,为经济发展创造新的增长点。通过对非物质文化遗产的商业开发,可以为我们发展民族特色经济奠定基础,不仅可以孵化和培育出一些新具有中国文化特色的产业,而且能够辐射其他产业,推动国民经济的整体发展。其次,非物质文化遗产的商业开发有助于促进区域经济合作目的的实现。加强区域的经济合作是推进我国东、中、西部各地区经济协调发展的重大战略。我国中西部地区非物质文化遗产丰富,东部具有科学技术以及资金优势,二者相互结合,实现优势互补可以极大地促进区域经济的和谐发展。最后,非物质文化遗产的开发有助于建成节约型、环保型的经济发展模式。同物质资源相比,非物质文化遗产还有着可循环使用、无污染的经济特征。对非物质文化遗产的开发和利用,将有助于实现节约型、环保型的经济发展模式。

第一节 非物质文化遗产与非物质文化遗产保护法的概念

一、非物质文化遗产的概念

科学界定非物质文化遗产的概念是研究非物质文化遗产保护的起点。非物质文化遗产是指在特定的社区世代相传的、作为该社区的文化和社会特性的组成部分的智力活动成果。非物质文化遗产是文化遗产的下位概念。文化遗产是人们所承袭的前人创造的文化或文化的产物。有形的物质文化遗产和无形的非物质文化遗产构成文化遗产的完整范畴。物质文化遗产是指世代流传的、具备典型意义和独特或重要的历史文化、科教审美等价值的物质实体,包括民居、建造、碑刻、设施、工具、器械、器皿、服饰等物质实体;而非物质文化遗产包括口承文学、生产技术、人生仪式、节日庆典、民间信仰、技艺技能等世代相传的智力活动成果,但不包括物质实体。

非物质文化遗产是指在特定的社区世代相传的、作为该社区的文化和社会特性的组成部分的智力活动成果

二、非物质文化遗产概念的沿革及概念界定之争议

1982年,联合国教科文组织首设以"非物质遗产"(Nonphysical Heritage)命名的部门。① 教科文组织的《第二个中期计划 1984—1989》使用了"非物质的文化遗产"(nonphysical cultural heritage)这一概念,用来界定作为一个整体的"文化遗产"的扩展

教科文组织的界定:"非物质的"文化遗产包括通过艺术、文学、语言、口头传说、手工艺、民间传说、神话、信仰、道德准则、习俗、礼仪和游戏等传流的标记和符号

---

① 参见 http://book.qq.com/a/20061212/000028.htm,2007年1月29日访问。

部分。教科文组织以列举的方式对此概念进行了界定:"'非物质的'文化遗产包括通过艺术、文学、语言、口头传说、手工艺、民间传说、神话、信仰、道德准则、习俗、礼仪和游戏等传流的标记和符号。"①

1998 年,教科文组织第一百五十五次会议最终通过了《人类口头和非物质遗产代表作条例》(以下简称《代表作条例》),使用"口头和非物质遗产(Oral and Intangible Heritage,直译应为'口头与无形遗产')"。"口头和非物质遗产"一词的定义是指"来自某一文化社区的全部创作,这些创作以传统为依据、由某一群体或一些个体所表达并被认为是符合社区期望的作为其文化和社会特性的表达形式;其准则和价值通过模仿或其他方式口头相传,它的形式包括:语言、文学、音乐、舞蹈、游戏、神话、礼仪、习惯、手工艺、建筑术及其他艺术。"②"口头和非物质遗产"这一概念逐渐被成员国广泛接纳。③ 但后来人们发现这个概念并不周延,比如"古琴艺术"列入遗产名录,但古琴艺术却是通过物质的有形形式——"古琴"得以呈现的,于是西方社会开始使用日本用来指称"无形文化财产"的对译术语"the Intangible Cultural Heritage"。Intangible 一词的本义是"不可触摸的"、"难以明了的",引申为"无形的"。"the Intangible Culture Heritage"直译为"无形文化遗产",着重指一种没有固定的空间形式、通过口传身授来表现的活态文化。2003 年联合国教科文组织颁布《保护非物质文化遗产公约》(以下简称《公约》)④,《公约》正式使用了"the Intangible Culture Heritage"这一概念,我国官方译本将其称为"非物质文化遗产"。根据《公约》第 2 条的规定:非物质文化遗产是指各群体、团

---

① 联合国教科文组织《第二个中期计划(1984—1989)》UNESCO,第 11050—11053 段。
② 参见《代表作条例》第 1 条第 4 项。
③ See The occasion of the Second Proclamation of Masterpieces of the Oral and intangible Heritage and the award of the Arirang and Samarkand Taronasi Prizes for safeguarding, protecting and promoting cultural spaces or forms of popular or traditional cultural expression proclaimed by UNESCO as "Masterpieces of the Oral and Intangible Heritage of Humanity" (DG/2003/157), para.2.
④ 2004 年 8 月,中国政府批准该《公约》。

体,有时个人视为其文化遗产的各种实践、表演、表现形式、知识和技能,及有关工具、实物、工艺品和文化场所。①

三、《公约》关于非物质文化遗产概念的界定与争议

对于非物质文化遗产的概念学界存在较大的争议②,由于《公约》对非物质文化遗产概念的界定并不十分准确③,这有可能导致不同的理解。《公约》的上述规定,可能导致一种认识就是非物质文化遗产不仅包括作为智力成果的"实践、表演、表现形式、知识和技能",而且包括作为物质实体的"有关工具、实物、工艺品和文化场所"。因为后者是《公约》在对给物质文化遗产概念界定时明确提及的。笔者认为,非物质文化遗产的概念界定不包括"工具、实物、工艺品和文化场所",非物质文化遗产是一种智力活动成果,区别于它的载体和表现工具。

非物质文化遗产的概念界定不包括"工具、实物、工艺品和文化场所",非物质文化遗产是一种智力活动成果,区别于它的载体和表现工具

《公约》的上述规定,是基于非物质文化遗产与物质文化遗产和自然遗产之间的内在相互依存关系的考虑而对物质实体给予保护④,但不能因此得出"有关工具、实物、工艺品和文化场所"等物质实体是非物质文化遗产的不当结论。第一,非物质文化遗产是一种世代相传的智力活动成果,不包括任何物质实体,然而许多非物质文化遗产是以物质实体为载体的。很多非物质文化遗产的存在需要借助于物质实体,比如民族的图腾等,有的非物质文化遗产是仅以单本的形式存在,比如一张仅存的书写于羊皮上

---

① 《公约》英文:The "intangible cultural heritage" means the practices, representations, expressions, knowledge, skills-as well as the instruments, objects, artifacts and cultural spaces associated therewith-that communities, groups and, in some cases, individuals recognize as part of their cultural heritage.
② 彭岚嘉:《物质文化遗产与非物质文化遗产的关系》,载《西北师范大学报》(社会科学版)2006年第6期。
③ 费安玲:《非物质文化遗产法律保护的基本思考》,载《江西社会科学》2006年第5期。
④ 参见联合国《保护非物质文化遗产公约》序言。

的无人开启的秘方,若此羊皮灭失则非物质文化遗产(秘方)灭失,因此,《公约》将此承载和记录非物质文化遗产的物质实体纳入保护范围。第二,许多非物质文化遗产是以物质实体为表现工具的,比如无古琴就无古琴艺术,古琴是物质实体,不属于非物质文化遗产,而古琴艺术为非物质文化遗产。第三,有的非物质文化遗产需要在一定的文化场所表演和表现,比如特定的民族的祭祀活动需要的山谷等"圣地",这些文化场所是此类非物质文化遗产得以再现的唯一空间,因此《公约》将此纳入保护范围。第四,非物质文化遗产和物质文化遗产有着内在的相互依存关系,与之有关的"工具、实物、工艺品和文化场所"的灭失可直接导致非物质文化遗产的灭失,因此,《公约》将与非物质文化遗产密切相关的"工具、实物、工艺品和文化场所"纳入了保护范围。需要说明的是,纳入《公约》保护范围的并非都是非物质文化遗产。《公约》将物质实体纳入保护范围的目的在于,尽管这些物质实体有的可以受到物质文化遗产和自然遗产保护法的保护,但更多的可能因为不能满足物质文化遗产和自然遗产的保护标准而不能得到保护,若《公约》也将之拒之门外,则这些实物很可能因得不到重视和保护而灭失。物质实体的灭失则可能导致非物质文化遗产的灭失。《公约》的这种规定,仅仅是一个保护范围的确定问题。《公约》为保护非物质文化遗产而成,但不能说明保护范围内的一切对象都是非物质文化遗产。《公约》本身并不认为"工具、实物、工艺品和文化场所"等物质实体是非物质文化遗产。根据《公约》的上下文联系可以得出这个结论。《公约》在紧接着非物质文化遗产的概念界定之后,对非物质文化遗产进行了列举,目的在于进一步明确界定非物质文化遗产概念的内涵与外延,避免歧义,而此列举并无物质实体。《公约》第2条第2项规定:按上述第1项的定义,"非物质文化遗产"包括以下方面:

1. 口头传统和表现形式,包括作为非物质文化遗产媒介的语言;
2. 表演艺术;

3. 社会实践、仪式、节庆活动;
4. 有关自然界和宇宙的知识和实践;
5. 传统手工艺。

《公约》第 2 条的列举,为封闭式列举,并未采取《世界知识产权组织公约》第 2 条第(8)款用一个兜底条款概括知识产权的范围的开放式列举方式①,因为许多新型权利随着技术创新可以不断涌现,而非物质文化遗产却是一种只能发现而不能创造的不可再生的文化资源,因此《公约》采用囊括一切非物质文化遗产的封闭式列举的方式来界定其外延是可行的。而《公约》列举的种类并无"工具、实物、工艺品和文化场所"等物质实体。我国现行法也持相同主张。2005 年 4 月,我国国务院办公厅颁布了《关于加强我国非物质文化遗产保护工作的意见》(以下简称《意见》),《意见》的附件对非物质文化遗产作了界定与《公约》保持了高度的一致,在概念外延方面《意见》增加了"相关的文化空间"这一部分。我国国务院公布的《国务院关于公布第一批国家级非物质文化遗产名录的通知》(国发〔2006〕18 号)中的《第一批国家非物质文化遗产名录》(以下简称《遗产名录》),将非物质文化遗产分为了十类,分别为民间文学、民间音乐、民间舞蹈、传统戏剧、曲艺、杂技与竞技、民间美术、传统手工技艺、传统医药、民俗,也不包括任何物质实体。

因此《公约》第 2 条关于非物质文化遗产的概念界定不应理解为包含"工具、实物、工艺品和文化场所"。

四、非物质文化遗产与相关概念之比较

和非物质文化遗产最为接近的概念是民间文化遗产。民间文化是人类文化的重要组成部分。符合非物质文化遗产构成要件的民间文化

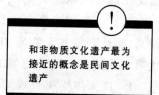

和非物质文化遗产最为接近的概念是民间文化遗产

---

① 参见《世界知识产权组织公约》第 2 条第(8)款。

构成为非物质文化遗产,反之则否。由于民间文化概念极其广泛,囊括的种类十分复杂,所以本书主要就民间文化和非物质文化遗产的关系进行详释。民间文化遗产已被我国文化界接受并广泛应用。1989年11月联合国教科文组织的第二十五届大会通过了《保护民间创作建议案》(以下简称《建议案》),该《建议案》中的"民间创作",也可以翻译为"民间文化"。《建议案》认为民间创作是"来自某一文化社区的全部创作,这些创作以传统为依据,由某一群体或一些个体所表达并被认为是符合社区期望的作为其文化和社会特性的表达形式"①。民间文化包括民俗文化、民间文学和民间艺术三大范畴。

(一) 非物质文化遗产和民俗

民俗是指一个国家或民族中广大人民所创造、享用和传承的生活文化,以物质生产风俗、物质生活风俗、社会组织风俗、岁时节日风俗、人生礼仪、民间信仰、民间语言、民间游戏娱乐等方面为主要内容。我国国务院公布的《遗产名录》将民俗列为非物质文化遗产的一类,和民间文学、民间音乐、民间舞蹈、传统戏剧、曲艺、杂技与竞技、民间美术、传统手工技艺、传统医药并列。同《公约》中非物质文化遗产的概念相比,民俗是一个客观的概念范畴,并不包含有人类的价值评判因素,人类发展至今的所有风俗习惯,科学与非科学的、符合人权标准的和不符合人权标准的都属于民俗。而非物质文化遗产是一个带有鲜明价值评判因素的概念,根据《公约》的规定,非物质文化遗产应符合现有的国际人权文件标准,并能促进各群体团体和个人之间相互尊重的需要和可持续发展。② 也就是说,并非所有民俗都是非物质文化遗产,只有符合非物质文化遗产构成要件的民俗才是非物质文化遗产。这是民俗和非物质文化遗产在法学领域的差异。

(二) 非物质文化遗产与民间文艺

民间文学和民间艺术合称"民间文艺"(expression of folk-

---

① 《保护民间创作建议案》第1条。
② 参见《保护非物质文化遗产公约》第2条。

lore），又称"传统文化"（traditional culture）。1982 年 2 月联合国教科文组织在巴黎召开的"关于保护民间文学艺术专家委员会会议"上就对"民间文学艺术"作了如下规定："民间文学艺术表现形式"是指包含了传统艺术遗产的特殊因素，由国家中的一个群体或由一些个人发展和保持并反映了该群体传统艺术追求的产品。民间文艺可以分为以下类别：（1）言语表达（expressions by verbal），如民间传说、诗歌、谜语等；（2）音乐表达（expressions by musical sounds），如民间歌曲和器乐；（3）形体表达（expressions by action），如民间舞蹈、表演以及以艺术形式体现的宗教仪式等；（4）有形表达或并入物品的表达（tangible expressions/expressions incorporated in a permanent material object），如绘画、雕塑、雕刻、瓷器、竹编、微雕、织品、地毯、服装、音乐器具和建筑样式等。① 符合非物质文化遗产构成要件的民间文艺是非物质文化遗产。由于"民间文艺"在许多国家的语境中带有"贬义"，因而逐步被联合国制定的相关法律文件所抛弃。②

在我国文化领域，长期以来使用的是"民间文艺"、"民族文化"、"民间文化"或者"传统文化"等多种概念。但在签订《公约》之后，逐步采用了"非物质文化遗产"这一概念。

（三）非物质文化遗产与传统知识

非物质文化遗产和传统知识（traditional knowledge，简称 TK）这两个概念经常被不同的国家和国际组织交替使用。"传统知识"这一概念来源于世界知识产权组织（以下称为"WIPO"），WIPO 秘书处指出，"传统知识是指以传统为基础的文学、艺术和科学著作；表演；发明；科学发现；外观设计；标志；名称和象征符；未揭示的信息和所有其他来源于工业、科学、文学艺术领域内的智

---

① 〔西班牙〕德利娅·利普希克：《著作权与邻接权》，联合国教科文组织译，中国对外翻译出版公司 2000 年版，第 68 页。
② 联合国教科文组织《关于应否制定一份在国际范围内保护传统文化和民间文化的新的准则文件的初步研究报告（161EX/15）》，第 25 段。

力活动所产生的基于传统的革新和创造。"① 从外延上看,广义的传统知识不仅包括农业知识、科学知识、技术知识、生态知识、医药知识(包括药品和治疗方法)等知识技能;而且还包括有关生物多样性的知识——遗传资源以及民间文艺。而非物质文化遗产则不包括遗传资源。狭义的传统知识主要是指民间文学艺术表达以外的传统知识,包括遗传资源。② 最为狭义的传统知识不包括民间文艺,也不包括遗传资源。这是我国法律文件的立场。我国国务院办公厅印发的《意见》在界定非物质文化遗产的概念时使用的传统知识概念,和民俗活动和表演艺术概念相互并列,是最为狭义的传统知识的概念。③

五、非物质文化遗产保护法的概念

综上所述,笔者认为,非物质文化遗产保护法是调整传统社区因集体创造的,在该社区世代相传的,并作为该社区的文化和社会特性的组成部分的智力成果而产生的各种社会关系的法律规范的总和。

第二节 非物质文化遗产的基本特征和构成要件

一、非物质文化遗产的基本特征

非物质文化遗产作为一个整体性概念,有以下基本特征:

(一)口头性

口头性特征是指非物质文化遗

口头性、集体性、传承性、环境依附性、变异性

---

① WIPO, "Traditional Knowledge-Operational Terms and Definitions", document WIPO/GRT-KF/IC/3/9, May 20, 2002.
② 齐爱民主编:《现代知识产权法》,苏州大学出版社2005年版,第499页。
③ 参见《关于加强我国非物质文化遗产保护工作的意见》的附件《国家级非物质文化遗产代表作申报评定暂行办法》第2条。非物质文化遗产指各族人民世代相承的、与群众生活密切相关的各种传统文化表现形式(如民俗活动、表演艺术、传统知识和技能,以及与之相关的器具、实物、手工制品等)和文化空间。

产多以口头形式存在,并以口头形式世代传承。非物质文化遗产主要是一种口承文化。①

(二) 集体性

集体性是指非物质文化遗产往往不是一个或若干个自然人或者某个团体的创造物,相反它是一个民族的众多成员演绎而成。

(三) 传承性

非物质文化遗产是一种在历史长河中传承而来的文化,发祥年代久远,在特定社区代代相传,直至今天。

(四) 环境依附性

一定的非物质文化遗产隶属于一定的环境。非物质文化遗产的形成和发扬于一定的人文环境和自然环境,与孕育它的民族、地域生长成一个文化综合体。环境依附性特征在权利主体的确定上可以起到关键作用,其从另一个角度说明,产生和传承非物质文化的社区的人们是非物质文化遗产的权利主体。

(五) 变异性

非物质文化遗产有其相对稳定的一面,否则作为一个概念无法进入法律领域。然而,非物质文化遗产是一种通过口传身授来表现的活态文化,因此非物质文化遗产的结构形态、存活方式、演示过程等方面都表现出一定程度的不确定性,不同的主体从不同的角度、用不同的方法来演示或者使用会得到不同的样态。加之,历史和社会的变迁带来的思想文化观念的改变,以及传承者的才艺和认识水平的变化,使得非物质文化遗产在传承中表现出一定的变异性。

二、非物质文化遗产的构成要件

作为一个法律概念的非物质文化遗产由以下三个要件构成:

(一) 文化利益性要件

文化利益性要件是指非物质文化遗产必须满足从历史、艺

---

① 参见钟敬文:《民间文学述要》,载《北京师范大学学报》(社会科学版)1984年第5期。

术、人种学、社会学、人类学、语言学或文学角度来看具有特殊的文化价值的标准,并能产生一定的利益。就价值的多少而言,并无任何公约或者立法文件作出量化规定,但是《代表
作条例》将此称为"特殊的价值",并指出其评价标准为:

1. 其是否有作为人类创作天才代表作的特殊价值,

2. 其是否扎根于有关社区的文化传统或文化史,

3. 其是否具有确认各民族和有关文化社区特性之手段的作用,其是否具有灵感和文化间交流之源泉以及使各民族和各社区关系接近的重要作用,其目前对有关社区是否有文化和社会影响,

4. 其是否杰出地运用了专门技能,是否发挥了技术才能,

5. 其是否具有作为一种活的文化传统之唯一见证的价值,

6. 其是否因缺乏保护和保存手段、或因迅速变革的进程、或因城市化、或因文化适应而有消失的危险。①

非物质文化遗产承载的是一个民族的特殊的文化利益,这种文化利益可以是具有经济性的利益,也可以是精神性的利益。正因为如此,有学者认为非物质文化遗产是指借助或不借助物质媒介所表现的世代传承的特定民族的文化信息利益。②

(二) 人权要件

人权要件是指非物质文化遗产必须符合人权保护的和能够促进民族间或者团体间或者个人间的相互尊重的标准。《公约》只保护"符合现有的国际人权文件,各群体、团体和个人之间相互尊重的需要和可持续发展的非物质文化遗产",因为非物质文化遗产的功能在于为"社区和群体提供认同感和持续感,增强对文化多样性和人类创造力的尊重"③。因此,非物质文化遗产应该是

---

① 参见《代表作条例》第6条第1款。
② 费安玲:《非物质文化遗产法律保护的基本思考》,载《江西社会科学》2006年第5期。
③ 参见联合国《保护非物质文化遗产公约》第2条第1项。

健康的、符合人权标准的优秀民族文化。人权要件是关于非物质文化遗产的内在规定性的尺度要件,该要件以人权为标准将特定的人类文化现象进行了区分,只有符合人权要件的才有可能构成非物质文化遗产。

(三) 非物质性要件

非物质性要件是指非物质文化遗产是一种非物质的存在,是特定的智力活动成果,是人类既有精神成果的重要组成部分。非物质文化遗产为一种智力成果,体现的是一种文化价值,但往往以实在的物质为载体。非物质文化遗产是无形的(intangible),是一种不占有空间的信息。在很多情况下,物质实体是非物质文化遗产的载体,但却不是非物质文化遗产本身,比如昆曲是非物质文化遗产,但记载昆曲曲谱的书籍不是非物质文化遗产。非物质性和口头性不同。口头性主要是指以口头形式存在,并以口头形式传承,其主要是和书面相区别的。而口头和书面都是非物质文化遗产的体现形式,不是非物质文化遗产的本质要件。尽管许多非物质文化遗产是以口头方式存在和传承,但也有许多非物质文化遗产确以书面形式存在和传承。非物质性要件使非物质文化遗产和物质文化遗产以及自然遗产区别开来。

【参考书目】

[1] 彭岚嘉:《物质文化遗产与非物质文化遗产的关系》,载《西北师范大学报》(社会科学版)2006年第6期。

[2] 费安玲:《非物质文化遗产法律保护的基本思考》,载《江西社会科学》2006年第5期。

【思考题】

一、名词解释

1. 非物质文化遗产
2. 非物质文化遗产保护法

二、简答题

1. 简述非物质文化遗产的基本特征。
2. 简述非物质文化遗产的构成要件。

三、论述题

试述非物质文化遗产与民间文化遗产的异同。

第三十三章 保护非物质文化遗产的现有知识产权制度

第一节 知识产权制度保护非物质文化遗产的正当性与作用

国际社会一致认为有必要对非物质文化遗产提供某种形式的法律保护。但对保护概念有多种理解。一些人按照知识产权理解这个概念,认为保护主要意味着排除第三方的未经授权的使用。另外一些人则将这种保护看作是防止非物质文化遗产被不当使用。关于给予何种法律保护,是否以知识产权为基础,以及如果用知识产权保护,什么是合适的保护的理念及方式等方面尚存在严重的分歧。① 美国一贯主张的非物质文化遗产保护途径为"合同"途径,反对国际层面的立法,更反对在 TRIPs 框架内处理该问题。相反,欧洲及其成员国和绝大多数发展中国家一样支持建立非物质文化遗产法律保护的国际立法模式,为非物质文化遗产的保护设计具有操作性的权利制度,并积极筹划准备将非物质文化遗产的保护纳入 TRIPs 之中。

目前,国际社会已经开始利用知识产权制度保护非物质文化遗产,然而赞成用知识产权制度保护非物质文化遗产的理论认识尚不够明晰,这些不清晰的认识限制了知识产权制度作用的发挥。厘清知识产权保护非物质文化遗产的正当性是探讨非物质文化遗产保护的首要问题。

---

① 〔阿根廷〕Carlos Corre 著:《传统知识与知识产权——与传统知识保护有关的问题与意见》,文希凯等译,http://yyknowhow.com/html/2006/0526/2386.html,2007 年 3 月 20 日访问。

第三十三章　保护非物质文化遗产的现有知识产权制度★

一、反对观点评述

有一种观点反对利用现行的知识产权制度保护非物质文化遗产,理由如下:第一,利用现代知识产权保护会把非物质文化遗产和利益直接挂钩,从而破坏非物质文化遗产会破

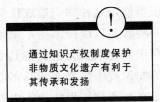

通过知识产权制度保护非物质文化遗产有利于其传承和发扬

坏产生和管理这种知识的社会基础,将最终会导致这些非物质文化遗产及其社区的颠覆和毁灭;第二,非物质文化遗产是一个社区的共同财产,代代相传,而现有的知识产权法会将它私有化——这有可能给后代们生活和生产中使用这种知识造成法律障碍;第三,西方知识产权概念与传统社区的实践和文化不相容,而且价值取向上不一致。① G. P. 纳布罕(G. P. Nabham)认为知识产权法很重要的目的在于将知识转换为适于市场的商品,而不是在于按照最适合知识本身的方式来保护,这个目的必然切分这种知识,使之成为能被知识产权法保护的可鉴别和可管理的碎片。而非物质文化遗产的最本质是具有整体性和协调作用。②

笔者认为,以上反对观点并不能成立。逐一评析如下:第一,保护非物质文化遗产的基本价值目标之一是公平。不利用知识产权机制保护非物质文化遗产,则在目前的经济和法律体制内,非物质文化遗产的价值不能得到充分的承认和补偿。保护非物质文化遗产就是要改变这种不公正和不公平的关系,而不是破坏产生和管理这种知识的社会基础。第二,非物质文化遗产是一个社区的共同财产,但不是所有人的共同财产,更不是人类的共同财产,也不允许打着人类共同财产的旗号进行巧取豪夺。有人对现有的知识产权法会将它私有化的担忧实乃杞人之忧,就像著作

---

① 〔阿根廷〕Carlos Corre 著:《传统知识与知识产权——与传统知识保护有关的问题与意见》,文希凯等译,http://yyknowhow.com/html/2006/0526/2386.html,2007 年 3 月 20 日访问。
② 参见孙祥壮:《传统知识的世界保护及对我国的启示》,《知识产权文丛》(第 9 卷),中国方正出版社 2003 年版。

权法产生之初,有人认为著作权法将会带来思想的垄断一样。利用知识产权法保护非物质文化遗产不可能给后代生活和生产中正当使用这种知识造成任何法律障碍。第三,知识产权可以带来一些收益以维持那些本来可能会被放弃的非物质文化遗产,这有利于非物质文化遗产的传承和发扬。通过知识产权制度对社区的知识授予法律上承认的权利将会提高这种知识的形象并有助于在拥有该知识的社区内外形成对这种知识的尊重。① 从方法论上看,我们应该量体裁衣,而不是削足适履。如果说现代知识产权法在保护非物质文化遗产方面还不是完全的严丝合缝,那只能得出知识产权法需要发展和完善的结论,而不是非物质文化遗产不应得到知识产权保护的结论。

二、知识产权制度保护非物质文化遗产之正当性

非物质文化遗产是人类智力活动的产物,本质是信息,是知识产权的客体。从某种程度上讲,客体决定保护模式,某种程度上讲,非物质文化遗产的保护模式,取决于非物质文

利用知识产权保护非物质文化遗产在国际社会已达成共识

化遗产自身的法律属性。非物质文化遗产是知识财产的一种。日本著名法学家北川善太郎先生于1988年在《半导体集成电路的法律保护——新的知识所有权的诞生》一文中,将知识产权的客体称为"知识财产(Intellectual property)"。知识财产的本质是信息。非物质文化遗产是指在特定的社区世代相传的、作为该社区的文化和社会特性的组成部分的智力活动成果,与物质文化遗产不同,虽然有许多非物质文化遗产以有形物质为载体、表现形式,但非物质文化遗产和它的载体有着质的差别性。就工艺品而言,而古代匠人制作的工艺品属于物质文化遗产,现代人制作的

---

① 〔阿根廷〕Carlos Corre 著:《传统知识与知识产权——与传统知识保护有关的问题与意见》,文希凯等译,http://yyknowhow.com/html/2006/0526/2386.html,2007年3月20日访问。

第三十三章 保护非物质文化遗产的现有知识产权制度 ★

工艺品仅是一般意义上的产品;而现代人掌握的关于工艺品的某种制作工艺、技能则属于非物质文化遗产。从民法的客体理论看,物质文化遗产属于民法上物的范畴,对其保护应采物权制度;而非物质文化遗产是无形的、抽象的,是人类脑力劳动的成果,其本质为信息,应划归知识产权的客体范畴,对其保护应采知识产权制度。

利用知识产权保护非物质文化遗产在国际社会已达成共识。联合国人权高官委员会专员作出的一份有关人权的报告中指出,在知识产权保护和土著及本土社区知识的保护之间存在的紧张关系(例如未经知识持有人同意被社区之外的人使用其知识,并且没有公平补偿),这要求对现存的知识产权制度进行修改、改变和补充。[1] 世界知识产权组织(以下简称"WIPO")的主要职能是通过国家间的合作促进对全世界知识产权的保护。2000年,世界知识产权组织"知识产权与遗传资源、传统知识和民间文艺政府间委员会(Intergovernmental Committee on Intellectual Property and Genetic Resources, Traditional Knowledge and Folklore,简称 WIPO-IGC)"成立,许多与会代表团就在知识产权问题下探讨传统知识的法律保护问题达成了基本的一致。

非物质文化遗产不能完全符合现代西方的知识产权保护的客体的构成要件,因此有学者认为只有当非物质文化遗产被合适的载体承载或以恰当的方式加以展现的时候,才可以作为严格意义上的知识产权法的客体而受保护;在更多的时候,它则是作为公共文化领域的特殊部分而受《公约》和各国国内专门立法的保护。[2] 此种观点未认真斟酌知识产权法和《公约》以及保护非物质文化遗产的国内专门法之间的关系,更重要的是知识产权制度本身是一个发展的制度,非物质文化遗产的出现,在一定程度上

---

[1] 〔阿根廷〕Carlos Corre 著:《传统知识与知识产权——与传统知识保护有关的问题与意见》,文希凯等译,http://yyknowhow.com/html/2006/0526/2386.html,2007年3月20日访问。
[2] 李宗辉:《非物质文化遗产的法律保护—以知识产权法为中心的思考》,载《知识产权》2005年第6期。

讲,的确是超越了知识产权,但知识产权也会在此背景下实现自身的超越,发展出新的适于保护非物质文化遗产的法律制度。

三、知识产权在保护非物质文化遗产上的作用

(一) 知识产权的超越

现有的知识产权制度在保护非物质文化遗产方面,有着诸多的局限。比如非物质文化遗产产生的时间难以确定,缺乏文献记录,而权利主体不明确,保护期限要求长等问题

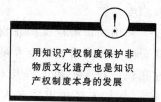

用知识产权制度保护非物质文化遗产也是知识产权制度本身的发展

都和知识产权的保护理念并不十分吻合。根据非物质文化遗产的特性,对现有知识产权制度的某些内容或者某些内容的某些方面加以修改和调整是必要的。这个过程是知识产权制度自身的发展过程,是知识产权的超越过程。

知识产权制度是不断发展和创新的开放性制度,从非物质文化遗产的本质以及保护的目的和手段出发,在已有知识产权制度的基础上探讨适合于保护非物质文化遗产的新的制度和机制是可行的。《成立世界知识产权组织公约》第 2 条规定"知识产权包括在工业、科学、文学或艺术领域内其他一切来自知识活动的权利"。虽然该公约没有直接或者说明确地将"非物质文化遗产"列为保护对象,但令人鼓舞的是它提供了一个开放性的知识产权概念。WIPO 在实情调查团(Fact-Finding Missions,简称 FFMS)活动中已明确表示知识产权是一个开放的概念,这为非物质文化遗产的保护留下了广阔的空间。而正是这个开放性的概念,可以将非物质文化遗产的保护涵盖其中。

(二) 知识产权制度在保护非物质文化遗产上的作用

利用知识产权制度保护非物质文化遗产的意义和作用如下:

第一,知识产权机制在非物质文化遗产保护中的应用,可以促使这些知识在现代经济领域的商业开发,起到促进社会发展的积极作用;

第二,对非物质文化遗产的知识产权认同,将激发传统社区及其居民的自豪感和积极性,有利于非物质文化遗产的传承和保护,有利于保持世界的多元性;

第三,利用知识产权保护非物质文化遗产,可以科以开发者以法律义务,从而确保非物质文化遗产的传承人获得一个公平和相当的利益分配。

第四,一个文化现象的产生、传承和发展有其自身的规律,综合利用知识产权保护制度,对非物质文化遗产进行合理的商业开发,是振兴非物质文化遗产、促进非物质文化遗产发展的健康道路。

第二节 保护非物质文化遗产的具体知识产权模式

根据不同的标准,非物质文化遗产可以划分为不同的种类,不同的种类由不同的知识产权部门法进行保护。知识产权部门法保护非物质文化遗产的具体模式详述如下:

一、专利权保护模式

专利权保护模式主要适用于非物质文化遗产中的狭义传统知识的保护,主要涵盖《公约》中的第四类和第五类非物质文化遗产。根据《公约》第2条的规定,第四类非物质文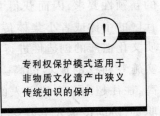化遗产为有关自然界和宇宙的知识和实践,主要指天文、地理、自然、人文、医药等,包括有关大自然和宇宙的观念(如时间和空间观念和宇宙观)、农业知识和实践,生态知识和实践,药物知识和治疗方法,航海知识和实践等;第五类为传统的手工艺,主要指世代相传的具有鲜明的民族风格和地区特色的传统工艺美术手工技艺,传统生产、制作技艺等。对于以非物质文化遗产为基础而产生的新发明最适合发明专利保护模式。比如说,有些传统药物、自然成分及治疗用的植物组合物可以获得专利保护①。尤其是小专利制度在保护非物质文化遗产方面表现出更大的适应性。② 小专利比发明专利更适合于非物质文化遗产,因为它简化了申请程序,无须繁琐的审查,申请的门槛低,类型变化多,花费时间较短,费用低廉,更适合保护非物质文化遗产。根据小专利制度,尽管一种植物提取物和获得它的方法可能是"显而易见"的,它仍可能是新颖的、有用的,因此符合小专利的条件。目前,肯尼亚已经通过了一项允许传统医药知识申请小专利的法律。而传统的手工产品如家具、服装、皮革、木器等的设计和形状可取得外观设计的保护。哈萨克斯坦已经开始将外观设计保护模式用于头饰和地毯等非物质文化遗产的保护。

尽管专利保护模式可以使传承人获得很大的利益并具有其他明显的诸多优势,但该模式在对非物质文化遗产进行保护方面也存在着明显的弱势。第一,非物质文化遗产较难以达到专利保护的新颖性和创造性的严格要求。大部分非物质文化遗产都是祖辈世代相传下来的,已经使用了很长时间,很难满足专利保护的新颖性要求,因而获得专利保护的障碍很大。另外,对于传统社区的个体或者小集体传承人而言,按照专利法的要求,对非物质文化遗产的创造性进行阐明,几乎不可能。第二,获得、维持和实施专利权的成本过高。由于获得、维持和实施权利的成本过高,往往超出单个传承人的承受能力,这要求管理机构切实履行职责,协助传承人申请专利,分担或者承担相关费用。第三,窃取行为对传承人的损害。在人们正在为找到克制专利保护模式本身的弊端而绞尽脑汁之时,有人却轻易地利用专利制度而实施侵害行为——窃取行为接连不断地发生。这让本来就脆弱的非物

---

① Carlos Correa. Protection of Traditional System of Medicine Patenting and Promotion Of Medicinal Plants Paper prepared for WHO[A]. Geneva. 2000.

② 小专利是就小发明则而授予的权利,小发明既包括产品又包括方法。我国《专利法》规定了实用新型制度,实用新型这种客体,只能包含产品,而不能包含生产方法或工艺流程等发明创造。因此可以说,我国尚未全面建立小专利制度。参见郑成思:《知识产权法》,法律出版社 2003 年版,第 213 页。

质文化保护更是雪上加霜。窃取者通过种种渠道窃取传承人的非物质文化遗产并申请专利,而凭借良好的专业背景知识和先进的技术设备以及雄厚的资金支持,因此,窃取者比传承人更容易获得专利批准。窃取非物质文化遗产并成功获得专利的已经不在少数。窃取人的申请成功往往是由于专利审查方面存在过失,或者由于审查人员不具备这方面的知识,也缺乏取得记载这些知识的资料导致。虽然这样的专利可以被宣告无效,但宣告无效的传承人要付出相当大的成本,经济和时间。如印度为美国专利局批准的"姜黄"和"巴斯马蒂白香米"专利付出了高昂的代价。

笔者主张从以下几个方面完善现有的专利保护模式:第一,建立非物质文化遗产库。目前,WIPO和一些发展中国家如印度等正在开发传统知识数字图书馆(TKDL),要将非物质文化遗产文献化,阻止不当专利的批准。这个问题已经引起我国政府的高度重视,《意见》明确提出应建立数据库。第二,建立专利申请中的非物质文化遗产声明制度。为保护非物质文化遗产传承人的利益,对于基于非物质文化遗产开发的知识产权的申请者应该明确说明非物质文化遗产的出处,并提供证据表明该非物质文化遗产的获取和使用是经其来源国或社区事先知情同意的,而且给予该来源国或社区以利益分享,否则专利申请应被驳回。欧盟的生物技术指令中也有类似的规定,但遗憾的是,没有这样的标注并不会导致什么法律后果,甚至不会对专利的效力产生影响。①

二、商业秘密保护模式

商业秘密保护也是适用于狭义传统知识的一种保护模式。商业秘密是指在权利人所在的领域内和行业内不为公众所知悉,并为权利人采取合理的措施保持秘密状态并能够

商业秘密保护模式适用于一些有经济应用价值的非物质文化遗产的保护

---

① 参见朱雪忠:《传统知识的法律保护初探》,载《华中师范大学学报》(人文社会科学版)2004年第3期。

为持有人带来商业价值的信息。按照所涉及的领域与应当具备的标准不同,商业秘密可分为经营性商业秘密与技术性商业秘密。一些有经济应用价值的非物质文化遗产往往具有保密性,比如说我国的一些传统工艺、传统配方、绝活、绝技、祖传秘方等并未进入公有领域(如川剧中的"变脸"①),只有极少数人或者少数地区的行业知晓,这使得这些信息虽不能满足专利的新颖性标准,但仍然能作为一种商业秘密或《TRIPs协议》第39条所指的"未公开信息"得到确认和保护。以商业秘密法保护非物质文化遗产的优势在于成本低,并且可以通过合同来进行转让以获得经济利益,且比起其他类型的保护模式来讲保护范围更广。

根据商业秘密保护法的规定,大多数国家的法律要求权利人在应采取必要的保密措施使该商业秘密处于保密状态,这就要求权利人不仅有保密的意图还要有必要的保密行为。拥有非物质文化遗产人大多情况下这样做的,但是在一些特殊的情况下,社区通常要求或者鼓励他们公示这种知识,这往往会在非物质文化遗产的保密性方面受到争议,尽管该知识并未被相关行业的人所普遍知晓。

三、著作权保护模式

著作权保护模式主要涵盖《公约》中的第一类和第二类非物质文化遗产,以民间文艺为主。根据《公约》第2条的规定,第一类非物质文化遗产为口头传统和表现形式,主要指在民族民间流传的口传文学、诗歌、神话、故事、传说、谣谚等,包括作为非物质文化遗产媒介的相关濒危的语言;第二类为表演艺

著作权保护模式适用于非物质文化遗产中民间文艺的保护

---

① 据2006年6月7日的《北京娱乐信报》报道,有内地演员贪图小利,将"变脸"绝技私自传授国外,并被人在日本、德国等地娱乐场所内表演。《魏明伦:变脸"泄密"很正常》,http://www.sc.xinhuanet.com/content/2006-06/07/content_7196167.html,2007年1月28日访问。

术,主要是指在文化群体的节庆或礼仪活动中的表演艺术,包括肢体语言、音乐、戏剧、木偶、歌舞等表现形式。以上两类非物质文化遗产的主体部分适用著作权保护模式,但"作为非物质文化遗产媒介的相关濒危的语言"除外。根据我国《文化站管理办法》的规定,文化站是国家最基层的文化事业机构,是乡镇人民政府、城市街道办事处所设立的全民所有制文化事业单位。文体服务中心的任务之一为搜集、整理民族民间文化艺术遗产,做好文物的宣传保护工作。因此非物质文化遗产发源地的文化站可以作为该非物质文化遗产的传承单位对当地非物质文化遗产进行保护。到目前为止,世界上在著作权法或地区性著作权条约中明文保护民间文艺的国家已经超过 40 个。通过保护表演者权可以间接保护某些民间文艺,例如,歌、舞、木偶等。邻接权则可为民间文艺的表演者提供保护。此外,著作权法上的公共领域付费制度①和再次销售的利益分享制度②有助于克服知识产权制度在保护民间文艺方面的某些弊端。

四、商标权保护模式

商标权保护模式适用于商业开发中的一切非物质文化遗产的保护,尤其适用于保护土著社区特殊符号和标记。商标是促进商品和服务国内外商业流通的基本要素。本土及

商标权保护模式适用于商业开发中的非物质文化遗产的保护

土著社区的工匠、艺匠、技师、商贩,或代表他们或者他们所属的团体(如合作社、同业协会等)所制造的产品和提供的服务可因商

---

① 公共领域付费制度即以营利为目的使用公有领域内的文学和音乐作品必须支付费用。
② 再次销售的利益分享是指作者可以获得在其原创作品首次出售后的所有再次出售中所获利润中的部分利益。

品商标和服务商标不同而被区别开来。① 许多"原住民"的手工制品和艺术品可以直接注册商品商标,而很多类型的表演等可以通过注册服务商标,获得商标权的保护。商标权保护制度具有很多优点,比如说成本低,可以提供一个能够续展的保护期,更大的优势在于促进非物质文化的商品化开发。因此,许多传统社区正在寻求注册集体商标和证明商标的方式振兴非物质文化遗产。一些国家还规定禁止传统社区以外的人使用土著文字、肖像或其他特有符号注册商标。在一些国家,如果商标侮辱了一个少数民族群体,它可能被告上法庭。如华盛顿红皮肤足球队就是因为这个原因受到了法律的诉讼。

地理标志保护制度和非物质文化遗产联系紧密。一些传统社区或者传承人开始依据 TRIPs 协议第 22 条第(1)款和《保护原产地名称及其国际注册里斯本协定》注册地理标志,还有一些发展中国家谋求修改 TRIPs 协议中有关地理标志的规定以更加有利于对非物质文化遗产的保护。

非物质文化遗产的内容及其广泛,对它的保护依赖于以整个知识产权制度为基础的综合手段。既需要厘清非物质文化遗产保护的基本宗旨和基础问题,也需要在知识产权模式下,做积极的创新,超越知识产权。另外,反不正当竞争法在商业开发非物质文化遗产中仍发挥着"兜底条款"的作用。通过制止不正当竞争可以实现未披露的非物质文化遗产,例如具有技术和经济利益的,本土和土著社区拥有的具有商业价值性和非物质文化遗产给予保护。而制定保护政策也是非物质文化遗产保护中的重要一环。《意见》第 4 条提出"要发挥政府的主导作用,建立协调有效的保护工作领导机制",并要求"地方各级政府要加强领导,将保护工作列入重要工作议程,纳入国民经济和社会发展整体规划。"对非物质文化遗产的保护还应置于全球层面上来考虑,积极参与

---

① 〔阿根廷〕Carlos Corre 著:《传统知识与知识产权——与传统知识保护有关的问题与意见》,文希凯等译,http://yyknowhow.com/html/2006/0526/2386.html,2007 年 3 月 20 日访问。

国际的交流和合作,推动制定保护非物质文化遗产的国际规范和制度。

【参考书目】

[1] 朱雪忠:《传统知识的法律保护初探》,载《华中师范大学学报》(人文社会科学版)2004年第3期。
[2] 李宗辉:《非物质文化遗产的法律保护——以知识产权法为中心的思考》,载《知识产权》2005年第6期。
[3] 费安玲:《非物质文化遗产法律保护的基本思考》,载《江西社会科学》2006年第5期。

【思考题】

一、简答题
    1. 简述非物质文化遗产保护中的专利权保护模式。
    2. 简述非物质文化遗产保护中的著作权保护模式。
    3. 简述非物质文化遗产保护中的商标权保护模式。

二、论述题
    1. 试述知识产权制度在非物质文化遗产保护中的基本作用。
    2. 试述知识产权制度在非物质文化遗产保护中的具体模式。

第三十四章　保护非物质文化遗产的知识产权专门法

尽管国际社会已经开始通过知识产权制度保护非物质文化遗产,但是从整体上来讲,利用现有知识产权制度保护非物资文化遗产还存在种种不适应的方面。因此,有学者和政府组织强烈建议建立一种专门的知识产权制度保护非物质文化遗产。这被认为是一种量体裁衣的保护方法,即从非物质文化遗产本身的特质和特点出发,设计专门制度保护非物质文化遗产,而不是为了获得现行知识产权保护而使非物质文化遗产委曲求全。专门知识产权保护制度的目的在于建立属于非物质文化遗产自己的法律。1994年的第三届世界网络会议(社区知识产权法)提出了专门法示范文本,非洲统一组织也提出了自己的示范法,拉丁美洲国家主张建立在"美洲自由贸易协议"框架下的专门制度。专门法保护的基本制度主要包括保护客体的界定、保护的条件、授予的权利(排除权,取得报酬权和防止盗用权)、权利主体(个人或者集体)、获得权利的方式(包括注册等)、保护年限和实施措施等制度。[①]

非物质文化遗产作为一种新生的法律关系的客体,在保护理念、价值取向、保护原则、权利确认、管理机构等基本法律问题方面表现出自身的特性,这是构建非物质文化遗产保护专门立法的基本问题,相对于知识产权法而言是特殊问题。正是这些新问题,推动了法律理念的更新和知识产权法的超越。下面就专门法的核心问题进行阐释。

[①]〔阿根廷〕Carlos Corre 著:《传统知识与知识产权——与传统知识保护有关的问题与意见》,文希凯等译,http://yyknowhow.com/html/2006/0526/2386.html,2007年3月20日访问。

第三十四章 保护非物质文化遗产的知识产权专门法 ★

第一节 保护非物质文化遗产的理念和基本原则

一、保护非物质文化遗产的基本理念

非物质文化遗产保护的基本理念呈现出一个随着时间推移和社会发展而发展演变的过程。在非物质文化遗产保护的最初阶段,国际社会的主流声音是反对以法律手段保护

保护非物质文化遗产,确立权利归属理念

非物质文化遗产,至少是反对以赋予权利的方式保护非物质文化遗产,因为非文化遗产是人类过去的生活中产生、使用,经过历史汰洗留存到现在并且应该被传诸未来的一种共同财产。① 1989年11月联合国教科文组织的第25届大会通过的《保护民间创作建议案》(以下简称《建议案》),是保护民间创作的重要法律文件,遗憾的是它仍没能脱开"民间创作是全人类的共同遗产"的窠臼。② 这种看似提升非物质文化遗产地位的煽动性口号,实则是国际社会以往关于非物质文化遗产是处于公有领域而可以无偿获取和使用的法律观念的具体表现。在此观念下,不同形式的非物质文化遗产被研究者和商业企业以知识产权形式盗用,却未对这些知识的创造者或拥有者给予任何补偿。③ 保护非物质文化遗产,必须抛弃所谓"共同财产"的落伍理念,确立权利归属理念——在国家层面应贯彻国家主权原则,而在商业开发种则应建立保护非物质文化遗产的权利机制,将非物质文化遗产上的权利,明确赋予传承人或者社区。

---

① 参见彭岚嘉:《物质文化遗产与非物质文化遗产的关系》,载《西北师范大学学报》(社会科学版)2006年第6期。
② 参见《保护民间创作建议案》序言。
③ 〔阿根廷〕Carlos Corre 著:《传统知识与知识产权——与传统知识保护有关的问题与意见》,文希凯等译,http://yyknowhow.com/html/2006/0526/2386.html,2007年3月20日访问。

二、非物质遗产保护的价值取向

法律保护非物质文化遗产和物质文化遗产时的价值取向明显不同。保护对象法律属性的差异是导致这种差异的主要原因。虽然非物质文化遗产和物质文化遗产共同组成了

非物质文化遗产的本质是信息,为知识产权的客体

文化遗产,但是二者的法律属性却是有鲜明区别的。单纯从民法角度看,物质文化遗产属于民法上的物,对于物质文化遗产的专门立法保护(文物保护法)的法理基础为物权法;而非物质文化遗产的本质是信息,为知识产权的客体,专门立法保护(非物质文化遗产保护法)的法理基础为知识产权法。保护物质文化遗产在于保存和恢复,而保护非物质文化遗产在于发展和弘扬非物质文化遗产的生命力。2003年教科文组织的《保护非物质文化遗产公约》(以下简称《公约》)采取的措施有很多,但落脚在弘扬和振兴非物质文化遗产上。① 而《保护世界文化和自然遗产公约》中对物质文化遗产的保护重在保存、展出和恢复②。

1972年联合国教科文组织《保护世界文化和自然遗产公约》将"文化遗产"划分为文物、建筑群和遗址,并不包括非物质文化遗产。教科文组织在《第二个中期计划 1984—1989》中将文化遗产分为"物质的"文化遗产和"非物质的"文化遗产(nonphysical cultural heritage),这种划分被认为是联合国保护非物质文化遗产的明确标志。而非物质的文化遗产逐渐演变为目前被学界普遍接受的非物质文化遗产(the intangible heritage culture)。非物质文化遗产与物质文化遗产是人类宝贵文化遗产的两个方面,二者既有区别又相互联系。有许多非物质文化遗产以有形物质为载体、表现形式,而这些年代久远的、符合特定条件的载体本身构成物质文化遗产(但通过非物质文化遗产的商业开发获得的产品只

---

① 参见《保护非物质文化遗产公约》第2条。
② 参见《保护世界文化和自然遗产公约》第5条。

能构成产品,而不是当代的物质文化遗产)。以民间工艺品为例,非物质文化遗产保护更注重保护民间工艺品的传统手工艺制作技能,而物质文化遗产保护的则是实在的民间工艺品。当传统制作工艺技能失传、灭失,那么曾经制作的工艺品在将来可能变为文物,主要由文物保护法保护。

三、保护非物质文化遗产的法律原则

1992年联合国《生物多样化公约》(Convention on Biological Diversity,简称CBD)的成功缔结,不仅构建了地球生物资源的保护制度,而且使非物质文化遗产的保护在知识产权

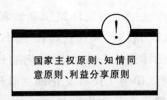

国家主权原则、知情同意原则、利益分享原则

领域受到越来越多的关注。笔者主张,应将CBD确立的保护地球生物资源的三大法律原则贯彻到非物质文化遗产的保护中,这三大原则是国家主权(national sovereign)原则、知情同意(pre informed consent)原则与利益分享(benefit sharing)原则。

(一) 国家主权原则

国家主权原则是指国家对本国的非物质文化遗产享有管辖权的原则。CBD确立了关于遗传资源的国家主权(national sovereign)原则,明确了国家拥有对遗传资源的主权。自从该公约开始,遗传资源为人类共同财产的观念被彻底打破,然而直至2003年非物质文化遗产的国家主权原则才得以建立。《公约》改变了这一状况。与《建议案》相比,《公约》在很多当面取得了新的进展,抛弃了非物质文化遗产属于人类共同遗产的落伍观念是其取得的最大进展之一。《公约》以科以义务的形式承认了国家主权原则。根据《公约》第11条的规定,缔约国应采取必要措施确保其领土上的非物质文化遗产受到保护。主权(sovereignty)又称国家主权,指的是一个国家独立自主处理自己内外事务,管理自己国家的最高权力。主权可以分为对内最高权、对外独立权和自卫权,是国家的固有权利。对内最高权,是指国家对它领土内的一

切人（享有外交豁免权的人除外）和事物以及领土外的本国人实行管辖的权力。《公约》将保护非物质文化遗产的基本义务赋予国家，表明国家对本国的非物质文化遗产拥有管辖权。但遗憾的是，《公约》并没有明确提及国家主权原则。

在非物质文化遗产保护领域贯彻国家主权原则主要针对的是外国或者国际组织对本国非物质文化遗产的随意开发和无偿使用的不合理、不公正现象。确认国家主权原则就是要将是否允许他国或者国际组织获取和使用非物质文化遗产的决定权属于该国政府，并且获取和使用该国非物质文化遗产必须依照该国的法律进行。非物质文化遗产的保护目标有两个：一个是文化目标，即为了民族文化的血脉传承和延续发扬；一个是经济目标，即促进文化资源到经济效益的转换，通过对非物质文化遗产的商业开发实现非物质文化遗产的振兴。外国或者国际组织对本国非物质文化遗产的开发，不仅涉及"原住民"的经济权利，还涉及国家保护非物质文化遗产的文化和经济目标的实现，因此国家主权必须予以尊重。

（二）知情同意原则

知情同意原则是指在非物质文化遗产的利用和开发中，应该取得所在国和权利主体的知情同意的原则。该原则是CBD建立的保护遗传资源的三大原则之一。对于非物质文化遗产的利用可以分为商业开发和科研使用，而现在的科研开发往往是为了贡献于明天的商业开发。无论何种情况的利用，均须贯彻知情同意原则。印度《生物多样性法》第6条规定，任何人想对基于从印度获得的生物遗传资源和传统知识的研究成果获得知识产权，必须事先获得印度生物多样性国家管理局的许可。一国或者国际组织利用他国的非物质文化遗产应征得所属国的同意，这是国家主权原则的体现。在所属国同意的情况下，还应该获得权利主体的知情同意，否则对他国非物质文化遗产的开发或者利用是不公平和不公正的，行为本身是非法行为，应被制止。在所属国或者权利主体不同意开发和利用其非物质文化遗产的情况下，基于公法上的国家利益和私法上的公平公正理念和权利规则,任何人或组织不得对所属国的非物质文化遗产进行开发和利用。《公约》第1条规定,公约的宗旨之一是尊重有关社区、群体和个人的非物质文化遗产,这是知情同意原则的体现。遗憾的是该原则也并未在《公约》中明确化。

(三)利益分享原则

利益分享原则是指在非物质文化的开发过程中,依据公平合理的理念在开发者和权利人之间分配开发和利用非物质文化遗产而获得的惠益的原则。确立该原则有两个基本目的:一是在非物质文化遗产的开发利用中维持人类的可持续发展,二是保护非物质文化遗产传承人的利益。《公约》序言中规定,应"承认各社区,尤其是"原住民"、各群体,有时是个人,在非物质文化遗产的生产、保护、延续和再创造方面发挥着重要作用,从而为丰富文化多样性和人类的创造性作出贡献",其第19条规定保护非物质文化遗产应符合人类的整体利益,并以此作为在双边、分地区、地区和国际各级开展保护非物质文化遗产合作的基础。《建议案》第6条也作出了在开发民间创作时不得损害有关各方的合法利益的规定。上述规定,是保护非物质文化遗产的利益分享原则的立法基础。但《公约》同样对利益分享原则采取了保守态度,并未明确采纳该原则。

第二节 传承人制度

一、传承人制度概述

所谓传承人制度是指为了促进非物质文化遗产的传承和发扬,由国家确立非物质文化遗产的传承人地位并给予财政支持和明确其职责的法律制度。传承人制度包括传承人国家命名制度、专项财政支持制度和

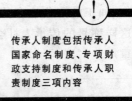

传承人制度包括传承人国家命名制度、专项财政支持制度和传承人职责制度三项内容

传承人职责制度三项主要内容。

按照原态传承非物质文化遗产,是国际社会的普遍要求。国际社会开展非物质文化遗产保护的实践显示,非物质文化遗产的真正价值不是创新,而是保留和发扬。我们可以判断一个优秀的表演艺术家对非物质文化遗产的表演不构成非物质文化遗产,而一个看似不符合乐理或者表演规则的土著居民的表演却是非物质文化遗产。在发扬和振兴非物质文化遗产的过程中,应汲取和再现最原始、最自然、最具有原生状态的文化基因。鉴于非物质文化遗产传承的重要性,以及随着非物质文化遗产的商业开发,非物质文化遗产的商品化现象的严重性,许多国家和国际组织主张通过制定和实施非物质文化遗产传承人制度来加强非物质文化遗产的活态传承。

二、传承人国家命名制度

传承人国家命名制度是指国家对非物质文化遗产传承人统一命名的法律制度。国家对非物质文化遗产传承人予以命名的制度,对于非物质文化遗产保护非常重要。非物质文化遗产传承人的确认,应由国家进行而不是地方政府,这样既可以起到提升传承人社会地位的作用,而且可以防止传承人认定中的"一窝蜂"现象,保持非物质文化遗产保护工作的严肃性。在韩国,国家级非物质文化遗产传承人通常被授予"重要文化财产保有者"或者"人间国宝"称号,他们是全国具有传统文化技能、民间文化艺能或者是掌握传统工艺制作、加工的文化遗产传承人的杰出代表,至今方有 213 名。[①] 获得这样称号的传承人社会地位极高,他们将得到社会大众的极大尊重。

传承人国家命名制度是指国家对非物质文化遗产传承人统一命名的法律制度

---

① 〔韩〕任敦姬:《人类活的珍品和韩国非物质文化遗产的保护:经验和挑战》,http://www.ihchina.cn/inc/detail.jsp? info_id=118,2006 年 12 月 16 日访问。

2006年10月,我国文化部以部长令的形式颁发了《国家级非物质文化遗产保护与管理暂行办法(文化部部长令[2006]第39号)》(以下简称《暂行办法》),其第12条的规定,国家级非物质文化遗产项目代表性传承人应当符合的条件如下:(1)完整掌握该项目或者其特殊技能;(2)具有该项目公认的代表性、权威性与影响力;(3)积极开展传承活动,培养后继人才。目前,即将由全国人大讨论的《中华人民共和国非物质文化遗产保护法(草案)》第三章也专设了传承人命名制度,对国家级名录项目的代表性传承人设立了详细的认定标准。

三、专项财政支持制度

专项财政支持制度是指国家设立专项财政支持经过命名的非物质文化遗产传承人传承和发扬非物质文化遗产的法律制度。韩国政府为"重要文化财产保有者"设立专项补贴,被政府命名的传承人将得到这些补贴,以维持正常生活和传递文化。韩国政府设立的专项补贴分为两类,一类是文化传承补贴,这部分补贴是韩国政府给予被命名的传承人用于公演、展示会等各种活动以及用于研究、扩展技能、艺能的经费。按照文化传递的实际需要支付;一类是生活补贴,韩国政府给予被命名的传承人每人每月100万韩元的生活补助并提供一系列医疗保障。

我国《暂行办法》第10条规定,国务院文化行政部门对国家级非物质文化遗产项目保护给予必要的经费资助。县级以上人民政府文化行政部门应当积极争取当地政府的财政支持,对在本行政区域内的国家级非物质文化遗产项目的保护给予资助。这说明《暂行办法》并未建立专项财政支持制度。笔者认为,我国应借鉴韩国"人间国宝"制度,对"传承人"设立专项补贴,供被政府

> 专项财政支持制度是指国家设立专项财政支持经过命名的非物质文化遗产传承人传承和发扬非物质文化遗产的法律制度

命名的传承人传递文化和维持正常生活。对认定为国家级名录项目的传承人,将提供专项经费予以资助,为开展传承活动提供场所和条件。

四、传承人职责制度

传承人职责制度是指确立被国家命名的非物质文化遗产的传承人所履行的职责和义务的法律制度。韩国法规定了"重要文化财产保有者"的职责和义务制度。"重要文化财产保有者"在得到社会尊重和国家专项财政支持的情况下,应履行以下

传承人职责制度是指确立被国家命名的非物质文化遗产的传承人所履行的职责和义务的法律制度

职责和义务:完成每年的国内外 2 次以上的公演任务;将技能或艺能传授给金字塔后两层的人员("助教"、"履休者");金字塔后两层的人员在保有者的带领下进行传统技能、艺能的研习,并在"保有者"不能承担义务或离世后继任。我国《暂行办法》第 13 条规定,国家级非物质文化遗产项目代表性传承人应当履行传承义务;丧失传承能力、无法履行传承义务的,应当按照程序另行认定该项目代表性传承人;怠于履行传承义务的,取消其代表性传承人的资格。我国关于传承人职责和义务的规定,过于笼统和含混,操作性较差。笔者建议应吸收韩国"人间国宝"制度的相关规定,明确传承人的具体职责和义务,如规定传承人完成每年的国内外 2 次以上的公演任务;将技能或艺能传授给其他人员等。

第三节 权利制度

全球范围内,很多发展中国家开始通过宪法和其他相关法律确认非物质文化遗产之上的权利。菲律宾 1987 年《宪法》第 17 章 14 条规定:政府应当承认、尊重和保护土著文化社区保存和发展其文化、传统和制度的权利。泰国 1997 年《宪法》第 46 章规

定:业已形成传统社区的成员享有保存或恢复其自身风俗习惯,本土知识、艺术或该社群和民族的优良文化的权利。厄瓜多尔1998年《宪法》第84条对社区祖传的知识承认"集体知识产权",其《知识产权法》(1989年第83号令)第377条对土著和本土社区的集体知识产权建立了专门法保护体系。根据巴西联邦共和国1998年《宪法》第231条规定:"必须承认印第安人的社会组织、风俗习惯、语言和传统,以及他们对其依传统占有的土地的原始权利。联邦有责任区别它们、保护它们、并保证尊重他们的所有财产。"委内瑞拉共和国1999年《宪法》第124条规定:"确认和保护土著知识、技术和革新的集体知识产权。任何有关基因资源以及与其相关的知识的工作都必须是为了集体的利益。禁止对这些资源和祖传知识登记专利。"① 上述规定在非物质文化遗产保护的权利确认方面迈进了一大步,但距离构建具有操作性的权利制度,尚有距离。

一、非物质文化遗产权利的确认

在非物质文化遗产的权利确认方面,WIPO在《为保护传统知识的特殊体制的要素》中提供了两种选择:一种选择是无论传统知识是处于什么形式或者状态,均应赋予权利,就像保护商业秘密无须任何形式的注册一样,只要产生它的条件存在,就应持续保护。另一种选择是依靠一国政府机构编辑登记的传统知识资料来确定权利。其程序是形式审查或者实质审查提交的非物质文化遗产的资料和适用的法律文件后自动登记。我国走的是第一种和第二种主张相结合的路线,权利保护采纳的是第一种,但同时政府大力倡导和推广非物质文化遗产的登记。

非物质文化遗产权利的确认有两种选择

---

① 〔阿根廷〕Carlos Corre 著:《传统知识与知识产权——与传统知识保护有关的问题与意见》,文希凯等译,http://www.yyknowhow.com/html/2006/0526/2386.html,2007年3月20日访问。

《意见》第 3 条要求建立非物质文化遗产名录体系,紧接着在 2006 年国务院批准文化部确定的第一批国家级非物质文化遗产名录(共计 518 项),并予以公布。WIPO 提供的两种选择各有利弊。第一种选择主张无需登记而保护权利,这对非物质文化遗产传承人而言具有吸引力,但实际操作中也会引发问题,若有多主体对同一非物质文化遗产主张权利则争议在所难免。第二种选择具有较强的操作性,一些发达国家和一些发展中国家已经就非物质文化遗产进行登记并文献化的重要性达成共识,而且对于社区或者政府而言,对非物质文化遗产进行分类、登记和文献化不仅可以阻止生物剽窃,而且提供了一个可分享利用这些知识所带来利益的基础。但其弊端也非常明显,因非物质文化遗产一旦在文献中公布,则新颖性丧失。对于传承人而言,文献化并不能证他们分享利益,鉴于文献化的知识将被视为现有技术的组成部分,它甚至已排除了分享利益的可能性。更为重要的是传统社区对属于自己的一些纯精神和宗教性质的资料有着强烈的保密意识。①

二、权利属性和内容

有关非物质文化遗产权利的属性,有积极说和消极说之分。发展中国家政府一般持积极说,认为对非物质文化遗产给予保护的方式在于构建一个积极的权利机制,赋予特定主体对非物质文化遗产的绝对权,通过

非物质文化遗产传承人的权利是知识产权的一种新类型,可以分为财产权利和精神权利两类

该权利的行使,权利主体可以控制社区之外的人的商业开发和利用,以实现开发人和权利人之间的利益分享,从而达到促进非物质文化遗产的合理使用和开发的目的。而发达国家政府多持消极说,认为保护方式在于构建防止滥用的保护机制,保护的目的在于阻止未经许可的使用以及将非物质文化遗产据为己有的"剽

---

① WIPO,"Elements of a Sui Generis System for the Protection of Traditional Knowledge", document WIPO/GRTKF/IC/3/8, March 29, 2002.

窃"等滥用行为。因为不同国家在非物质文化遗产开发中的不同利益,导致了这些国家的不同立场,笔者赞同积极说,因为只有权利明确了,才能给予实质性保护,尤其是利益分享。非物质文化遗产传承人的权利是知识产权的一种新类型,可以分为经济权利和精神权利两类。经济权利主要包括控制权——控制非物质文化遗产的权利;披露和使用权——决定是否进行披露以及如何使用的权利;许可商业开发权——是否许可对非物质文化遗产进行商业开发的权利;利益分享权——在商业开发非物质文化遗产中分享利益的权利。精神权利主要包括署名权——在非物质文化遗产或者其作品上署名的权利;保护非物质文化遗产完整权——保护非物质文化遗产不被歪曲,防止贬损、歪曲和侵犯的权利;以及获得尊重的权利等。

三、权利主体

非物质文化遗产主要是集体智慧的结晶,由特定群体共同创造完成,超越了个人智力成果的范围。当然,并不排除个人创造者及其传承人的情况。非物质文化遗产通常以自然环境和人文环境比较接近的一个地域,或者以宗族和血缘为纽带,致

以传承人的范围为标准,非物质文化遗产的权利主体主要可以分为国家、团体和个人三种类型

使很多非物质文化遗产归属于一个民族、多个民族和国家,甚至可能超越国家的界限。因此,非物质文化遗产权利主体的确认便成为保护非物质文化遗产的重要问题。非物质文化遗产的传承人可以分为个人、家庭、社区、民族、国家五个层次。以传承人的范围为标准非物质文化遗产的权利主体主要可以分为国家、团体和个人三种类型。详述如下:

(一)行政机关型权利主体

行政机关权利主体可以分为国家权利主体和地方行政机关权利主体。按照国家主权原则,一国对本国内的非物质文化遗产

享有主权。这是从公法角度出发的。从私法的角度看,国家也可以成为非物质文化遗产的权利主体。在国家疆界范围内的、由不特定的大多数国民传承的非物质文化遗产,其权利主体为国家。这些非物质文化遗产包括整个国家的社会风俗,流行于整个国家的礼仪、节庆、非物质文化遗产媒介的语言等。由于地域、环境和文化因素的产别,一国内部不同地域的非物质文化遗产千差万别。在特定行政区划范围内的、由不特定的大多数居民传承的非物质文化遗产,其权利主体为地方行政机关。

(二) 团体型权利主体

很多非物质文化遗产是由行业团体或者家庭性团体传承发展的。由特定社会团体(包括行业团体和家庭等)传承的非物质文化遗产,其权利主体为该团体。

(三) 个体型权利主体

尽管非物质文化遗产绝大多数是由集体创造完成的,但这并不排除有一部分非物质文化遗产是由个人创造完成的,或是由个人传承。由特定个体传承的非物质文化遗产,其权利主体为该个人。

第四节 管理机构的设立与利益分享机制的建立

一、非物质文化遗产管理机构

印度是国际社会保护非物质文化遗产的主要倡导者之一。印度就遗传资源的保护可为保护非物质文化遗产借鉴。印度根据本国《生物多样性法》成立了国家生物多样性管理局,负责全国遗传资源获取和惠益分享的审定批准和管理工作。印度现

我国已经初步建立了统一管理和保护非物质文化遗产的机构——中国非物质文化遗产保护工作部际联席会议

有联邦水平的国家生物多样性管理局、州水平的生物多样性机构和地方团体水平的生物多样性管理委员会。各州依据该法成立

州的生物多样性主管委员会,负责其辖区内遗传资源获取和利益分享的日常管理。

国家层面的非物质文化遗产管理机构的主要职能应该包括:

1. 负责审定和批准的事项。负责对商业应用和开发而要获取该国非物质文化遗产的审定和批准;负责对本国转让国内的非物质文化遗产或者非物质文化遗产的研究给外国公民或外国公司的审定和批准;负责对基于从该国获取的非物质文化遗产而得到的创新研究成果并准备申请知识产权的审定和批准。

2. 知识产权保护。代表本国政府对在其他国家授予的、涉及本国非物质文化遗产的知识产权提出异议,并采取必要的行动推翻不合理的知识产权。

3. 通过以下方式实现利益分享。对非物质文化遗产权利的承认,或确认开发非物质文化遗产中的受益者;技术转让;联合本国科学家、受益者和当地居民和开发者共同研究、开发利用非物质文化遗产;建立投资基金帮助利益分享者;货币补偿和非货币补偿,或该管理机构认为合适的其他反馈利益的方式。

我国已经初步建立了一个由文化部牵头的对非物质文化遗产进行统一管理和保护的机构——中国非物质文化遗产保护工作部际联席会议。但这并不意味着保护非物质文化遗产的工作由文化部独自承担,文化行政部门应与各相关部门积极配合,共同管理和保护非物质文化遗产,其主要职责是负责提供关于非物质文化遗产使用的监控服务,和对未经许可滥用非物质文化遗产和侵犯非物质文化遗产权利主体权利的行为建议行政处罚或建议追究法律责任,甚至提起诉讼。[1]

二、利益分享机制

建立非物质文化遗产保护中的利益分享机制的基本目的,从宏观上在于促进人类社会的可持续发展,微观上在于保护传承人

---

[1] 参见《关于加强我国非物质文化遗产保护工作的意见》第4条。

的利益。利益分享机制的建立,不仅能够体现社会公正,同时将提高非物质文化遗产发源地保护与传承非物质文化遗产的信心和能力,弘扬和振兴非物质文化遗产。利益分享机制的建立应平衡非物质文化遗产传承

建立非物质文化遗产保护中的利益分享机制是为了更好地保护非物质文化遗产

人和开发者之间的利益,尤其注意不应给非物质文化遗产的开发设置过高的门槛。非物质文化遗产商业开发的利益分享机制的建立应遵循以下原则:第一,公平互利原则。公平互利是双方合作的基础,也是双方利益分享的规则。开发者和传承人之间应遵循公平互利的原则分享非物质文化遗产开发的收益。第二,合理份额原则。实现利益分享应保证非物质文化遗产的传承人或者发源地能够从商业开发中获得合理的利益份额。确立这个原则是因为非物质文化遗产传承人和开发者在资金、知识产权管理经验和其他信息等方面处于事实上的不平等或不对称的状态,所以需要确保非物质文化遗产发源地的利益。第三,鼓励开发原则。实现利益分享的后果,不应对非物质文化遗产的商业开发构成不合理的障碍。非物质文化遗产发源地的利益分享不应给商业开发造成过高的门槛,以提高非物质文化遗产商业开发者的积极性,促进非物质文化遗产的商业开发。具体讲,实现利益分享的方式如下:

(一)合作开发方式

作为发展经济的重要资源的非物质文化遗产的不均分布是进行合作开发的基础。一般而言,我国东部地区拥有资金和科技优势,而非物质文化遗产却主要集中于西部地区。非物质文化遗产发源地可以采取合作经营方式,吸引东部的资金、技术、管理经验,实现利益分享。非物质文化遗产发源地合作者可提供非物质文化遗产、自然资源、土地、劳动服务、劳动力或现有的可利用的房屋、设备、设施等,对方开发者可提供资金、技术、主要设备等共同开发和保护非物质文化遗产。以合作经营的方式开发非物质

文化遗产,是一种建立在合同基础上的共同经营方式。符合法人条件的,可以申请成立法人;不符合法人条件的,可以成立合伙。合作企业可以采取灵活的利益分享方式,不一定用货币计算股份后按股权比例分享收益,而是可以按照协议的投资方式和分配比例约定具体的分享方案做法。开发者也可以选择提前收回投资的方式,减小风险;发源地除可以和开发者约定收益的分配和亏损承担外,还可以约定发源地保有固定资产的条款,以维持非物质文化遗产的可持续开发。

(二) 合资开发方式

除合作经营方式外,对于那些资金较为充足的发源地还可以采用合资经营的方式。非物质文化遗产的合资开发是指发源地和开发者共同投资建立经营企业,共同管理、共同经营,并按照投资比例分享利润、承担亏损。采用该种方式,发源地应将非物质文化遗产评估入股,并按照股份分享利润,承担亏损。这种方式对发源地存在一定的风险性,要求发源地对该非物质文化遗产有充分的利益评估。但是该方式可以弥补发源地的资金不足,共同投资、共同管理可以加强双方的合作,促进发源地的知识产权意识和管理水平的提高,并且能够使发源地获得金钱形式的直接利益。

(三) 到发源地投资方式

到发源地投资的方式也是促进非物质文化遗产开发实现利益分享的重要方式。到发源地投资可以很好地推动发源地经济的发展,从而在宏观的社会层面和微观的效益层面实现利益分享。企业的建设可以增加当地税收、提高就业能力、改善基础设施、促进信息的流通、提高当地的文化素质,是拓展当地经济的最直接的渠道和路径之一。非物质文化遗产大多具有地域性特质,在一定程度限制了非物质文化遗产的外地投资开发,如茅台酒酿制技艺离开了当地水就无法酿制出茅台酒。因此,到发源地投资方式,不仅有利于实现利益分享,而且有利于维持非物质文化遗产的生存环境促进开发的成功。香港加得宝集团在广东本土开发传统技艺凉茶的巨大成功实证了发源地投资方式的巨大优势。

（四）联营方式

联营是企业之间或企业和事业单位之间的联合经营，其基于合同或章程的规定进行管理、经营。以联营的方式开发非物质文化遗产，可以为企业发展提供新的经济增长点，促进经济结构的优化配置，同时可以调动事业单位对非物质文化遗产保护的积极性，尤其同大专院校以及科研单位的联营更有助于科学合理的规划开发非物质文化遗产，促进非物质文化遗产的可持续利用。联营分为法人型联营、合伙型联营和合同型三种，在非物质文化遗产的开发中，应根据实际开发现状、资金情况等选择具体联营方式。

（五）非物质文化遗产与知识产权互换的方式

目前，人们对非物质文化遗产权利的认识不够，许多人仍然保有非物质文化遗产为人类共同财产的落伍理念。在"第二届泛珠三角合作与发展法治论坛"上，广东学者对广西的厂家侵犯广东的知识产权痛心疾首。然而，似乎谁也没有注意到广东的凉茶饮料都无偿地利用着广西的非物质文化遗产。广东产的龟苓膏产品几乎都毫无二致地标注了梧州龟苓膏，而被誉为凉茶的发祥地的梧州是广西的一个市。有关凉茶制造工艺和地理标志应属于广西。[①] 凉茶发源地以非物质文化遗产权利与开发者交换知识产权许可，是较为理想的利益分享方式。这种方式属于强项互换，有利于技术落后地区的技术引进问题，突破当地经济发展的科技瓶颈。

（六）免费或低价获得非物质文化遗产开发成果的方式

非物质文化遗产商业开发中得到的成果，比如开发相关非物质文化遗产而注册的商标等，发源地有比社会其他公众优先使用的权利。而且此种使用，是免费的，或者只需支付成本等低费用。这一方式使发源地在开发成果中获利，开发成功则发源地可以充

---

① 参见齐爱民、赵敏：《泛珠三角区域非物质文化遗产开发与保护的知识产权合作机制研究》，载《经济与社会发展》2007年第2期。

分利用开发成果,迅速发展经济;而开发者也可以在市场上占得先机,优先获利。

(七)版税方式

版税通常是指通过合同或其他协议确认的,向知识财产拥有者支付的,利用知识财产的费用。版税通常是通过每售出一单位货物时的一个固定的百分比来计算。

2002年国际人类基因组织(Human Genome Organization,简称HUGO)伦理委员会《关于基因研究正当行为的声明》中,就把承认和坚持人类的尊严和自由作为基因研究中的一项原则,并强调参加者的知情同意权。HUGO伦理委员会发布了《关于利益分享的声明》,认为在遗传研究中利益分享业已确立为食品和农业生物多样性和遗传资源领域内国际法的一条原则,如能获利,赢利组织应提供一定比(如1%—3%)的年利润率回报遗传资源提供者。根据非物质文化遗产的价值及开发后的利润回报率等给予发源地一定合理的经济补偿,是开发非物质文化遗产的最直接的利益分享的实现方式。版税补偿的方式也可以多样化,不单以货币为准,还可以以改善发源地的基础设施建设、对发源地人民进行教育培训等作为补偿。不论采取何种方式,均应将非物质文化遗产发源地可分享的利益与开发成果的实际经济价值联系起来,并通过一定的实施机制,使发源地获得一个合理的份额。

在非物质文化遗产的开发过程中,我们可以根据实际情况选择以上一种或者结合其中几种方式分享利益。但是无论选择何种方式,在开发非物质文化遗产和分享其利益的过程中都应当遵守对非物质文化遗产用途和转让的限制,履行发源地和开发者的义务,尊重土著民族和传统社区的生存权利和文化权利等共同商定条件①,最大限度地保护发源地的利益,防止对非物质文化遗产的破坏性开发,以实现非物质文化资源的可持续性利用。

---

① 张建邦:《生物基因资源获取和利益分享的国际法规制——兼论对我国基因资源保护的启示》,载《法律科学》2005年第6期。

【参考书目】

[1] 齐爱民、赵敏:《泛珠三角区域非物质文化遗产开发与保护的知识产权合作机制研究》,载《经济与社会发展》2007年第2期。

[2] 张建邦:《生物基因资源获取和利益分享的国际法规制——兼论对我国基因资源保护的启示》,载《法律科学》2005年第6期。

【思考题】

一、名词解释

1. 国家主权原则
2. 知情同意原则
3. 利益分享原则
4. 传承人制度

二、简答题

1. 简述传承人制度中的传承人国家命名制度。
2. 简述传承人制度中的专项财政支持制度。
3. 简述传承人制度中的传承人职责制度。

三、论述题

1. 试述非物质文化遗产保护的基本法律原则。
2. 试述非物质文化遗产管理机构的主要职能。
3. 试述非物质文化遗产商业开发的利益分享机制。

第七编 遗传资源保护法

第三十五章 遗传资源保护法概述

21世纪可谓基因技术的世纪。国家主张保护遗传资源,实质就是谋求在基因技术开发的全球市场中的优势地位。国际社会早已开始对遗传资源进行保护,许多国家通过政策和立法手段来保护本国遗传资源不被他人非法获得和利用。随着"生物海盗"现象的蔓延,人们逐渐认识到应选择知识产权模式保护遗传资源。

第一节 遗传资源概述

一、遗传资源的概念与特征

（一）遗传资源的概念

遗传资源是人类生存和社会经济可持续发展的战略性资源。根据1992年《生物多样性公约》(Convention on Biological Diversity,缩写为CBD)第2条的规定,遗传资源是指"具有实际或潜在价值的遗传材料";遗传材料为"来自植物、动物、微生物或其他来源的任何含有遗传功能单位的材料"。因此,生物遗传资源可谓具有实用或潜在实用价值的任何含有遗传信

遗传资源是人类生存和社会经济可持续发展的战略性资源

息的材料,包括生物的DNA、基因、基因组、细胞、组织、器官等遗传材料以及相关信息。从知识产权法的角度看,遗传资源(genetic resources)是指来自植物、动物、微生物或其他非人类来源的,具有实际或潜在使用价值的遗传信息。

(二) 遗传资源的特征

由遗传资源的概念可知,遗传资源的特征如下:

第一,信息性特征。遗传资源是一种遗传信息。任何生物体都携带有自己的遗传信息,遗传信息是信息的一种,不是物,因此,遗传资源是知识产权的客体,而非物权客体。有观点认为,生物遗传资源属于民法上所指的物,因此,有关生物遗传资源的获取、处理、使用、收益的权利安排应当适用民法上有关物权的规定。① 这种观点混淆了知识产权客体和物权客体的界限,未从遗传资源的信息特征出发,不可取。

第二,价值性特征。遗传资源是具有实际或潜在价值的遗传信息。任何生物都有遗传信息,但是,一般的生物的遗传信息不具有明显的价值,同时,很多生物遍布全球,其承载的遗传信息也不具有稀缺性。这样的遗传信息不能构成法律意义上的遗传资源,而受到知识产权法保护。只有具备价值或潜在价值的遗传信息才能构成遗传资源,进入知识产权领域受到保护。

第三,生物性特征。从来源上看,遗传资源来自植物、动物、微生物或其他任何生物来源,但是人类出外。因为涉及生命伦理等诸多问题,人类遗传资源是由专门法进行保护的。

二、遗传资源的分类

(一) 植物遗传资源、动物遗传资源与微生物遗传资源

遗传资源根据其来源物种的不同可分为植物遗传资源、动物遗传资

根据不同的标准,可以把遗传资源分为几类

---

① 参见范志刚:《生物遗传资源的元所有权、衍生所有权和修饰权》,载《生物多样性》2005年第4期。

源和微生物遗传资源等。在生物学上人类属于动物的一种,但在法学上人类遗传资源的保护涉及人的主体尊严、伦理道德等多方面因素,与其他生物遗传资源的保护相比更为复杂,目前国际上《生物多样性公约》(Convention on Biological Diversity,简称 CBD)背景下的遗传资源保护问题均未涉及人类遗传资源:2002 年 CBD 缔约方大会(Conference of the Parties,简称 COP)第六次会议采纳的波恩规则(Access to Genetic Resources and Benefit-sharing Bonn Guidelines)明确排除了人类遗传资源的适用。本章探讨的是 CBD 背景下的遗传资源法律保护,不包括人类遗传资源。

(二) 野生遗传资源与驯化或培植遗传资源

遗传资源根据其来源物种演化进程的不同可分为野生遗传资源和驯化或培植遗传资源。驯化或培植的遗传资源来源于驯化或培植物种(Domesticated or cultivated species)。驯化或培植物种,指人类为满足自身需要影响了其演化进程的物种。驯化或培植物种中由育种人培育出的满足新颖性、特异性、一致性和稳定性条件的植物新品种,受到《保护植物新品种国际公约》(International Convention for the Protection of New Varieties of Plants)提供的知识产权保护。其他不符合知识产权保护条件的驯化或培植物种则与野生物种一同受 CBD 及相关规则的保护。本章探讨的遗传资源的法律保护,不包括受知识产权保护的植物新品种。

(三) 就地保护的遗传资源与移地保护的遗传资源

遗传资源根据其保护条件的不同可分为就地保护的遗传资源与移地保护的遗传资源。"就地保护"是指保护生态系统和自然生境以及维护和恢复物种在其自然环境中有生存力的群体;对于驯化和培植物种而言,其环境是指它们在其中发展出其明显特性的环境。"移地保护"是指将生物多样性的组成部分移到它们的自然环境之外进行保护。由于在 CBD 生效以前,遗传资源一直被国际社会视为"人类共同财产",属于公有领域(public domain),任何人不得对之主张财产权利、任何人可以自由获取而不付出任何代价,因此 CBD 并没有要求其生效前已取得的移地保护遗传资源也适用 CBD 的获取与惠益分享规则。本章探讨的遗传资源的法律保护,也暂且不包括 CBD 生效前已取得的移地保护的遗传资源。

三、遗传资源的载体

遗传资源与遗传材料是信息与载体的关系。法律上的遗传资源是有价值或者潜在价值的遗传信息,总的来说,遗传信息以遗传材料为载体。20 世纪 20 年代摩尔根等科学家证明,

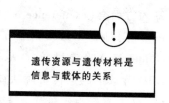

遗传资源与遗传材料是信息与载体的关系

生物体的遗传物质存在于细胞核中,在细胞核中遗传物质又主要存在于染色体上。脱氧核糖核酸(英文为 Deoxyribonucleic acid,缩写为 DNA),是主要的遗传物质。遗传物质具备以下四种特征:

1. 能准确地进行自我复制,并传递给下一代。
2. 能有储存大量遗传信息。
3. 结构稳定,不容易被破坏。
4. 能传播和控制生物的性状和代谢。

位于染色体上决定生物性状的遗传物质的小单位或者片段叫做基因(gene)。在繁殖过程中,父代把它们自己 DNA 的一部分复制传递到子代中,从而完成性状的传播。从知识产权法角度讲,所有含有 DNA 的生物材料,包括任何能在有机物之间进行传递的遗传信息的载体,如活细胞、完整的染色体、基因、小于基因的 DNA 片断,都是遗传材料,是遗传资源(遗传信息)的载体。

第二节 遗传资源保护法概述

一、法律保护遗传资源的必要性

(一)遗传资源经济价值的攀升

随着生物技术的发展,尤其是转基因、生物筛选等技术的发展使得遗传资源的社会需求迅速增加,经济价值迅速攀升。20 世

纪80年代初发展起来的转基因技术突破了天然物种之间的屏障,不同物种之间的基因得以相互整合①,这使得外源基因的需求大量增加。转基因技术能根据不同的需要从生物体

遗传资源的经济价值日益攀升

中提取具有特定功能的基因,如抗病虫害、多产等,并将提取出的基因植入到待改造的生物体的细胞或组织中,最终使得改造品种也获得抗病虫害、多产等新性状,这样就能定向改造生物品种满足人类需求。生物筛选技术的发展则大大提高了寻找具有特定功能的基因的速度,目标基因的寻找不再局限于野生近缘品种,各种生物品种整体都成为查找对象。运用基因药物筛选技术,使需筛选的药物模型可在很短的间内从数千甚至数万种待筛选的样品中筛选而出,使新药推出的速度大大加快,药筛成本大为降低②,大规模的天然产品的筛选成为现实。

(二)遗传资源争夺战

遗传资源的分布具有较强的地域性和稀缺性。一个有趣的现象是,一些发达国家国内具有的生物遗传资源相对较少,而广大发展中国家却有着丰富的生物遗传资源。有开发价值的遗传资源往往存在于古老的品种和野生动植物之中,对于任何一个国家而言,遗传资源都是相对稀缺的。正是遗传资源的地域性和稀缺性引发了世界范围内的"基因争夺战"。各类大型的研究机构、生物公司争先在世界范围内从事遗传资源的采集、保存工作,寻找稀有和不寻常的基因或遗传性状,以农作物种子和细胞组织为基础建立基因库,希望为生物技术开发储备充分的原材料。在没有相关法律干预的情况下,在这场"基因争夺大战"中,发达国家凭借其经济和技术优势,以及影响力可以轻松获胜。发达国家正在利用发展中国家的基因资源,通过技术开发并申请专利等商业

---

① 肖兵:《话说基因工程》,农村读物出版社2007年版,第46—47页。
② 《上海开发出基因药物筛选技术》,http://www.stcsm.gov.cn/news/detail.asp?pid=5123,2007年6月16日访问。

化途径获得巨大的商业利润,而发展中国家非但不能分享利益,反而要为使用此类基因产品支付巨额费用。因此,基因争夺大战被发展中国家斥为发达国家的"新一轮殖民掠夺"。

二、遗传资源保护法的概念

综上,笔者认为,遗传资源保护法是调整特定社区就其特有的来自植物、动物、微生物或其他非人类来源的,具有实际或潜在使用价值的遗传信息而产生的各种社会关系的法律规范的总和。

第三十六章 遗传资源的归属

第一节 遗传资源的归属

20世纪80年代,遗传资源的法律保护提上国际社会的议事日程。《生物多样性公约》确定了各国对其境内的自然资源拥有国家主权的规则,但对遗传资源权利的归属没有作出具体规定,而是留给主权国家自己决定。这一方面突破了遗传资源是人类共同财富的落伍观念,另一方面来,却将遗传资源的权属问题置于了风口浪尖般的争议地带。目前,国际社会对遗传资源的权属大致有两种制度:遗传资源私有制度和国有制度。

一、遗传资源私有制度

遗传资源私有制度是指遗传资源权利归生物资源所有人享有的法律制度。"遗传资源的法律地位取决于对某一有机体或其组分和其所包含信息拥有的权利。显然,遗传资源信息组分对生物勘探者是最有价值的。但是,尚没有一个国家为这个组分创造一个财产权体系。所以,国家仍然依靠其物质实体(如有机体或其组分)来定义他们的遗传(和生物化学)资源的法律地位。"①这就是说,生物资源的原始所有人(不包括通过购买或者其他行为获得生物资源的人)为遗传资源的权利人。这种观点又分两种:遗传资源归生物资源所有人享有,但受国家特殊管制;遗传资源归生物资源所有人享有,

遗传资源私有制度是指遗传资源权利归生物资源所有人享有的法律制度

---

① 〔美〕卡里佐萨等主编:《生物多样性获取与惠益分享——履行〈生物多样性公约〉的经验》,薛达元等译,中国环境科学出版社2006年版,第18页。

国家无特殊管制。目前除了美国等极少数特殊国家采第二种模式外①，大多数国家采用第一种模式。

巴西是比较典型地采用第一种模式的国家。巴西2001年《第2.186-16号暂行条例》②规定了保护生物多样性和遗传资源的法律制度。从该条例的规定来看，巴西并未区分遗传资源权利人和生物资源所有权人，也就谈不上区分遗传资源权和生物资源权，而是笼统规定，遗传资源归遗传资源生物样本所有人所有。遗传资源的获取要取得样本所有人的事先同意，并与之签订遗传资源获取和利益分享合同。在涉及公共利益时，如国家安全等，遗传资源的获取还要取得主管机关的同意。同时，巴西对遗传资源的获取采取了严格的国家干预制度，获取巴西境内生物的遗传资源权，必须经过政府许可。虽然巴西并没有规定遗传资源归国家所有，但国家享有对遗传资源进行管理的权力。任何人欲对巴西境内的生物获得遗传资源权，在和权利人达成许可协议后，必须向巴西"遗传资源管理委员会"申请许可证，遗传资源权的获取和利益分享合同经遗传资源管理委员会的批准方能生效。

二、遗传资源国有制度

遗传资源国制度有是指遗传资源权利归国家享有的法律制度。哥伦比亚、厄瓜多尔和秘鲁等国家的立法持此主张。哥斯达黎加《生物多样性法》也有相同规定。根据《安第斯

遗传资源国制度有是指遗传资源权利归国家享有的法律制度

共同体1996年第391号决议》的规定，安第斯共同体成员都实行遗传资源国家有制度。安第斯共同体区分了遗传资源权与生物资源所有权，并规定前者归国家所有，而后者则可以根据不同情

---

① 美国签署了《生物多样性公约》，但迄今没有批准。在美国，对自然资源的获取行为通常受资源的私人或公共所有者管理。

② 参见 PROVISIONAL ACT NO 2, 186-16, DATED AUGUST 23, 2001., http://www.biodiv.org/doc/measures/abs/msr-abs-br-en.pdf, 2007年6月19日访问。

况归属不同的主体,如生物资源所在土地的所有者、持有者或管理者,移地保护中心等。获取遗传资源既要得到遗传资源权利人的同意,即与国家签订遗传资源获取合同,还要得到生物资源所有人的同意,即申请人还要与生物资源提供者签订一个旨在进行获取遗传资源活动的附属合同。附属合同为获取合同的从合同,一般情况下与获取合同一起生效或失效,但是如果附属合同的变化对获取合同产生实质性影响,则附属合同的变更、中止、废除或终止也可以导致国家主管部门变更、中止、废除或终止获取合同。

确定遗传资源权应该归私有还是国有,首先应厘清遗传资源是否有归属于不同市场主体的必要性,或者遗传资源是否应当由国家专有的问题。国家对境内资源实行专有,并不少见,如我国对矿产资源就实行了国家专有制度[1]。但是,笔者认为,我国遗传资源应该实行私有制度。主要理由如下:

第一,国家专有遗传资源的管理难度太大、成本过高。遗传资源的控制和保护和矿产资源不一样,非法采矿行为很容易被发现并得到制止,但非法获取遗传资源的行为却可以在"神不知鬼不觉"中进行。在我国由国家专有并直接管理全国境内的遗传资源难度太大、风险过高。因此,有必要将遗传资源分配给更容易监管、控制遗传资源的主体,让更多的主体直接参与遗传资源的管理。

第二,我国社会民间自治能力弱。遗传资源国有制度的实施,除了依靠国家的管理外,还在一定程度上依赖于民间自治。"市民社会"和"政治国家"各有其相对独立的监督和保护功能,国家专有权的实现往往需要社会自治系统的协助。而我国曾经经历过国家对个人过度动员、对个人生活全盘接管的阶段,社会自治功能被废止,民间自治能力弱。在这种情况下,社会不能给国家专有的遗传资源提供足够的监督和保护,而国家又无力对分布于全国境内,主要散落在"天涯海角"的遗传资源实行政府监督

---

[1] 参见《中华人民共和国宪法》第9条。

和保护,这样可能导致一个结果:在遗传资源国有的光环下,遗传资源既失去政府的保护,又失去社会监督。

第三,国家专有遗传资源将增加资源配置的交易成本。生物资源归国家专有,会导致遗传资源权利人与生物材料的所有人分离,第三方要获取遗传资源必须经历双重谈判:既要获得遗传资源权利人的许可,又要获得生物材料所有人的许可。这就给开发者造成了过重的负担,既不利于遗传资源的开发,又有违民法的公平原则。

三、确定遗传资源归属的规则

第一,驯化品种。根据《生物多样性公约》第 2 条的规定,驯化品种是指人类为满足自身需要影响了其演化进程的物种。笔者认为,除法律另有规定外,驯化品种的遗传资源

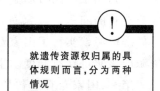

就遗传资源权归属的具体规则而言,分为两种情况

权,归驯化人享有,而不论驯化品种是否获得了知识产权的保护。

第二,野生品种。对野生生物享有所有权的人享有对遗传资源的实际控制,除了法律另有规定外①,野生生物的遗传资源权归野生生物自然栖息地的实际控制者享有。一般而言,土地所有权人拥有地上野生生物的所有权,其实际上控制着野生生物的遗传资源。此外,如果土地上设定了他人的使用权,如土地承包权,宅基地使用权等情况下,土地上的野生生物及其遗传资源的控制者应认定为土地的使用权人,除法律对品种归属另有规定外,野生生物的所有权及其遗传资源权归土地使用权人享有。此外值得一提的是,由于移地保护的生物资源都来源于就地条件②,从理论上说,若移地保护机构不是其保存生物品种的驯化人或自然栖息地土地权利人,则移地保护机构只能通过继受取得遗传资源的权

---

① 我国《野生动物保护法》规定珍稀野生动物归国家所有。
② 就地条件指,遗传资源生存于生态系统和自然栖息地之内的条件;对于驯化或培植的物种而言,其环境是指它们在其中发展出其明显特性的环境。

利。其他不属于上述遗传资源权主体的人若对遗产资源的保护有突出贡献,虽然不能构成权利主体,但可以基于保护和管理(无因管理)等理由获得一定的物质报酬。

虽然遗传资源不宜由国家专有,但国家享有遗传资源的监督和管理的权力。并应加大对遗传资源的监管力度,因为一方面,遗传资源是人类生存和社会经济可持续发展的战略性资源,事关民族和国家的利益;另一方面,遗传资源权的许可交易,往往容易侵犯他人的权利。因此,国家监管便成为遗传资源保护中必不可少的环节。国家设立主管部门对开发遗传资源实施监管,其具体路径是对遗传资源权的许可实行国家审批制度。遗传资源获取应经过主管部门的审批才能生效。主管部门审查的内容主要有:(1)遗传资源提供方是否有权提供遗传资源。(2)遗传资源的获取是否损害公共利益。(3)所得惠益是否分配给资源所有人或代表资源全体所有人的基金。(4)所得惠益用于遗传资源保护的部分是否达到法定最低比例。

第二节 遗传资源与相关概念及权利

遗传资源的权属问题是一个随着基因技术的发展和应用带来的新问题,是国际社会面对的一个重大问题。从物理的角度上说,谁占有了遗传材料就占有了遗传资源,但这并不是法律的旨趣。法律就是要排除和否定这个结果,明确建立占有遗传材料的人,不等于拥有遗传资源权的人,遗传资源权的获得需要专门的授权,只有拥有遗传资源权的人才可以控制,并授权勘探、研究与开发利用,并分享惠益等制度和规则。同时,我们必须注意区分生物资源、种质资源、遗传资源及其相关权利的相互关系。

一、生物资源与生物资源权

生物资源、种质资源、遗传资源是一组相互联系而又彼此区别的概念。生物资源从概念学上说是一个种概念,包含了种质资源、遗传资源,是指对人类具有现实和潜在价值的基因(品种)、物种的总和,有时甚至可以包括人类遗传资源。很多国家的法律中早就有生物资源权属的规定,但规定较为笼统,

生物资源是指对人类具有现实和潜在价值的基因(品种)、物种的总和

且生物资源权通常被理解为对该生物实体拥有所有权,被称为生物资源所有权理论。

二、种质资源与种质资源权

当生物资源的所有人阻止物种扩散时,就会发现生物资源所有权理论并不能派上用场。如一国在赠与他国珍稀动物时先给动物做节育手术的行为①,说明种质资源权的意识就已经存在了。生物资源可以分为

生物再生性资源是指生物体可持续生存与发展的能力,又称种质资源

蓄积性和再生性资源两种。生物蓄积性资源是指生物在历史演化中累积产生的物质总量及其年生产量,而生物再生性资源是指生物体可持续生存与发展的能力,又称种质资源。② 根据种质资源的来源不同为标准,种质资源可以分为人工培育的种质资源和天然种质资源,与之对应,种质资源权分为品种权和狭义的种质资源权。法律领域中的种质资源主要是指人工培育的种质资源,就是育种者对良种的开发获得的种质资源。为提高生物的某些特性,育种人利用嫁接和杂交等方式培育出优良品种,法律将育种人培育的新品种上的权利确认为品种权。品种权是权利人对其培育的种质资源所享有的权利。除新品种外,天然的珍贵种质资源也应受到法律的保护,但这显然不是依靠品种权能解决的问题。于是,就有了狭义种质资源权的概念,所谓狭义种质资源权

---

① 张小勇:《我国遗传资源的获取和惠益分享立法研究》,载《法律科学》(西北政法学院学报)2007 年第 1 期。
② http://www.cncbd.org.cn/zian/zian/index.html,2007 年 6 月 22 日访问。

是指权利人对天然种质资源所享有的专有权。种质资源权的产生,使得生物资源权受到了较大的限制。生物资源权是以生物实体为客体,其性质为所有权;种质资源权则摆脱了对生物实体的依赖,是知识产权的一种。

三、遗传资源与遗传资源权

遗传资源权的产生是生物技术推动的结果。现代生物技术可以从生物的遗传材料中提取出有特定功效的基因片断,并将其植入其他生物体中,产生一种具有新特性的转基因

遗传资源权的产生是生物技术推动的结果

品种①,这就从法律上就"逃"出了种质资源权的控制,因此,诞生了遗传资源权法律制度。遗传资源权,又称基因资源权,是指权利人对遗传资源在基因层面的开发和利用享有的专有权。从源头上看,遗传资源的保护意识也是从生物资源权中独立衍化出来的,遗传资源权诞生后,生物资源所有权的内涵受到了进一步的限制。

同种质资源权一样,遗传资源权的享有可以与遗传材料的占有分离,遗传资源权的利益在于基因排列顺序及其表达出的生物信息,也就是遗传信息,这是一种观念上的、无形的财产。购买了一株花,可以对它享有生物资源所有权,但是不能享有种质资源权,不能进行品种开发和出售;更不意味着享有遗传资源权,因此不能进行基因提取并开发新产品。种质资源权的功能在于控制物种的延续,保护生物特性,其着眼于传统生物育种技术及其所需的繁殖材料;而遗传资源权的主要功能是控制遗传物质中的遗传信息并不被非法使用,其着眼于现代基因技术及其所需的基因。

---

① 肖兵:《话说基因工程》,农村读物出版社2007年版,第45—49页。

【参考书目】

[1] 范志刚:《生物遗传资源的元所有权、衍生所有权和修饰权》,载《生物多样性》2005 年第 4 期。

[2] 〔美〕卡里佐萨等主编:《生物多样性获取与惠益分享——履行〈生物多样性公约〉的经验》,薛达元等译,中国环境科学出版社 2006 年版。

[3] 张小勇:《我国遗传资源的获取和惠益分享立法研究》,载《法律科学》(西北政法学院学报)2007 年第 1 期。

【思考题】

一、名词解释

1. 遗传资源
2. 遗传资源私有制度
3. 遗传资源国有制度

二、简答题

1. 简述生物资源与生物资源权的联系。
2. 简述种质资源与种质资源权的联系。
3. 简述遗传资源与遗传资源权的联系。

三、论述题

1. 试述确定遗传资源归属的规则。
2. 试述国际社会对遗传资源的权属的两种制度。

第三十七章 保护遗传资源的国际规则

在遗传资源的保护上,《生物多样性公约》具有划时代的意义。我国于1992年签署该公约。继CBD迈出遗传资源保护的实质性第一步后,以生物多样性公约为核心,多个国际性组织及论坛都在为探讨遗传资源保护的相关规则做积极努力。我国专门针对遗传资源的获取与惠益分享的法律规则还没有建立起来,保护遗传资源的国际规则对包括我国在内的各主权国家制定遗传资源的保护规则具有非常重要的推动与示范作用。目前,与遗传资源保护相关的国际公约和协定有:《生物多样性公约》及相关规则、《粮农植物遗传资源国际公约》(International Treaty on Plant Genetic Resources for Food and Agriculture,简称ITPGR)、《与贸易有关的知识产权协定》(Agreement on Trade-Related Aspects of Intellectual Property Rights,简称TRIPs协议)、世界知识产权组织的公约和条约、《联合国海洋法公约》(United Nations Convention on the Law of the Sea)、《濒危野生动植物种国际贸易公约》(The Convention on International Trade in Endangered Species of Wild Fauna and Flora)、《南极条约》(The Antarctic Treaty)及各项人权文书。《联合国海洋法公约》、《南极条约》主要涉及CBD无法涵盖的国际公有土地上的遗传资源的归属和利用问题,《濒危野生动植物种国际贸易公约》主要涉及野生动植物原产地证明制度对CBD制度借鉴的问题,而人权文书则主要解决"原住民"参与利益分配的权利问题。下文就《生物多样性公约》、《粮农植物遗传资源国际公约》、《与贸易有关的知识产权协定》、世界知识产权组织的公约和条约中的有关内容作进一步介绍。

第一节 联合国环境规划署确立的相关规则

一、《生物多样性公约》确立的遗传资源保护规则

CBD 是 1992 年在联合国环境规划署主持下签订的一个环境保护的国际公约,该公约旨在保护生物多样性、持久使用其组成部分以及公平合理分享由利用遗传资源而产生的惠益。《生物多样性公约》第 15 条提供了遗传资源获取与惠益分享的基本框架。CBD 第 15 条第 1 款确定了遗传资源的主权原则:"确认各国对其自然资源拥有的主权权利,因而可否取得遗传资源的决定权属于国家政府,并依照国家法律行使。"CBD 第 15 条第 2 款提出了便利遗传资源的国际流通的要求:"每一缔约国应致力创造条件,便利其他缔约国取得遗传资源用于无害环境的用途,不对这种取得施加违背本公约目标的限制。"CBD 第 15 条第 5 款确定了遗传资源获取的事先知情同意原则(prior informed consent,简称 PIC):"遗传资源的取得须经提供这种资源的缔约国事先知情同意,除非该缔约国另有决定。"CBD 第 15 条第 4 款规定遗传资源的获取要遵循共同商定条件(mutually agreed terms,简称 MAT):"取得经批准后,应按照共同商定的条件并遵照本条的规定进行。"CBD 第 15 条第 6 款、第 7 款规定了基于遗传资源的惠益的公平分享原则:"每一缔约国使用其他缔约国提供的遗传资源从事开发和进行科学研究时,应力求这些缔约国充分参与,并于可能时在这些缔约国境内进行;每一缔约国应按照第 16 和 19 条,并于必要时利用第 20 和 21 条设立的财务机制,酌情采取立法、行政或政策性措施,以期与提供遗传资源的缔约国公平分享研究和开发此种资源的成果以及商业和其他方面利用此种资源所获的利益,这种分享应按照共同商定的条件。"此外 CBD 第 16 条、19 条、20 条和 21 条提供了几种可能的惠益分享方式如

《生物多样性公约》确立了遗传资源的保护规则

技术转移、技术与科学合作、提出资金支持等等。

二、波恩规则与遗传资源的获取和惠益分享

波恩规则是各缔约国适用 CBD 的指导规则。COP 2000 年第五次会议决定成立一个获取和惠益分享问题(access and benefit sharing,简称 ABS)不限成员名额的特设工作组,授

波恩规则主要调整获取和惠益分享问题

权其起草一个有关遗传资源获取与惠益分享的指导性规则,以帮助成员国及利益相关人解决以下等问题以便执行公约 ABS 条款:知情同意的具体条件及双方同意条款的具体内容;利益相关人的地位、义务及其参与相关规则制定与合同谈判的权利;有关遗传资源原地、移地保护及可持续利用问题;惠益分享的方式等。工作组起草的指导性规则被称为波恩规则,该规则于 COP 2002 年第六次会议通过。波恩规则的主要目的是为成员国建立遗传资源获取与惠益分享的法律、政策以及行政措施提供帮助,以及指导利益相关人进行遗传资源获取与惠益分享合同的谈判。尽管波恩规则不具有法律上的约束力,但 180 个国家的一致同意通过,表明了波恩规则不可争议的权威性以及各个国家解决相关问题的愿望。波恩规则的主要内容包括如下七个部分:第一部分对规则的性质、术语、适用范围、目标及与其他国际制定的关系进行了概括论述;第二部分就遗传资源获取与惠益分享涉及的主体及其法律地位和义务进行了相关论述;第三部分就利益相关人参与权的保障进行了规定;第四部分就遗传资源获取与惠益分享实践操作的各个步骤进行了论述,特别详细的论述了知情同意以及双方一致同意条款的规则和具体要求;第五部分就激励机制、国家监测与报告、认证、争议的解决、救济等问题进行了规定;第六部分即附录 1 对材料遗传协议应包含的要素提出了建议;第七部分即附录 2 对各种可能的金钱与非金钱惠益分享方式进行了不完全列举。限于篇幅,下文仅对规则第二部分,即涉及的主体及其

义务作简要介绍。

遗传资源获取与惠益分享涉及到的主体主要有国家信息交换所、国家主管机关、遗传资源使用者、遗传资源提供者、遗传资源原产国（或依据 CBD 取得遗传资源的国家）、管辖遗传资源使用者的国家。

1. 国家信息交换所的主要职责是建立信息交换机制，为意图获取遗传资源的申请者提供有关获取知情同意、达成一致同意条款、主管机关、"原住民"及相关利益人的信息。CBD 要求其成员国建立国家信息交换所。

2. 遗传资源获取与惠益分享的主管机关依据国内法及政策建立，它也可以与信息交换所是同一个机构，主要负责授予遗传资源获取的知情同意，以及对遗传资源获取与惠益分享有关事项的实施进行监督和建议。主管机关也可以将其授予遗传资源获取和知情同意的权限授权他人行使。

3. 遗传资源使用者的主要义务是：在获取遗传资源之前先取得相关主体的知情同意；尊重"原住民"的习俗、传统、价值观以及传统做法；应"原住民"的要求向他们提供相关的信息；依据合同规定的条件和范围使用遗传资源；需要在合同规定的条件和范围之外使用遗传资源时，应当取得一个新的知情同意达成新的双方一致同意条款；保存与遗传资源相关的资料，尤其是知情同意的书面证明以及有关遗传资源原产国、使用和所产生的利益的信息；尽量在原产国境内或在原产国的参与下进行遗传资源的开发活动；向第三方提供遗传资源时，必须遵守与该资源提供者先前的约定，并在经第三方要求时将遗传资源获取的有关信息，包括知情同意和使用条件等，提供给第三方，并将资源提供给第三方的情况记录并保存下来（为便利非商业目的的分类学研究时，可在双方一致同意的条款中进行特别规定）；应保证遗传资源使用所产生的利益的公平合理的分享，遵守公约相关条款及与双方一致达成条款的约定。

4. 遗传资源提供者的主要义务有：只提供其有权提供的遗传

资源;不对遗传资源的获取加以不合理的限制。

5. 遗传资源原产国(或依据 CBD 取得遗传资源的国家)的主要义务有:对其有关遗传资源获取与惠益分享的国家立法、政策、行政措施进行审查,以保证它们符合 CBD 的规定;通过信息交换机制或其他渠道向 CBD 报告其受理的遗传资源获取的申请情况;努力保证遗传资源的商业使用或其他使用不会阻碍遗传资源的传统使用方式;保证以一种明确、客观、透明的方式履行其义务;保证所有利益相关人充分考虑遗传资源获取行为会给环境造成的影响;建立机制保证他们的决定能为"原住民"、利益相关人,尤其是"原住民"获取;支持提高"原住民"在谈判中代表其利益的能力的措施。

6. 管辖遗传资源使用者的国家主要承担采取立法、政策、行政措施保证遗传资源使用人遵守原产国知情同意规则和双方一致同意条款的义务,可以采取的措施主要有:建立机制向潜在遗传资源使用者提供他们获取遗传资源应该遵守有关义务的信息;采取措施鼓励在知识产权申请时公开遗传资源原产国及相关传统知识来源;和资源提供国合作处理有关违反遗传资源获取与惠益分享规则的行为;对遵守了遗传资源获取与惠益分享规则的机构提供自愿性的证明;阻止不公平交易的措施;其他鼓励遗传资源使用者遵守其义务的措施。

三、形成中的遗传资源获取与惠益分享国际制度

由于波恩规则基于自愿原则,没有法律约束力,许多发展中国家,特别是遗传资源丰富的中美、南美国家、非洲国家以及东南亚马来西亚等国家提出建立具有法律约束力的遗

遗传资源获取和惠益分享的国际制度正在形成

传资源获取与惠益分享的国际制度的要求。2004 年 2 月,COP 第七次会议根据 2002 年可持续发展国际峰会等提出建立遗传资源获取与惠益分享的国际体制的要求,决定授权获取和惠益分享问

题不限成员名额特设工作组,拟定和谈判一种关于遗传资源获取和惠益分享的国际制度。获取和惠益分享问题不限成员名额特设工作组于2005年2月和2006年1至2月举行了第三、四次会议,通过了关于获取和惠益分享的国际制度的建议。该建议被提交到2006年3月COP第八次会议讨论。由于缔约方在国际制度的性质、框架、内容等诸多方面分歧仍然很大,会议对国际制度的谈判没有取得实质性进展。各缔约方一致同意在2008年第九次缔约方大会前召开两次ABS不限名额特设工作组会议继续探讨国际制度的问题,同时建立遗传资源起源地、来源和合法出处证书特设技术专家组,为该特设工作组提供技术支持。

第二节 联合国粮农组织确立的相关规则

一、《粮食和农业植物遗传资源国际条约》的形成

2001年11月3日,联合国粮食及农业组织(粮农组织)第31届大会根据CBD的要求修改了1983年的《植物遗传资源国际约定》,并将该约定更名为《粮食和农业植物遗传资源国际条约》(简称ITPGR)。新条约于2004年6月29日生效,成为在特别领域(粮食与农业植物遗传资源领域)内把CBD具体化并具有国际法效力的范例。截至2006年6月11日,104个缔约国或缔约方批准了该公约。中国尚未成为公约缔约国,但批准加入正在法律程序之中,预计将来不久将成为缔约国。

二、《粮食和农业植物遗传资源国际条约》建立的多边体系

ITPGR的宗旨与CBD相一致,即为可持续农业和粮食安全而保存并可持续地利用粮食和农业植物遗传资源以及公平合理地分享利用这些资源而产生的利益。ITPGR的一个主要组成部分,就是在承认各国对本国粮农植物遗传资源享有主权权利的基础上,建立获取和惠益分享的多边体系,既方便获取粮食和农业植物遗传资源,又在互补和相互加强的基础上,公正而平等地分

享和利用这些资源所产生的利益。多边体系覆盖的粮食与农业遗传资源的范围包括六十多个植物属，64种主要作物和草料，具体列举在 ITPGR 的附件 I 中。ITPGR 缔约方有义务把其直接管理和控制的上述遗传资源纳入到多边体系中，并采取适当措施鼓励在其管辖之下的自然人或法人也把他们实际控制的上述遗传资源纳入多边体系。此外由国际农业研究磋商小组的国际农业研究中心持有的上述遗传资源的非原生境收集品也纳入多边体系，ITPCR 同时邀请其他所有持有上述资源的机构将其资源纳入多边体系。多边体系内遗传资源的持有者，有义务与符合 ITPGR 规定条件的受让方签订标准 MTA 提供遗传资源。标准 MTA 由 ITPGR 管理机构负责制定，ITPGR 管理机构已在其 2006 年 6 月的第一届会议通过了该标准 MTA。

标准 MTA 明确规定了提供方、受让方的各项权利义务，提供了具体的惠益分享方案。

提供方的义务主要有：(1) 迅速提供获取机会，无需跟踪单份收集品，并应免费提供；如收取费用，则不得超过所涉最低成本。(2) 在提供粮食和农业植物遗传资源时，应按照适用的法律，同时提供现有的全部基本资料以及现有的任何其他有关的非机密性说明信息，等等。

受让方的义务主要有：(1) 材料的使用或保存仅以粮食和农业的研究、育种和培训为目的。这些目的不应包括化学、药物或其他非食品/饲料工业用途。(2) 受让方不应提出任何知识产权或其他权利要求，限制方便获取按本协定所提供的材料或以从多边系统收到的形态呈现的其遗传部分或组成部分。(3) 如果受让方向后续受让方转让按照本协定提供的材料，受让方应按照《标准材料转让协定》的条款和条件，通过一项新的材料转让协定进行。(4) 公平分享所得惠益，等等。

惠益分享方案主要包括三个方面：遗传资源商业开发所得货币性收益应当按 MTA 的要求提取一部分存入 ITPGR 管理机构建立的信托基金账户或其他机制中；遗传资源研究和开发所获得的

所有非保密信息应当通过 ITPGR 的信息系统向多边系统提供；遗传资源研究和开发所获得的其他非货币利益,鼓励受让方通过多边系统分享。

第三节 世界贸易组织与世界知识产权组织保护遗传资源的相关规定

一、世界贸易组织保护遗传资源的相关规定

1995 年 1 月 1 日生效的《与贸易有关的知识产权协议》是多边贸易谈判乌拉圭回合的成果,适用于版权及相关权利、商标、地理标志、专利(包括植物新品种保护)、集成电路的布
世界贸易组织对遗传资源的相关保护

局设计、非公开信息(包括贸易秘密和测试数据)几个知识产权领域,它要求各成员国的知识产权制度据此提供最低限度的保护。知识产权尤其是专利权制度与遗传资源的保护有着密切联系。随着生物科技的发展,专利权制度逐渐延伸到基因工程的技术和相关生物材料上,基因是否具有可专利性成为一个突出问题。基因的可专利性问题直接关系到基因与其来源遗传材料的关系定位及遗资源保护内容的确定。

TRIPs 协议第 27 条第 3(b)款规定,成员国可以将微生物以外的植物和动物,以及生成植物或动物、不属于非生物和微生物过程的本质性生物过程,排除在可授予专利权属性之外。但是,协议规定任何国家对植物品种排斥了专利保护的,必须设立有效的专门保护制度。TRIPs 协议较明确要求对微生物和植物品种提供知识产权保护,但是否对动物和生物过程提供知识产权保护由成员国自己决定,基因是否具有可专利性没明确规定。一些国家认为,知识产权协议应该禁止对一切生命形态包括基因的专利授予。然而这种观点并没有确定被采纳,实际上许多国家都在提供基因的专利保护。对基因专利未持坚决反对立场的人则建议修

第三十七章 保护遗传资源的国际规则

改 TRIPs 协议,要求申请主题是基于遗传资源或相关传统知识的专利申请人,在专利申请中披露该遗传资源及相关传统知识的原产地,并提交事先知情同意和惠益分享的证据。还有一些国家主张,应该将披露遗传资源和相关传统知识问题作为一项独立的要求处理。而另一些国家则建议通过修改世界知识产权组织主持通过的《专利合作条约》来处理披露问题。专利申请中遗传资源来源的披露问题是目前国际研讨的热点。

二、世界知识产权组织关于遗传资源保护的相关努力

世界知识产权组织(WIPO)共有 180 个成员国,管理着规范知识产权保护不同方面的 23 项国际条约。由于遗传资源及传统知识等主题被认为跨越了知识产权法的传统分支,无

世界知识产权组织对遗传资源的保护

法划归知识产权组织内其他机构管理,世界知识产权组织大会于 2000 年 10 月设立了知识产权与遗传资源、传统知识和民间文艺政府间委员会,使其成为就知识产权与传统知识、遗传资源以及传统文化表现形式之间的关系进行辩论和对话的论坛。涉及遗传资源获取和惠益分享的相关问题主要由政府间委员会处理。但有些成员国认为,披露遗传资源及相关传统知识原产地的问题,应该放在改革《专利合作条约》和制定《实体专利法条约》的框架下加以解决。WIPO 的国际专利制度在不断改革当中,在改革《专利合作条约》工作组 2003 年 5 月 19 日至 23 日的第四届会议上,瑞士提出了有关专利法在遗传资源和传统知识领域的透明措施的提案。这项提案的实质,是要促使国家专利立法得以提出在专利申请中申报遗传资源和传统知识来源的要求。其后,又就这项提案向该工作组提出了两次补充意见,以促使工作组就其建议进行更具实质性的讨论。这些意见涉及术语的使用,遗传资源和传统知识的来源,专利申请中申报来源义务的范围,以及对不披露或错误披露来源的可能的法定处罚等。目前该提案仍在继

续探讨之中。世界知识产权组织是研讨专利申请中遗传资源来源的披露问题的重要国际平台。CBD第六届缔约方大会第VI/24C号决定请求世界知识产权组织就有关遗传资源和传统知识的披露要求进行了一项技术性研究,研究成果已经通报了CBD第七届缔约方大会。目前专利申请中有关遗传资源与传统知识披露的制度还未有最后的决议形成。

【参考书目】

[1] 齐爱民主编:《现代知识产权法学》,苏州大学出版社2005年版。
[2] 〔美〕卡里佐萨等主编:《生物多样性获取与惠益分享——履行〈生物多样性公约〉的经验》,薛达元等译,中国环境科学出版社2006年版。

【思考题】

论述题

1. 简述保护遗传资源的国际条约。
2. 简述世界贸易组织与世界知识产权组织保护遗传资源的相关规定。

后 记

本书由我国部分高校研究和主讲知识产权法的骨干教师编写而成,具有如下特点:

一、体例的全面性。本书体例翔实,内容全面,较为系统、重点突出地介绍我国知识产权法学的基本概念、基本原理与基本结构体系,既包含了传统知识产权法的基本内容,又涵盖了商业秘密保护法、非物质文化遗产保护法和遗传资源保护法等新的理论,能够帮助学生建立起符合时代要求的合理知识结构,是我国目前已出版的内容最全面、体系最完整的知识产权法教材之一。

二、理论的包容性。本书博采众长、兼容并包,对在知识产权法学界尚有争议的问题进行分析、阐述,能够给学生提供一个理论创新的窗口,将理论性、学术性和知识性有机地结合起来。

三、学术的前瞻性。本书针对知识产权领域的新发展和新问题,增设专门的篇章予以阐释。在现有的知识产权法教材中,本书较为详细地论述了非物质文化遗产和遗传资源等知识产权法学的前沿性问题,并进一步对知识产权法的当代发展和未来趋势作了较有预见性的探讨。

四、内容的实用性。本书力求联系实践,内容深入浅出,既有助于法学专业学生学习知识产权理论,又能够为从事法律职业的工作者提供参考。

本书撰写分工如下:

第一编总论第一章(朱谢群、齐爱民);第二章至第三章(齐爱民,文麟);第四章(朱谢群);第五章(饶传平、伍春艳)。

第二编著作权法第六章至第八章(管育鹰),第九章(齐爱民、周伟萌),第十章(张维),第十一章(饶传平、伍春艳),第十二章至第十五章(齐爱民、周伟萌)。

第三编专利法第十六章至第十九章（李晓秋），第二十章至第二十三章（陈宗波）。

第四编商标法第二十四章（李芬），第二十五章至第二十六章（王太平），第二十七章至第二十八章（刘有华）。

第五编商业秘密保护法第二十九章至第三十一章（齐爱民、李仪）。

第六编非物质文化遗产保护法第三十二章至第三十四章（齐爱民）。

第七编遗传资源保护法第三十五章至第三十七章（齐爱民、陈琛）。

本书最终由主编齐爱民教授统稿、定稿。

普通高等教育精编法学教材

总主编：徐祥民

法理学	陈金钊
宪法学	郑贤君
民法学（第二版）	申卫星
商法学（第二版）（普通高等教育"十一五"国家级规划教材）	王作全
婚姻家庭法学	王丽萍
经济法学（第三版）	侯怀霞
环境法学	徐祥民
行政法学（第二版）	孟鸿志
刑法学	谢望原
民事诉讼法学	王国征
刑事诉讼法学	王　彦
中国法制史	汪世荣
外国法制史	曾尔恕
中国法律思想史	徐祥民、刘笃才、马建红
西方法律思想史	徐爱国
国际法学	佟连发
国际私法学	王明洁
国际经济法学	魏国君
国际商法学	刘惠荣
知识产权法新论	齐爱民、朱谢群